mussum

JULIANO BARRETO

MUSSUM

UMA HISTÓRIA DE HUMOR E SAMBA

NOVA EDIÇÃO, REVISTA E ATUALIZADA

Copyright © 2023 por Juliano Barreto
Copyright © 2023 por Herdeiros do Mussum

Todos os direitos desta publicação são reservados à Casa dos Livros Editora LTDA.
Nenhuma parte desta obra pode ser apropriada e estocada em sistema de banco de dados ou processo similar, em qualquer forma ou meio, seja eletrônico, de fotocópia, gravação etc., sem a permissão dos detentores do copyright.

Diretora editorial: Raquel Cozer
Coordenadora editorial: Diana Szylit
Editora: Chiara Provenza
Assistência editorial: Camila Gonçalves
Copidesque: Karine Ribeiro
Revisão: Andréa Bruno e Daniela Georgeto
Projeto gráfico de capa: Anderson Junqueira
Projeto gráfico de miolo e diagramação: Vitor Castrillo
Imagem da capa: Conteúdo Globo
Tratamento das fotos: Juca Lopes

Dados Internacionais de Catalogação na Publicação (CIP)
Angélica Ilacqua CRB-8/7057

B263m
    Barreto, Juliano
    Mussum / Juliano Barreto. — Rio de Janeiro : HarperCollins Brasil, 2023.
    416 p.

    Bibliografia
    ISBN 978-65-5511-482-9

    1. Gomes, Antônio Carlos Bernardes, 1941-1994 – Biografia 2. Humoristas brasileiros I. Título

22-6045
    CDD 920.9
    CDU 929

Os pontos de vista desta obra são de responsabilidade de seu autor, não refletindo necessariamente a posição da HarperCollins Brasil, da HarperCollins Publishers ou de sua equipe editorial.
Rua da Quitanda, 86, sala 218 — Centro
Rio de Janeiro, RJ — CEP 20091-005
Tel.: (21) 3175-1030
www.harpercollins.com.br

Sumário

Nota do autor	9
Prefácio	13
Capítulo 1. Na subida do morro é diferente (1941)	15
Capítulo 2. Samba em código Morse (1960)	29
Capítulo 3. Samba, Carnaval y mujer (1964)	43
capítulo 4. Synbranchus marmoratus (1965)	55
Capítulo 5. Cassino Royale, SP (1967)	79
Capítulo 6. Coisas do mundo, minha nega (1968)	89
Capítulo 7. Elza, Martinho, Jair e Jorge (1969)	101
Capítulo 8. ¿Dónde estás Pelé? (1970).	121
Capítulo 9. Pega no ganzê, pega no ganzá (1971)	128
Capítulo 10. Todo Martinho da Vila tem seu dia de Johnny Mathis (1973)	144
Capítulo 11. Sucesso de sete lagoas ao fundo do marzis (1974)	157
Capítulo 12. Fly Me to the Moon (1976)	169

Capítulo 13. Agora você é da Swat, negão (1977) — 181

Capítulo 14. A guerra dos planetas (1979) — 199

Capítulo 15. O voo do grande pássaro (1980) — 213

Capítulo 16. Espetáculo com cheirinho de macarrão (1981) — 228

Capítulo 17. Mais ouro do que areia (1982) — 240

Capítulo 18. Se até Zico saiu do Flamengo... (1983) — 256

Capítulo 19. Tem leite de ganso manso? (1984) — 267

Capítulo 20. Super Mussa contra o baixo astral (1987) — 297

Capítulo 21. Larga meu pé, reumatismo (1989) — 322

Capítulo 22. Dia de muito é véspera de pouco (1991) — 339

Capítulo 23. Testamento de partideiro (1994) — 360

Capítulo 24. Quero morrer pretis (2014) — 375

Fotos — 389

Agradecimentos — 405

Bibliografia — 409

Discografia — 412

Filmografia — 414

"É preciso estar sempre embriagado.
Aí está: eis a única questão. Para não sentirem o fardo horrível do
Tempo que verga e
inclina para a terra, é preciso que se embriaguem sem descanso.
Com quê? Com vinho, poesia
ou virtude, a escolher. Mas embriaguem-se."

Charles Baudelaire

Nota do autor

Autêntico, único, espontâneo, natural. Os adjetivos que aparecem quando se começa a falar de Mussum sempre tendem a enaltecer a facilidade com que o artista conseguia conquistar sorrisos. Parecia fácil, no auge dos Trapalhões, como ainda parece fácil hoje, com a popularidade do TikTok e dos memes, que Mussum fizesse a audiência rir. Bastavam umas poucas frases, ou até uma só palavra, ou, às vezes, uma só careta. Esse talento nato, porém, teve que ser construído e lapidado ao longo de mais de três décadas de trabalho intenso. Antes dos dezoito anos de sucesso arrebatador na Rede Globo com Os Trapalhões e os hits bem-humorados d'Os Originais do Samba, Mussum precisou ralar e superar os obstáculos impostos pelo racismo e pelas dificuldades financeiras que sua família enfrentava. Filho de uma empregada doméstica negra e analfabeta que o criou sozinha, teve uma infância solitária, estudando em um colégio interno, e uma juventude humilde, vivendo em cortiços onde sobrevivia com o salário de ajudante de mecânico. Essas adversidades do início tornam o que viria depois ainda mais inacreditável.

Mais do que discos de ouro ou recordes de bilheteria nos cinemas, Mussum conquistou um prestígio entre os colegas de palco que o colocou no centro de momentos inspiradores da cultura popular brasileira. Se alguém ouve pela primeira vez que o tocador de reco-reco regravou

Vinícius de Moraes, Jorge Ben Jor, Chico Buarque, Erasmo e Roberto Carlos pode logo pensar em paródias ou nos videoclipes avacalhados dos Trapalhões, mas, na verdade, os seus trabalhos com a música iam de parcerias com Adoniran Barbosa a Zeca Pagodinho, de Baden Powell a Wando, de Elis Regina a Xuxa. O mesmo vale para a sua carreira como comediante. Junto de mitos como Grande Otelo, Chico Anysio, Jô Soares e Carlos Alberto de Nóbrega, Mussum brilhou por um período na noite carioca, e depois, na TV, ajudou a definir o humor tipicamente brasileiro.

Ainda assim, seus 28 filmes e 15 discos não bastam para contar de forma integral o que o público viu em milhares de apresentações. É difícil imaginar alguém que tenha conquistado plateias tão distintas e por tanto tempo. E a verdade é que continuará encontrando novos fãs, reencontrando antigos. Uma das provas é a cinebiografia, de 2023, que homenageia sua vida, estrelada brilhantemente por Aílton Graça.

Vestido com o uniforme autêntico de malandro sambista, com paletó, calças e sapatos brancos, o ator adentrou a quadra da Estação Primeira de Mangueira. Apesar da ansiedade do pessoal da escola de samba, dos convidados e da equipe de produção do filme Mussum: o Filmis, nada conseguiu preparar os presentes para a sensação de volta no tempo, a emoção de sentir-se diante de um retorno de um filho pródigo que não pisava no solo sagrado do samba fazia mais de 28 anos. Ali, até quem conhecia Mussum na intimidade, como alguns de seus amigos de longa data e familiares, sentiu um arrepio e pensou estar vendo o sambista vivo novamente.

As semelhanças físicas entre o ator e o homenageado, claro, ajudaram, mas, mais que isso, o que aconteceu em Mangueira foi um resgate da alegria original que Mussum emanava onde quer que estivesse: o sorriso fácil, a incessante musicalidade, sua presença fazendo com que quem estivesse em volta se sentisse naturalmente confortável, rodeado de amigos em uma mesa de bar.

E essa atmosfera não ficou restrita às filmagens na escola de samba ou condicionadas à presença de Aílton caracterizado como trapalhão. Mesmo quando outros atores interpretaram Mussum, em diferentes fases de sua trajetória, até na gravação de cenas sem sua aparição, havia uma energia diferente no ar. Nos bastidores das filmagens, até de madrugada havia sempre alguém cantando ou batucando alguma música d'Os Originais do Samba. No final das gravações, elenco e produção começavam uma roda de samba sem hora para acabar, com os mais empolgados até cogitando criar um novo grupo, o Mumu Sambis, para excursionar pelo Brasil tocando clássicos dos Originais.

Por onde passou, Mussum conquistou a todos. De Cannes ao interior do Amazonas, como sambista ou como palhaço, batucando uma caixinha de fósforo em uma birosca do morro ou vencendo festivais em teatros lotados. Sempre sorrindo, sempre inovando e, mais importante, sempre sendo ele mesmo. Boêmio, mulherengo e palhaço, sim. Profissional, disciplinado e persistente, também.

Nas próximas páginas, compartilho um trabalho de redescoberta dessa trajetória, baseado nos depoimentos de pessoas que conviveram com Mussum em estúdios, palcos, botecos e, principalmente, na sua intimidade. Por se tratar de uma biografia autorizada, é possível que alguém pense que momentos comprometedores tenham sido omitidos ou alterados. Isso não aconteceu – assim como escolhi não suavizar ou omitir a linguagem de sua época, que muitas vezes era racista e que se faz necessária ser vista, para que entendamos a realidade de Mussum. Registrei histórias de bebedeiras inacreditáveis, ouvi relatos de suas ex-mulheres, conheci detalhes de disputas profissionais com colegas e funcionários, e ninguém conseguiu encontrar palavras amargas para descrever o cabo da aeronáutica, o músico, o ator, o marido, o pai, o trapalhão ou o diretor da ala das baianas. Foi preciso, pelo contrário, desbastar o excesso de elogios para Carlinho do Reco-Reco, Carlinhos da Mangueira, Cabo Fumaça, Muçum, Mussum, Caco, Diabo, Malhado, Mussa, Kid Mumu. Em seus 53 anos, Mussum viveu muito. Ganhou e perdeu muitas lutas, mas como bom malandro, deixou sua marca e seguiu presente nos nossos pensamentos de uma forma que nem o tempo conseguiu apagar.

Prefácio

Eu não podia começar esse *prefacis* sem antes falar da honra que é poder fazer parte, de alguma maneira, da história de Mussum; do privilégio que é poder reverenciar quem pavimentou os caminhos para que pessoas como eu pudessem existir fazendo humor atualmente; da alegria que é ter um contato ancestral muito poderoso com quem veio antes.

Mesmo em diferentes contextos, não é apenas o fato de dedicarmos vida – e no caso dele, também memória – para um dos ofícios mais bonitos do mundo que me traz identificação. Para além de nossas escolhas pela graça, a identificação toca também em nossa história de vida. As dificuldades vividas com a mãe na infância, o amor pela música, a dedicação aos estudos, a virtude de fazer rir. Tudo isso me contempla num lugar muito pessoal e tenho certeza de que contemplará muitas outras pessoas também. Sobretudo, artistas negros que tem como referência um homem preto, de origem pobre, ocupando um lugar de destaque fazendo arte e motivando sonhos de tantos outros, impulsionando e enriquecendo a cultura com representatividade – palavra que talvez não estivesse em pauta naquele momento, mas que sempre foi necessária para a construção de gerações, inclusive a minha. Nos sentirmos representados é de suma importância, ainda mais quando nos enxergamos em espaços onde ainda somos minoria. Ter alguém "de nós" que ainda reverbera mesmo depois de tantos anos é a possibilidade e o combustível para mudarmos, quem sabe um dia, definitivamente esse placar.

Antônio Carlos Bernardo Gomes é retratado em *Mussum: uma história de humor e samba* com muita delicadeza e respeito pelo autor, Juliano Barreto. Sem perder nenhum detalhe, é possível fazer uma visita a todas as passagens mais importantes da vida do multiartista mangueirense. Com profundidade e destreza, vamos descobrindo aos poucos o homem por trás da persona e algumas de suas vulnerabilidades. Uma ode ao que fundamenta a sua "máscara de palhaço" da infância do menino carismático e expansivo – e algumas vezes tímido – ao homem que se entregou ao samba e se eternizou como um Trapalhão; dos obstáculos colocados pela vida, ao sucesso e toda a irreverência que coroou quem eu chamaria de "o maior que nós temos". O livro é uma dessas leituras que passam rapidamente e nos fazem querer ter cruzado, em alguma mesa de algum bar qualquer, com o personagem principal. E ao final, nos deixa com uma sensação agridoce. É como sentir saudade de uma pessoa que não pude conhecer, mas que agradeço por ter existido.

Que artistas pretos com legados históricos como o que vemos registrado nas próximas páginas e que determinou estilos de criação, seja no samba ou no humor, possam contar suas próprias histórias e sejam celebrados em vida, tanto quanto Mussum foi, mas, na impossibilidade dessa continuidade de celebrações, que tenham seus nomes cravejados com amor na caixinha do *forévis* de cada um.

Mussum é para sempre.

Bruna Braga, *humorista, roteirista e comunicadora*

Capítulo 1
Na subida do morro é diferente (1941)

"A maré está bravis. Está mais para urubu do que para beija-florzis"

Antônio Carlos Bernardes Gomes nasceu em uma segunda-feira, 7 de abril de 1941, no Morro da Cachoeirinha, no estado do Rio de Janeiro. Sua mãe, a empregada doméstica Malvina Bernardes Gomes, com trinta anos, já criava sozinha uma menina de dois anos chamada Nancy e encontraria dificuldades ainda maiores para continuar a sobreviver com seu pequeno salário, tendo duas bocas para alimentar. Trabalhando nas casas ricas da Zona Sul, onde se destacava pela boa mão como cozinheira, Malvina não sabia ler nem escrever e, por isso, desconhecia os eventos que fariam de 1941 o ano em que a Segunda Grande Guerra se tornaria, de fato, a Segunda Guerra Mundial. Para ela, os nomes de Churchill, Hitler, Stalin e Roosevelt não significavam nada. Bombardeios na Iugoslávia, batalhas pelo domínio do Norte da África ou os confrontos entre nazistas e soviéticos eram infinitamente menos importantes do que a luta diária para alimentar seus dois filhos e fazê-los escapar dos surtos de sarampo e difteria que matavam tantas crianças nas favelas cariocas.

Malvina era apenas mais uma negra pobre que acordava cedo todo dia para pegar um taioba, bonde sem janelas destinado a levar cargas e trabalhadores suburbanos em direção ao centro. Após passar a semana toda servindo aos patrões em Copacabana, voltava para casa às sextas-feiras com uma enorme trouxa de roupas sujas para serem lavadas e passadas nas disputadas fontes públicas próximas à linha do trem. Usava sabão caseiro fabricado com sebo de boi, soda e folhas de cheiro, e, depois de esfregar, enxaguar e torcer as peças, colocava tudo em bacias que eram carregadas na cabeça até um local onde lençóis, saias, camisas e vestidos pudessem ser quarados, pendurados e secos. Terminada essa etapa, começava o trabalho com um par de ferros à brasa. Enquanto usava um, o outro ficava esquentando no aguardo para substituir o primeiro quando este esfriasse. O rodízio entre os dois ferros continuava noite adentro, com a passadeira trabalhando até a última peça ou até a exaustão completa.

Na segunda-feira, acordava novamente no comecinho da manhã para levar as peças de volta à casa dos patrões e começar uma nova jornada entre vassouras e panelas. Regra na época, a presença dos filhos dos empregados era condicionada ao trabalho das crianças. Em troca de um prato de comida ou de "lições de bons modos", Nancy e Carlinhos passaram a carregar baldes de água, picar cebolas ou varrer quintais tão logo aprenderam a andar. Conservando hábitos dos tempos da escravidão, a alimentação dos empregados era feita nos fundos das casas, com pratos cheios de sobras dos almoços e jantares. As lições de etiqueta ministradas pelas patroas às filhas das empregadas começavam com promessas de ensiná-las a se portar como damas, mas terminavam invariavelmente com castigos físicos e mais tarefas da casa. Novamente, a ideia principal consistia em fazer alguém trabalhar muito a troco de comida. Essa lógica era ainda mais cruel com os meninos, impedidos de frequentar a casa dos patrões a partir do final do período da primeira infância, afinal já não eram mais úteis para os serviços domésticos; deveriam trabalhar de verdade e garantir seu próprio sustento – além de evitar problemas pela influência negativa aos meninos ricos ou "fazer mal" para as donzelas. No caso do pequeno Antônio Carlos, essa fase de distância forçada da mãe passou-se nas casas das comadres de Malvina e entre outros garotos do Morro da Cachoeirinha, que desciam até as ruas de Lins de Vasconcelos e do Engenho de Dentro para fazer pequenos bicos como engraxates ou carregadores de sacolas. Apesar das dificuldades das ruas, o garoto começava a mostrar uma personalidade expansiva e zombeteira. Entre um carreto e outro, Carlinhos adorava organizar peladas de bola de meia, soltar pipas e pregar peças nos adultos.

Uma de suas traquinagens preferidas consistia em amarrar latas de azeite vazias nos rabos de cabras e bodes dos terrenos baldios e depois soltá-los no meio das feiras livres. Os animais, desesperados pelo incômodo, saíam correndo e coiceando para se livrar das quinquilharias, enquanto o lugar virava um caos. Outro divertimento do moleque tinha como alvo os distintos cavalheiros que passavam pela rua usando chapéus. Ao lado dos comparsas, o moleque amarrava uma linha de pipa no tronco de uma árvore de um lado da rua e esperava um incauto passar, escondido do outro lado da calçada. Quando a vítima estava no lugar e na hora certa, a linha era puxada e o chapéu caía no chão como se puxado fantasmagoricamente. Anos mais tarde, Mussum contaria que a brincadeira precisou dar errado uma vez só para ser deixada de lado. Certa feita, um dos moleques não se aguentou e acabou rindo, revelando o esconderijo e o truque. O homem que havia caído no golpe correu atrás dos meninos, alcançou um deles e lhe desferiu vários pontapés. Fugir de homens irados por causa de brincadeiras, no entanto, não seria o maior problema na infância de Antônio Carlos.

A falta de dinheiro de Malvina fazia com que a família não conseguisse fixar residência por muito tempo em uma mesma casa. Bastava um aumento no aluguel ou uma despesa imprevista com roupas ou remédios para que as finanças desandassem, as dívidas acumulassem e fosse necessário arrumar um lugar mais barato para se viver. Quando, ao contrário, sobrava algum dinheirinho proveniente da lavagem de roupas ou um novo emprego com melhor pagamento era conquistado, o investimento prioritário para a família era mudar-se para casas minimamente confortáveis. Nessas peripécias, Malvina, Nancy e Carlinhos saíram do Morro da Cachoeirinha para morar por curtos períodos em pequenas casas nos rincões mais suburbanos, como em uma favela apelidada de Morro da Catacumba. Na Zona Norte, as primeiras moradas foram nas ruas Bucareste e 21, em Parada de Lucas, e, mais tarde, na rua Magé, na Penha Circular. Entre uma mudança e outra, Carlinhos aprendeu a se adaptar rápido, fazendo amizades por onde passava. Sem nenhuma timidez, cumprimentava todos que via pela frente e logo cativava toda a vizinhança, sendo, ao mesmo tempo, educado e brincalhão, tímido e expansivo.

Chegou um momento em que não importava mais o número da casa ou a rua em que o moleque morava. Conhecia todo mundo e sempre arranjava um jeito de se divertir – embora tivesse pouquíssimos cruzeiros nos bolsos de suas calças curtas. O programa preferido nos dias quentes era se banhar no valão de Parada de Lucas. Nos fins de semana, adorava acompanhar as partidas do Onze Terríveis, time de várzea da região que era imbatível em seu campinho de terra batida, e ouvir os pagodes que rolavam depois dos jogos. Com menos frequência, conseguia juntar uns trocados e ver filmes no Cine São Pedro, tudo ali pertinho. Por conta da rede de amizades cada vez maior, ele percebeu que muitos garotos da sua idade, em vez de trabalharem nas ruas, começavam a entrar na escola. Afinal, no mesmo perímetro das peladas e dos banhos de vala, estava a escola municipal Conde de Agrolongo.

Carlinhos revelou o desejo a Malvina que, apesar das dificuldades financeiras, já andava preocupada com a vida livre do filho nas ruas. Seu maior sonho era ver o moleque formado como engenheiro, e não sendo mais um malandro, mas, mesmo assim, impôs uma condição para que ele fosse matriculado: para provar que estava se aplicando aos estudos, depois de cada aula Antônio Carlos teria que repassar todas as lições e ensinamentos para a mãe. Empolgado com a chance de estudar e ciente da responsabilidade que assumira com a família, o garoto se esforçou e logo começou a alfabetizar a mãe e dividir com ela tudo o que absorvia das aulas de matemática, história e geografia. Mesmo cansada pela lida diária, Malvina fazia questão de ouvir as novidades que o filho trazia do grupo escolar e surpreendia-se com os avanços rápidos obtidos.

Um belo dia, Carlinhos revelou sua adoração por José do Patrocínio e fez uma verdadeira palestra para sua mãe e sua irmã sobre o abolicionista que figurou como um dos nomes mais importantes na luta pelos direitos dos negros brasileiros no final do século XIX, atuando como jornalista, militante político e até mesmo acolhendo fugitivos da escravidão. Para o garoto pobre do subúrbio, mais do que um nome em um livro, Patrocínio era um modelo de superação. Nascia ali uma obsessão pelo estudo que ficaria presente por toda a vida de Mussum. Mesmo após o sucesso como músico e comediante, ele não se cansava de dar conselhos, e às vezes broncas, em colegas e nos próprios filhos quando notava falta de interesse nos estudos. Depois dos sermões que falavam da importância da educação em sua vida, o comediante gostava de arrematar o discurso dizendo:

— Burro preto tem um monte, mas preto burro não dá!

Em 1954, terminado o ciclo do ensino primário, período equivalente hoje aos quatro primeiros anos do ensino fundamental, Malvina fez a vontade do filho e decidiu mantê-lo estudando. Pobre, negro e suburbano, Carlinhos estava afastado de qualquer possibilidade de entrar nas disputadas escolas da Zona Sul. Acabou tentando a sorte como candidato a interno da Fundação Abrigo Cristo Redentor, um programa educacional criado na Era Vargas pela primeira-dama Darcy para acudir crianças carentes, em sua maioria órfãos e meninos de rua.

A fundação tinha um esquema de inspiração militar, preocupado primeiro em disciplinar seus alunos e depois em educá-los. Havia até mesmo um programa para transformar os alunos veteranos em monitores que, segundo o regulamento da instituição, teriam a função de "estimular e desenvolver entre os alunos a educação moral e cívica, o verdadeiro sentido da subordinação, e a prática de trabalhos como auxiliares da disciplina". Chamado de Conselho de Monitores, o órgão interno era responsável por julgar as faltas cometidas pelos alunos e estabelecer penalidades e punições que depois seriam avaliadas por um tribunal escolar. Após a matrícula, os admitidos recebiam um número de identificação (Mussum seria o interno 114-54), a ser usado em seus armários, uniformes e roupas de cama. A partir daí, o único contato com a família seria feito no último domingo de cada mês. A rotina diária incluía um toque de recolher, a marcha em pelotões e castigos físicos humilhantes para quem desobedecia às regras. Além de surras, os monitores deixavam os alunos em pé durante horas, no meio do pátio, para servir de exemplo. O clima era tão severo que, a partir de 1962, as escolas da Fundação Cristo Redentor deixariam de receber alunos carentes com o intuito educacional para assumir o papel de centro de detenção para menores com ficha criminal.

Aos doze anos, Antônio Carlos Bernardes Gomes chegou ao instituto Profissional Getúlio Vargas, uma das escolas da Fundação Cristo

Redentor, em março de 1954, medindo 1,53 metro e pesando 42,4 quilos, o bastante para ser inscrito como um candidato de "nutrição boa" e passar em um processo de seleção destinado a definir se os internos tinham as mínimas condições de receber estudo ou se deveriam ser enviados para sanatórios ou reformatórios. A vida dura dentro dos muros do internato era vista como oportunidade imediata de fugir da miséria, e ser aprovado mereceu comemoração. Ao contrário dos ciclos ginasiais dos colégios comuns, a grade curricular da fundação exigia que o aluno aprendesse, além das disciplinas tradicionais, alguma profissão que lhe garantisse o sustento. No mais, ficar sem os parentes não seria propriamente uma novidade. Carlinhos já havia se acostumado até a passar as noites de Natal longe da família, já que Malvina e Nancy trabalhavam dobrado, cozinhando para as ceias de feriados como Páscoa, Natal e Ano-Novo dos patrões.

A saudade dos jogos do Onze Terríveis e a vontade de jogar bola descalço na rua incomodavam. Mas, por outro lado, o tempo de internato fez com que crescesse o interesse do garoto pelo Flamengo. Nos 1.177 dias em que ficou praticamente enclausurado na Fundação Cristo Redentor, o rubro-negro conquistou um épico tricampeonato em 1955, com um timaço formado por Servílio, Dequinha, Jordan, Zagallo, Evaristo Macedo e Dida. Comandado pelo técnico paraguaio Manuel Fleitas Solich, apelidado de El Brujo, o time da Gávea conquistou o tri de forma emocionante perante o América, em uma série de três jogos que teve uma vitória de 1 a 0 no primeiro confronto, uma goleada de 5 a 1 na segunda partida e uma final apoteótica com o atacante Dida, do Flamengo, fazendo todos os gols do placar de 4 a 1. Mussum nunca explicou quando ou por que se apaixonou pelo Mengão, mas há enormes chances de que ele e uma infinidade de moleques tenham escolhido o time depois daquela tarde de Maracanã lotado.

Fora a eventual oportunidade de ouvir os jogos do Campeonato Carioca aos domingos, a rotina da Fundação Cristo Redentor fazia com que os internos pensassem muito mais em trabalho do que em diversão. Internos dos cursos de alfaiataria, padaria, pesca, sapataria, marcenaria, cestaria, lavoura, mecânica ou vassouraria tinham o dia inteiro marcado por uma agenda de atividades com hora exata para começar. Acordados às cinco horas da manhã, os garotos encaravam um total de sete horas de aulas, divididas em dois turnos. Em dias de semana, acontecia o seguinte: às 5h30, educação física; às 6h20, café da manhã; às 7h55, aulas teóricas; às 11h20, almoço; às 12h30, aulas práticas; às 16h40, banho; às 17h30, jantar; às 18h45, estudo; às 20h30, toque de silêncio. Para facilitar a transição entre o regime fechado de ensino e a entrada no mercado de trabalho, um pequeno salário era oferecido aos estudantes dos últimos dois anos para que pudessem começar sua vida profissional. No caso de Antônio Carlos, o curso de ajustador mecânico rendia uma remuneração diária e a indicação para ser contratado como auxiliar em alguma oficina. Foi o que acabou acontecendo em 3 de junho de 1957, quando o garoto recém-formado saiu da fundação com 269 cruzeiros no bolso e uma indicação para trabalhar como aprendiz em uma garagem no bairro do Rocha, na Zona Norte, desmontando peças automotivas e ajudando em consertos gerais.

O trabalho seria essencial para seu retorno ao convívio familiar. Naquela época, Malvina e Nancy haviam se mudado da Penha para morar em São Francisco Xavier, distante uma estação de trem do Morro da Mangueira, em um pequeno cômodo de uma cabeça de porco – apelido dado aos cortiços que reaproveitavam casarões do período colonial para abrigar de forma precária famílias de baixa renda. Ao retornar do colégio interno, Carlinhos precisaria dividir o quartinho com a mãe e a irmã, sobrando para ele uma cama de montar no pequeno corredor que servia como sala improvisada.

A situação virou até piada, mais tarde, já nos anos 1990, quando Mussum gravou uma composição de Noca da Portela, Romildo Bastos e Toninho Nascimento chamada "Cabeça de porco". As dificuldades com o barulho dos vizinhos e a falta de banheiro nos quartos foram ironizadas de um jeito bem direto, na base do rir para não chorar. Antes do batuque começar, Mussum fala que, no cortiço, quando um rádio de pilha vacilava, fungando errado, a vizinha gritava: "Goza logo, *vagabundis*, que eu quero dormir!". Na letra da canção, a explicação didática do cenário e das principais queixas dos seus moradores: "Cabeça de porco geralmente é um sobrado que abrigava no passado gente da aristocracia/ Mas hoje em dia, totalmente alugado, serve para o desafortunado não ficar sem moradia/ Constantemente quando é hora do batente tem sempre gente na frente com toalha e guarda-pó para tomar banho e escovar os dentes/ Mas sempre rapidamente/ Porque o banheiro é um só".

A falta de privacidade não se resumia à dificuldade de usar o banheiro. As candinhas passavam o dia conversando com os cotovelos nas janelas do cortiço, e Carlinhos, que dormia perto do corredor, ameaçava ficar pelado na sala para evitar que o fuxico entre as comadres impedisse seu sono. Com a falta de espaço e de sossego, o jovem andava com um desejo enorme de ver o mundo após tanto tempo trancado no colégio interno. Depois do expediente na oficina, perambulava pela Leopoldina em busca dos antigos amigos de infância e, assim, acabou descobrindo o União da Guanabara, bloco carnavalesco do bairro que se tornaria sua segunda casa. Além de promover animados ensaios e rodas de samba, a agremiação saía pelas ruas sem nenhuma organização de alas ou coisa parecida, com os integrantes vestindo fantasias improvisadas e tocando instrumentos feitos artesanalmente.

Era um dos chamados blocos de sujos da periferia. Mesmo assim, era divertido e serviu como um primeiro contato mais sério de Carlinhos com o mundo do samba. Ali descobriria sua grande facilidade no domínio da percussão e começaria a entender que suas pernas compridas poderiam ajudá-lo a imitar os passos de mestre-sala com desenvoltura.

Nas reuniões com amigos do União aprendeu rapidamente a sambar, com base na observação, e começou a tocar pandeiro, tantã, surdo, agogô e tamborim, se bem que, na hora do partido-alto, esses instrumentos caíam sempre nas mãos dos sambistas mais experientes. Para o moleque, sobrava o velho reco-reco cavado no gomo de bambu. Se tocasse bem, muito bem. Se tocasse mal, aquele som não conseguia atrapalhar o pagode. Às vezes pintava até um reco de metal, mas, coisa rara que era, não ficava inadvertidamente passando de mão em mão.

Incomodado com aquilo, Carlinhos aproveitou seus conhecimentos de ajustador mecânico recém-formado e o acesso a chapas, molas, porcas e parafusos da oficina para montar seu próprio instrumento e entrar de vez na bagunça. Era assim que os sambistas da época se viravam. Não muito longe dali, em Mangueira, Mestre Valdomiro havia descoberto alguns anos antes as maravilhosas propriedades do couro de gato na confecção de tamborins. Um tanto mais para trás, o pioneiro Bide, da Deixa Falar, usou um latão de manteiga para criar o primeiro surdo. E em quase toda roda de samba em que sobra gente e falta instrumento, qualquer caixinha de fósforo ou faca batida no prato acabam dando conta do recado.

O reco-reco montado na oficina fez sucesso no bloco e virou sobrenome para Antônio Carlos, agora chamado pela rapaziada de Carlinhos do Reco-Reco, mas o sobrenome mudaria rapidamente por conta de uma feliz coincidência. No caminho diário para o trabalho, Malvina conheceu Rita de Oliveira, também moradora da Zona Norte, também empregada doméstica e também mãe de um rapaz que estava saindo da adolescência. Os frequentes encontros e a longa jornada entre Parada de Lucas e Copacabana, entre a Penha e o Centro, logo fizeram com que as duas virassem comadres e combinassem de apresentar os dois filhos. Nilton, apenas dois anos mais velho, acabara de se alistar para a Aeronáutica e seria uma boa influência para Carlinhos. O que não estava no script das mães corujas era a paixão dos filhos pela bola, pelo samba e pela cana. Nenhuma das duas imaginava que a amizade começada ali daria tão certo.

Nem bem foram apresentados, Nilton e Carlinhos formaram um elo muito forte. Mais que amigos, seriam *cumpadis*, denominação que Mussum usaria pelo resto da vida para definir seus amigos mais chegados, aqueles capazes de recebê-lo de madrugada sorrindo, acompanhá-lo por horas intermináveis de bebedeira e aconselhá-lo nos momentos mais difíceis. E foi assim desde o começo. Eles acordavam cedo aos sábados para jogar bola no campinho do Morro do Braga, emendavam a pelada com uma rodada de samba e cerveja e, quando alguma rádio começava a anunciar a transmissão da rodada do Campeonato Carioca, corriam descalços para o Maracanã.

Carlinhos torcia para o Flamengo e o amigo era botafoguense, mas isso não tinha influência nenhuma. O estádio era tão perto, as entradas da geral custavam tão pouco e os jogos eram tão recheados de craques que qualquer partida valia a pena ser assistida. O futebol carioca vivia uma era de ouro, com esquadrões lendários atuando não apenas nos quatro clubes mais tradicionais, mas também no América e no Bangu. Um estrelado elenco de coadjuvantes perfeito para testemunhar a presença extraterrena de Mané Garrincha em campo.

Após os jogos, Carlinhos e Nilton voltavam para suas casas fazendo uma peregrinação pelas tendinhas e pagodes que encontrassem pelo caminho. Entre vários, o lugar preferido da dupla era um boteco na esquina da rua do Matoso, próximo da estação Praça da Bandeira, onde bebiam cachaça e comiam bolinhos de bacalhau até o dono do bar colocá-los para fora, exausto, querendo ir dormir. A geral do estádio Mário Filho servia como ponto de encontro para o pessoal do samba e ali sempre surgiam convites para intercâmbios que levavam salgueirenses para a Mangueira e mangueirenses para o Salgueiro, além de outros destinos menos votados. Só havia um problema: sem nunca explicar o motivo, Carlinhos não gostava de subir para as entranhas do Morro da Mangueira. Morando ali pertinho, do outro lado da linha de trem, em São Francisco Xavier, ele não queria saber de passear pelos "bairros" da Estação Primeira. Sabia muito bem onde ficavam Buraco Quente, Candelária, Chalé, Olaria, Vacaria, Faria e Quinhentos, mas não arredava o pé da avenida Visconde de Niterói quando ia junto de Nilton para a comunidade.

O amigo, por outro lado, se esbaldava pelas vielas da nação verde e rosa, e ficava cada vez mais à vontade para frequentar vendinhas, rodas de samba e namorar com as belas garotas que moravam por ali. Nilton sempre insistia, sem sucesso, para o amigo acompanhá-lo. Mas Carlinhos ficava apenas no pé do morro, sentado, esperando por horas, sem sequer tomar uma cerveja nas vendinhas. Com o tempo, a situação começou a ficar insustentável. Nilton engatou um namoro sério com Eli Gonçalves da Silva, a Chininha, e não queria saber de fazer outra coisa que não fosse ficar em Mangueira. A moça era neta de ninguém menos do que Saturnino Gonçalves, um dos fundadores do Bloco dos Arengueiros, agremiação transformada por ele, Cartola, Zé Espinguela e Carlos Cachaça na Estação Primeira de Mangueira. A história da escola de samba e de sua família é uma só. Não houve – e provavelmente não haverá – nenhum samba-enredo, fantasia, ensaio ou desfile mangueirense sem a participação de pelo menos um descendente direto ou indireto do Velho Saturnino.

A histórica casa do clã, onde a escola começou ainda com o nome de Bloco Estação Primeira, em 1928, continuava de pé e tornara-se, informalmente, uma espécie de centro cultural do morro. No lugar do cenário atual, poluído pelo barulho dos carros e ônibus nas avenidas e pelo emaranhado de fios nos postes, havia ali um cenário bucólico com ares de cidadezinha do interior. A casa era cercada de figueiras, amendoeiras, jambolões e pés de carambola, todos com os frutos enrolados em jornal para evitar um banquete dos passarinhos.

Neuma, uma das filhas de Saturnino, e seu marido, Celsinho, promoviam no local encontros com figuras como Cartola, Padeirinho, Robertinho, Mestre Valdomiro e outros mangueirenses históricos. Rolavam, além das rodas de samba, suculentos churrascos, peixadas e feijoadas e, claro, cerveja e cachaça à vontade. O puxador Jamelão, também presença constante na área, gostava de comer um caju especial, aplicando seringas de cachaça no fruto e depois o deixando no congelador – tarefa entediante e trabalhosa, geralmente passada para o pessoal mais novo. Após passar o tempo certo na geladeira, Jamelão voltava à cena do crime trazendo um belo peixe do Mercado de Niterói e armava uma reunião regada a caju e pescados na brasa. Difícil saber se o samba ou o menu era o mais saboroso.

Quando não havia festa, a casa de Dona Neuma transformava-se em um segundo lar para a molecada de Mangueira. A matriarca abria suas portas para receber os meninos e meninas da favela cujas mães estavam trabalhando como domésticas e lavadeiras, dando de comer e até dando aulas básicas de alfabetização. Como costumava falar dois palavrões a cada três palavras, ou até mais, Neuma usava termos de seu cotidiano para ensinar a garotada. No lugar de "vovô viu a uva", mostrava como escrever expressões impublicáveis que faziam os alunos rirem muito, mas também prestar muita atenção.

Sem saber, Carlinhos estava perdendo tudo isso, mas, no belo dia em que se cansou de esperar o amigo e entrou na primeira vendinha que viu para tomar uma cerveja, acabou adotando e sendo adotado pela Mangueira de uma maneira arrebatadora. A identificação com Neuma, Celsinho, Chininha e a dinastia mangueirense foi tão instantânea e forte que, anos mais tarde, Mussum diria com frequência que fora criado no quintal de Dona Neuma. Em cena, em *Os Trapalhões*, usava sua relação com a comunidade como uma espécie de "certificado de procedência" que responderia a brincadeiras sobre sua sexualidade. Se Dedé falava "Cara, você está *engraçado*", insinuando que o colega era homossexual, Mussum retrucava com um "Sai pra lá! Fui criado na Mangueira! Lá não tem ninguém *engraçadis*, não".

A paixão tardia pelo morro começou com as festas na casa de Dona Neuma, onde constantemente acabava dormindo no mesmo canto em que a bebedeira o derrubava, mas foi aprofundada nas várias biroscas do Buraco Quente, parte da favela onde a rapaziada do samba se reunia para falar sobre a vida, compor e, claro, beber cerveja e cachaça. A demanda da clientela era tanta que os comerciantes nem ligavam para a concorrência. Qualquer barraquinho com dois metros de frente podia ser transformado em bar: bastava uma estante para expor dois ou três litros de cachaça e uma bandeja para os copos. Cozinha, geladeira e balcão eram opcionais. Já o caderninho, para pendurar a conta e pagar no final da semana, era obrigatório.

Dentro dessas opções, o lugar preferido de Carlinhos era a tendinha do Nenê Cotó, apelidada assim após seu proprietário ter o antebraço amputado depois de um acidente. Ali, bem no pé do morro, bebia qualquer coisa que caísse em seu copo e partia depois para dar um alô ao pessoal na birosca da Dona Efigênia, do outro lado da rua, onde era proibido cuspir no chão. Quem descumprisse a regra tinha que aguentar muito xingamento e até pagar multa. Isso sem falar da quadra da Estação Primeira de Mangueira, apelidada de Cerâmica, onde o moleque era presença mais constante que o porteiro. A epopeia seguia morro acima de tendinha em tendinha e, dependendo das companhias e dos convites, a bebedeira poderia terminar na quadra do Salgueiro, em Vila Isabel, ou em qualquer quadra em um raio de muitos quilômetros. O caminho era sempre feito a pé, com paradas obrigatórias em todos os botequins pelo caminho. Durante a caminhada, a bebida preferida era a cachaça, mais barata e poderosa. Mas, para não tomá-la pura, sempre rolava um xaveco no dono da venda para misturar a aguardente com algum ingrediente para, ao menos, suavizar seu gosto.

O limão figurava como primeira opção, sendo seguido pela groselha e pelo mel. Na primeira receita, juntava-se a pinga com limão espremido e açúcar, o copo era chacoalhado e a mistura ganhava o nome de batida; a cachaça com groselha, por conta de seu tom vermelho opaco, ganhava o apelido de sangue; e a pinga com limão e mel virou, simplesmente, o *mé*. Ao longo do tempo, como se sabe, a nomenclatura da última receita ganhou notoriedade nacional e passou a servir para designar qualquer bebida alcoólica, com ou sem mel ou pinga. Mas isso só aconteceria muitos anos depois. Em meados dos anos 1950, Carlinhos, Nilton e a rapaziada mais jovem – e mais "duranga" – da Mangueira estavam mais preocupados em garantir algo para beber – independentemente do nome, da receita ou mesmo da procedência.

O salário de Carlinhos como aprendiz de ajustador mecânico era curto e nem sempre garantia o embalo do fim de semana. O jeito era improvisar e caçar qualquer oportunidade de beber gastando pouco – ou nada. A caça por birita começava, toda sexta-feira, em uma encruzilhada perto da casa de Dona Neuma. O local sempre era escolhido pelos pais de santo dos terreiros da região para depositar despachos com galinha, farofa e garrafas de cachaça. Nilton e Carlinhos não ligavam para a blasfêmia e desfalcavam os santos. Um litro de pinga seria o suficiente para garantir a diversão da noite, mas, antes de roubar os orixás, seguiam a superstição de urinar sobre a mão antes de pegar nas oferendas aos santos. De acordo com algo que ouviram morro adentro, o xixi serviria de proteção contra os exus que estavam sendo roubados. Evitava uma urucubaca. Depois de um tempo, o procedimento começou a ser esquecido. No lugar da mandinga, os cachaceiros começaram a checar sempre se as garrafas estavam com as tampas lacradas. Afinal, os furtos já eram tão constantes que eles tinham medo de que algum pai de santo vingativo colocasse veneno na bebida. O apetite por uma caninha não era exclusividade da dupla. Em mais uma dessas baladas incertas, Carlinhos e Nilton encontraram um despacho com uma galinha viva, bem preta e bem gorda. Como estavam a caminho da farra, pegaram a garrafa de Pitú e deixaram a ave escondida, amarrada em um terreno baldio. Na volta, viram que não eram os únicos malandros do morro. A galinha furtada do despacho havia sido roubada de novo.

A blitz em busca de cachaça não era restrita aos ebós. Além de passar de vendinha em vendinha armando *pinduretas* e beliscando os petiscos dos amigos e dos amigos dos amigos, a dupla atacava de penetra em terreiros, aniversários, batizados, casamentos ou qualquer outra festa. Numa noite dessas, ao perceber um movimento fora do comum morro acima, a dupla acabou participando de um velório. Pior que isso, como já estavam calibrados, deram um vexame histórico. Convidados a ajudar a carregar o caixão, não seguraram as próprias pernas e deixaram o esquife cair. Quase deu briga... Mas o vacilo virou lenda no morro e contribuiu para aumentar a fama daquele moleque gente fina. Em pouco tempo, Nilton passou a ser chamado de o Nilton do Carlinho. E Carlinhos, de Carlinho da Mangueira.

Junto com a fama de bom de copo, começava também a se espalhar entre os amigos a lenda da onipresença do personagem. Ele nunca perdia uma festa, uma pelada ou um jogo no Maracanã e, mesmo assim, não se atrasava para o trabalho na oficina ou para os ensaios da Mangueira ou do União da Guanabara. Um fim de semana típico de Carlinhos começava na tarde de sexta-feira, após o expediente, com uma espécie de pescaria amorosa na praça Serzedelo Correia, em Copacabana, onde se engraçava com as cozinheiras, domésticas e babás que trabalhavam na região e, findo o expediente, caíam no samba dos barzinhos.

No sábado, a melhor pedida era uma visita à praia de Ramos pela manhã, um futebol de tarde e, logo em seguida, uma roda de samba com cerveja e churrasquinho de gato até a madrugada. No domingo, além dos jogos no Maracanã, era dia de participar dos ensaios na quadra da verde e rosa e, mais tarde, dar uma passada na roda de samba no Salgueiro. Carlinhos só chegava em casa às cinco da manhã, dormia por cerca de uma hora, levantava, colocava o macacão e pegava o primeiro ônibus rumo ao bairro do Rocha. Nem as broncas de Dona Malvina adiantavam. Dizia ela que "um dia essas horas de sono vão fazer falta", mas mal sabia ela que o filho sempre dava um jeitinho de tirar um cochilo entre uma tarefa e outra, já recuperando a energia para o próximo fim de semana.

Capítulo 2
Samba em código Morse (1960)

> *"Se feitiço ajudasse goleiris, campeonato baiano não tinha artilheiris."*

A fase pacata, vivendo como mecânico durante o dia e como sambista boêmio à noite, estava prestes a acabar. Mussum já estava perto de completar dezoito anos e, influenciado pelo *cumpadi* Nilton, na época feliz da vida por servir na Base Aérea de Santa Cruz havia três anos, decidiu se alistar na Aeronáutica. Fazer parte da Força Aérea Brasileira (FAB) rendia status, um bom salário e a possibilidade de desenvolver uma carreira, além de comida, estudo e moradia gratuitos – presente e futuro muito melhores do que viver sujo de graxa numa oficina. Mas esse pacote de benefícios não era para qualquer um. A FAB era a mais exigente das Forças Armadas e selecionava para as suas fileiras apenas candidatos com bom porte físico e estudos completos. Os outros que fossem sujar o pé de lama no Exército. No final da puberdade, Antônio Carlos Bernardes Gomes não chegava a ser um modelo de força, mas tinha boa saúde e contava a seu favor com a formação pela Fundação Abrigo Cristo Redentor, praticamente uma escola preparatória para militares. Também ajudaram as dicas do melhor amigo, que ensinou os atalhos para passar pelo recrutamento impressionando os militares. Assim, Mussum foi convocado como recruta do prestigioso Terceiro Comando Aéreo Regional, na Base Aérea de Santos Dumont, pertinho do aeroporto. Na ficha cadastral constava o seguinte (SIC): altura: 1,71 metro; cabelo: carapinha; barba e bigodes: raspados; cor: preto.

Logo de cara, o garoto cativou seus colegas com a malandragem do morro e chamou a atenção dos superiores pela disciplina. Para quem havia passado três longos anos no colégio interno, os horários e rituais do quartel não eram novidade. Além disso, a cada reapresentação, a farda azul do recruta aparecia impecavelmente lavada, passada e engomada. Dona Malvina não cabia em si de tanto orgulho e caprichava no trato das roupas do filho, que, por sua vez, se lembrava dos tempos de engraxate na infância e deixava os coturnos sempre brilhando. Somado aos elogios no quartel pelo aprumo nas vestimentas, o cuidado com o uniforme rendia cumprimentos respeitosos dos homens e olhares diferentes da mulherada encontrada pelo caminho entre São Francisco Xavier e o III Comar. Mussum logo sacou que as vantagens de ser militar podiam ir além de receber um soldo no final do mês – a partir daí, era raro ver o recruta sem sua farda completa.

A adaptação rápida não foi apenas no visual. Aconteceu na Base Aérea o mesmo fenômeno ocorrido em Mangueira: com suas piadas e o jeito sempre humilde e malandro, Mussum rapidamente tornou-se popular. Levou para dentro da vida militar o costume de cumprimentar todo mundo que encontrava e depois, incrivelmente, lembrar de detalhes de conversas, mesmo breves, tidas com os colegas. Embora ficasse mais preso ao trabalho interno de almoxarife e aos treinamentos restritos aos recém-alistados, Antônio Carlos sempre dava um jeito de puxar conversa e aumentar sua rede de conhecidos nos intervalos dos jogos de futebol do campeonato interno, durante as aulas de defesa pessoal ou na hora do rancho no refeitório, os momentos em que militares de todas as patentes conviviam no mesmo espaço e horário independentemente do setor e da função. Como nessa fase inicial o recruta tinha folgas raríssimas, apenas a cada quinze ou vinte dias, sobrava tempo para contar piadas, colocar apelidos nos colegas e até tocar bateria no curso de teoria musical.

A popularidade quase instantânea não impediria que o novato fosse alvo de gozações. O jeito cheio de ginga do mangueirense andar inspirou o jocoso apelido de Pé de Rodo. Por ter os pés grandes, de número 44 de bico largo, e a pisada supinada, ou apenas por ter desenvolvido uma espécie de tique, Mussum sempre andou fazendo um movimento de chute de chapa com seu pé direito, girando levemente o calcanhar para a frente. Os soldados mais antigos perceberam a mania e começaram a tirar sarro. Para desespero do recruta, o ato era involuntário e nem os calçados de solado duro e cano alto da Aeronáutica conseguiam esconder os passos abertos. Foi talvez o primeiro apelido indesejado que Antônio Carlos ganhou na vida, mas não seria o último.

Dedicado aos estudos e treinamentos da Aeronáutica, Mussum completou seu primeiro ano de carreira militar em fevereiro de 1960, com a notícia de ter sido considerado apto a uma promoção. Foi inscrito na Companhia de Polícia do Quartel General da Terceira Zona Aérea como Soldado de Segunda Classe (S2), e decidiu gastar seu futuro salário com uma boa farra no bordel. Não foi apenas pela ocasião especial. Com os hormônios da adolescência percorrendo suas veias, Mussum aguardava ansiosamente as folgas para visitar a praça Tiradentes, no centro do Rio, e se perder na vida noturna de suas boates, bares e zonas.

Quando o passeio era aos sábados, vestia-se com seu único paletó para poder entrar nos tradicionais bailes de gafieira do Elite e da Estudantina. Bebia um drinque chamado Traçado, mistura de pinga com alguma outra bebida amarga como Jurubeba, Cynar ou Vermute, batidas de limão e de maracujá, conhaque, cachaças Pitú e Prainha, e depois dançava a noite toda até arrumar uma parceira que quisesse um pouco mais do que deslizar para lá e para cá no salão. Quando conseguia escapar logo na sexta-feira, o destino imediato era a zona do meretrício no centrão, e o traje era sua farda de soldado. Além de evitar problemas, como assaltos ou brigas, o brasão da FAB ajudava a conseguir descontos no preço dos serviços e alguns mimos das moças — as prostitutas da época cobravam mais caro para tirar toda a roupa ou para mostrar os seios no ato do coito. Ser militar garantia um bom argumento na hora da negociação desses benefícios extras.

Nessa mesma época, também nas cercanias da praça Tiradentes, Mussum passou a ir seguidamente ao Clube dos Baianos, um bar simples, frequentado por prostitutas e boêmios da classe trabalhadora. A diferença era que por lá ele era atração, e não apenas cliente. Fã de samba, o dono do estabelecimento abria espaço para que músicos de diversos morros e escolas usassem o bar como ponto de encontro, para ensaios e rodas de samba improvisadas nos fins de semana – sem cobrar nenhum cachê para tocar. Nessas reuniões, cresceu a proximidade entre Mussum e Jonas Silva, exímio pandeirista, cantor e passista de destaque nos desfiles da Mangueira. E, por meio de Jonas, foram sendo criadas outras dezenas de amizades essenciais para a formação musical de Carlinhos do Reco-Reco. A turma mais numerosa vinha do Salgueiro, mas não faltava gente de outros cantos dos subúrbios cariocas tocando, conversando e bebendo no Clube dos Baianos. Zé Luís, uma figura que mudaria o patamar de Mussum como sambista, por exemplo, era frequentador assíduo da escola União da Piedade. O tocador de tamborim não media esforços para ajudar na sobrevivência de sua escola preferida e descobriu uma veia de empreendedorismo quando, para salvar um desfile no final dos anos 1950, conseguiu financiamento para fantasias e instrumentos, fazendo uma permuta com o departamento de propaganda de uma refinaria. Em troca do dinheiro, reuniu os amigos ritmistas e as cabrochas da área para gravar um jingle comercial. A partir daí, a vocação para transformar a batida do samba em cruzeiros no bolso virou profissão, e a presença de Zé Luís nos pagodes dos bares e das favelas já não tinha só a ver com diversão e música. O radar do tamborinista sempre estava ligado para cavar convites para fazer shows em boates, tocar em blocos ou participar de gravações como músico de aluguel. E foi assim, nessa constante busca por oportunidades de trabalho, que Zé Luís ficou sabendo que o produtor Carlos Machado estava contratando sambistas para formar uma Caravana Cultural.

A essa altura, Machado não ocupava mais o espalhafatoso posto de maestro do Cassino da Urca. Sem rivais comparáveis, ele era, sem qualquer dúvida, o nome mais importante da noite carioca. Descrevia a si mesmo com a seguinte lista de funções e adjetivos: galanteador, descobridor de mulheres bonitas e talentosas, desportista, bailarino, maestro, jornalista, dono de restaurantes e boates, militar, notívago, jogador inveterado, mulherengo incorrigível, produtor e diretor de musicais e pai amantíssimo.

A transformação do maestro Machado em tubarão do showbiz fluminense começou em 1946, quando o general Eurico Gaspar Dutra, então presidente da República, decretou o fechamento dos cassinos sob o argumento de que "a tradição moral, jurídica e religiosa do povo brasileiro é contrária à exploração dos jogos de azar". Machado então reinventou a diversão noturna, montando luxuosas casas de shows inspiradas em seus anos de farra nos cabarés franceses e nos grandes musicais estadunidenses. Sempre contando com Grande Otelo como estrela e um elenco de vedetes espetaculares, o produtor conquistou a alta sociedade, os políticos e os gringos de passagem pelo Rio de Janeiro. Em 1953, montou o espetáculo *Esta vida é um carnaval*, colocando de forma pioneira no palco da boate Night and Day os integrantes da Império Serrano e, assim, inaugurando o que era anunciado como o "primeiro show de mulatas para exportação", ideia que se tornaria uma mina transbordando ouro.

Por tudo isso, trabalhar com Machado seria um sonho para Zé Luís. O sambista de Piedade então tratou de juntar os melhores músicos que conhecia para participar de uma audição que selecionaria o elenco para a próxima temporada de shows. Seria uma oportunidade e tanto, uma vez que o produtor tinha uma agenda repleta de compromissos e precisava de artistas para tocar no luxuoso Golden Room, do Copacabana Palace, em apresentações na TV e no rádio, e ainda fazer turnês nacionais e internacionais. Seria também uma prova dificílima, pois praticamente todos os sambistas da Guanabara tentariam uma vaga na trupe.

Para impressionar Machado, Zé Luís bolou um conjunto completo, com doze integrantes. Seriam cinco cabrochas e sete ritmistas, todos capazes de tocar, cantar e dançar ao mesmo tempo. A base do grupo seria formada pelo pessoal do Clube dos Baianos e as cabrochas viriam de Piedade. O tamborim principal ficaria sob responsabilidade do próprio Zé Luís e o segundo tamborim, dobrando o som, estaria na mão de Clóvis, do Salgueiro. Também da escola da Tijuca seria convocado Chiquinho para tocar agogô. Francisco de Souza Serra, o Chiquinho, tinha apenas dezesseis anos na época, mas descendia da mais nobre linhagem salgueirense. Era o filho mais velho de Nair de Souza Serra e Iracy

Serra, popularmente conhecidos como Dona Fia e Seu Ioiô, dois dos fundadores da Acadêmicos do Salgueiro, em 3 de março de 1953.

Para fazer a cuíca chorar, o escolhido foi Murilo da Penha Aparecida e Silva, de 27 anos. Chamado desde a infância de Bidi, por causa de sua baixa estatura, o sambista pertencia à ala dos compositores da Imperatriz Leopoldinense e sabia tocar todos os instrumentos. Também sabia cantar empostado e com a afinação tradicional das vozes masculinas do rádio, mas esse talento não seria necessário, pois, na época, os músicos ficavam um passo atrás dos cantores durante os shows.

Para o pandeiro, Zé Luís convidou Jonas, que já tinha uma reputação como passista e sabia fazer acrobacias impressionantes, jogando o instrumento para cima e equilibrando-o com as pontas dos dedos enquanto sambava freneticamente. O mangueirense aceitou o convite com a condição de que o Carlinhos do Reco-Reco também tivesse uma chance. Além de ser bom passista e ter um jeito próprio para tocar, o moleque de dezoito anos estava louco para fazer um dinheirinho extra. A situação de sua família estava longe de ser confortável, e o salário da Aeronáutica, apesar de não ser ruim, não era o suficiente para livrá-lo de morar junto de Dona Malvina, Nancy e seus dois sobrinhos no diminuto cômodo da cabeça de porco. E isso era o suficiente para Carlinhos da Mangueira pedir uma chance de renda extra. No final das contas, como seu instrumento não era o mais disputado entre os músicos, foi aceito no grupo que faria a audição por conta de seu talento como passista.

O dia do teste com Carlos Machado estava chegando e ainda faltava um integrante para o grupo. Foi assim, na base da pressa, que foi escolhido o surdista Rubens Fernandes. Rubão, como era conhecido o negro alto e forte do Engenho de Dentro, era goleiro profissional e flertava seriamente com a aposentadoria – apesar de ter apenas 26 anos. Começou a carreira no Bonsucesso Futebol Clube, onde chegou a ser reserva de Barbosa, aquele mesmo do Maracanazo da Copa de 1950, no time profissional. Sem chances como titular no Rio de Janeiro, transferiu-se para o Fluminense de Feira de Santana, na Bahia, time do qual seria dispensado menos de um ano depois. Mais tarde, o ritmista se lembraria dessa fase como a época em que "nada dava certo porque nada dava certo mesmo". Como estava desempregado e sem vontade de insistir na carreira de jogador, o convite repentino de alguns amigos para fazer o teste como surdista chegava em uma hora bastante oportuna. Afinal, além de boleiro, Rubão tinha uma vida de sambista quando desfilava no bloco carnavalesco Mocidade do Arranco.

Com a formação completa, faltava o nome. Zé Luís então usou como inspiração a juventude da turma, todos mais ou menos iniciantes, para batizar o conjunto de Modernos do Samba. Até que foi uma escolha criativa, uma vez que os grupos de passistas começavam a ficar na moda, pipocando em várias comunidades, em conjuntos como Elegantes do Samba, Garotos de Ouro, Fidalgos do Samba, Bacharéis do Ritmo e Intocáveis do Samba. Com o nome definido, era preciso correr. Faltavam menos de duas semanas para a audição com Carlos Machado e, embora ninguém ali fosse completamente estranho aos colegas, haveria pouco tempo para ensaiar coreografias e harmonias.

Mussum nem fazia ideia de quem era Carlos Machado, mas foi descobrir do jeito mais arriscado possível. Antes mesmo de chegar a vez dos Modernos do Samba mostrarem seu batuque e seus passos, o genioso Machado estava com o saco mais cheio do que o normal. O veterano intérprete e compositor Monsueto havia levado vários grupos para mostrar ao produtor. Como não era militante de nenhuma escola de samba, o artista circulava por todos os morros e era extremamente popular em virtude de seus shows com Herivelto Martins e, mais tarde, com o grupo Monsueto e Suas Pastoras. Anos depois, Mussum brincaria dizendo que "todos os crioulos do Rio de Janeiro" tocaram para Machado naquele dia. Talvez por isso, quando chegou a hora da turma de Zé Luís, Jonas e Carlinhos tocarem, o produtor fez apenas um meneio, e quase não se ouviu sua voz quando pigarreou um "podem começar". Estava enfastiado e achou que veria mais do mesmo. Sua única reação antes de os Modernos começarem foi seu típico gesto de tragar o cigarro segurando-o entre os dedos da mão direita, com o braço dobrado e o cotovelo alto, na altura do ombro.

No entanto, a apresentação do grupo de sambistas recém-formado possuía sim algo de especial. O grupo, sempre sorrindo apesar do nervosismo, tinha uma química diferente e somava a qualidade rítmica aprendida nas baterias de suas escolas de samba com números ousados só feitos pelos passistas mais renomados. Até Rubão, o mais pesado, sabia sambar como mestre-sala, colocando o surdo de lado e falando no pé, brincando com as cabrochas com malícia. Jonas e Zé Luís também faziam bonito, aumentando e diminuindo a velocidade da batida do conjunto como bem queriam. Geralmente, os passistas se apresentavam na avenida em trios ou em dois casais. Era assim que faziam sucesso o Trio Magnífico, o Trio Fluminense, o Trio Infernal e outros conjuntos de passistas. Zé Luís multiplicou a aposta e acabou dando certo.

No final da apresentação, Machado já cochichava com seu coreógrafo, perguntando-se onde aqueles moleques tinham aprendido a tocar e dançar daquele jeito. Aprovou na hora os Modernos e colocou os nomes de Zé Luís, Jonas, Clóvis, Bidi, Carlinhos, Chiquinho e Rubão na sua lista de contratados. Não seria de imediato, no entanto, que o pessoal do Clube dos Baianos brilharia nos palcos internacionais ao lado das estrelas da companhia de Carlos Machado. Para conseguir manter vários shows e turnês rodando ao mesmo tempo, o produtor tinha times de músicos titulares e reservas. E as estrelas daquele momento pareciam insubstituíveis. Com Jonas Moura, o Rei do Frevo, o pandeirista Eliseu Felix, Ministro da Cuíca, e o passista Bom Cabelo, Machado fazia enorme sucesso aonde quer que fosse. Os novatos ainda teriam que sambar muito para chegar naquele nível.

Os primeiros trabalhos da trupe sob o comando do produtor, portanto, refletiram esse status de iniciantes. Começaram apresentando-se nos dias menos nobres da boate Night and Day, na Cinelândia, onde Machado era contratado como diretor artístico, e nas festas de Ano-Novo e gritos de carnaval de clubes como o Real Sociedade Clube Ginástico Português, o Clube Monte Líbano e o Sírio Libanês. Mais tarde, passaram a servir como embaixadores do samba em eventos diversos, como recepções e coquetéis em homenagem a figurões da alta sociedade e celebridades, como a Miss Brasil Maria Olivia Rebouças Cavalcanti e a cantora israelense Yaffa Yarkoni. Em visita ao Rio, Yaffa se encantou com os sambistas, imitou os movimentos dos passistas e empolgou-se com o som. Como homenagem, autografou os instrumentos dos sambistas, um mimo aceito por educação, afinal, ninguém sabia direito quem era ela.

Para Mussum, tocar com os Modernos do Samba era apenas um bico divertido. Conseguia receber um dinheiro extra para fazer algo que, não fossem Zé Luís e Carlos Machado, estaria fazendo de graça pelas rodas de samba da praça Tiradentes e ainda dava conta de evoluir na carreira militar. Em fevereiro de 1961, matriculou-se no Curso de Formação de Cabos e, mais tarde, no curso da subespecialidade de Datilógrafo Auxiliar. Foi aprovado em 13 de junho na nova patente e recebeu o diploma de datilógrafo pela Escola Remington. É provável que a facilidade de batucar tenha o ajudado a dominar as máquinas de escrever com mais rapidez que os colegas.

Enquanto evoluía na carreira formal, seu carisma no quartel só crescia e, mesmo tendo subido de posto, continuou brincando com os outros e, claro, sendo alvo das piadas alheias. Nem bem assumira o novo cargo, ganhou outro apelido: Cabo Fumaça. Jocoso, mas melhor do que Pé de Rodo. Mal sabia que, décadas mais tarde, faria novamente um curso de formação de cabos, mas o professor seria o Sargento Pincel e seus colegas de classe seriam Didi, Dedé, Zacarias, Divino e o Cabo 07, um nojento.

A fase estava tão boa naquele começo dos anos 1960 que até a vida amorosa começou a se acertar. No casamento de um amigo, no bairro do Riachuelo, no Grande Méier, Mussum conheceria sua primeira mulher. O sambista, como de costume, foi para a cerimônia vestido com sua impecável farda da Aeronáutica, passada e engomada por Dona Malvina. Na festa após a igreja, ficou de olho em uma negra bonita, que parecia conhecer todo mundo ali... Menos ele. Tomou todas as bebidas que passavam nas bandejas dos garçons para ganhar coragem e apresentou-se educadamente como Antônio Carlos. Logo nos primeiros minutos de conversa, espantou-se ao saber que aquela pequena tão bonita morava em Mangueira e ele nunca a tinha visto. Na mesma hora, convidou-a para sair. A moça ficou encantada com o tipo atirado daquele moleque e aceitou o convite. Ele tinha 21, ela 26. Então, Leny de Castro Santos esperou para ver se aquela conversa de malandro seria apenas empolgação do momento ou se a coisa iria andar. E a coisa andou.

Na semana seguinte, Carlinhos apareceu em Mangueira e descobriu que Leny era nascida e criada na comunidade, defendendo o verde e o rosa na avenida desde criança junto das tias Raimunda, a primeira porta-bandeira da Estação Primeira, e Mocinha, ícone da escola de samba por carregar o estandarte mangueirense por 36 anos consecutivos. Melhor que isso, quando começaram a enfim sair para dar passeios e beijinhos, Mussum percebeu que Leny tinha o coração batucando na cadência do samba e o acompanharia bem, tanto no copo quanto no pé. A mãe de Leny tinha restrições ao namoro. Achava que a filha, cinco anos mais velha que o namorado, não iria acompanhar o ritmo do molecão e pedia que Leny fosse com calma, não se envolvesse tanto. Não adiantou.

Os encontros começaram a ficar mais frequentes e o clima de romance crescia nas excursões para o litoral. Com muito partido-alto, cerveja, cana, espetinhos de camarão frito e o famoso frango com farofa, a turma de Mangueira alugava ônibus para passar dias maravilhosos à beira-mar. Foram inesquecíveis os piqueniques em Coroa Grande, Itaguaí, Itacuruçá, Muriqui e na Ilha de Paquetá. O romance entre Mussum e Leny só crescia, e a relação começou a ficar séria.

Nem o estilo boêmio de Carlinhos irritava a namorada. O sambista virou frequentador assíduo do lendário Zicartola, bar na rua da Carioca aberto por Cartola e Dona Zica e instantaneamente escolhido como casa de boêmios e músicos com currículos lendários. O local servia a famosa feijoada da primeira-dama do samba e tinha um estoque infinito de cerveja, atrativos mais do que suficientes para reunir a nata dos músicos do Rio de Janeiro. Quando não estava farreando ao lado dos bambas, Mussum ia muito ao Salgueiro, nas vendinhas de Seu Antônio Barateiro, Seu Lúcio e Dona Ana ou nas tradicionais rodas de jongo dos terreiros de Candomblé do Pedacinho de Céu. Passar um dia em casa era tão raro quanto ver alguém pagando a conta no Zicartola.

Quando chegava da esbórnia, em vez de ouvir broncas, Mussum encontrava a namorada disposta a ajudá-lo a preparar quantidades enormes de batida de limão para as visitas. Sim, porque, além de chegar tarde em casa, ele geralmente trazia uma penca de amigos. Para aplacar a fome dos sambistas, Leny preparava um caprichado ovo mexido, incrementado com pimentões e tomates picados. Isso quando não deixava pronto um dos pratos preferidos dele na época, carne-seca desfiada com repolho. No outro dia, continuava a dar suporte ao namorado boêmio tendo muita paciência para fazer o exausto Carlinhos acordar na hora certa. Com a cabeça curtida no *mé* e o estômago forrado, era praticamente impossível fazê-lo acordar. A missão exigia insistência, paciência e coragem para ignorar resmungos e até alguns xingamentos.

Leny também incentivava a carreira artística do namorado. Na época, trabalhando em uma fábrica de bolsas femininas, a mangueirense pegava um pouquinho de material aqui e ali para fazer peças sob medida para proteger o reco-reco que animava os shows dos Modernos do Samba. O apoio foi essencial para que Mussum continuasse a insistir com o grupo nos tempos em que as apresentações eram raras e pagavam pouco – algo que estava prestes a mudar de forma definitiva.

A convite de um camarada, Carlos Machado comprou uma nova boate em 1961 e abriu espaço para novos nomes de seu elenco. O amigo, no caso, era Frederico Mello, um milionário dono de dezenas de postos de gasolina espalhados pelo Rio que havia, quatro anos antes, tido a ideia de criar uma casa noturna ao lado do endereço no qual ficava seu escritório central, o autoposto Esso na esquina da avenida Princesa Isabel com a avenida Atlântica, bem na linha imaginária que separa o Leme de Copacabana.

O empresário, porém, perdia dinheiro em quantidades preocupantes com o projeto. Insistia em trazer shows internacionais, como os de Sarah Vaughan e de Bill Halley and His Comets, e levava prejuízo em cima de prejuízo sem conseguir equilibrar os gastos de manutenção com os lucros da casa com 150 lugares. Machado foi então convidado a arrendar o empreendimento por um preço módico de 100 mil cruzeiros. Com seu faro para descobrir boas oportunidades, mesmo quando o cenário prenunciava o contrário, o produtor topou o negócio e manteve só o nome e o endereço do Fred's.

Na apertada área interna reorganizou o espaço, montando uma nova cozinha, camarins, palco, sistema de som, jogo de luzes e até ar-condicionado, um grande luxo na época. Do lado de fora, colocou um letreiro luminoso com um avião da Varig que podia ser visto de vários pontos da avenida Atlântica como agrado para o amigo Ruben Berta, dono da companhia aérea. Para a reabertura da casa, foi bolado o espetáculo *Joãozinho boa-pinta*, escrito por Luiz Peixoto e Chianca de Garcia, cujos protagonistas foram Grande Otelo e a novata Elza Soares. Elza gravaria seu primeiro disco naquele ano e faria grande sucesso com "Se acaso você chegasse", um samba de Lupicínio Rodrigues, perfeito para o acompanhamento dos Modernos do Samba. No show, o número de maior sucesso trazia Otelo imitando Pelé e Elza fazendo o papel de Garrincha. Uma ousadia deliciosa e engraçada, que deu muito o que falar.

Assim, Carlinhos, Jonas, Zé Luís e companhia ganharam a chance de dar um passo importante dentro do elenco de Carlos Machado e de suas carreiras. Seriam parte da atração fixa em uma casa badalada, dentro de um espetáculo elogiadíssimo pela imprensa e assistido pela elite carioca. A novidade foi recebida com relativo entusiasmo pelo tocador de reco-reco. A partir daquele momento, precisaria dar um jeito de escapar do quartel toda semana para dar conta das apresentações. No começo, contou com a compreensão e o bom trânsito com os superiores para conseguir licenças não remuneradas e dispensas. Com o tempo, para não abusar da boa vontade dos comandantes, começou a apelar para a malandragem. Quando percebia que a situação era favorável, o cabo simplesmente pulava o muro, de farda e tudo, e pegava um táxi do Santos Dumont até o Leme. Quando percebia que sua deserção momentânea não seria fácil, tramava um número digno de um trapalhão.

Durante o fim de semana arrumava alguma biboca que tivesse mocotó no cardápio e pedia, sem dar explicações, o osso inteiro para levar para casa. Depois, amarrava um laço de fita vermelho bem vistoso na pata de vaca e levava o esquisito item escondido para o quartel. Na noite em que precisava sair para tocar no Fred's, aparecia estrategicamente na frente de algum guarda e dizia que estava saindo rapidinho para fazer uma oferenda a Omolu, o orixá dos cemitérios, responsável pela triagem dos mortos. Os vigias, apavorados com a história, faziam vista grossa e deixavam Mussum sair sem caguetar a escapada para seus superiores.

A malandragem seria essencial para a carreira de sambista do Cabo Fumaça. Tocar no Fred's significava evoluir como músico e, de quebra, conhecer os melhores artistas e as figuras mais importantes da Guanabara, que estavam ali se apresentando ou mesmo curtindo os shows da casa. Para se ter uma ideia do prestígio do lugar, três ou quatro mesas ficavam sempre reservadas para políticos e militares de alta patente. O próprio presidente João Goulart costumava dar seus pulos na boate, a fim de escolher algumas vedetes para acompanhá-lo durante suas viagens para o exterior.

Outra presença ilustre na casa era Mané Garrincha. Já envolvido com Elza Soares, o craque geralmente levava a cantora até a casa de shows, cumprimentava os artistas e depois descia para ficar esperando a apresentação acabar, enquanto bebericava quantidades enormes de pinga em algum bar ou tomava chopes na lanchonete Cervantes. Muito amigo de Elza, Mussum fazia o meio de campo entre os namorados, fazendo companhia para o ídolo do Botafogo e trocando as piadas mais recentes que aprendera na noite pelas anedotas que Mané trazia de suas viagens pelo Brasil e pelo mundo. A amizade ficou forte a ponto de o sambista ser convidado frequentemente para os famosos almoços e jantares na casa de Elza Soares.

Depois de devorar os peixes ensopados e o arroz milimetricamente queimadinho feitos pela cantora, Mussum começava a contar piadas para o pessoal e fazia todo mundo morrer de rir. Até por isso, Elza tentou incentivar o sambista a reproduzir um pouco das suas palhaçadas no palco – ideia que Mussum não aceitou de imediato, uma vez que, na hierarquia dos Modernos do Samba, por mais destaque que tivesse, ele ainda estava atrás de Zé Luís, o dono do conjunto, e de Jonas, o amigo mais experiente e talentoso. Somado a isso, o conjunto não tinha muito protagonismo. Sempre como banda de apoio para os números das grandes estrelas, não havia espaço para o individualismo. Isso não era lá grande problema, uma vez que não era nada mal participar de grandes espetáculos como *Elas atacam pelo telefone*, com Grande Otelo, e *Chica da Silva 63*, estrelado por Wanda Moreno e pela estreante Betty Faria.

Àquela época, a prioridade era mesmo garantir um bom desenvolvimento da carreira na Aeronáutica. Após a promoção a cabo, Antônio Carlos seguiu participando de cursos de aperfeiçoamento e, em virtude de suas qualificações, atuou em diferentes funções, como guarda do Palácio do Itamarati e auxiliar no Serviço de Rotas. A partir de junho de 1962, Mussum foi diplomado telegrafista e, por sorte, não precisou trabalhar em nenhum momento tenso da Guerra Fria entre norte-americanos e soviéticos. Imagine que, se rolasse um episódio parecido com a Crise da Baía dos Porcos no Brasil, a Força Aérea Brasileira teria Mussum como operador qualificado para enviar e transmitir mensagens em código Morse, telégrafo, teletipo e telex.

A fase de telegrafista, porém, não durou muito. Na primeira oportunidade, o cabo transferiu-se para o almoxarife, onde ocuparia uma função administrativa e convenientemente mais tranquila, decisão essencial para seguir sua carreira de sambista. A partir do sucesso no Fred's, as convocações de Carlos Machado começariam a exigir mais e mais tempo do militar e ficaria ainda mais difícil fugir do quartel para brilhar nos palcos de Copacabana. Além dos compromissos com o espetáculo *Chica da Silva 63*, inspirado no samba-enredo campeão do Salgueiro, os sambistas começariam a aparecer na TV. A estreia aconteceu ao tocarem no *Show é ODD*, da TV Rio. O programa, apresentado por Paulo Gracindo, ia ao ar às sete da noite e trazia variedades, como o "homem show" William Fourneaut, o dançarino de frevo Abelardo Santos e uma partida de futebol disputada por cachorros. Não era a estreia dos sonhos, mas pouca gente via televisão naquela época. No cortiço em que morava, por exemplo, só havia um aparelho, comprado em regime de vaquinha, colocado na área de entrada e compartilhado pelos vários moradores. Mas era melhor assim mesmo. Quanto menos gente soubesse da jornada artística do cabo, mais tranquilo ele ficava.

Capítulo 3
Samba, Carnaval y mujer (1964)

"A coisa tá braba. Já estou colocando sutiã em cobris."

Em 1963, Carlos Machado assinou contrato com o Copacabana Palace para apresentar o espetáculo *O teu cabelo não nega*, uma homenagem ao lendário compositor Lamartine Babo, então com 59 anos. Entre agosto daquele ano e fevereiro de 1964, o Golden Room se transformaria em uma máquina do tempo para relembrar marchinhas carnavalescas dos tempos mais românticos do Rio de Janeiro, como "Linda morena", "Rasguei minha fantasia", "No rancho fundo", "Minha cabrocha", "A tua vida é um segredo" e, claro, a música que emprestava seu nome ao show, "O teu cabelo não nega". Os hinos do América, do Flamengo, do Fluminense, do Botafogo e do Vasco da Gama, todos compostos no mesmo dia por Lamartine para a produção de um LP comemorativo em 1949, também fariam parte de um bloco do espetáculo. Para a empreitada, Machado contou com a ajuda de sua esposa, Gisela, na criação dos figurinos, com as coreografias de Juan Carlos e a produção de Miguel Hochmann, Accioly Neto, Jean-Louis d'Arco e do caricaturista Lan. Embaixo dos holofotes, estariam lindas vedetes, cantores, cômicos, ritmistas e passistas. Isso significava que os Modernos de Zé Luís, já testados e aprovados no Fred's, estavam escalados, e Mussum tinha emprego fixo para quase o ano todo. Afinal, além da temporada em si, seria preciso meses de ensaio. Contrastando com a miséria da vida cotidiana, o tocador de reco-reco passaria a frequentar as noites do luxuoso Copacabana Palace, em meio a diplomatas, políticos, empresários e a mais sofisticada elite carioca. Começaria ali a experimentar, pela primeira vez, o sabor do malte dos bons uísques escoceses, as borbulhas do champanhe francês e o toque aveludado dos conhaques.

Ainda na fase de produção do show, Lamartine, que não quis cobrar pelo uso de suas obras nem dar palpites na direção do espetáculo, fez alguns pedidos em relação a como cada canção deveria ser executada. Amigo de Machado, Lalá sentia-se feliz pela homenagem e, semanas antes da estreia, fez uma visita ao Copacabana Palace para dar uma olhada nos preparativos finais. Por uma dessas coincidências cinematográficas da vida, o compositor adentrou o Golden Room exatamente quando a orquestra tocava a todo vapor o hino do América: "Hei de torcer, torcer, torcer/ Hei de torcer até morrer, morrer, morrer/ Pois a torcida americana é toda assim/ A começar por mim/ A cor do pavilhão é a cor do nosso coração". Fanático, passou mal de tanta emoção. Pálido, Lamartine sentou-se e preocupou todos da produção. Após retomar o fôlego, elogiou o elenco, bateu papo com o maestro e foi embora todo contente, sem saber que aquele era o seu último encontro com Machado. Dali a dois dias, o compositor sofreria um infarto fatal.

A morte de Lamartine Babo gerou grande comoção em todo o Brasil, em especial no Rio de Janeiro. Por isso, a estreia de *O teu cabelo não nega* estava carregada com uma expectativa acima do normal. Seria, além de uma homenagem, o último trabalho do gênio das marchinhas. Sabendo disso, a companhia de Machado redobrou os esforços nos ensaios, e a produção ficou deslumbrante. Os anúncios nos jornais destacavam "as mais lindas estrelas da TV Carioca", com os nomes de Lady Hilda, Diva Elena, Regina Célia, Zélia Martins e Esmeralda Barros em letras grandes, e os de Carlos Leite, os Modernos e os Rouxinóis em fontes menores. As apresentações lotaram o Golden Room todas as noites e arrancaram elogios exagerados da imprensa. "A noite tem um espetáculo que bastaria para nós, os que escrevem sobre a noite, dizermos apenas que é um espetáculo espetacular", escreveu Fernando Lobo na revista *A Cigarra*. Todo esse sucesso chegou aos ouvidos das Organizaciones Carlos Amador, uma potência do showbiz mexicano que produzia programas de TV, filmes para o cinema, shows em cassinos e o que mais fosse possível no ramo do entretenimento. E, depois disso, não demorou para Carlos Machado receber uma proposta quase impossível de recusar.

Bem impressionado por *O teu cabelo não nega*, Carlos Amador e seus diretores viajaram até o Rio para convidar Machado para uma turnê de cinco meses. O gordo contrato incluía uma agenda de apresentações com datas em hotéis luxuosos e casas de show de primeira linha, além de prever uma farta divulgação dos shows a ser feita por rádio e televisão. A cereja no bolo seria a participação dos cariocas na produção de *Buenas noches, Año Nuevo!*, filme com os astros Ricardo Montalbán e Silvia Pinal. O produtor brasileiro não teve dúvidas, rescindiu seu acordo com o Copacabana Palace e foi aventurar-se no México. Mas era preciso correr. Em 22 de janeiro de 1964, era esperado um verdadeiro carnaval brasileiro na Boate Señorial, em Acapulco. Estava desde já agendado o primeiro show da "Colosal Compañia Brasileña de Carlos Machado e sus estrellas cariocas".

Montar o show não seria problema. *O teu cabelo não nega* era tão grandioso que, apenas recortando alguns de seus números, Machado conseguiu criar o roteiro para dois espetáculos diferentes: *Samba, Carnaval y mujer* e *Rio, Ciudad Maravillosa*. A logística também estava resolvida. O produtor era amigo de longa data de Ruben Berta, o fundador da Varig, e seria fácil providenciar o transporte aéreo dos equipamentos, cenários e figurinos. O desafio mesmo seria reunir o elenco com mais de cinquenta artistas, cada um com suas manhas, necessidades e particularidades, e convencê-los a embarcar por cinco meses em uma viagem.

Como argumentos, o empresário usou a possibilidade de uma carreira internacional para os músicos e, para as moças, a chance de conquistar um marido ricaço. A companhia teria hospedagem em bons hotéis, as paradisíacas praias de Acapulco e um pagamento semanal de cinquenta dólares. Para Zé Luís, o convite veio na melhor hora possível. O dono dos Modernos arrumou uma briga que baniu temporariamente o conjunto da quadra do Salgueiro, após conceder uma entrevista polêmica ao colunista social Válter Neto, dizendo que não tinha nenhuma ligação oficial com a escola, pois não era possível sustentar um grupo com os baixos cachês pagos pela diretoria da agremiação. O mal-estar ficou ainda maior quando ele afirmou que "o negócio mesmo era ganhar dinheiro em boate"[1]. Passar um tempo no México e deixar a poeira baixar seria uma excelente ideia. Assim, Zé Luís, Bidi, Jonas, Chiquinho, Clóvis e Rubão estavam prontos para embarcar. Faltava Carlinhos.

Mussum, que na época era chamado de Carlinho da São Francisco pelos amigos, andava tranquilo trabalhando como cabo da Aeronáutica e encarava os shows no Copacabana Palace como biscate. Ficou em dúvida sobre a aventura até receber uma notícia inesperada. Embarcar na turnê significava perder o carnaval, ficar longe das farras em Mangueira e, pior que isso, pedir uma licença longa e difícil de justificar na Aeronáutica. Nenhum desses motivos, porém, superaria a necessidade de prover sua família, que estava prestes a crescer. Leny estava grávida de uma menina. Mussum, aos 23 anos, seria pai pela primeira vez.

Com o impulso dado pelas novas responsabilidades que surgiam no horizonte, em janeiro de 1964, Mussum desembarcava no México ao lado de um time completo de músicos, coreógrafos, técnicos, dançarinas e vedetes. A partir dali a trupe começaria uma rotina de shows incessante. Todas as noites havia apresentações no teatro Blanquita, no teatro Playa de Hornos, nos hotéis de Acapulco, nos programas de rádio e de TV. Durante o dia, viagens entre uma cidade e outra e também as gravações para o filme *Buenas noches, Año Nuevo!*. Pelo cachê de um show, Carlos Machado fazia sua companhia trabalhar triplicado.

Para Mussum, a adaptação ao novo país não foi fácil. O idioma teve que ser descascado aos poucos, com ingênuas tentativas de falar espanhol virando piadas entre os integrantes da companhia. A nomenclatura presente nos menus causava espanto, dificultando até o simples ato de escolher o que seria comido no almoço. A mistura de ingredientes da paella, por exemplo, acabou tornando-se matéria-prima para uma das piadas que Mussum mais gostaria de contar durante os futuros shows dos Originais do Samba, na década seguinte. Dizia ele que a rapaziada sofria, passava fome e nem reclamava quando encarava um prato típico

---

1. *O Globo*, 22/01/1964.

que vinha com uma mistura de "arroz, galinha, carne, cravo da chuteira do Pelé, raquete da Maria Esther Bueno...".

Até descobrirem o que era *ensalada*, pediam *agrijones*. Sem saber o que eram as tais *papas*, perguntavam aos garçons sobre "buatoatas e buatoatiñas fritas". Até a área do meretrício, chamada de Zona Roja, virou a Zona Rosa, em uma tradução mais sonora que precisa. É bastante provável que a invenção do termo *forévis* tenha vindo dessa época, quando Mussum precisava se comunicar de algum jeito com mexicanos, norte-americanos e turistas vindos de todos os cantos do mundo, além de participar de atrações que incluíam números com canções internacionais, cantadas em inglês, espanhol e francês. Como não dominava nenhum desses idiomas, inventava palavras para brincar com os colegas de show. Diz a lenda que Mussum explicou errado, de propósito, o que queria dizer o tradicional cumprimento hispânico "*¡Hola! ¿Qué tal?*" para a dançarina Vera Regina, uma das estrelas da companhia. Na noite de estreia de um espetáculo, ela teria encerrado seu show dizendo à plateia:

— Rola para *nuestros* amigos mexicanos!

E, para tornar a coisa mais surreal, o público respondia em coro:

— Rola! Rola para *los brasileños*! Rola para *el* Brasil! Rola!

A distância de casa e a enorme carga de trabalho, ao menos, eram compensadas pelo calor do público mexicano. As vedetes eram idolatradas pela elite local, recebendo mimos dos ricaços nos hotéis e cassinos, e o número dos Modernos do Samba deixava a plateia boquiaberta. Vestindo um smoking coberto de lantejoulas prateadas, calça e camisa brancas e chapéu palheta, os passistas Jonas e Carlinhos estavam no auge da forma e abusavam das acrobacias. Além do samba no pé, saltavam, chutavam o ar com as duas pernas ao mesmo tempo e faziam caretas engraçadas, sorrindo, berrando e cantando. Tudo sem parar de tocar seus instrumentos nem deixar o samba desandar, sempre acelerando o ritmo. As apresentações frenéticas, já sem o acompanhamento das cabrochas, fizeram com que o nome do grupo fosse modificado. Os Modernos passariam a ser chamados no México de Los Siete Diablos de La Batucada, e, na volta ao Brasil, começariam a usar o nome de Os Sete Modernos do Samba.

Outras atrações de destaque da Colosal Compañia Brasileña eram os impossíveis solos de bateria de Paulinho, *el primer baterista de Brasil*, e uma impressionante imitadora de Carmen Miranda chamada Marília Pêra. Carlos Machado precisava de uma substituta para Vilma Vernon, primeira bailarina da sua companhia que também fazia números como cantora e não topou a viagem para o México. Como era raro uma profissional que tivesse talento para as duas funções, Machado precisou procurar muito até que seu faro o levou a Marília, então destaque de uma montagem de *My fair lady*. Apesar de jovem, a bailarina tinha um excepcional talento como cantora e também era uma atriz convincente. Era a peça que faltava para complementar a sensualidade das vedetes e o ritmo dos sambistas. Machado só não contava com o gênio forte de sua mais nova contratada.

Marília foi a primeira a revoltar-se com a carga de trabalho, que não havia sido combinada antes da viagem, e com as dificuldades do elenco em garantir ao menos dinheiro para almoçar e jantar todo dia. Os cinquenta dólares semanais não davam para nada. O produtor garantia a hospedagem e o café da manhã dos artistas. Nada mais. Até seu número como Carmen Miranda era um abuso. Vera Regina, escalada para o papel, decidiu voltar ao Brasil, deixando o show com um buraco. De acordo com Marília, o patrão mexicano Carlos Amador enchia a cara e assediava as dançarinas, e o coreógrafo Juan Carlos Bernardi privilegiava as artistas brancas durante os números. Dessa forma, sobrou para Marília acumular mais um número nos shows em que já dançava, cantava e atuava. Não era justo trabalhar triplicado e ganhar a mesma coisa; quadruplicado, então, nem pensar. A artista tentou organizar uma greve das bailarinas e exigir um pagamento mais justo. Não adiantou. As colegas não aderiram ao motim e a rebelde foi mandada sozinha de volta ao Brasil.

Los Siete Diablos de La Batucada fizeram diferente. Para não passar fome, começaram a se virar, fazendo seus próprios shows em casas noturnas menores. Convites não faltavam, pois, quando terminavam as apresentações junto da companhia de Carlos Machado, mexicanos embasbacados os procuravam com os elogios mais empolgados. Veio de um desses fãs, aliás, um convite que entraria para o folclore da viagem. Don Cardini, um figurão local, dono de um luxuoso restaurante, ficou amigo dos músicos depois de assistir aos shows por inúmeras vezes e insistiu para que os Diablos fossem cear em seu estabelecimento. Cardini estava acostumado a servir à elite mexicana e a visitantes internacionais em um salão forrado por um tapete grosso, decoração com inspiração francesa e mesas arrumadas com todos os talheres e copos que a fina etiqueta manda.

Ao sentarem-se para jantar, os cariocas se maravilhavam – e se confundiam – com os diferentes tamanhos e formatos de facas, garfos, colheres, taças e cálices. Mussum dizia que a mesa tinha mais pratos que uma bateria de jazz. O jantar começou com um consommé, o tradicional caldo francês que é preparado com legumes e carne. Na sequência, seria servida uma lagosta e, por isso, os garçons trouxeram pequenas tigelas com água quente e limão. A mistura estava lá para que os convidados lavassem suas mãos, mas Chiquinho não teve dúvida e tomou tudo de um gole só. Olhando para os parceiros, ainda com o gosto ruim na boca, reclamou falando baixinho: "Esse aperitivo não está muito legal, não". Não seria a única nem a mais engraçada gafe do jantar. Mais tarde, quando o garçom começou o preparo de uma carne flambada, Mussum deu um pulo, levantou-se da mesa e saiu dizendo: "Tô fora, comigo não! Leva esse negócio daqui". Demorou para explicar ao sambista que aquilo era normal, acalmá-lo e fazê-lo terminar o jantar. O gozador virou piada e ajudou a aliviar o clima tenso daqueles tempos em terras estrangeiras.

O bom humor era essencial para superar a falta de dinheiro crítica que atingia o elenco de Carlos Machado. Os banhos de mar e as tardes *calientes* nas praias de Acapulco aliviavam a rotina pesada de shows e gravações. E já que as touradas eram entediantes, a tequila tinha um papel importante para o ânimo do pessoal. Farta, barata e sempre disponível, o destilado típico do México foi eleito como substituto oficial do *mé* e virou companhia obrigatória para as *cervezas* nas noitadas antes, durante e depois dos shows. Na terra dos astecas, Mussum também se rendeu a uma novidade etílica, o pulque. Bebida originária da América Central, ela é feita de seiva de agave fermentada, mas tem uma consistência bem diferente da tequila, feita da mesma planta. Leitoso, de cor branca e geralmente encontrado em versões de fabricação artesanal, o pulque tem um paladar mais leve e não parece ter seus 7% de teor alcoólico, deixando quem bebe meio grogue sem perceber. É também possível encontrar receitas de pulque misturado a outras frutas, como abacaxi, goiaba e cassis, ou com café, aveia e até aipo. Com a forma em dia, Mussum aguentava tomar grandes quantidades desse pulque curado usando enormes copos e jarras. A parada descia fácil e o sambista só percebia que tinha exagerado quando sentia os pés dormentes. Aí brincava dizendo que aquele leitinho deixava a sola do sapato mais grossa.

O intercâmbio não foi apenas etílico. Tocando na noite mexicana, Mussum fez contato com excelentes músicos caribenhos e conheceu de perto as sofisticadas linhas de percussão do jazz cubano e do mambo. Sua maior referência na época era a orquestra de Perez Prado. Com seus impressionantes "Mambo No. 5" e "Mambo No. 8", entre outros sucessos, o músico influenciou a batida de Os Sete Modernos profundamente, mas isso só seria percebido muitos anos depois.

Enquanto isso, as brincadeiras, as tequilas e o carinho do público mexicano ajudavam os ritmistas a segurar a barra de morar em outro país e, fazendo shows por conta própria, já era possível começar a guardar um pouco de dinheiro e viver com um pouco mais de conforto. Mussum andava ansioso para saber de sua filha, que seria batizada de Márcia e estava nos meses finais de gestação. Além disso, acompanhava preocupado as notícias vindas do Brasil. Entre março e abril de 1964, as Forças Armadas tomaram o poder, arrancando João Goulart da presidência à força, com levantes que deixaram o país à beira de uma guerra civil. Enquanto seus colegas de Aeronáutica lutavam o que chamavam de revolução e de contrarrevolução, dependendo do ponto de vista, Mussum seguia a vida de artista no México. Queria voltar logo, mas foi convencido a continuar por mais algum tempo após o final da temporada da companhia de Carlos Machado.

Buenas noches, Año Nuevo! teve êxito nas bilheterias, e o cartaz do filme mostra, entre as fotos dos protagonistas, os sorridentes brasileiros vestindo seus chapéus palheta, roupas brancas e um colete com círculos coloridos. Na película, Mussum estrearia como comediante no cinema. Em uma cena em que a cantora Monna Bell interpreta "Desafinado", de Tom Jobim, ele e Jonas fazem um papel duplo de músicos e de palhaços. Vestindo camisetas amarelas, calças e sapatos brancos, eles são enquadrados agachados, tocando o reco-reco e o pandeiro contidamente junto de Monna, em um cenário vazio. Quando a música avança e o set é invadido por dezenas de dançarinas, a câmera mostra o rosto de Mussum em close, virando os olhos e torcendo a boca ao ver as curvas da mulherada. A performance lembra muito aquele lobo dos desenhos animados que uiva quando vê uma mulher bonita, arregalando os olhos como se fossem saltar, e também pode ser comparada com os trejeitos que seriam vistos anos mais tarde em *Os Trapalhões*.

Depois de uma adaptação complicada, Mussum começava a sentir-se em casa por onde passava na Cidade do México e em Acapulco. O cinema e a TV haviam ajudado a popularizar os artistas brasileiros e surgia no horizonte até a possibilidade de fechar um contrato nos Estados Unidos para levar o show de "samba exportação" para as casas noturnas de Miami. No fim das contas, Mussum aceitou ficar sozinho com os Siete Diablos de La Batucada e faturar mais um pouco em cima de todo o esforço inicial. Sobrava até um dinheiro para mandar para casa. Por meio de cartões-postais, Mussum avisava Leny e Dona Malvina que as coisas iam bem, que o conjunto estava agradando e que o dinheiro que ele mandaria nos próximos dias deveria ser usado na compra de uma televisão. Até então, a mãe do sambista precisava dividir a TV com os vizinhos, em uma sala comum no cortiço, sem qualquer privacidade. Além disso, ele sonhava com a chegada da primeira filha e sempre pedia novidades sobre a gravidez. Tudo parecia, afinal, entrar nos eixos, quando uma sequência assombrosa de infortúnios cruzou o caminho de Mussum. E o primeiro deles viria dolorosamente direto de Mangueira.

Seguir dando expediente em meio ao maquinário pesado e produtos químicos era arriscado para uma gestante, mas, como sempre foi independente, a mangueirense preferiu continuar no emprego. Ela passava boa parte do dia sentada e sua função era costurar as peças e usar cola para fazer o acabamento de alças e bolsos internos, ou seja, não precisava fazer muito esforço. O perigo, porém, estava mais próximo do que ela imaginava. Enquanto costurava, para ver melhor seus pontos, precisava do auxílio da luz de uma lamparina abastecida a querosene. Um dia, Leny se distraiu e deixou uma peça lambuzada de cola perigosamente perto da candeia. A proximidade dos dois elementos fez com que houvesse uma barulhenta explosão. Os estilhaços do vidro não a feriram gravemente, mas o susto foi enorme e, após se acalmar, ela percebeu que algo estava errado com sua bebê.

Leny correu para o hospital mais próximo, a Policlínica Geral do Rio de Janeiro, na avenida Nilo Peçanha, e deixou os médicos muito preocupados após os primeiros exames essenciais. Temendo pelo pior, eles fizeram um parto de emergência, mas o procedimento foi inútil. Márcia, a primeira filha de Mussum, nasceu sem vida. Leny teria que lidar com a dor da perda e ainda dar a notícia ao marido, distante milhares de quilômetros. Desesperado por não ter como amparar a mulher, Mussum pensou em largar tudo e voltar ao Brasil, mas foi demovido da ideia ao confrontar-se com a agenda lotada de compromissos. Uma desistência àquela altura representaria jogar fora todo o trabalho dos últimos meses e um furo enorme com seus colegas de conjunto. Para piorar a situação, no começo daquele péssimo mês de julho, um enorme susto acabou por determinar o final da aventura de Mussum em terras mexicanas.

Convidados pelo gerente da Varig da América Latina, os *brasileños* participaram de um épico churrasco e tomaram todas as cervejas, uísques, vodcas e tequilas possíveis. Empolgados pela fartura etílica, três dos músicos cismaram de fazer um passeio até a cidade de Cuernavaca. Mussum não quis participar do passeio, mas acabou, mesmo assim, tendo que ir para a cidade que distava 86 quilômetros da Cidade do México. Quando chegou ao hotel em que sua companhia estava hospedada, ouviu os comentários sobre um acidente automobilístico. Os três músicos estavam internados em estado grave após uma batida forte na estrada. Em vez de descansar após o churrasco, Mussum precisou correr até o hospital para saber o tamanho da encrenca e dar o apoio necessário aos amigos.

Por sorte, ninguém morreu. Depois de algumas horas de apreensão no hospital e de enfado na estrada, o grupo voltou todo costurado e remendado para a Cidade do México. Um dia péssimo, que estaria prestes a piorar. Quando Mussum finalmente entrou em seu quarto e deitou-se para dormir, ouviu um barulho esquisito. Era um som grave, intenso, mas não parecia com nada que já tivesse ouvido antes. Pensou consigo mesmo que seria crueldade demais acontecer mais alguma coisa naquele dia. Foi quando sentiu sua cama sair do lugar e, assustado, ajoelhou-se e começou a rezar. Na sua inocência de moleque do morro, pensou que o tremor fosse uma assombração zombando dele. Talvez um castigo por roubar a pinga dos exus? Mas não deu tempo nem de terminar um desesperado pai-nosso de última hora. O guarda-roupa do quarto do hotel caiu sobre suas costas assim como se alguém o tivesse empurrado com força. A Cidade do México, assim como boa parte do país, era atingida por um terrível terremoto que chegou a atingir a magnitude 7 da escala de Mercalli, que classifica terremotos com notas de 1 a 7, sendo a primeira usada para descrever eventos imperceptíveis para a população e a última denotando a total destruição do local. O epicentro do terremoto havia sido justamente na cidade de Cuernavaca, a única da região a não sofrer com o evento, e três sismos de crescente intensidade causaram estragos enormes em mais de catorze municípios, deixando cinquenta mortos e gerando ondas gigantes que varreram as cidades litorâneas com extrema violência. Só em Acapulco, foram 21 mortes.

Mussum demorou para perceber o que estava acontecendo naquela madrugada. Os tremores duraram alguns minutos, mas pareciam intermináveis. Atordoado embaixo do guarda-roupa, ouviu, sem poder responder, os apelos do seu colega de Diablos, Bidi, gritando desesperado:

— Compadre! Compadre! Vamos embora!

E, depois do silêncio, resmungar:

— Ah, é assim? Fica aí então!

Mussum quis rir, pois o companheiro estava com os cabelos ensebados por um produto para alisamento, vestia apenas seu gorro do Botafogo e uma cueca samba-canção, e segurava com força seu passaporte enquanto pulava desesperado sem saber o que fazer nos corredores do hotel. Mas o momento exigia seriedade. Com algum esforço, o tocador de reco-reco conseguiu se livrar do armário e fez seu caminho até a rua. Passado o susto, na calçada, ao lado dos seus companheiros de espetáculo, olharam uns para os outros sem acreditar no que acontecia. Pessoas corriam desesperadas pelas ruas vestindo seus pijamas, havia carros abandonados e uma gritaria sem fim. Ficariam sem luz, sem telefone e lendo notícias sobre destruição e a aproximação de um ciclone nos próximos dias. Era o bastante. Estava na hora de voltar ao Brasil.

Capítulo 4
Synbranchus marmoratus (1965)

"*Estou aqui porque eu sou artistis.
Quero fazer carreiris. Subir na vidis!*"

Pouca gente ficou sabendo dos dramas vividos pela companhia de Carlos Machado no México. Rebeliões pelos baixos salários, terremotos e tragédias pessoais ficaram em segundo plano para que o empresário e seus artistas dissessem que triunfaram em terras astecas. Com essas notícias artificialmente positivas, o êxito no México fez com que os Modernos do Samba, agora chamados de Os Sete Modernos do Samba, voltassem ao Brasil com moral, recebendo convites para tocar seu samba "tipo exportação" em eventos dos mais diversos.

Como o prestígio internacional recém-adquirido contrastava com a falta de grana resultante da turnê na América do Norte, quase nenhuma proposta era recusada. Além de continuar tocando nas revistas do Golden Room do Copacabana Palace e também nos shows do Fred's, os Modernos pintavam onde quer que fossem chamados. Em outubro, por exemplo, batucaram em benefício da Associação dos Pais e Alunos do Colégio São Vicente de Paulo. Show pequeno para um conjunto de renome internacional? Não se o filho de Carlos Machado estudasse na tal escola e ainda por cima fosse aniversário do padre fundador do colégio, escolhido por boa parte da elite carioca para educar sua prole. Com um bom cachê, os sambistas tocariam até em um velório.

A alta sociedade do Rio de Janeiro, no entanto, começava naquele ano de 1964 a consumir o samba de uma forma bem diferente. Após o golpe militar, os barquinhos, patinhos e demais figuras graciosas cantados nas letras da bossa nova soavam descolados da realidade. Os estudantes brasileiros, agora acossados pela repressão da ditadura, passaram a dar mais atenção a temas como a conscientização política, a luta pelos direitos humanos e a liberdade de expressão. A música que ouviam, naturalmente, deveria acompanhar essa mudança, como pregou Nara Leão, símbolo maior dessa transição. Conhecida pela alcunha de "musa da bossa nova", a cantora anunciou que havia rompido com o estilo que a consagrou e passou a encarar como missão a valorização do samba e dos sambistas do morro. Para sacramentar a metamorfose, chegou até a fazer uma festa na tradicional gafieira da estudantina, na praça Tiradentes, com convidados como Cartola, Nelson do Cavaquinho, Zé Kéti, Grande Otelo, entre outros.

Os Sete Modernos ainda estavam fora do radar dos jovens de classe média-alta que começavam a descobrir o samba de raiz. Continuavam a ser no palco os mesmos personagens estereotipados, com camisetas listradas, calças brancas e chapéus palheta, sambando como acrobatas. Zé Luís, Mussum, Jonas e companhia começaram 1965 ensaiando com a trupe de Carlos Machado para o grandioso espetáculo *Rio de 400 Janeiros*, encomendado sob medida para homenagear o quarto centenário da cidade.

Mais uma vez trabalhariam com a belíssima Lady Hilda, o carismático Blackout e com um grande elenco que desfilaria por dezessete quadros, contando a história da cidade desde os tempos de Estácio de Sá até o rebolado da Garota de Ipanema. No figurino, fantasias de luxo estimadas em 15 milhões de cruzeiros como destaque de um orçamento que ultrapassava os 70 milhões de cruzeiros (numa época em que o salário mínimo no Brasil era de 66 mil cruzeiros). Era um espetáculo que podia ser descrito como um misto de ópera com desfile de escola de samba, mas transcendia essa comparação quando as dançarinas negras de 1,80 metro do balé as Pompadours apareciam sambando com trajes mínimos e movimentos hipnóticos. Até a edição americana da revista *Vogue* destacou o glamour do show. Da estreia em março, e pelos cinco meses seguintes, foi um sucesso enorme. Talvez o maior de Carlos Machado.

Nos bastidores, porém, a coisa andava feia entre os sambistas. Entre dívidas e confusões, Zé Luís começava a forçar a amizade com seus companheiros. Além de agendar shows em tudo quanto fosse lugar, com músicos diferentes representando O Sete Modernos, começava a atrasar o repasse dos cachês e fazer contas que deixavam todos desconfiados. A tensão chegou ao ponto de, durante uma discussão por causa de dinheiro, o tamborinista puxar sua navalha e ameaçar Mussum e Jonas. A briga, nos apertados bastidores do Fred's, quase terminou em tragédia e marcou de forma definitiva o rompimento do grupo com Zé Luís. Arrumar substitutos nos tamborins – já que, além do empresário, Clóvis também deixaria o grupo para fazer uma turnê pela Europa – ou um novo empresário não seria problema, mas havia uma questão delicada a ser resolvida: o nome Os Sete Modernos do Samba pertencia ao endividado sambista e ele deixou bem claro que não estava disposto a cedê-lo.

Todo o esforço para criar um nome na noite carioca seria jogado fora. No dia seguinte, Zé poderia formar outro grupo com novos ritmistas, enquanto Mussum, Jonas e seus companheiros teriam de começar do zero. E, sem opção melhor, foi isso que fizeram. Reunidos no Bar do Valdir, em uma travessa da avenida Princesa Isabel, próxima ao Fred's mesmo, os sambistas definiriam as bases para o que viria a ser o grupo Os Originais do Samba. O novo nome veio após muitas doses de batida de limão e, no dia seguinte, ninguém sabia ao certo quem havia sido o autor da ideia. Zeca da Cuíca, ritmista da Estácio que substituía Bidi na época, lembrava que alguém veio com a ideia de chamar o grupo de Os Globetrotters do Samba, criando, assim, uma pertinente comparação entre os acrobáticos jogadores de basquete e as estripulias dos passistas no palco. Mussum, por sua vez, contava que um dos candidatos ao nome do conjunto era Balé Original do Samba. Mais importante do que a nova marca ou saber quem era o autor da ideia, foi o modo como o conjunto seria organizado, para evitar brigas e trambiques de empresários.

O titular do reco-reco tomou a frente do novo grupo e, desde o momento de sua criação, definiu que todos os integrantes seriam donos do nome e dividiriam os cachês de forma igualitária. Ninguém seria chefe de ninguém. Cada um seria responsável por uma parte da rotina do grupo e as decisões seriam resolvidas por votação. A partir de então, Jonas seria o coreógrafo e figurinista do grupo, Rubão tomaria conta das finanças, Chiquinho e Zeca cuidariam da direção artística e Mussum seria o porta-voz, presidente e palhaço de plantão. Para o tamborim, seria escalado o salgueirense Lelei, que já participava do grupo em alguns compromissos. É difícil saber se o modelo foi inspirado na crescente admiração da classe artística pelas ideias socialistas ou se Mussum usou simplesmente o senso hierárquico aprendido na Aeronáutica. De um jeito ou de outro, não demoraria para surgirem duas excelentes oportunidades de testar se a ideia iria mesmo funcionar.

A primeira foi o convite para tocar junto do grupo Opinião, uma das primeiras e mais importantes vozes a se erguer contra a ditadura. Tudo aconteceu quando Mussum mudou-se da cabeça de porco para morar com Leny em um bom apartamento de dois dormitórios na Cidade do Som, um conjunto de prédios no bairro de Inhaúma, onde a Ordem dos Músicos do Brasil dava auxílio aos artistas de baixa renda, garantindo uma moradia de boa qualidade com custo subsidiado. Quem também estava morando ali, próximo da Estrada Velha da Pavuna, era Zé Kéti, um compositor veterano, mas ainda um desconhecido do público da Zona Sul – e do resto do Brasil.

Junto de João do Vale e Nara Leão, um grupo de estudantes organizou um musical histórico chamado *Opinião*, usando o samba como meio de protesto entre cenas dramáticas e poemas de diversos artistas. O nome do coletivo foi inspirado nos fortes versos da letra de uma composição homônima de Zé Kéti, que dizia: "Podem me prender/ Podem me bater/ Podem até deixar-me sem comer/ Que eu não mudo de opinião/ Daqui do morro/ Eu não saio, não". O recado bateu com força no ouvido da juventude carioca e, com o aumento da repercussão, os espetáculos passaram a contar com a participação do próprio Zé Kéti. Foi como se tivesse aberto um metafórico Túnel Rebouças, ligando o pessoal da Zona Sul aos poetas dos morros e periferias.

Mussum ficou sabendo, por meio do vizinho da Cidade do Som, que os espetáculos do Opinião procuravam por "vozes pretas" e, precisando de grana e de um recomeço na carreira, os Originais do Samba toparam participar do musical na hora, sem fazer ideia de onde estavam se metendo. O grupo teatral era considerado altamente subversivo pelo governo e até mesmo ilegal, uma vez que sua sede, na União Nacional dos Estudantes, havia sido destruída pelos militares. Seria o último lugar para o cabo Antônio Carlos da Aeronáutica estar, mas a necessidade o fez viver uma vida de agente duplo do samba por vários meses. De dia, convivia com os militares; de noite, com a vanguarda de esquerda. Em vez de lutar para alcançar a fama, preocupava-se mais em se esconder e, consequentemente, preservar seu emprego. Motivos para não abusar da boa vontade dos comandantes não faltavam, o III Comar vivia dias tensos por causa da ditadura e Leny estava grávida novamente. Em novembro de 1965, nasceria cheio de saúde Augusto Cezar, o primeiro filho de Antônio Carlos. Mas, antes mesmo de batizar seu primogênito, Carlinhos é quem seria batizado – a contragosto e ao vivo na TV. No final de 1965, a TV Globo, recém-inaugurada e ainda muito longe de ser líder de audiência, começava a montar sua grade de programação com atrações sortidas, como musicais, noticiários, novelas e humorísticos. Na linha da comédia, a primeira tentativa foi com *Câmera Indiscreta*, uma seleção de pegadinhas em que um ator fazia loucuras na rua enquanto era filmado por uma câmera escondida. Apesar do relativo sucesso, a atração era muito custosa, pois era gravada em filme, e cada tentativa frustrada de trote significava jogar material fora. A direção da emissora carioca decidiu, então, encomendar ao diretor Maurício Sherman um programa de humor ao vivo, seguindo os moldes das comédias de situação americanas e do teleteatro.

Experiente como poucos na produção de shows para o rádio e para a TV, Sherman chegara havia poucos meses à Globo e tinha transportado o sucesso do show de variedades *Espetáculos Tonelux* da TV Tupi para a nova emissora. A atração, patrocinada por uma tradicional loja de eletrodomésticos carioca, trazia semanalmente shows de artistas em cartaz no Rio de Janeiro, mostrando cantores, cômicos e o que mais aparecesse. Desenvolver um humorístico não seria exatamente uma novidade para o prolífico diretor, já testado em novelas, programas infantis e telejornais. O colunista Sérgio Porto, que assinava colunas usando o pseudônimo do ácido personagem Stanislaw Ponte Preta, chegou a fazer uma coluna explicando que a onipresença televisiva de Sherman era tanta, mas tanta, que até o pontinho branco que aparecia antes de a televisão desligar era coisa do diretor. Para ajudar na empreitada, foram convocados os redatores Max Nunes e Haroldo Barbosa, que tinham no currículo a criação de uma enciclopédia de personagens e programas clássicos no rádio.

Como havia pressa para colocar a atração no ar – o diretor continuaria a tocar os *Espetáculos Tonelux* e ainda implementaria o jornalístico *Tele Globo* –, foi escolhido o caminho mais fácil e certeiro: colocar um apresentador como âncora do programa e criar quadros curtos e independentes apresentados em cada um dos blocos. Nascia, então, *Bairro Feliz*, apresentado por Paulo Monte e entrecortado pelas engraçadas desventuras dos moradores de uma vizinhança imaginária.

Com cenários simples e frequência semanal, o programa poderia ir ao ar sem custar muito e, se fosse preciso, trocar personagens que não agradassem. Assim, faltava apenas a definição do elenco de humoristas. Sherman foi então complementar o time já disponível na Globo com nomes conhecidos do grande público, insatisfeitos com seus contratos nas emissoras rivais – algo muito comum em uma época em que salários atrasados eram quase regra. Rapidamente foram escalados comediantes que mesclavam experiência e carisma, como Zé Trindade, Zezé Macedo, Carvalhinho, Vagareza, Carlos Leite e Milton Carneiro. Além de atores versáteis que fariam os papéis de escadas, como Milton Gonçalves, Emiliano Queiroz e Augusto César Vanucci.

Havia espaço ainda para a adição de uma estrela maiúscula e problemática na última hora: Grande Otelo. O talentoso ator, já chegando aos cinquenta anos, vivia um período conturbado. Embora continuasse mestre na arte de fazer rir nos palcos, na vida real Sebastião Bernardes de Souza Prata acumulava dívidas milionárias na praça e havia sido demitido das últimas três emissoras que se arriscaram a contratá-lo. Chegava atrasado, bêbado ou simplesmente faltava por vários dias seguidos sem explicação. Mesmo assim, jamais ficava parado. Atuava em peças, musicais e programas de TV, escrevia crônicas, colunas, poemas e sambas, e junto com isso conseguia beber sem parar por duas, três noites seguidas. Mesmo quando era internado na Clínica São Vicente para uma temporada de desintoxicação, conseguia escapar do descanso à noite para beber e tocar sua vida artística no mesmo ritmo alucinante. Para quem precisava de um bom ator, Otelo sempre valia o risco.

E assim, com o elenco definido, começou a produção dos roteiros para os personagens do novo programa. O *Bairro Feliz*, é claro, teria espaço para contrastar ricos e pobres, como tão bem sabia fazer Max Nunes, o criador do quadro "Primo Pobre, Primo Rico". A já consagrada fórmula de atribuir bordões aos personagens também estava lá. Seria usada pela personagem de Berta Loran, uma mulher que, ao ser assediada, dizia: "Comigo, não! Eu sou dureza, hein!".

Para Otelo, os redatores criaram um núcleo do *Bairro Feliz* que vivia em torno de uma escola de samba. O ator fazia o papel de um atrapalhado compositor sempre tentando convencer Milton Gonçalves, o diretor de harmonia, a emplacar seus terríveis sambas-enredo. Funcionaria perfeitamente, mas... Ninguém tinha percebido que seria necessário ter uma escola de samba, ou pelo menos parte dela, para fazer com que as paródias de Otelo funcionassem. O próprio ator resolveria o problema rapidamente. Amigo íntimo de Carlos Machado por décadas e presença frequente nos espetáculos do "Rei da Noite", não teve dúvidas ao indicar "os meninos que tocavam lá no Golden Room", ou seja, os recém-criados Originais do Samba.

Mussum hesitou em aceitar o convite da TV Globo. O cachê de 150 mil cruzeiros por semana seria muito bem-vindo, mas aparecer com frequência na televisão certamente não agradaria seus superiores na Aeronáutica. Combinou então com Otelo que aceitaria, desde que pudesse aparecer pouco, sem ter falas ou qualquer tipo de protagonismo. Para manter o emprego, Mussum planejava ser o artista mais sorrateiro do Brasil, tocando em segredo com o Grupo Opinião e aparecendo escondido na televisão. Fazia na sua vida o que contaria como piada nas aberturas de shows. Estava em pé sem cair, deitado sem dormir, sentado sem cochilar. Só fazendo pose.

Bairro Feliz foi ao ar pela primeira vez em 30 de novembro de 1965, uma terça-feira, às oito da noite, pela TV Globo, canal 4 da Guanabara. A promessa de Otelo seria cumprida parcialmente. Ainda que coadjuvantes, os Originais apareciam bastante durante todo o programa. Logo na abertura, os sambistas cantavam a música tema e, depois, faziam o encerramento do bloco. Mesmo assim, o esconderijo televisivo de Mussum durou por algum tempo, pois a filmagem no estilo do teleteatro não tinha enquadramentos que mostrassem o rosto dos atores de perto e as imagens em preto e branco também dificultavam a identificação. Além disso, a audiência da novata TV Globo engatinhava e *Bairro Feliz* estava muito longe de concorrer em popularidade com as atrações rivais da mesma faixa de horário: os noticiários *Repórter Esso*, da líder Tupi, *Nosso Repórter*, da Excelsior, e *TV Rio Notícias*, da TV Rio. Era mais fácil alguém presente no auditório reconhecer o cabo Antônio Carlos nas filmagens do que um telespectador.

Se não transformou os sambistas em estrelas da TV, o cachê de 150 mil cruzeiros, pago religiosamente toda semana pela Globo com ajuda dos dólares da parceira Time-Life, os ajudou a levar uma vida mais confortável – o salário mínimo da época estava cotado em 66 mil cruzeiros. Quando a bolada chegava direto à mão dos músicos, agora trabalhando sem ter um empresário, era uma farra. Para começar, saíam das gravações de táxi e iam direto para o Cosme Velho se esbaldar, comendo camarão-pistola, bebendo cerveja gelada e batida de limão como se o mundo fosse acabar dali a vinte minutos. E o dinheiro vinha fácil. O elenco era recheado de atores experientes e a TV ao vivo permitia errar e continuar logo em seguida. Ainda sem usar videoteipe, os artistas faziam de conta que não tinham errado uma fala ou uma deixa, respiravam fundo e continuavam de onde tinham parado. No caso dos Originais, que nem fala tinham, a situação era ainda mais cômoda. Bastava chegar ao teatro, tocar duas vezes a mesma música e pegar a grana no final da noite.

Tudo ia conforme o previsto, incluindo aí a instabilidade de Grande Otelo. O experiente cômico não frequentava os ensaios e dispensava as marcações de cena. Como o programa repetia, semana após semana, a mesma história com variações mínimas e reaproveitava piadas parecidas,

Otelo sentia-se à vontade – estivesse sóbrio ou não – para chegar em um horário bem próximo da apresentação e improvisar em grande parte do quadro. Com sua experiência de teatro de arena, Milton Gonçalves conseguia se adaptar ao estilo desencanado do parceiro de cena, mas o inexperiente Carlinhos do Reco-Reco nem sempre conseguia segurar suas risadas. Como estava em segundo plano, isso não atrapalhava, mas o destino quis que esse anonimato acabasse por acaso.

Milton Carneiro havia sido escalado em uma terça-feira para participar do quadro de Milton Gonçalves e Grande Otelo, mas não apareceu no dia da transmissão e, em cima da hora, os diretores precisaram improvisar um ator para a cena. Não seria possível pegar algum comediante do elenco principal emprestado, pois não daria tempo de usar um figurino, aparecer como um personagem em um bloco e, logo no outro, aparecer de novo, interpretando um segundo personagem. O jeito foi chamar alguém dos Originais. E esse alguém tinha que ser o sambista mais falante e articulado do sexteto, Carlinhos. Ainda com medo de ser reconhecido, ele recusou, mas Maurício Sherman insistiu e mostrou que, sem a ajuda dele, o programa que iria ao ar dali a alguns minutos ficaria com um buraco dificílimo de cobrir.

Antes de o substituto ser escolhido por bem ou por mal, Grande Otelo chegou ao teatro e começou sua preparação para entrar em cena, meio irritado, sem falar com ninguém. O veterano, que lia o roteiro da noite pela primeira vez minutos antes de entrar em cena, vinha com um livro embaixo do braço e já planejava usá-lo no ar, colocando as páginas com as suas falas escondidas no meio do volume. Sherman ainda tentava convencer Carlinhos a entrar em cena e falar aquele punhado de frases quando a produção começou a gritar para anunciar que a hora estava chegando. Era o momento de entrar em cena... E não tinha jeito. O cabo da Aeronáutica era o palhaço oficial do grupo e acabou aceitando seu estrelato fora de hora.

O *Tele Globo* deu suas últimas notícias e o Canal 4 começou a exibir mais um episódio de *Bairro Feliz*. Quando o quadro da escola de samba começou, Otelo achou esquisito contracenar com aquele rapaz do conjunto. Ninguém o tinha avisado de que aquela mudança ocorreria, mas nem havia jeito de avisar, uma vez que ele, como sempre, dispensou os ensaios e mal teve tempo de ler o texto. Mesmo assim, a cena começou e os primeiros diálogos entre os personagens foram se desenrolando. Otelo continuava desconfiado, mas seguia fazendo seu papel, com seu personagem tentando emplacar mais um samba-enredo sem pé nem cabeça.

Foi quando Milton Gonçalves entrou em cena junto dos Originais, comandando os músicos com seu apito, e deu um baita susto em Otelo. Embora a cena fosse sempre parecida, o veterano comediante não estava esperando o barulho dos instrumentos e, meio atordoado, deixou o livro que escondia as páginas com suas falas escapar de suas mãos. Voaram folhas para todo lado e, perdido, Otelo só conseguiu notar a sonora gargalhada do seu parceiro de palco, contagiando todo o elenco e o auditório. Com sua voz desafinada de moleque, o ator fuzilou Carlinhos com um olhar raivoso e soltou o primeiro xingamento que lhe veio à cabeça:

— Ocê tá rindo do quê? Seu... Seu... Seu muçum!

A maioria das pessoas não sabia o que aquela ofensa significava, mas, mesmo assim, ria à beça com a cara de assustado que o tímido Antônio Carlos fez ao ouvir o impropério. A partir daí, Milton Gonçalves esfriou os ânimos, colocando suas falas de um modo que ajudasse os colegas a se lembrar do texto. O show tinha que continuar, e continuou, mas a trapalhada no programa ao vivo rendeu muito mais do que qualquer um ali poderia imaginar. Logo depois da apresentação, toda a equipe de *Bairro Feliz* comentava o fato às gargalhadas, relembrando a cara de raiva de Otelo e, principalmente, o tamanho do susto que seu colega de cena havia tomado com a bronca. Apesar de toda a graça, ninguém sabia o que era muçum. Aí veio do próprio autor do xingamento a explicação: tratava-se de um peixe todo preto que mais parecia uma enguia. Foi o suficiente para a equipe rir ainda mais e memorizar a brincadeira.

Otelo, na verdade, não foi o criador da expressão racista de comparar um negro a um animal escuro. No interior do Brasil, era relativamente comum xingar alguém de muçum. Nos jornais da época, vez por outra, alguma notícia envolvendo a prisão de criminosos descrevia os infratores com o termo. Foi o caso do assaltante Expedito de Sousa, preso por porte ilegal de armas, e o surreal caso de Moacir Pereira, detido por roubar galinhas de sua vizinhança usando vara, anzol e milho. O caso virou manchete na edição de 5 de setembro d'*O Globo* e trazia a justificativa do tal meliante apelidado de Muçum de Itaguaí: "não estava roubando, doutor, estava pescando".

Uma semana após a criação do apelido, quando o cabo Antônio Carlos chegava ao teatro para tirar sua farda e vestir-se como sambista, já começou a ser chamado de Muçum pelos colegas. Ficou puto. Recusou-se a ser apelidado daquela forma e, justamente por isso, era cada vez mais chamado assim. Até Otelo, com o humor ligeiramente melhor que no episódio anterior, começou a tirar sarro da situação, dizendo que um homem negro daqueles não podia ser chamado de Antônio Carlos. "Isso não é nome de crioulo", falava, e, alisando o braço do furioso colega, provocava:

— Que neguinho lisinho, parece mesmo um muçum!

Sem saber, a brincadeira de Otelo era ainda cientificamente muito acertada, embora totalmente racista. O *Synbranchus marmoratus* é de fato uma espécie cheia de particularidades que serviam como perfeitas metáforas para a vida do sambista. Difícil de ser capturado por causa de sua textura lisa e corpo esguio, o bicho tem hábitos noturnos e é capaz de se adaptar tanto à vida na água quanto na terra. Talvez, se soubesse das coincidências entre seu modo de viver e o do peixe, Mussum tivesse aceitado mais rápido o apelido que o acompanharia para o resto de sua vida.

Nos próximos episódios de *Bairro Feliz*, além das brincadeiras, que tinham vindo para ficar, o papel de Mussum começava a ganhar destaque por exigência da direção e dos roteiristas do programa. O tímido cabo da Aeronáutica via que não tinha mais jeito de disfarçar suas aparições. E, como não poderia deixar de acontecer, a fase de maior exposição fez com que os colegas da Aeronáutica rapidamente descobrissem a participação do colega na TV. Para surpresa do cabo-sambista-humorista, esse fato não causou problemas na vida militar. O programa ganhou popularidade no quartel e até o comandante do III Comar dava risada com as palhaçadas de Mussum. Em vez de ser repreendido, foi elogiado. O programa sairia do ar em outubro de 1966 e até lá não seria mais preciso pular muros ou inventar elaboradas desculpas para pedir dispensa nas terças-feiras.

Em paralelo com o sucesso na TV, o trabalho dos Originais do Samba com Carlos Machado continuava a todo vapor. O grupo, sem os tamborins de Zé Luís e Clóvis, continuava a figurar como atração dos espetáculos do Copacabana Palace e do Fred's, e até chegou a fazer novas turnês internacionais. A parceria entre Machado e Ruben Berta, o dono da Varig, estava em uma de suas fases mais frutíferas, e os sambistas eram convocados a disseminar o samba brasileiro sempre que a empresa aérea ampliava os destinos de seus voos. A cada nova cidade atendida, um carnaval tipo exportação era realizado. Foi assim em Caracas, Curaçau, Porto Rico e até em Frankfurt.

Uma dessas missões internacionais teve até um motivo diplomático. Após um pedido da Organização dos Estados Americanos, o governo brasileiro autorizou o envio de tropas para uma base militar em Santo Domingo. Seriam cerca de oitocentos fuzileiros navais, soldados de infantaria da Aeronáutica e paraquedistas do Exército para ajudar os americanos a "preservar a democracia" na República Dominicana, que passava por uma sucessão de golpes militares de direita e de esquerda. Em vez de participar como cabo na missão, em 1965, Mussum foi junto com os Originais e as dançarinas de Carlos Machado, em meados de 1966, fazer shows para elevar o ânimo dos soldados e diminuir um pouco a saudade de casa. O mesmo batuque que fazia fundo musical para os protestos do Opinião estava agora a serviço dos interesses do capitalismo. Desde que o cachê fosse bom, ninguém dos Originais via problema nisso. O Mussum sambista, assim como o peixe, conseguia viver bem em dois ambientes completamente distintos.

A temporada de 1966 também marcaria o nascimento de uma parceria capaz de revitalizar o agora *démodé* teatro de revista de Carlos Machado. Atento à mudança no gosto musical da classe média formadora de opinião, o empresário notava o quanto os espetáculos de exaltação ao idílico Brasil das passistas seminuas e batuques estavam desalinhados com a crescente insatisfação dos brasileiros com a ditadura. É claro que não passou pela cabeça de Machado entrar para o time da música engajada, mas era preciso modernizar sua linha de shows adicionando uma postura mais crítica àquele mundo em metamorfose e, para tanto, ninguém era mais indicado que o jornalista com o melhor radar do Rio de Janeiro: Sérgio Porto.

O criador do popular Stanislaw Ponte Preta, personagem que assinou colunas nos principais jornais e revistas do Brasil nos anos 1960 e fez os mais divertidos aforismos já escritos em português, foi convidado a escrever um espetáculo com liberdade total para levar toda a ironia ácida dos seus textos para os palcos do Fred's. O resultado foi a criação do infame *Pussy Pussy Cats*, um teatro de revista rebolado modernizado para divertir o público sem poupar palavrões e sacanagens. Exibido sempre depois da uma da manhã, o show trazia em seu elenco Amândio, Ary Fontoura, Rui Cavalcanti, Suely Franco, Carlos Leite e as belíssimas Cats Rossana Ghessa, Cristina Wagner, Míriam Müller, Nédia Montel e Marina Montini, a "Mulata do Quarto Centenário" e musa inspiradora do pintor Di Cavalcanti. Também fazia parte da trupe Rogerinho, o até então desconhecido maquiador da TV Rio que vestia uma peruca loira e subia ao palco transmutado na sensual Rogéria. O fundo musical, claro, era responsabilidade dos Originais do Samba.

Diferentemente do exagero tradicional de Carlos Machado, *Pussy Pussy Cats* não teve uma montagem luxuosa, repleta de plumas e paetês. Com figurinos mais sóbrios, alguns aproveitados de espetáculos anteriores, iluminação simples e um cenário minimalista, o show tinha como destaque o seu texto. "Substituiu-se o luxo por um pouco de inteligência", escreveu a crítica cultural d'*O Globo*.[2] Faltou dizer que, além da inteligência, havia uma boa dose de ousadia. Entre os quadros do show, estavam o monólogo "Sou prostituta e daí?", com Zélia Martins, e uma cena entre o cômico Amândio e Rogéria, em que o noivo descobria que a noiva não era exatamente o que ele esperava que fosse.

O que marcaria *Pussy Pussy Cats*, no entanto, era uma crítica mais sarcástica do que erótica. Sérgio Porto bolou um samba-enredo para ironizar a absurda regra imposta pelo Departamento de Turismo da Guanabara aos compositores de escola de samba. Estava determinada

---
2. *O Globo*, 06/01/1967.

por decreto a obrigatoriedade de usar exclusivamente momentos e personagens da história do Brasil como base para as letras levadas à avenida. No lugar de falar da vida no morro, de amores ou de carnaval, os malandros das alas de compositores deveriam enfiar a cara em livros empoeirados e dar um jeito de rimar Cabral com Portugal, Tiradentes com inconfidentes e assim por diante.

Da crônica à situação ridícula, surgia "O samba do crioulo doido", narrando uma salada histórica causada pela confusão que um sambista fazia ao tentar escrever sobre uma tal de conjuntura. A história começava em Diamantina, "onde nasceu JK", com a Imperatriz Leopoldina sendo obrigada a casar-se com Tiradentes, por imposição de Chica da Silva. Em seguida, "Joaquim José, que também é da Silva Xavier, queria ser dono do mundo e se elegeu Pedro II". E daí por diante o remix histórico segue ainda mais aloprado, resultando em um acordo para a proclamação da escravidão.

A execução da galhofa-enredo era feita com perfeição pelos Originais do Samba, que pela primeira vez soltavam a voz e cantavam em um espetáculo sem a presença de um cantor de ofício. Cheia de erros de português e expressões engraçadas, a música precisava ser encenada com apoio na atuação de Mussum como palhaço. *Pussy Pussy Cats* virou a sensação da noite carioca, resgatando mais uma vez o cartaz de Carlos Machado e do Fred's e até levantando algumas polêmicas.

Representantes do Movimento Negro não viram a ironia do texto e protestaram, e a liga das Senhoras Católicas revoltou-se com a omissão do Serviço de Censura de Diversões Públicas, do Departamento Federal de Segurança Pública. Nada disso tirou o brilho de Sérgio Porto, como roteirista, e dos Originais, como atração principal. Antes do carnaval, a procura do público por *Pussy Pussy Cats* prenunciava um ano garantido de apresentações lotadas.

Se a vida de sambista andava acertando-se nos palcos, Mussum ainda carecia de um momento pleno de satisfação na avenida. Desde que passou a militar em Mangueira, não tinha tido o gosto de ser campeão do carnaval. Em 1960, o título foi dividido entre a Verde e Rosa e outras quatro agremiações. No ano seguinte, viu de longe a consagração da escola, pois era um recruta da FAB. A partir daí, cada vez mais integrado à Estação Primeira, viu a escola perder sucessivas vezes o título para Salgueiro e Portela, campeãs em anos intercalados entre 1962 e 1966. Em 1967, a história precisava ser diferente.

Mussum estaria mais uma vez no prestigioso posto de passista, ao lado do amigo de Originais Jonas Silva, da dançarina Regininha e da lendária Gigi da Mangueira, que retornava após dois anos de afastamento. Regina Helena Esberard, a Gigi, era uma atração à parte em virtude de seu carisma. Nascida em uma rica família de ascendência francesa, a menina era apaixonada por dança e acabou desbravando o caminho entre Ipanema e Mangueira. Após ser bailarina por um curto período no Theatro Municipal, acabou estreando por acaso em um espetáculo de Carlos Machado. A partir daí, apaixonou-se pelo samba e humildemente foi à Mangueira aprender a fazer poesia com os pés. Convidada pelo presidente Roberto Paulino e guiada cuidadosamente por Mussum e Jonas, a menina rica, então com catorze anos, foi adotada pela comunidade e ganhou o respeito de todos por sua determinação. Antes de cair no samba, Gigi ficou oito meses apenas olhando o movimento de passistas e cabrochas.

Em 1961, Gigi estreava na avenida e causava espanto pela naturalidade com que desfilava. Parecia ter sido nascida em Mangueira. Daí em diante, só interrompeu sua relação com a escola para dedicar-se à família, quando casou e teve seu primeiro filho. Seu retorno em 1967, portanto, era um importante reforço para a Estação Primeira, já repleta de estrelas e figuras lendárias entre seus integrantes. Desfilariam pela Presidente Vargas, junto de Mussum e Gigi, figuras do porte do casal de mestre-sala e porta-bandeira Neide e Delegado e da voz eterna de Mangueira, Jamelão. Além deles, havia Clementina de Jesus, Carlinhos Pandeiro de Ouro, Pururuca, Almiro, o velho Maçu, Juvenal Lopes, Djalma dos Santos, Jorge Pompéia, José Balalaika, Ciro Ramos de Moura, a "francesinha" Annik Malvil, Cícero dos Santos e os 180 ritmistas da bateria de Mestre Valdomiro, fazendo o chão do Rio de Janeiro tremer.

O enredo escolhido para aquele ano foi "O mundo encantado de Monteiro Lobato", cujos versos emoldurariam perfeitamente o desfile ao falar de "um mundo encantado fantasiado de dourado". Ainda sem o sambódromo, o carnaval era tanto mais romântico quanto mais caótico. A plateia ficava apinhada em arquibancadas temporárias de madeira a centímetros de distância dos integrantes das escolas, a falta de estrutura era agravada ainda pelas fortes chuvas de fevereiro e pela dificuldade em alinhar os integrantes das escolas antes dos desfiles. Em 1967, a maratona começou às 22 horas de domingo e seguiu até as 13 horas de segunda-feira. Como previsto, mas não remediado, um temporal atrasou a entrada da primeira escola em duas horas e quase destruiu as alegorias e fantasias de quem estava preparado para entrar na sequência. A cada nova agremiação, mais atrasos acumularam-se. Só às dez da manhã de segunda, quando um céu azul e sem nuvens cobria o rio, o Grêmio Recreativo Escola de Samba Estação Primeira de Mangueira surgiu na avenida cantando: "Quando uma luz divinal/ Iluminava a imaginação/ De um escritor genial/ Tudo era maravilha/ Tudo era sedução/ Quanta alegria/ E fascinação".

O quarteto de passistas Mussum e Gigi e Jonas e Regininha vestiam-se de cor-de-rosa com detalhes em verde-escuro. Eles trajavam smoking, gravata-borboleta, camisa com babados e lenço na mão. Elas vestiam uma saia curta com com babados, que mais pareciam uma rosa, e um chapéu coberto de plumas. Mais brilhante que a fantasia, só o sorriso dos passistas. Ainda não existia oficialmente a figura da rainha de bateria, mas Gigi exercia esse ofício de forma pioneira e magistral. O público mandava beijos e acenos para a estrela, que ia à frente da bateria ajudando na evolução da escola.

Às 10h20, quando a ala das baianas passava diante do palanque principal, o povo começou a gritar "Já ganhou!", confete voava por todo canto e o samba-enredo da Mangueira ecoava pela cidade, empurrado mais pela plateia do que pela potente voz de Jamelão.

Ao fim do desfile consagrador, mas exaustivo, Mussum foi até um botequim na rua México, onde se reunia com os colegas dos Originais e com a rapaziada das outras escolas. A ideia era tomar uma cerveja bem gelada e saber a opinião do *sindicatis* sobre as apresentações das outras escolas. Além da Mangueira, Império Serrano, Vila Isabel e Salgueiro tiveram os desfiles mais comentados e elogiados. Mas, entre os sambistas, a vitória da Verde e Rosa era dada como certa. Tanto que sobrava tempo para comentar a visita ao Rio de Janeiro da atriz Gina Lollobrigida, premiadíssima por seus filmes e considerada "a mulher mais bonita do mundo". A musa dançou e bebeu champanhe na boate Le Bateau, ao lado do ícone dos playboys Jorginho Guinle, e depois foi assistir ao desfile das escolas. No desfile da Portela, a estrela caiu no choro quando viu uma pessoa com deficiência física passar toda feliz pela avenida – mesmo sem movimentos nas pernas, atrofiadas, o homem desfilava alegremente usando suas mãos como apoio. Lollô à parte, Mussum fez muitos brindes para comemorar e outros tantos para aplacar a ansiedade.

O grito de campeão do carnaval precisou esperar pela torturante avaliação dos jurados na quarta-feira, nota por nota. Como previsto, Mangueira, Império Serrano e Salgueiro fizeram uma disputa apertada. Já a Portela, sempre favorita, teve seu desfile prejudicado pelas chuvas e logo acabou saindo do páreo. A tensão foi se acumulando, e ia chegando a hora de saber as notas dadas pelo exigentíssimo Ricardo Cravo Albin, ninguém menos que o fundador do Museu da Imagem e do Som do Rio de Janeiro. O maestro deu um 9 para a bateria da Mangueira e fez com que a escola ultrapassasse Salgueiro e Império, que ficaram então com o mesmo número de pontos. No final, com 113 pontos, seguida por Império Serrano e Salgueiro, ambas com 109 pontos, a Mangueira voltava a ser campeã do carnaval carioca. O que aconteceu depois pode ser contado com mais sabor pelas palavras publicadas pelo jornalista Ary Vasconcelos na revista *Cruzeiro*:[3] "Foi uma avalancha de alegria a descer, como bola de neve, do alto do morro de Mangueira, quando chegou a notícia-delícia: Mangueira vencera o carnaval de 67!". O estado-maior da escola vibrara naquele momento no quartel da Polícia Militar ao saber que os juízes haviam confirmado o julgamento popular. Foi um grito só a explodir das gargantas verde-rosas. "Vão ser bons assim no inferno, passistas de Mangueira!". Décadas depois, ao ser questionado sobre a maior emoção que viveu na sua longa trajetória de sambista, Mussum sempre responderia que a vitória no carnaval de 1967 foi a mais inesquecível e

---
3. *Cruzeiro*, 25/02/1967.

marcante. Detalhe: a capa da edição especial de carnaval da *Cruzeiro*, a principal revista de informação da época, tinha os passistas da Mangueira Jonas e Gigi em primeiro plano e o então desconhecido Mussum ao fundo. Imagem tão icônica que a Embratur, a agência brasileira de turismo, a usou como pôster para divulgar o Brasil no mundo todo.

Terminado o êxtase carnavalesco, Mussum voltava à sua jornada dupla com os shows de Carlos Machado no Fred's e a vida de cabo da Aeronáutica. *Pussy Pussy Cats* continuava a fazer sucesso, mas o término das participações em *Bairro Feliz* criou um vácuo. Mais do que a grana extra, fazia falta a convivência nos bastidores da televisão. Nos corredores da Globo era possível fazer amizades estratégicas, contatos profissionais e colocar os Originais do Samba em uma valiosa vitrine. Em 1967, a popularidade da televisão atingia níveis inéditos, enquanto o teatro rebolado caminhava para a extinção. Parecia uma estratégia essencial, então, buscar uma nova chance na telinha para garantir a ascensão dos Originais e o tão sonhado primeiro disco. Paradoxalmente, a chave para voltar à TV estava no próprio Fred's e atendia pelo nome de Chico Anysio.

No começo de sua trajetória carioca, o cearense escreveu piadas e roteiros para o espetáculo *Rio, de Janeiro a Janeiro*, de Carlos Machado, ainda na época da boate Night and Day. Daí para a frente, Chico continuou a ser amigo do produtor e frequentar suas badaladas atrações ao lado de gente como o então diretor da TV Tupi, José Bonifácio de Oliveira Sobrinho, o Boni, e de outros tantos profissionais da direção da emissora que ficava ali pertinho na Urca. Além de encantar-se com as vedetes e apreciar a boa música, o comediante ficava sempre atento aos talentos que surgiam entre os atores que se apresentavam no teatro de revista. E não faltavam oportunidades para testar esses novos valores.

Chico Anysio produzia febrilmente para a televisão e para o teatro, além de escrever, compor e até atuar como comentarista esportivo nas transmissões esportivas da TV Tupi ao lado do narrador Oduvaldo Cozzi. Aos 36 anos, já era a maior força criativa do humor brasileiro, acumulando passagens de sucesso por várias emissoras e sendo aplaudido em teatros de todo o Brasil. Em 1967, o sucesso da vez era o programa *Chico Anysio Show*, tão versátil, moderno e ao mesmo tempo popular que incomodava, com frequência, o Serviço de Censura de Diversões Públicas. Chegou a ser proibido. Não era para menos: a atração ancorada por Chico, de smoking e cara limpa, ia ao ar com um formato diferente quase todas as semanas, mesclando os personagens variados a participações de celebridades diversas, indo do politizado cartunista Ziraldo a um time de Misses Brasil. Nos jornais, a atração era anunciada pela Tupi assim: "Agora, Chico Anysio ao vivo. Gargalhadas aos potes no maior programa humorístico da televisão brasileira. A dimensão real de um grande show, que conta com a presença dos mais renomados atores e atrizes da nossa televisão. *Chico Anysio Show*, em nova fase, traz para você o fino do fino em humorismo e música".[4]

Dentro dessa constante reinvenção de quadros e formatos, a próxima tacada do humorista seria reviver na televisão a *Escolinha do Professor Raimundo*, sucesso do rádio no começo da década de 1950. E foi essa busca por opções para o elenco do novo quadro que levou Chico ao Fred's para assistir a *Pussy Pussy Cats*. Ary Fontoura era uma das estrelas do espetáculo e seria observado de perto, como num teste secreto, mas quem chamou mesmo a atenção do cearense foi Mussum. Ao mesmo tempo que o ritmista maltratava a língua portuguesa cantando "O samba do crioulo doido", o humorista já criava em sua mente o formulário de matrícula para mais um aluno da escolinha. Ao pedir referências a Grande Otelo, Chico Anysio ouviu só elogios e acabou com qualquer dúvida. Logo o convite chegaria até o sambista, que o aceitaria de pronto. A proposta era inesperadamente perfeita: trabalhar com Chico, o maior cartaz do momento, na Tupi, a líder de audiência, e ainda por cima trabalhar às terças-feiras, como estava acostumado na época de *Bairro Feliz*.

A diferença essencial para Mussum, não percebida inicialmente, foi que o convite havia sido feito apenas a ele – e não aos Originais do Samba. O ritmista teria de encarar as câmeras, a plateia e o palco sozinho, decorar textos e mostrar a cara sem o apoio dos amigos de sempre. Quando percebeu isso, quis voltar atrás e desistir do desafio. Chico Anysio tranquilizou seu novo pupilo, prometendo enviar os scripts

---
4. *Correio da Manhã*, 06/05/1966.

com bastante antecedência e escrever falas curtas, que não exigiriam grande esforço para serem memorizadas. "Você fazia isso com o Otelo, vai conseguir fazer de novo", garantiu o mestre. Assim, convencendo sua nova estrela, Chico e o redator Roberto Silveira bolaram um personagem de inteligência bem limitada, aparência simplória e, claro, um bordão marcante. O cearense chegou a Mussum e disse:

— Olha, você tem três expressões para ganhar a vida: *tranquilis*, como *di factis* e não tem *problemis*. Esse vai ser o seu ganha-pão.

Embora seja inegável que a genialidade de Chico Anysio tenha contribuído para casar com perfeição a imagem de Mussum, o sambista, com o jeito particular de falar de Mussum, o personagem, a criação do tipo não foi uma obra totalmente original. Retratar o negro como ignorante, com dificuldades em falar de maneira correta, é uma prática racista antiga do humor, muito anterior à televisão.

Na década de 1830, uma das diversões mais populares de teatros, circos e casas de shows dos Estados Unidos eram as apresentações dos *blackfaces*, atores cômicos brancos que, sob o pretexto de imitar os trejeitos dos escravizados, pintavam o rosto com tinta preta, vestiam-se com farrapos, dançavam de forma aparvalhada e falavam com um pesado sotaque sulista, lotado de erros gramaticais. O nome mais badalado nessa questionável forma de arte, o nova-iorquino Thomas Dartmouth Rice, foi o responsável por levar o *blackface* à Europa, difundindo-o entre artistas britânicos e franceses. Assim, satirizar o negro virou uma vertente do humor tão popular que, mesmo com a Proclamação de Emancipação de Abraham Lincoln, de 1863, e os consequentes acontecimentos históricos responsáveis por minar a escravidão, continuou sendo prática fazer piadas racistas.

No Brasil, a moda chegou por influência dos espetáculos franceses e foi aplicada no teatro de revista nas primeiras décadas do século XX. Por aqui, a sátira usava como fonte de inspiração os negros recém-libertados, vindos do interior do país em direção ao Rio de Janeiro. Esses migrantes sem nenhuma educação formal tentavam às pressas absorver os maneirismos da vida urbana e acabavam por encontrar grande dificuldade em falar corretamente e até em se vestir de forma adequada. Dificuldade essa aumentada pela enorme influência estrangeira no

Brasil do século XIX. Era sofisticado usar palavras em francês e inglês, tanto pela admiração às potências quanto pelo atraso da cultura nacional. Dessa caricatura de cidadão, surgiram os moldes para a criação de inúmeros personagens humorísticos, como os clichês do negro esperto, do negro burro, da negra sensual e da endinheirada, porém sem classe.

Em estudos acadêmicos sobre as origens do humor brasileiro foi encontrada, inclusive, a presença de personagens que usavam o plural de forma bastante parecida com a qual Mussum se consagraria.[5] Uma das pioneiras aparições dos "ilsis", "évis" e "unzes" a ser registrada ocorreu em 1911, com o espetáculo *Forrobodó*, um típico número de teatro de revista resumindo os acontecimentos de 1910 em cenas musicais e cômicas. Mais tarde, na peça *Terra natal*, escrita por Oduvaldo Vianna em 1919, a personagem de uma mulher negra atrapalhada fala: "Minhas sessões no Cine Palais, o meu banho no Flamengo, os *futis* na avenida, os meus teatros, as minhas matinés *chiquis*, as minhas *soairetis branches*, ao meu *fivis-clotis*... Ah! Neste lugar solitário fico *ofsaides*!".

Na década de 1920, o gênero da comédia racista tornou-se muito popular. E foi nessa época que surgiu a Companhia Negra de Revistas, uma bem-sucedida trupe de músicos e comediantes negros, regida por Pixinguinha, com textos que continham uma ironia fina, misturando os papéis do explorado e do explorador. Embora quase sempre retratados como estúpidos ou maliciosos, os personagens negros começavam a fazer graça com o jeito certinho e empolado dos personagens brancos. Nada muito ofensivo ou aparente, mas, dentro da sociedade extremamente preconceituosa da época, foi um avanço importante, capaz de abrir as portas para uma série de artistas negros, tanto na música quanto nas artes cênicas.

O próprio Grande Otelo pode ser considerado um herdeiro dessa tradição da sátira ao negro. Por incontáveis vezes, o ator interpretou o número "Boneca de Piche", cantando o samba de mesmo nome composto por Ary Barroso e Luiz Iglésias, sempre ao lado de uma bela cantora. Otelo fazia o papel do malandro apaixonado por uma negra

---

5. CARRICO, André. *Os Trapalhões no reino da academia*: revista, rádio e circo na poética trapalhônica. Campinas: Unicamp, 2013.

geniosa, sempre avessa às suas investidas. Embora tivesse experiência até cantando óperas e soubesse declamar poemas em várias línguas, Otelo falava o mais errado possível durante a música, como no trecho "Não me farseia ó muié canaia/ Se tu me engana vai haver banzé/ Eu te sapeco dois rabo-de-arraia, muié".

Outro herdeiro do *blackface* foi Adoniran Barbosa. Antes de ser consagrado pelos seus sambas engraçados e ao mesmo tempo singelos, o sambista trabalhava como humorista nas rádios de São Paulo e emplacou quadros de sucesso interpretando tipos suburbanos com a ignorância acentuada pelo sotaque e pelas trocas de letras e palavras. No programa *Serões Domingueiros*, da Rádio Record, seu maior sucesso foi alcançado com os diálogos entre Zé Cunversa e Catarina, interpretada pela atriz Maria Amélia. Nos pôsteres de divulgação dos *Dois Black-outs da Record* e também nas apresentações, feitas com a plateia no auditório da emissora, Adoniran sujava o rosto e os braços com carvão para interpretar o personagem.

A criação do modo de falar de Mussum, portanto, não pode ser definida em apenas uma data nem ser creditada a apenas um autor. O estereótipo do negro burro era uma figura usada pelos comediantes havia quase cem anos quando Chico Anysio ajudou a colocar o nome do sambista Antônio Carlos na lista dos maiores humoristas do Brasil de todos os tempos.

Conforme prometido, Chico entregou o script da primeira participação de Mussum com uma semana de antecedência do próximo episódio do *Chico Anysio Show*. O ritmista leu várias vezes as mesmas falas, mas não decorava o texto. Até por isso, chegou bem mais cedo do que o necessário ao auditório da Tupi na Urca. Cheio de receios, ficou andando pelos corredores, olhando para as três folhas de papel e, de novo, quase desistiu da empreitada. Pensou que o humor poderia mais atrapalhar do que ajudar na sua carreira de músico, além de trazer inconvenientes na carreira militar. A cabeça estava girando sem sair do lugar. Resolveu então dar uma beiçada no Bar Canal 6, o botequim "oficial" da emissora, enquanto decidia o que faria da vida. Tomou uma dose de conhaque. Tomou duas. Tomou coragem. Tomou a terceira dose e encarou o desafio – mesmo sem ter decorado o que deveria falar no ar.

Quando voltou, encontrou Chico Anysio nos bastidores, batendo à máquina os últimos detalhes do programa que iria ao ar naquela noite. O humorista então pediu para dar uma olhada no roteiro que havia enviado dias antes a Mussum e falou enfático:

— Isso aqui não está bom, não. Espera aí que eu vou arrumar.

Chico rasgou a página e freneticamente espancou as teclas para, em alguns minutos, materializar um novo roteiro. Mussum ficou ainda mais desesperado. Perguntou como Chico saberia o que dizer em cena, já que só havia uma cópia do novo script. O experiente comediante apontou para um livro repleto de anotações, que entraria em cena como cola para o Professor Raimundo. O horário do programa aproximava-se e a plateia começava a lotar o auditório. Após o *Chico Anysio Show*, era exibido o populoresco *Cassino do Chacrinha*, e, para garantir uma chance de ver o programa, a plateia chegava cedo à Tupi.

Na noite da estreia, Mussum seria um dos três alunos a responder às perguntas do professor. O programa entrava no ar às 20h30, ao vivo, com Chico Anysio apresentando as atrações e fazendo um bloco de *stand-up comedy* tradicional. Enquanto isso, nos bastidores, acontecia uma correria para acertar os figurinos e os cenários que apareceriam em seguida. Já fantasiado de aluno, vestindo uma camisa do Flamengo e com um chapeuzinho todo amassado, Mussum estava pronto para entrar em cena. Tomou um tapinha nas costas do contrarregra, perdeu o pouco de concentração que o nervoso o deixava reunir e foi para o palco. Chico Anysio, caracterizado como Professor Raimundo, chamou um aluno, outro, e depois foi a vez de Mussum. Notando o nervosismo do novato, Chico improvisou e "cobriu" o colega.

— Senhor Mussum!

— Pois não, professor.

— Tudo *tranquilis*?

— Tudo...

— Tudo *sossegadis*?

— Tudo, mas o professor não vai perguntar nada?

— Não vou, não. Não tem *problemis*!

O próprio Chico caiu na gargalhada com a peça que pregou no estreante, e, sem perceber que estava sendo sacaneado, Mussum fez uma cara que levou a plateia a explodir em risos. Assim como fez na noite em que ganhou o apelido de Grande Otelo, a comicidade mostrada no palco não foi ensaiada. Os olhos arregalados e a expressão de desespero que o público achou fazer parte do jeito de ser do personagem, era, na verdade, apenas um reflexo de Antônio Carlos aprendendo a ser palhaço, ao vivo, na televisão.

Nos programas seguintes, o vocabulário e as falas do aluno Mussum foram ficando mais sofisticados. O comediante ganhou confiança, começou a pôr mais "is" nos finais das palavras por conta própria e conquistou o público com sua extrema dificuldade em resolver problemas de "*aritmetiquis*" e "*portugueisis*". Ficou tão à vontade com Chico que brincava dizendo:

— Só não vai me complicar e mandar eu falar pena.

Inquieto como sempre, Chico Anysio passou a colocar atrações musicais no programa, e Mussum cavou uma oportunidade para os Originais do Samba voltarem à TV. Participando como figurantes ou mesmo como banda de apoio para os artistas convidados, os sambistas foram entrando aos poucos no elenco do *Chico Anysio Show*. Os músicos esperavam que essa exposição ajudasse a tornar o nome do conjunto mais conhecido, resultando, assim, em mais convites para shows e em cachês mais interessantes. O que não estava nos planos é que Mussum iria se destacar tanto com suas atuações como comediante que uma de suas participações com os Originais na TV ficaria gravada na retina de outro cearense tão engraçado e workaholic quanto Chico Anysio: Renato Aragão. E essa primeira boa impressão seria convertida, anos mais tarde, em um convite que transformaria de vez o sambista em humorista.

Capítulo 5
Cassino Royale, SP (1967)

"Estou mais duris que beiço de sino."

O verniz modernizante trazido por Stanislaw Ponte Preta para o espetáculo *Pussy Pussy Cats* foi apenas um paliativo para a anunciada decadência de Carlos Machado e seu tradicional teatro rebolado. Enquanto o jornalista colhia os louros pelo sucesso de seu "O samba do crioulo doido", criando seu próprio show musical baseado na composição, Machado começava a ser encurralado pela mudança dos tempos. Além da maior consciência política dos jovens endinheirados, a essa altura consumidores de samba de raiz e inimigos dos alienados shows de vedetes, a noite carioca terminava a sua metamorfose. De forma gradual, a mudança da capital federal para Brasília foi desviando os festivos políticos brasileiros, os funcionários públicos e, sobretudo, os diplomatas e embaixadores estrangeiros do Rio. Essa emigração, consequentemente, tirou de Machado a parte mais rica de sua clientela e fez com que fosse cada vez mais difícil financiar grandes produções.

Para o "Rei da Noite", fazer shows menores era uma derrota dupla. Primeiro por não conseguir pôr suas sempre ambiciosas ideias em prática e depois porque a decadência era percebida pelo público e multiplicada cruelmente pela imprensa. Uma estreia de espetáculo com críticas ruins representava prejuízos por meses. E entre 1966 e 1967 isso aconteceu várias vezes. Para Mussum e os Originais, era desesperador ver o contraste entre o sucesso dos artistas nos festivais de música da poderosa TV Paulista e os salões cada vez mais vazios do Golden Room e do Fred's. A salvação teria mesmo que vir da peça baseada em "O samba do crioulo doido", mas os planos de Sérgio Porto iam na direção oposta às intenções dos sambistas.

Junto com o convite para alçar voo solo e transformar sua composição em base para um musical chamado *Show do crioulo doido*, Sérgio Porto recebeu a proposta de gravar o samba em um disco compacto. Como o cronista não se arriscava a cantar, naturalmente, era esperado que os Originais do Samba fossem convidados para reproduzir no estúdio o que faziam com tanta competência no palco do Fred's. Os ritmistas ouviam conversas sobre a gravação do disco aqui e ali, nos bastidores da boate, mas o convite para a gravação nunca chegava. Ao encontrar-se com Porto e perguntar sobre os rumores, Mussum ouviu uma resposta seca:

— Vocês não têm nome para gravar o meu disco.

O jornalista explicou depois que havia decidido fazer seu show próprio longe da influência de Carlos Machado e do batuque rústico dos Originais. Daria uma roupagem mais moderna para o musical, usando um elenco reduzido e alçando as cantoras do Quarteto em Cy à condição de estrelas principais. A ideia era subir ao palco como Stanislaw Ponte Preta, contando piadas e brincando com a plateia, e nada mais adequado ao personagem do que aparecer cercado de mulheres bonitas ou, como costumava escrever nas suas colunas, certinhas. Assim, Cybele, Cylene, Cynara e Cyva foram ao estúdio e sobrou para os Originais fazerem o coro na gravação. Foi uma oportunidade dolorosamente perdida. Noite após noite de apresentação, Mussum sabia o quanto "O samba do crioulo doido" agradava o público, replicar aquele fenômeno em disco era sucesso certo. E não deu outra. O *Show do crioulo doido* e a nova versão com o Quarteto em Cy fizeram um grande sucesso, tendo vendas expressivas nas lojas de discos e uma bem-sucedida temporada de quase dois anos, feita até com mudança de teatro para acomodar mais gente na plateia. Restou aos Originais o papel de coadjuvantes e a mágoa por ajudarem Sérgio Porto e não terem tido em troca a chance de gravar seu primeiro hit.

Para piorar as coisas, começou a ser espalhada a notícia de que o contrato de Chico Anysio com a Tupi não seria renovado. Por conta do enorme sucesso do *Chico Anysio Show*, a poderosa TV Record de São Paulo teria feito um convite irrecusável para o comediante trocar a Urca pela Consolação. Mussum e os Originais torceram para que fossem mesmo só boatos, do contrário, a boquinha na TV mais uma vez seria encerrada. Mas em outubro de 1967 a notícia se confirmou e Chico deixou o canal 6 carioca para estrear no ano seguinte o programa *O Rei e Eu*, junto de Roberto Carlos, além de fazer parte da forte grade de programação da emissora dos sucessos *Família Trapo, Corte Rayol Show, Esta Noite se Improvisa, Show do Dia 7* e, claro, dos famosos festivais de música brasileira.

Chico não seria o único artista seduzido pela força do show business paulista naquele ano. Além da fortíssima TV Record, grande catalisadora das modas da Bossa Nova e da Jovem Guarda, a noite da cidade passava por uma reinvenção nos anos 1960. Com a música brasileira em alta, o centro da cidade e a região do Jardins passaram a abrigar casas de shows, teatros e restaurantes de diversos tamanhos e estilos. Cantoras, violonistas, compositores e instrumentistas dos mais variados gêneros, do clássico ao regional, vinham de todas as partes do Brasil para tentar a sorte na TV ou nas gravadoras, mas sabiam também que, enquanto a sorte não sorrisse com um sucesso, poderiam ganhar bem na noite, no rico circuito dos clubes, nos bares dos hotéis de alto nível e até nas festas das promissoras cidades do interior do estado. Os boêmios daquele final de década podiam escolher entre numerosas opções onde ouviriam música de excelente qualidade. Era o auge do Deck, na avenida 9 de Julho, do Chamonix, na rua Pamplona, do Belisco, na Caio Prado, do Beco, na Bela Cintra, do Arabesque, na Jaguaribe, da Baiúca, na praça Roosevelt, do Stardust, no Largo do Arouche, e do já clássico Terraço Itália, na avenida Ipiranga.

No Rio de Janeiro, por outro lado, havia um ditado popular circulando entre a classe artística, diminuindo a importância da cidade rival e dos profissionais que por lá se apresentavam: "Tudo que no Rio é merda, São Paulo herda". Mas essa piada não fazia sentido para Carlos

Machado. Entre a vanguarda do entretenimento e a bonança financeira, o produtor jamais hesitaria em escolher a segunda, e foi a São Paulo procurar um espaço para montar uma casa de shows capaz de recuperar os prejuízos acumulados na noite carioca. A missão não seria fácil. O endereço paulista de Machado precisaria ser bom o suficiente para atrair a clientela da alta sociedade e, ao mesmo tempo, barato o suficiente para caber em um orçamento apertado. O Triângulo da Boca do Luxo, formado pelas badaladas ruas do Centro e do Jardins, logo se mostrou inviável e a solução foi apelar para a camaradagem de um velho amigo, o também gaúcho Léo Schneider.

Schneider era dono de uma churrascaria chamada A Chimarrita no número 5291 da avenida Santo Amaro, na Zona Sul da capital. A casa, além das carnes e do chope Brahma, promovia atrações musicais diariamente, com jantares dançantes, o conjunto de Uccio Gaeta, o organista Nelson Valente e a cantora Marta Baschi. Até artistas famosos, como Altemar Dutra, fizeram shows por lá, mas nada disso ajudava a colocar seu nome em pé de igualdade com casas de carnes mais sofisticadas, como a Ponteio, da Haddock Lobo. O endereço da Chimarrita não ajudava. A única atração próxima do local era o monumento em homenagem ao bandeirante Borba Gato, obra tida por muitos como a estátua mais feia de São Paulo, e a clientela era formada praticamente por sócios do Clube do Banespa. A salvação estava no slogan: "A única que não fecha nunca".

Apesar da localização desfavorecida, Machado enxergou ali uma oportunidade e tanto. O produtor percebeu na hora a imensa breguice da decoração típica e a incompatibilidade entre os espetos e linguiças servidos nas mesas e a programação musical dançante no salão. Removendo excessos e dando seu toque pessoal, Machado acreditava que a Chimarrita poderia ser transformada em um local de classe. Assim, fez uma proposta de parceria e ficou responsável por uma completa reformulação na decoração, na agenda de atrações, no bar e no restaurante. Propôs, logo de cara, uma mudança no nome da casa.

No lugar do acaipirado nome regional, o estabelecimento passaria a se chamar Cassino Royale. Teria o mesmo clima do Cassino de Estoril, cenário do filme de James Bond, sucesso de 1967. No restaurante, pratos da cozinha internacional; no bar, os melhores uísques e champanhes nacionais e importados. No palco, como não poderia deixar de ser em uma atração de Carlos Machado, belíssimas vedetes emplumadas e o samba típico das escolas de samba do Rio de Janeiro, ou seja, os Originais seriam convocados para batucar na terra do "Trem das onze".

Para Mussum, a esnobada de Sérgio Porto e a saída de Chico Anysio da Tupi foram duros golpes. Nunca os Originais tinham chegado tão perto do sucesso consagrador. E por méritos próprios, sem o intermédio de empresários ou do comando centralizador de Zé Luís. O convite de Carlos Machado para uma longa temporada de shows diários em São Paulo, portanto, chegava em uma hora de definição para os Originais. Seria preciso escolher entre insistir na vida de altos e baixos dos palcos ou desistir do sonho de ser artista, trabalhando durante a semana e encontrando-se com o samba apenas nas quadras e botequins das favelas.

Jonas decidiu escolher a segunda opção. Preferiu ficar em Mangueira, levando a vida de recém-casado com a cantora Ilsa e esperando por chances melhores no próprio Rio de Janeiro. Pesaram na decisão também as experiências negativas no México. Se no auge do sucesso Machado cumpriu poucas de suas promessas, imagine como seria agora, na época das vacas magras.

Poderia ter sido o fim dos Originais, mas Mussum, magoado e com gana de mostrar que podia vencer, não saiu do ritmo. Convenceu os companheiros do grupo a topar a empreitada paulista. Como argumento para provar sua disposição, desistiu de seguir carreira militar, solicitando a baixa das funções de cabo da Aeronáutica após mais de oito anos, muitas risadas e também muito aprendizado. Deixaria para trás também Leny e seu filho Augusto, com a promessa de conseguir mais dinheiro em São Paulo do que no Rio. Mussum colocaria suas últimas esperanças em jogo no tal Cassino Royale.

Em 30 de novembro de 1967, a Chimarrita já não existia mais. Após uma grande reforma, abriam-se as portas do Cassino Royale, trazendo como atrações uma composição clássica dos melhores espetáculos de Carlos Machado: bailarinas, comediantes, ritmistas de escolas de samba, pianistas, a cantora internacional Cleide Magalhães, vedetes no esquema muito luxo e pouca roupa e um crooner costurando uma atração e outra. Com espaço para trezentas pessoas, a casa cobrava entradas de até oitenta cruzeiros, ou o equivalente a mais de 85% de um salário mínimo naquele ano (vale lembrar aqui que a moeda nacional teve zeros cortados para maquiar a inflação e passou por um breve período em que se chamou cruzeiro novo). No cardápio, as chuletas e maminhas foram substituídas por pratos com camarões frescos, faisão e melão com presunto cru. No bar, champanhe francês e drinques da coquetelaria mundial.

Nem tudo foi importado do Rio de Janeiro sem adaptações. A fórmula consagrada precisou ajustar-se ao horário de funcionamento da casa. Na época, os paulistanos não queriam badalação até a alta madrugada, como era de praxe na antiga capital federal. Por isso, foi criada uma programação com atrações mais curtas, divididas por intervalos menores. Os shows começavam às dez da noite e duravam vinte minutos cada. A apresentação principal começava à 1h15 e tinha duração de quarenta minutos, com couvert de quatro cruzeiros por show.

Era o cartão de visitas para entrar com o pé direito na noite paulistana e atrair os ricaços para a grande noite do Réveillon. E, após a inauguração merecedora de elogios, os convites para passar a noite da virada no Cassino Royale viraram sonho de consumo para a elite de São Paulo. Machado tinha conseguido respirar de novo. A aposta de Mussum começava a se pagar, embora todo o luxo da boate não compensasse as saudades causadas pela distância da família, dos amigos e do morro, em uma noite de Ano-Novo onde a necessidade de trabalhar superou a vontade de estar próximo de seus entes queridos.

Aqueles primeiros meses em São Paulo não foram fáceis. A rotina diária de shows era cansativa e não deixava tempo para explorar as possibilidades artísticas da cidade. Para não gastar todo o dinheiro ganho no palco com aluguel, Mussum pulou de canto em canto, aproveitando-se da sua grande rede de *cumpadis*. Dormiu em pensões e pousou na casa dos amigos de amigos que não encontrava havia muito tempo. Chegou a dividir uma quitinete no residencial 14 Bis, no número 235 da rua Paim, na Bela Vista. O local era um dos mais famosos cortiços verticais da capital em virtude dos apelidos dados aos edifícios Demoiselle, Caravela e 14 Bis. Os prédios eram chamados de "treme-tremes", por causa das brigas de fazer as paredes tremerem; de "joga chave, meu bem", por conta dos maridos bêbados que de madrugada pediam a liberação da entrada pelas mulheres iradas; e também de "jogo de damas", devido à quantidade de coisas arremessadas das janelas – inclusive, cônjuges infiéis. Depois de um tempo, Mussum alugou um apartamento no famoso edifício Martinelli, um arranha-céu com fachada arquitetônica digna de Manhattan, mas que ficava ali mesmo na avenida São João e tinha praticamente se transformado em uma enorme favela vertical.

A situação dos outros músicos era ainda mais precária. Chiquinho, Rubão e Lelei dividiam um pequeno apartamento na rua Aurora, 544, em cima do Cine Áurea, famoso por seus shows de striptease. Lá ainda morariam Almir Guineto, irmão de Chiquinho, e o amigo Luís Carlos, o Chuchu. Apesar do aperto, essa época ficou marcada por uma excelente safra de composições. O espaço era pouco maior do que o de uma quitinete e era ocupado quase que totalmente por beliches. Como sempre cabia mais um ali, foi apelidado de *quitão*. Luís começou ali várias das canções que mais tarde seriam hits dos Originais do Samba, e Almir, ainda adolescente, rabiscou os versos de seu sucesso mais marcante "Coisinha do pai".

O substituto de Jonas na função de tocador de pandeiro, coreógrafo e figurinista também foi encontrado em um desses cafofos do centro de São Paulo, embora o músico fosse carioca e velho conhecido dos Originais. Tratava-se de Arlindo Vaz Gemino, o popular Bigode do Salgueiro. Sem nunca ter cultivado um bigode de verdade, seu apelido fazia referência, maldosamente, a uma mancha de pele que tinha no buço. Dependendo do ângulo, o sinal de fato parecia um bigode.

Amigo de Mussum desde a época dos ensaios da Mangueira na Cerâmica, o músico se mudara para São Paulo havia pouco tempo, buscando melhores oportunidades na noite e também trabalhando como ourives. Vivia em uma das muitas cabeças de porco do centro velho de São Paulo, aquelas com o banheiro do lado de fora do quarto. À noite, se batesse uma vontade de urinar, recorria a um penico para não passar frio. Estava tão duro quanto os outros sambistas e aceitou de pronto o convite feito por Chiquinho, embora a amizade com os integrantes dos Originais e a reputação como passista do Salgueiro não tenham sido suficientes para que seu nome fosse consenso absoluto para a vaga de Jonas. Os Originais achavam que Bigode era branco demais para participar do grupo, por isso fizeram o rapaz de "cabelo escorrido" tocar algumas vezes como teste antes de efetivá-lo.

Arlindo passou com sobras nas "entrevistas de emprego" graças ao seu jeito elegante de sambar. Alto e de silhueta esguia, sambava mexendo as pernas longas em movimentos curtos e discretos, quase como em um tango, sem que a parte de cima do corpo se desestabilizasse.

A formação dos Originais para a temporada paulistana estava completa, mas teriam que sambar também fora dos palcos para se virarem. Sem grana para aproveitar a alta gastronomia da capital, o cardápio dos músicos era simplório, com muito arroz com ovo e, nos dias melhores, sanduíches de mortadela. O bom humor ao menos era farto. Os pratos foram apelidados de arroz a cavalo e paixão de malandro. Fora isso, rotineiramente, os sambistas passavam boa parte do dia com uma média e um pão na chapa na barriga. Nem o samba de roda eles podiam fazer para se distrair. Bem próximo de onde viviam, estava a sede do Batalhão Tobias de Aguiar, órgão da polícia militar paulista que viria a se tornar a temida Rota anos mais tarde. Se um sambista fosse visto pela PM na madrugada, fatalmente ele teria seus instrumentos quebrados, tomaria alguns tapas na cabeça e passaria a noite na cadeia por vadiagem.

Em contraste com a falta de liberdade na rua e de carne na mesa, no copo as coisas iam muito bem. O uísque rolava solto no Cassino Royale, e Mussum e Rubão disputavam quem enxugava mais garrafas ao longo da semana. Pegando um gole aqui e outro ali, a dupla significava um belo prejuízo para as contas da casa. Uma dose de uísque na boate saía por 2,5 cruzeiros, uma de uísque por 4. Em valores da época, com o salário mínimo estimado em 84 cruzeiros, o desfalque alcoólico não passou batido e virou motivo de briga. O maître da casa, que não escondia de ninguém seu desprezo pelos músicos e funcionários negros, decidiu dar um basta nos desfalques, reuniu todos os funcionários no salão e começou a passar uma descompostura geral. No meio das reclamações e lições de moral, referiu-se aos músicos dos Originais como "esses macacos". Foi aí que o tempo fechou. E, nessas horas, o conjunto também era bem afinado. Quem viu a briga entre os funcionários do Cassino Royale diz que os dois sambistas deixaram cinco colegas de trabalho deitados na base da porrada.

A confusão não causou maiores estragos e a temporada de shows no Cassino Royale seguiu bem. A atração conseguiu entrar no mapa dos grã--finos com os bons shows do cantor Sergio Luis e dos conjuntos de jazz com Robledo, Nelson Valente e Miguel Nastari, mas os planos de Mussum para os Originais não ficariam restritos à avenida Santo Amaro. O sambista sabia que a melhor maneira de fazer seu conjunto evoluir seria novamente arrumar algum espaço na televisão. Dessa forma, foi atrás de contatos entre os amigos músicos e produtores que frequentavam o Cassino Royale, como atrações ou como convidados. Desses pedidos, chegou então uma oportunidade de ouro: apresentar-se na TV Record, fazendo fundo para os convidados do programa *Bossaudade*, apresentado por Elizeth Cardoso.

Mais que tocar com a reputadíssima cantora, a chance de aparecer no Canal 7 significava ficar perto de um elenco de primeira categoria. Para se ter uma ideia, a programação da emissora incluía semanalmente atrações como o musical *Vamos S'imbora*, às quartas, com Simonal; a gincana entre músicos *Esta Noite se Improvisa*, às quintas; o *Roberto Carlos à Noite*, às sextas; o *Astros do Disco*, aos sábados; e a *Jovem Guarda*, aos domingos.

Na época, Elizeth, também chamada de A Divina, foi convocada pela direção da emissora para resgatar o samba e os sambistas do passado. Com a emergência da Bossa Nova, da Jovem Guarda e da MPB, artistas queridos do público e em plena atividade, como Cartola, Aracy de Almeida e Jamelão, apenas para citar nomes de peso, estavam sem espaço na TV. A ideia era colocar a Velha Guarda no ar, mas, felizmente, Elizeth usou o programa também para dar oportunidades aos jovens talentos que ela conhecia durante suas turnês pelo Brasil afora.

A apresentação dos Originais seria no teatro Record, na rua da Consolação, e os ensaios começaram à tarde. Como de costume, a sessão rítmica dos cariocas começou devagar e foi subindo de temperatura gradualmente até chegar no batidão de escola de samba em auge de desfile.

Como o teatro estava vazio, o som do surdo de Rubão fazia vibrarem os corredores do lugar e chamou a atenção de artistas e funcionários que estavam lá para os preparativos das transmissões daquela noite e acabou hipnotizando a todos com sua batida. Entre essas pessoas, estava Solano Ribeiro, principal produtor musical da Record e homem responsável pela criação dos lendários festivais de música popular brasileira dos anos 1960. Graças a Solano, Chico Buarque, Elis Regina, Edu Lobo, Caetano Veloso e boa parte dos nomes mais importantes da MPB tiveram suas primeiras chances de brilhar na televisão. Impressionado com o som e a alegria dos Originais, o produtor mal esperou o ensaio acabar para bater um papo com os sambistas. Em maio, a Record faria um novo festival e, se eles topassem, poderiam participar da disputa como opção de acompanhamento para os músicos participantes da competição. Mussum, é claro, aceitou a proposta imediatamente.

Capítulo 6
Coisas do mundo, minha nega (1968)

"Como é que eu vou conjugar o verbis?
Não tenho capacidade de julgar ninguém.
Sou um simplis seris humanis!"

Em 1967, a TV Record de São Paulo havia entrado definitivamente para a história do país ao promover o III Festival da Música Popular Brasileira, aquele mesmo em que Chico Buarque impressionou a todos com "Roda viva", Gilberto Gil e Os Mutantes inovaram tocando "Domingo no parque", e Caetano Veloso iniciava o que viria a ser o movimento da Tropicália com "Alegria, alegria". A competição, que teve performances históricas de estrelas como Elis Regina, Roberto Carlos, Edu Lobo e o MPB4, também foi marcada pela inesquecível revolta de Sérgio Ricardo. Vaiado à exaustão pelo público do teatro Paramount, que se comportava como se estivesse em uma torcida de futebol adulando seus artistas preferidos e avacalhando qualquer outra pessoa que subisse ao palco, o cantor destruiu seu violão, golpeando furiosamente o instrumento contra o chão e depois o arremessando em direção à plateia. "Beto bom de bola", a homenagem musical a Garrincha defendida por Sérgio, de fato não era páreo para os clássicos instantâneos ali apresentados, mas as vaias confirmaram algo que a direção da TV Record já suspeitava: apesar do enorme sucesso, a fórmula dos festivais de música popular estava politizada e polarizada demais.

A competitividade começava a turvar o talento. Os artistas escolhiam músicas com melodias fáceis de assimilar, os compositores valorizavam temas politizados sem critério e escreviam refrões grudentos já pensando em cativar a plateia e fazê-la cantar junto. Do contrário, era arriscado demais apresentar um trabalho inovador e autoral, sob risco de ser vaiado até o ponto de não ser ouvido. A plateia, por sua vez, ia até o teatro para torcer pelo seu artista preferido e não para assistir às apresentações. Naquela época era normal ver faixas e coros ensaiados em favor de intérpretes populares, como Elis Regina, Roberto Carlos e Jair Rodrigues, e, ao mesmo tempo, injustas vaias destinadas tanto a nomes mitológicos da música quanto a iniciantes que buscavam seu lugar ao sol. A direção da Record não foi a única a perceber isso. Na imprensa especializada, cronistas começaram a notar certas apresentações como números feitos exclusivamente para ganhar festivais, com interpretações forçadas, arranjos óbvios e pouca originalidade. Influentes jornalistas cariocas, como Sérgio Porto, Lúcio Rangel e Sérgio Cabral, acusavam ainda os festivais de música popular brasileira de terem excluído o samba, a mais popular das músicas brasileiras.

Atento às críticas e preocupado com a politização exagerada de alguns artistas, o mandachuva da emissora, e filho do proprietário da rede de comunicações que englobava rádios e TVs pelo Brasil, Paulinho Machado de Carvalho, convocou seus melhores diretores para bolar um jeito de arejar os festivais. Surgiu daí a ideia de criar a I Bienal do Samba, um evento desenhado para homenagear o talento dos compositores consagrados e, ao mesmo tempo, dar espaço aos novos artistas. Solano Ribeiro, com as credenciais de quem tinha transformado os festivais na maior febre dos anos 1960, foi o responsável por criar um regulamento e organizar o evento a ser realizado em maio de 1968, escolhendo o júri, os artistas e as composições. De forma inteligente e diplomática, Solano convidou um grupo formado majoritariamente por cariocas para ajudar na criação do regulamento e fazer parte do júri, formado então por Lúcio Rangel, Sérgio Cabral, Alberto Helena Jr., Sérgio Porto, Mário Cabral, Ilmar Carvalho, Ari Vasconcelos, Mauro Ivan, Dirceu Soares, Franco Paulino, Adones de Oliveira, Raul Duarte e Chico de Assis. Completavam o quadro o musicólogo Ricardo Cravo Albin e o respeitado maestro Guerra-Peixe.

Coube a esse timaço de críticos musicais a tarefa de listar os maiores compositores de samba e, depois de uma peneira prévia, convidá-los a inscrever canções inéditas na I Bienal. Terminada a seleção, foram escolhidos 36 nomes, formando uma completa enciclopédia do samba nacional, indo de jovens, como Paulinho da Viola, Edu Lobo e Chico Buarque, até chegar a pilares fundamentais do gênero, como Donga, João da Baiana, Pixinguinha, Tom Jobim, João de Barro e Ataulfo Alves. Na lista ainda constavam canções de autores na época pouco conhecidos nacionalmente, porém muito geniais, como Cartola, Zé Kéti e Adoniran Barbosa. Com músicas de tal pedigree, a escolha dos intérpretes precisaria ser igualmente caprichada. Isso não era um grande problema para a TV Record, uma vez que a emissora tinha prestígio suficiente para ser atendida pelos principais cantores, instrumentistas e bandas da época. Dessa forma, foram convidados para cantar na I Bienal do Samba nomes como Elis Regina, Jair Rodrigues, Chico Buarque, Noite Ilustrada, Ciro Monteiro, Clementina de Jesus, Edu Lobo e Demônios da Garoa.

Outra garantia de qualidade para o festival era a categoria dos músicos contratados pela Record. Para composições grandiloquentes, o artista concorrente dispunha da completa orquestra do maestro Érlon Chaves. Quem optasse por ritmos mais brasileiros, tinha a seu dispor o impecável conjunto regional do Caçulinha. Se a ideia era atacar de bossa nova, estavam a postos o piano, o pistom, o saxofone, o contrabaixo e a bateria do Luís Loy Quinteto. Todos profissionais experientes, com vasto currículo na noite e talento de sobra. Os Originais do Samba, recém-chegados do Rio e contratados de última hora, apareciam como a opção menos conhecida.

A organização do festival precisava ainda confirmar os nomes dos artistas e as composições competidoras, bem como montar o quebra-cabeça de unir as duas listas, decidindo quem cantaria cada música. Em casos como o de Chico Buarque, intérprete e compositor de "Bom tempo", a decisão era fácil. O acerto para as outras combinações era mais complicado, até porque os artistas apenas recebiam a composição, sem poder opinar se gostariam de defender esta ou aquela música. Talvez por haver tantos nomes de peso, porém, não houve relatos de ninguém descontente com a decisão da organização. Elis Regina, desde sempre favorita a vencer qualquer disputa, cantaria "Lapinha", uma composição de Baden Powell e Paulo César Pinheiro. Jair Rodrigues, outro favorito por causa de sua grande popularidade, defenderia "Coisas do mundo, minha nega", do novato Paulinho da Viola, "Festival de amor", de João de Barro, e também "Canto chorado", de Billy Blanco – amigo pessoal de Sérgio Porto e cacifado por este como grande favorito. Edu Lobo, o grande vencedor do III Festival da Música Brasileira, subiria ao palco do Teatro Record Centro ao lado da cantora Márcia com "Rainha, porta-bandeira". Se a decisão do repertório era exclusiva dos produtores, a escolha dos arranjos para as músicas era de responsabilidade dos artistas. Era possível fazer desde uma performance minimalista, no estilo banquinho e violão, até explorar as infinitas possibilidades do naipe de flautas e violinos da orquestra de Érlon Chaves, mas Elis não quis saber de uma coisa nem outra. Assim que viu a animada batucada dos Originais no primeiro dia de ensaio para a Bienal do Samba, decidiu que os ritmistas tocariam ao seu lado.

"Lapinha" usava como base os versos populares sobre o mítico Besouro do Cordão de Ouro, um herói do folclore baiano. De acordo com a lenda, Besouro viveu em Santo Amaro da Purificação e resolvia seus problemas na base da capoeira, algo proibido nos anos 1930. Quando a coisa engrossava, ele sumia no mar com seu saveiro. Nada de mal lhe acontecia, pois tinha o corpo fechado. Mesmo assim, por causa de um triângulo amoroso mal resolvido, Besouro fora assassinado. "Lapinha" resgatava a história, com o refrão "Quando eu morrer, me enterrem na Lapinha/ Calça culote, paletó almofadinha" seguido pelos versos folclóricos de "Adeus, Bahia/ Zum-zum-zum/ Cordão de ouro/ Eu vou partir porque mataram meu besouro".

O modo como Baden Powell começou a tocar violão após uma temporada morando na Bahia é parte importante para explicar a composição de "Lapinha" e a consequente evolução de Mussum como músico. Frequentando terreiros de candomblé e rodas de capoeira, Baden colocou mais negritude no seu samba com influências fortes do jazz e da bossa nova, dando uma pegada de percussão na sua linha melódica e tirando notas do violão como se este fosse um berimbau. Um estilo único, moderno e ao mesmo tempo autêntico. Por isso, tanto o autor quanto a intérprete concordaram rapidamente em usar a percussão dos Originais do Samba nos arranjos da canção que defenderiam na Bienal do Samba. Elis sabia que para ganhar um festival era preciso potência. O público cantava junto, e músicas sem pegada corriam o risco de ser cobertas pelo alarido do auditório. Nada melhor então do que contar com uma compacta escola de samba na retaguarda.

Durante os ensaios, rapidamente Mussum tornou-se conhecido e querido por todo o elenco de músicos contratados pela TV Record. O carioca usou toda sua simpatia para se aproximar dos cobras e arrumar contatos para tocar na noite e beliscar alguma participação nos programas da emissora. Uma amizade que serviu de chave para abrir essas portas foi Caçulinha. O sanfoneiro Rubens Antônio da Silva liderava o regional do Caçulinha, grupo que acompanhava grandes nomes da MPB em seus shows, era contratado da Record e identificou um talento acima da média nos Originais. Se durante a competição Mussum ficava quietinho, apenas tocando e sambando um pouco, nos bastidores ele se soltava, colocando apelidos nos colegas e fazendo piadas o tempo todo, conquistando, assim, os novos *cumpadis*. A admiração profissional logo foi transformada em uma grande amizade e a partir daí os cariocas começariam a sair para comer pizza e beber um *mé* com os contratados da Record. O combinado entre artistas e diretores era não tomar bebidas alcoólicas durante os shows e ensaios. Mas, depois, a farra estava liberada. Saindo do teatro Record, um numeroso grupo de sambistas ia desbravando os caminhos até o centro velho de São Paulo, fechando bar atrás de bar em uma romaria que só terminava de manhã, no Hotel Normandie, na avenida Ipiranga, onde a Record pagava a hospedagem de seus artistas. No meio desses passeios noturnos, a Cantina Gigetto, instalada no número 63 da rua Avanhandava, conquistou o posto de restaurante preferido de Mussum. Frequentado por gente do teatro, músicos, políticos e esportistas, o restaurante era a primeira escolha antes ou depois dos shows dos Originais quando a ideia era afundar até os narizes em deliciosas massas, sopas e pratos famosos, como o coquetel de camarão, o cabrito à fiorentina e o steak à Diana – filé-mignon flambado no conhaque com um molho à base de mostarda e salsinha, caldo de carne, molho inglês e tomates frescos. No prato de Mussum, o mais comum era ver pedaços enormes de lasanha à bolonhesa, mas ele não dispensava nenhuma das dezenas de iguarias do cardápio da casa. Não raro colegas e garçons ficavam espantados com o apetite do tocador de reco-reco. Já nessa época todos riam com as respostas que Mussum dava quando era chamado de crioulo ou de negão.

— Negão é teu *passadis*!
— Negão é tua *véia*!
— Negão é a puta que te pariu, *cumpadi*!

Esse relacionamento franco e engraçado faria toda a diferença em um futuro próximo, uma vez que Xixa, também do regional do Caçulinha, topou incrementar o número de Elis e dos Originais tocando cavaquinho. A proximidade com o time da Record também colocou o conjunto de ritmistas em outros números do festival, acompanhando os ensaios e as apresentações de artistas consagrados. Mussum e seu grupo tentavam ali dar um passo decisivo em suas carreiras. O sucesso na TV Record era garantia de uma exposição enorme e, mais que isso, uma chance de entrar no seleto clube da MPB, deixando para trás o rótulo de "samba para gringo ver". A apresentação do grupo seria já na primeira noite de eliminatórias da I Bienal do Samba, em 11 de maio de 1968, às 22 horas. Naquela noite, o público do teatro Record assistiria a doze concorrentes do festival. A transmissão do evento seria estendida aos cariocas pela TV Tupi da Guanabara, aos mineiros pela TV Itacolomi, de Belo Horizonte, e ao restante do Brasil pela cadeia de estações de rádio da Jovem Pan. O palco enfeitado com pandeiros gigantes recebeu os apresentadores Blota Jr. e Sônia Ribeiro, ambos com trajes de gala, que deram início ao evento. Logo de cara, Elis, Baden e os Originais do Samba subiram ao palco para defender "Lapinha".

A introdução da música trazia uma versão contida da batucada dos Originais, com a cuíca de Bidi em destaque e Baden Powell dedilhando freneticamente o violão. Aí entrava Elis segurando a voz em um tom mais baixo, cantando os versos que ao mesmo tempo eram o começo e o refrão da música de forma quase professoral. Aos poucos, a música crescia, Elis balançava os braços regendo o público e pedindo o acompanhamento de palmas. Quando soltava a voz na parte mais alta da canção, a Pimentinha já havia conquistado o auditório. Logo na primeira exibição do primeiro dia, ouvia-se o grito de "já ganhou" na plateia. Mas, mesmo com a recepção fantástica, ainda era preciso esperar. Muitos nomes de peso iriam se apresentar naquela noite e apenas quatro sairiam classificados.

Após Elis e os Originais, subiram ao palco artistas de diferentes épocas, mas todos com talento inegável: Isaura Garcia cantando "Ingratidão" (Ismael Silva), Germano Mathias com "Sandália da mulata" (Donga/Walfrido Silva), Milton Nascimento interpretando "Tião, braço forte" (Marcos Valle/Paulo Sérgio Valle), Zé Kéti com sua "Foi ela", Demônios da Garoa tocando "Mulher, patrão e cachaça" (Adoniran Barbosa), Helena de Lima e Miltinho defendendo "Escola de samba" (Luis Antônio), Jorge Goulart cantando "A feiticeira do Araxá" (Noel Rosa/Anescar/Ivan Salvador), Chico Buarque com a sua "Bom tempo", Noite Ilustrada cantando "Marina" (Sinval Silva), Djalma Dias defendendo "Pra frente" (Pedro Caetano/Claudionor Cruz) e, por fim, Jair Rodrigues cantando "Coisas do mundo, minha nega" (Paulinho da Viola), este último com acompanhamento dos Originais.

Terminadas as apresentações, ficava claro que Elis, Jair e Chico eram os favoritos não apenas à classificação na eliminatória como também ao título da I Bienal do Samba. O problema era escolher a quarta vaga, entre tantas performances arrebatadoras. Segundo o regulamento, cada membro do júri deveria escolher quatro concorrentes. No final, aqueles que tivessem mais votos estariam qualificados para a grande noite.

Enquanto a decisão era tomada, o palco do teatro Record foi ocupado por Aracy de Almeida em uma apresentação em homenagem a Noel Rosa. A "Dama da Central" encantou o público cantando "X do problema", "Feitiço da vila" e "Com que roupa". Foi tão aplaudida que precisou fazer bis. Três vezes. Após a consagradora apresentação, Blota Jr. e Sônia Ribeiro voltaram para debaixo dos holofotes para anunciar os classificados, que tocariam novamente suas músicas após o anúncio. Assim foram anunciadas as quatro vencedoras: "Lapinha", "Bom tempo", "Foi ela" e "Marina", ou seja, Elis, Chico, Zé Kéti e Noite Ilustrada.

Para Elis Regina e Baden Powell, a decisão foi protocolar. Experiente em festivais, a cantora sabia do potencial da música que defendia. Para os Originais, no entanto, a vitória foi um grande alívio e uma grande felicidade. Das três eliminatórias, a primeira era a mais difícil. Na segunda seletiva, a produção elencou sambistas mais tradicionais, como Moreira da Silva e Ataulfo Alves, mais como forma de homenagem do que pela competição. Estava claro que os classificados seriam os modernos MPB4 e Marília Medalha e os populares Ciro Monteiro e Clementina de Jesus. Na terceira noite, a fórmula foi repetida, com os nomes mais antigos perdendo suas vagas para os artistas mais jovens, que contavam com maior apoio do auditório. Completaram o casting para a grande final: Maria Rosa com "Protesto, meu amor" (Pixinguinha/Hermínio Bello de Carvalho), Marília Medalha com "Pressentimento" (Elton Medeiros/Hermínio Bello de Carvalho), Jair Rodrigues com "Canto chorado" (Billy Blanco) e a favorita Márcia com "Rainha, porta-bandeira" (Edu Lobo/Ruy Guerra).

Contratado da Record e sempre muito assediado pelos fãs, Jair Rodrigues defendeu canções nos três dias da I Bienal do Samba. Sempre com muitos aplausos do público e até com uma torcida organizada que levava faixas e cantava entusiasmada, fosse qual fosse a música interpretada pelo ídolo, Jair trazia toda a tarimba de quem participara e vencera importantes festivais e aproveitava as ocasiões também para garimpar bons músicos e compositores. Foi assim, impressionado com a afinação e a qualidade dos Originais, que o cantor foi dar um "alô" para Mussum, Bigode, Lelei e companhia. Elogiando muito os músicos, pela performance e até pelo visual, Jair prometeu ajudá-los a arrumar trabalho em São Paulo. Um convite promissor que, no turbilhão de acontecimentos daquele mês de maio, teve que ficar para depois.

Embora todas as classificadas tivessem sido consagradas pelo público, antes da final, a ser realizada no dia 1º de julho, duas músicas foram acusadas de desrespeitar o regulamento do festival, "Foi ela", de Zé Kéti, e "Lapinha", de Baden Powell e Paulo César Pinheiro. A composição de Zé Kéti, segundo os detratores, não era inédita e precisava ser desclassificada. A produção apurou e descobriu que realmente a canção estava na trilha sonora de um filme de 1957, *Rio, Zona Norte*, do diretor Nelson Pereira dos Santos. Na vaga aberta, entrou Jair Rodrigues com "Coisas do mundo, minha nega", de Paulinho da Viola, um samba em forma de crônica que era tão merecedor da classificação quanto o concorrente eliminado.

A denúncia que recaía sobre "Lapinha" era mais grave: plágio. Diziam os misteriosos detratores que a canção havia roubado parte de sua letra de uma música cantada pelas baianas de Santo Amaro da Purificação. Nos jornais, chegaram a entrevistar um representante da tradicional academia de Capoeira Ilha da Maré, da Bahia, para confirmar a origem da música. Baden teria reagido com raiva, dizendo que nunca havia escondido a referência à capoeira. Sua ideia era justamente divulgar e homenagear a cultura baiana.

Uma desclassificação àquela altura poderia ser ruim para Elis e Baden, é claro, mas seria catastrófica para os Originais. Mussum havia largado a Aeronáutica e contava apenas com o dinheiro dos shows em casas noturnas para bancar a vida em São Paulo e ainda ajudar no sustento de sua mãe, sua esposa e seu filho Augusto, então com três anos. Estava, assim, queimando suas reservas de outros tempos mais gordos, pois a vida na capital paulista era cara e os cachês não eram tão bons e frequentes ainda. O prêmio de 20 mil cruzeiros do festival, destinado ao compositor, mas cordialmente dividido entre os músicos vencedores era, portanto, tão importante quanto o reconhecimento artístico que garantiria um bom rumo para a carreira. Por sorte, e por coerência, a organização da Bienal ficou do lado de Baden, mantendo sua participação na final. A aposta de trocar o Rio por São Paulo ainda tinha chances de se mostrar acertada.

Polêmicas superadas, o Teatro Record Centro estava pronto para mais uma noite memorável, adicionando mais um capítulo importante da música brasileira no já histórico auditório na rua da Consolação.

Desfilariam por ali composições de Cartola, Chico Buarque, Edu Lobo, Pixinguinha, João da Baiana, Paulinho da Viola... Mas o público não queria nem saber. Lotaram todos os lugares disponíveis com ânimo de torcer para seus artistas preferidos: Jair Rodrigues e Elis Regina. Antes mesmo das primeiras apresentações, ouviam-se gritos de incentivo aos dois cantores que tanto cativaram o público paulista com o programa *O Fino da Bossa*, ali mesmo na Record.

A cantora Márcia e Edu Lobo foram os primeiros a sentir que o clima competitivo de festival estava presente com tudo. Ao cantarem a singela "Rainha, porta-bandeira", foram vaiados por grande parte do público. A música de levada minimalista encolheu – e acabou ficando em último lugar na final. Coisa parecida aconteceu com a novata Maria Rosa, que cantou "Protesto, meu amor" e, injustamente, com Ciro Monteiro, que defendeu o belíssimo samba de Cartola "Tive sim". Apenas o carisma de Clementina de Jesus e de Jair Rodrigues, cada um com sua beleza, aplacariam a fúria do público, recebendo aplausos calorosos e gritos de incentivo. Nas demais apresentações, destacava-se uma faixa dizendo "Baden fez Lapinha. Lapinha fez Bienal. Elis brilha neste festival".

Parece óbvio, portanto, dizer que Elis Regina, Baden Powell e os Originais do Samba pisaram consagrados no palco. Ainda mais depois de outra apresentação perfeita, com uma empolgação que começava nos músicos e refletia multiplicada na plateia, transformando o teatro em um enorme terreiro soteropolitano. A cantora nem precisava soltar a voz no refrão, pois o auditório faria isso com grande gosto por ela.

Mas ainda havia Chico Buarque, um grande conhecedor da mecânica dos festivais, talentoso cantor e compositor, com carisma suficiente para conquistar o coração das fãs mais histéricas e, ao mesmo tempo, cativar uma crescente admiração dos jurados. Com "Bom tempo", Chico foi recebido por aplausos incessantes e comandou o Teatro Record. A apresentação impecável foi o que faltava para dividir o júri e a plateia.

Foram momentos de tensão para todos. A plateia não parava quieta enquanto a decisão não era anunciada. "Elis! Elis! Elis!" era o coro mais ouvido no teatro, mas quem estava em casa, vendo o festival pela TV, podia ver os outros concorrentes entrevistados elogiando Chico

Buarque e dando como certa sua vitória. Nos bastidores, o clima era igualmente tenso. Ao final da votação, "Bom tempo" e "Lapinha" empataram. Foi preciso fazer uma espécie de segundo turno, apenas com as duas composições. Nesse momento, o jornalista carioca Franco Paulino, amigo tanto de Chico quanto de Baden, saiu-se com a frase:

— Não tem nem o que pensar, vamos ficar com o crioulo. Entre um branco e um crioulo, temos que votar no crioulo!

A decisão saiu da salinha e foi direto ao palco, para ser anunciada pelos sempre elegantes e calmos Blota Jr. e Sônia Ribeiro. Aumentando um suspense que não precisava ser aumentado, anunciaram o sexto colocado: Jair Rodrigues, com "Coisas do mundo, minha nega". Após a apresentação de Jair, com uma recepção um pouco morna do público, foi anunciado o quinto lugar: Ciro Monteiro, com "Tive sim". O veterano e querido cantor foi vaiado implacavelmente no que ele consideraria mais tarde um dos piores momentos de sua carreira. Os apupos cessaram uma vez mais, pois Jair Rodrigues voltou ao palco também como quarto colocado e cantou "Canto chorado". A ansiedade do público deixou o ar pesado. Nos bastidores, passava um filme na cabeça de Mussum. Como seria bom vencer aquele festival! Como seria terrível chegar tão perto e perder.

O anúncio de "Pressentimento" como terceira colocada seguiu-se de uma gritaria ininterrupta refletindo a ansiedade da plateia e que durou todo o tempo de execução da canção. Nem a própria Marília Medalha conseguiu ouvir sua voz. Os aplausos só vieram quando a cantora saiu do palco, afinal, o público sentia-se aliviado por saber que, finalmente, ouviria o resultado final daquela épica I Bienal do Samba. Antes de terminar de falar o nome de Chico Buarque de Holanda, segundo colocado com "Bom tempo", houve a grande explosão do público. O próprio Chico, flagrado pelas câmeras da Record, batia palmas entusiasmado com o resultado. Perder para Elis Regina não era demérito. Era o mais longe possível que qualquer artista, por melhor que fosse, poderia chegar naquela noite. "Bom tempo" foi tocada com leveza e alegria, sob aplausos, e abriu alas com graciosidade para a consagração de "Lapinha".

Ao subir no palco, já tomado por serpentinas e por todos os participantes da final do festival, Elis fez um breve discurso, dedicando a vitória ao amigo Edu Lobo, com o som de fundo dos Originais e o cavaquinho de Xixa arranhando o começo de "Lapinha". De vestido listrado, cabelos curtinhos e um olhar faiscante, Elis conseguiu atiçar ainda mais o público com uma introdução inspirada:

— Besouro, Cordão de Ouro, foi na capoeira o que Lampião foi no cangaço! Sozinho lutou contra todo um regimento de cavalaria e saiu ganhando. Besouro, homem de corpo fechado que morreu mulher devido a um triângulo amoroso. Seu último pedido: morrer onde sempre viveu. Na Bahia! No bairro da Lapinha!

Em um delírio coletivo, Elis, Baden e Os Originais do Samba hipnotizaram o público, e até os artistas, momentos atrás rivais, renderam-se ao refrão e cantaram "Lapinha" em uma versão estendida, sambando, de braços para cima e sorriso no rosto. Para Mussum, foi uma pena não ter tido o prazer de ver Sérgio Porto presenciando aquele momento de glória. O ácido jornalista e membro do júri da Bienal começava a sentir os problemas cardíacos que tirariam sua vida em setembro daquele ano e, internado, não pôde acompanhar o festival. Se lá estivesse, veria o potencial que desperdiçou esnobando os Originais na gravação do seu "O samba do crioulo doido". Depois da vitória histórica na I Bienal do Samba, nem Sérgio Porto nem ninguém poderia dizer que os Originais do Samba não tinham um nome.

Capítulo 7
Elza, Martinho, Jair e Jorge (1969)

"Comigo é assim: escreveu e não leu, é analfabetis."

A comemoração pela vitória na I Bienal do Samba não pôde esperar pelo evento oficial, em 5 de julho, e começou logo após a apresentação, com doses generosas do melhor uísque, servido com todo o estilo e pompa que a Blow Up podia oferecer. Naquela noite, a boate exibiria em seu palco espelhado um programa com Edu Lobo, Gracinha Leporace e o Quarteto Novo, de Hermeto Pascoal. A chegada triunfal dos artistas vindos do Teatro Record mudou o roteiro da noite, transformando o ponto de encontro dos grã-finos em uma roda de samba comandada pelos Originais. Muitos personagens de colunas sociais que estavam por lá tiraram seus sapatos para sambar mais à vontade em uma festa que foi acabar de manhã. Para Mussum e seu grupo nem foi preciso armar uma *pindureta*, afinal, o marido de Elis, Ronaldo Bôscoli, era um dos sócios do estabelecimento e deixou a bebedeira toda por conta da casa.

Aquela talvez seria a única vez em que os sambistas entrariam na Blow Up como convidados – e não como atração. A boate havia sido recém-inaugurada, naquele mesmo ano de 1968, no número 943 da rua Augusta, no lugar de outra boate, chamada Raposa Vermelha. Três empresários haviam comprado o ponto e, como não tinham experiência com casas noturnas, tiveram a ideia de contratar Luiz Carlos Miele e

Ronaldo Bôscoli como diretores artísticos. Na prática, a dupla responsável por virar a noite do Rio de cabeça para baixo com os shows no Beco das Garrafas, o laboratório genético da Bossa Nova, fez muito mais do que escolher as atrações musicais e acabou ficando com 20% de participação no negócio. Do nome no letreiro até o tecido dos sofás, tudo teve um toque de sofisticação e ousadia que era a marca dos produtores.

Para começar, a boate ganhou o nome de Blow Up, título original do filme do diretor italiano Michelangelo Antonioni, apresentado com grande sucesso no Brasil como *Depois daquele beijo*. O longa teve seu roteiro inspirado em um conto de Julio Cortázar e mostrava a agitada rotina de um fotógrafo que vivia cercado de lindas mulheres. Mais que isso, Antonioni conseguiu traduzir a efervescência cultural da Londres dos anos 1960 nas telas, com enquadramentos ousados, uma trilha sonora com muito jazz e uma espiadela no mundo das top models.

Todo esse bom gosto foi materializado pelo artista plástico Wesley Duke Lee, um paulista, apesar do nome e da carreira internacional, que criou um ambiente semelhante a uma instalação de arte moderna. Para começar, a Blow Up não tinha uma porta de entrada na rua. Só era possível entrar de carro, descendo por uma rampa que era ladeada por paredes pintadas de preto, simulando o fole de uma máquina fotográfica Rolleiflex. Ao deixar o carro com o manobrista, o visitante encontrava uma porta arredondada feita de acrílico transparente, que fazia o papel de lente da câmera. Depois que a pessoa passava pela "objetiva", era disparado um flash e enfim era revelado o interior da casa, todo coberto de espelhos.

Como o local era relativamente pequeno, com cerca de oitenta lugares disponíveis, Duke Lee cobriu as paredes com alumínio amassado, usou um plástico prateado para o estofamento dos móveis e decorou as colunas com espelhos de cima a baixo. O resultado dos reflexos era tão preciso que os clientes que chegavam à casa nas primeiras horas, com o salão ainda vazio, precisavam ser guiados pelo maître para encontrar as suas mesas sem dar de cara com as paredes espelhadas. Para completar o tom surreal, Miele e Bôscoli contrataram, como atração fixa da casa, as cantoras Célia e Celma, gêmeas idênticas.

Em sua programação musical, a Blow Up tinha um elenco sensacional formado por uma mistura de nomes consagrados e jovens promessas. Foi na boate que a cantora maranhense Alcione fez uma temporada arrebatadora e partiu para o estrelato. Já com alguma experiência nos palcos e nas rádios de sua terra natal, Alcione foi descoberta pela dupla de produtores em apresentações no Beco das Garrafas. Além de cantar com personalidade e em vários idiomas, a Marrom tocava trompete e encarava clássicos de vários estilos, incluindo o samba. Dessa época surgiu a amizade entre Alcione e Mussum, que acabou sendo contratado pela Blow Up junto com os Originais após o sucesso na Bienal do Samba. Marrom e Mussum só gravariam algo juntos em 1983, mas, bem antes disso, dividiram o palco da sofisticada boate por muitas vezes.

Por lá, os Originais do Samba ainda fariam elogiadas temporadas ao lado de grandes nomes da música brasileira, como Jorge Ben, Clara Nunes e Elza Soares. Sempre começando por volta da meia-noite e fazendo shows de no máximo cinquenta minutos, a casa e o conjunto construíram uma ótima reputação na noite paulistana. A coluna "Roteiro da Paulicéia"[6] reportou o sucesso da casa dizendo: "Elza Soares e os Originais do Samba garantem a lotação do Blow Up. Estão dominando na faixa dos shows com personalidade total e obrigam os frequentadores da casa a reservarem mesa com muita antecedência se quiserem aplaudi-los".

O sucesso não veio sem sacrifício. Para garantir a pegada do grupo noite após noite, Mussum assumiu o posto de líder – e de chato – para fazer os ensaios sempre começarem nos horários certos, sem faltas ou integrantes do conjunto chegando bêbados. E não bastava estar de corpo presente. O tocador de reco-reco exigia o máximo de empenho dos músicos e, a qualquer erro, começava tudo de novo até deixar a batida do jeito que imaginava. Enquanto tocava seu instrumento, conseguia analisar o desempenho dos colegas e ajustar, na base dos gritos e gestos, a cadência do som. Costumava provocar Bigode e o resto do pessoal dizendo coisas como:

---
6. *Folha de S.Paulo*, 07/01/1969.

— Eu só toco reco-reco... Mas ninguém toca do meu jeito. Agora você com esse pandeirinho... Qualquer um toca desse jeito!

Tanta exigência era recompensada com uma crescente fama entre os músicos e os contratantes. Chamar os Originais era certeza não apenas de contar com músicos de altíssima qualidade, algo abundante na época, mas também de ter profissionais alinhados, pontuais e disciplinados. Quem saísse da linha aguentava esporros e longos sermões de Mussum. Por essa postura, foi apelidado, sem saber, de Diabo, alcunha só usada pelos integrantes quando não estava presente.

Trabalhar na efervescente rua Augusta trouxe também uma grata surpresa aos Originais. Caminhando despreocupados pelas cercanias da Blow Up, entre as esquinas das ruas Costa e Peixoto Gomide, os músicos cariocas trombaram com Jair Rodrigues. O cantor abriu logo o grande sorriso e fez festa ao encontrar os músicos que havia conhecido durante a I Bienal do Samba. Mussum, meio sem jeito, meio brincando, lembrou-se da promessa que Jair havia feito nos bastidores da Record e cobrou do amigo famoso uma ajuda para arrumar trabalho em São Paulo. Jair fez muito mais. Bem impressionado com o desempenho dos cariocas no festival, marcou um encontro entre os Originais e seu empresário Corumba. Depois de tanta ralação, a sorte esbarrava nos sofridos sambistas, como se tudo pudesse ser resolvido assim, sem querer, encontrando um velho amigo na rua.

Dias depois do encontro, os cariocas foram ao escritório da Venba Promoções, a empresa responsável por transformar o cantor de boates Jair Rodrigues em um dos artistas mais populares, prestigiados e ricos do Brasil. Mas todo esse cacife escondia a simplicidade das duas mentes por trás de toda a empreitada: Marcos Cavalcanti de Albuquerque, conhecido nos palcos por Venâncio, e seu parceiro de emboladas e aventuras pelo Nordeste, Manoel José do Espírito Santo, o Corumba.

A dupla de pernambucanos foi pioneira em tocar repentes e emboladas nas rádios do Rio de Janeiro, alcançando primeiro o sucesso pelo humor musical de seus versos improvisados e, depois, a consagração com a composição "Último pau de arara", um relato definitivo sobre as agruras das secas nordestinas: "Enquanto a minha vaquinha tiver couro e o osso/ E puder com o chocalho pendurado no pescoço/ Eu vou ficando por aqui".

O caminho de Venâncio e Corumba foi acidentado, com muito suor. Quando o sucesso da dupla começou a rarear, ambos passaram a trabalhar como agentes e descobridores de talentos. Não queriam ter o fim triste de tantos artistas dos anos 1950 que se perdiam na vida assim que sua fama acabava. Foi migrando para essa nova função, em 1962, que encontraram Jair Rodrigues soltando a voz na Boate Azteca, na praça da República, e fizeram o convite ao rapaz de então 23 anos. O resto é história.

A simplicidade da dupla combinava perfeitamente com a simpatia dos Originais. Embora veteranos de palco no Rio de Janeiro, os sambistas ainda precisavam ser lapidados para não só fazer sucesso em São Paulo como também transformar as boas oportunidades em uma carreira. E essa era a especialidade da Venba. Antes de amarrar contratos com gravadoras e pensar em turnês, os dois pernambucanos, auxiliados por Reginaldo, filho de Corumba, e pela secretária faz-tudo Maria Amélia Bittencourt, realizavam tarefas como abrir contas no banco para seus clientes e ensiná-los a falar de maneira correta em entrevistas. Quando essas providências eram tomadas, chegava a hora de usar a experiência e os contatos acumulados em décadas de showbiz nacional para apresentar os novos talentos aos diretores das gravadoras. Mussum estava bem perto de realizar o sonho de gravar um disco. Mais próximo até do que a sabedoria sertaneja de Corumba poderia prever.

A vitória na Bienal aproximou Baden Powell dos Originais do Samba, tanto musicalmente quanto por conta de uma amizade jovem e intensa. Por isso, o violonista não teve dúvidas ao convidar o conjunto para tocar com ele em uma temporada de apresentações no teatro Bela Vista, na rua Conselheiro Ramalho, onde, em 5 de julho, entraria em cartaz o espetáculo *O mundo musical de Baden Powell*. Foi uma prova de que Mussum, Bigode, Chiquinho, Lelei, Bidi e Rubão haviam conseguido agradar em cheio o exigente Baden, famoso pela obsessão por detalhes e, tal como o colega de Bossa João Gilberto, perfeccionista com tudo que envolvesse som. Além da percussão dos Originais, o espetáculo teria a participação da cantora Márcia e a presença de Ernesto Ribeiro Gonçalves tocando contrabaixo, Helio Schiavo na bateria, Alfredo Bessa na percussão e Manoelzinho na flauta.

No repertório escolhido por Baden, os destaques eram canções em versões instrumentais interpretadas de forma única, com o violão desfiando notas e melodias impossíveis, como se um solo engolisse outro e as músicas entrassem e saíssem elegantemente de uma espiral melódica. Dessa forma, clássicos como "Carinhoso", de Pixinguinha e João de Barro, ganhavam nova roupagem, e composições de Baden com Vinicius de Moraes, como "Samba da bênção", "Canto de pedra preta" e "Só por amor", eram tocadas de uma forma, ao mesmo tempo, pura e sofisticada.

Fora do palco, a sintonia entre Mussum e Baden também era grande. Criado na Zona Norte do Rio, Baden curtia cerveja e cachaça como todo bom boêmio sem grana, mas a amizade com o diplomata Vinicius de Moraes ajudou o violonista a desenvolver o hábito de passar noites em claro, compondo e esvaziando garrafas de uísque. Mais tarde, já afastado da bebida por problemas de saúde, Powell afirmou que em fases depressivas chegou a tomar três garrafas do malte escocês sozinho em apenas um dia. Em fase de festa, a medida não era tão menor, e só uma resistência como a de Mussum para acompanhar o gênio das cordas tanto na música quanto no copo.

Com toda essa harmonia, o sucesso foi grande o suficiente para obrigar os artistas a continuar com os shows para além de agosto, o mês final da temporada. Como Paulo Autran estrearia uma peça no Bela Vista, o jeito foi migrar *O mundo musical de Baden Powell* para o Teatro Brasileiro de Comédia, na rua Major Diogo, 315. Na casa nova, o sucesso se repetiu e chamou a atenção da gravadora Philips, que decidiu registrar a performance ao vivo e lançar um LP com nove faixas chamado *Show recital*. Generoso, Baden Powell quis dividir os créditos do disco, como fazia no teatro, e o álbum foi para as lojas com os nomes de Márcia e dos Originais do Samba em destaque. Era uma estreia e tanto no mundo da MPB para os sambistas que, havia menos de um ano, estavam presos ao decadente teatro rebolado.

Já com outro status e circulando muito mais à vontade nos corredores da Record, os Originais foram convidados a participar como conjunto de apoio no IV Festival da Música Popular Brasileira, entre novembro e dezembro. Era a confirmação de que o batuque dos cariocas havia superado rótulos e se inserido no disputado cenário da MPB. Até por isso, os artistas concorrentes já olhavam os ritmistas com outros olhos. Seria um trunfo e tanto na disputa contar com a afinação, o carisma e o pé quente dos sambistas que venceram a Bienal com Elis. Só que essa vantagem estratégica já estava reservada para uma velha amiga: Elza Soares.

A essa altura, a artista apelidada de "Bossa Negra" já havia caído no samba com grande sucesso e, Garrincha à parte, contava com o respeito e a admiração do público como poucas cantoras da época. No IV Festival, ela defenderia "Sei lá, Mangueira", uma composição de rara felicidade por justamente reconhecer o quanto é difícil descrever a magia daquele morro com vocação de nação guerreira. "A beleza do lugar/ Pra se entender/ Tem que se achar/ Que a vida não é só isso que se vê/ É um pouco mais", dizem os versos dos autores Hermínio Bello de Carvalho e Paulinho da Viola, para depois arrebatar com a força total de cuíca, surdo e cavaquinho: "Sei lá, não sei, não/ A Mangueira é tão grande/ Que nem cabe explicação".

A ode à Verde e Rosa teria de enfrentar concorrentes de um nível altíssimo. Estavam novamente no páreo os favoritos de sempre: Chico Buarque, Edu Lobo, Jair Rodrigues e Roberto Carlos. Além de estrelas ascendentes do momento, como Os Mutantes, Gonzaguinha, Gal Costa, Caetano Veloso e Tom Zé. Também muito aguardada era a apresentação de Geraldo Vandré, autor do sucesso mais inesquecível do III Festival Internacional da Canção, o hino "Caminhando", do refrão "Vem, vamos embora/ Que esperar não é saber/ Quem sabe faz a hora/ Não espera acontecer".

Para dificultar um pouco mais a vida de Elza e dos Originais, o IV Festival da MPB teve uma mudança radical em seu regulamento. Insatisfeita com o inclemente "clubismo" da plateia e com as vaias que recentemente haviam humilhado estrelas queridas da casa, como Hebe Camargo, Ciro Monteiro e Agnaldo Rayol, a direção da TV Record decidiu adicionar a votação direta do público ao já tradicional júri de especialistas, formado naquela edição por Júlio Medaglia, Carlinhos Oliveira, Raul Duarte, Sérgio Cabral, Paulo Cotrim, Gabriel Migliori, Roberto Freire, João Carlos Martins e Cláudio Santoro. Mas como contemplar todos os telespectadores e não apenas a audiência presente no Teatro Record? Do jeito mais democrático possível, foram abertas várias frentes para registrar a preferência do público por meio de um colegiado de 98 jurados populares selecionados em várias cidades paulistas e nos quadros de sócios de clubes da capital. Além disso, qualquer pessoa que comprasse a revista *Intervalo* poderia destacar um cupom e usá-lo para ajudar seu artista preferido. Outras medidas para apaziguar os ânimos da plateia foram pagar prêmios iguais aos sete primeiros colocados, gravar discos com todos os 36 artistas classificados após a primeira eliminatória e distribuir prêmios para categorias específicas, com as Violas de Prata para os melhores intérpretes e para o melhor arranjador.

A produção do IV Festival tinha ainda mais uma preocupação: a censura imposta pelo governo militar às vésperas do infame Ato Institucional n. 5. Dez dias antes da primeira eliminatória do evento, diversas músicas ainda não haviam sido liberadas pela Censura Federal, entre elas "Dia de Graça", de Sérgio Ricardo, "São, São Paulo meu amor", de Tom Zé, e "Dom Quixote", de Rita Lee. A participação dos artistas dependeria da boa vontade de Judith de Castro Lima, chefe da Censura Federal em São Paulo. Tom Zé chegou a ir pessoalmente negociar sua liberação. O problema principal era com o verso mencionando uma bomba: "Um pregador que condena/ Uma bomba por quinzena/ Porém com todo defeito/ Te carrego no meu peito/ São, São Paulo". Dizia a censora que apenas a imprensa estava autorizada a noticiar atos de terrorismo. Foi preciso então trocar "bomba" por "festival" e Tom Zé estava liberado.

As histórias envolvendo as outras canções censuradas são tão absurdas quanto essa, mas, mesmo assim, em 13 de novembro, começaria um dos festivais mais *porras-loucas* da história da música brasileira. As 36 composições foram divididas em dois lotes de apresentações não eliminatórias. As duas primeiras noites serviriam para mostrar as músicas ao público e ao júri, confirmando que aquele seria um festival de confronto entre os seguidores do samba tradicional e os adeptos da Tropicália. Logo de cara, os dois principais destaques foram Chico Buarque, ganhando muitas palmas por "Benvinda", e Gal Costa, deixando o público boquiaberto com "Divino, maravilhoso", de Gilberto Gil e Caetano Veloso. Elza Soares e os Originais do Samba também foram muito bem recebidos, o que deixou Mussum empolgado a ponto de começar a discutir com os colegas como seria dividido o prêmio. Com uma composição tão certeira, o carisma de Elza Soares e a empolgação do público, a vitória era questão de tempo. Talvez pela alegria em defender "Sei lá, Mangueira", o ritmista jamais imaginaria que o grande prêmio que receberia naquele festival não viria na forma de dinheiro ou de troféu. Seria algo muito melhor.

Além de acompanharem Elza, os cariocas foram escalados pela Record para dar uma força ao novato Martinho José Ferreira, um compositor carioca que estrearia como intérprete de sua própria música no IV Festival. Escaldado pelas derrotas em outras competições musicais, Martinho decidiu tomar conta de sua participação, escolhendo um autêntico conjunto de samba para acompanhá-lo, cantando sua canção da maneira que a imaginara enquanto escrevia e vestindo um vistoso smoking prateado. Se era para entrar no jogo, entraria para valer, e a composição escolhida era boa o suficiente para valer o esforço: nada mais, nada menos que a clássica "Casa de bamba".

No meio do vanguardismo dos tropicalistas e suas performances audiovisuais, Martinho, ainda sem usar seu "da Vila", conquistou o público pela simplicidade do refrão "Na minha casa todo mundo é bamba/ Todo mundo bebe/ Todo mundo samba". Conquistaria também a atenção de Manoel Barenbein, o produtor de Jair Rodrigues. Antes mesmo do final do IV Festival, o empresário comprou os direitos da composição e correu para os estúdios para que Jair gravasse o hino dos bambas. Dessa forma, superando as idas e vindas causadas pelo confuso sistema de votação do público sobreposto à sempre misteriosa decisão do júri oficial, os Originais chegaram às finais do IV Festival da Música Popular Brasileira concorrendo em dobro com "Sei lá, Mangueira" e "Casa de bamba".

O bilhete premiado, porém, não estava com os sambistas. O júri oficial acabou por escolher "São, São Paulo meu amor", de Tom Zé, como a grande vencedora do festival. Em segundo lugar, "Memórias de Marta Saré", de Edu Lobo, e, em terceiro, "Divino, maravilhoso", defendida de forma espetacular por Gal Costa. Completavam os seis premiados "Dois mil e um", apresentada pelos Mutantes, "Dia de graça", com Sérgio Ricardo, e "Benvinda", de Chico Buarque. Na escolha do júri popular, o Tropicalismo não teve o mesmo destaque, e os seis primeiros seguiram uma ordem de certa forma previsível, com Chico em primeiro, Edu em segundo, Jair em terceiro, Vandré em quarto e Tom Zé apenas em quinto. Em sexto, fechava a lista "A grande ausente", composição de Francis Hime e Paulo César Pinheiro, defendida por Taiguara.

Todas as palmas e a empolgação do público com "Sei Lá, Mangueira" não bastaram para classificar a canção entre as seis melhores, mas o sucesso de Elza junto dos Originais não passou em branco, pois a cantora ganhou a Viola de Prata como melhor intérprete feminina. Aquilo, mais do que um prêmio de consolação, simbolizava o carinho do público e o reconhecimento pelo esforço. Para Mussum, que considerava a vitória como certa, foi uma decepção. Sorte essa tristeza pela derrota não ter tido tempo de se instalar. Embora não tivesse ficado entre as vencedoras do festival, "Casa de bamba" serviu como semente para a ideia da gravadora RCA Victor de reforçar seu elenco com novos artistas ligados ao samba.

No início de 1969, Martinho da Vila fez uma gravação demo na RCA Victor com a composição defendida no IV Festival e outras onze canções que já tinha prontas na cabeça. Assim como Mussum, o sambista tinha emprego nas Forças Armadas, atuava como sargento no Exército e tinha receio de entrar de cabeça no mundo artístico. Pensou que aquela gravação serviria apenas para mostrar seu trabalho aos produtores e intérpretes, para mais tarde receber uma produção adequada e, finalmente, ir ao mercado na voz de algum cantor profissional. O que acabou acontecendo foi bem diferente disso. O produtor Romeo Nunes teve a exata noção do valor do material que tinha nas mãos e mandou prensar os discos com aquela gravação simples mesmo. Estava coberto de razão. Não era necessário fazer truques de estúdio ou apelar para vozes famosas para transformar o primeiro disco de Martinho em um enorme sucesso.

Logo em sua estreia, o compositor de Vila Isabel apareceu com clássicos como "Quem é do mar não enjoa", "Tom Maior" e "Iaiá do cais do porto", além, logicamente, de "Casa de bamba". A terceira faixa do disco, porém, marcaria definitivamente seu nome na história da música brasileira. "O pequeno burguês", a canção do universitário sem grana para fazer a faculdade particular, foi um fenômeno de popularidade, alavancando as vendas do disco até a impressionante marca das 400 mil cópias.

Começou, então, uma corrida para aproveitar o sucesso de Martinho o mais rápido possível. As gravadoras descobriram que o samba de partido-alto, vindo direto das quadras de escola de samba e dos morros, trazia uma linguagem acessível, fácil de ser assimilada pelas massas e, ao mesmo tempo, uma temática capaz de conquistar as elites intelectualizadas das capitais. Por tudo isso, era lógico que nessa caça aos sambistas os Originais fossem um belo alvo. Jair Rodrigues, já padrinho de Martinho da Vila e amigo do conjunto de Mussum, não teve dúvidas e apresentou o grupo ao produtor Wilson Miranda. Nem foi preciso muita conversa para decidir: a próxima aposta da RCA Victor seria com Os Originais do Samba.

Nos primeiros meses de 1969, o grupo entrava em estúdio para transformar o sonho do primeiro disco em realidade. Seus sambas já haviam sido gravados no disco oficial da I Bienal do Samba e também no *Show recital*, de Baden Powell, mas agora o LP não teria outros nomes em sua capa. Para não desperdiçar a oportunidade, Bidi fez uma grande lista com canções que seriam as candidatas a ocupar as doze faixas do álbum, e Wilson Miranda, mais conhecido pela carreira como cantor de iê-iê-iê do que produtor, preparou arranjos sofisticados para dar um molho diferente à batucada. Ambos estavam alinhados ao maior desejo de Mussum, ir além de fazer um grande disco de samba e lançar um grande disco de música brasileira.

Em várias faixas é possível perceber a preocupação em mesclar estilos variados no samba tradicional. Em faixas como as românticas "Enlouqueci" e "Não ganha se não quiser", foram feitos ousados diálogos entre a cuíca de Bidi e os violinos de orquestra da RCA. O naipe de metais também dava uma roupagem nova ao samba tradicional levado pela competente percussão dos Originais. A base do álbum, no entanto, era fiel ao samba de raiz. Em "Canto chorado", "No morro é assim" e na já testada e aprovada "Sei lá, Mangueira", dessa vez sem Elza Soares, reco-reco, agogô, cuíca, tamborim, pandeiro e surdo são despejados em doses perfeitas, compondo um som contido e consistente. Apesar de não ser a maior ênfase do álbum, o humor do grupo aparece nas faixas "Bacubufo no caterefofo" e "Larga do meu pé, reumatismo!", esta última composta por um dos ídolos de Mussum, Ataulfo Alves.

A contribuição mais importante para o primeiro disco dos Originais, porém, não seria de nenhum membro do conjunto. Em virtude da grande amizade com Mussum e seus colegas de banda nas temporadas na Blow Up, Jorge Ben deu de presente aos sambistas uma de suas composições mais marcantes: "Cadê Tereza". Presença constante em programas de TV e nas jam sessions do bar Jogral, Jorge trocou o futebol nas praias cariocas pelas idas e vindas pelas ruas Frei Caneca e Augusta, vivendo uma vigorosa fase de renascimento artístico. Apaixonado pela noiva Tereza Domingas, criava novas letras e canções aos montes. Quanto mais longe da musa, mais saudades e mais inspiração. Embora tenha todo o clima de romance de morro, "Cadê Tereza", por exemplo, começou a tomar forma durante uma turnê do músico pelo Japão. Foi com essa fórmula que começou a consolidação do nome de Jorge Ben como grande ícone da música popular. Após a estreia arrebatadora com *Samba esquema novo*, LP com vendas superiores a 100 mil cópias, em 1963, e o sucesso internacional de "Mas que nada", a carreira do inovador artista foi considerada estagnada pelos críticos por causa da recepção morna dos discos *Sacundin Ben samba*, *Ben é samba bom* e *Big Ben*.

Os álbuns foram lançados de forma apressada, diluindo a fórmula original da obra-prima sem repetir seu impacto inicial. Era preciso uma mudança de ares e a fase paulista de Jorge Ben, marcada no álbum *O Bidú – silêncio no Brooklin*, de 1967, comprovou isso. Nos corredores da TV Record, onde se apresentava semanalmente, o artista retomou uma antiga amizade com Erasmo Carlos e foi acolhido pela Jovem Guarda, descobriu uma grande afinidade com a eletricidade de Os Mutantes e foi considerado inspirador da Tropicália. E, junto com tudo isso, conheceu e se apaixonou pela batucada dos Originais e, em especial, pelo também flamenguista fanático Mussum. O resultado dessa fase de experimentação e produção febril foi o arrebatador disco *Jorge Ben*, de 1969, quase um *greatest hits* de inéditas, com "Bebete vãobora", "Que pena", "Cadê Tereza", "País tropical" e "Domingas".

Para o primeiro disco dos Originais, "Cadê Tereza" ganhou uma roupagem mais alegre, ligeiramente mais acelerada, e o violão de Jorge Ben foi acompanhado do convidativo vocal em uníssono dos seis integrantes, ganhando um irresistível laiá-laiá após o refrão. Foi a senha para, a partir de março de 1969, estourar nas rádios como o primeiro sucesso dos Originais. Sucesso popular, bom dizer, pois boa parte da imprensa criticou muito as inovações do conjunto. Ary Vasconcelos, n'*O Globo*,[7] até poupou os Originais por "cantarem certinho", mas acusou o produtor Wilson Miranda de criar "um híbrido de samba semiautêntico com iê-iê-iê". Escreveu o jornalista: "Ele não sabe ainda que samba autêntico e acordeão são coisas que devem permanecer separadas como o dia da noite. Alguém já viu um crioulo tocar acordeão?... Na introdução de 'O despertar do lavrador' Wilson fez pior: nada menos do que... Violinos! O arranjo de 'Domingo da rosa' é hilariante. É preciso se conter para não rolar no chão de tanto rir".

O sucesso nas rádios ajudou a dar mais musculatura ao grupo. Além de acompanhar as estrelas da noite paulistana na Blow Up, o disco ajudou o empresário Corumba a colocar os Originais como destaque no circuito de shows. O grupo, que ainda teria uma participação relevante, ao lado da cantora Márcia, do V Festival da Música Popular Brasileira e de todas as edições do Festival Internacional da Canção, na TV Globo, começou a se apresentar nos ricos clubes da capital, em inaugurações de prefeituras do interior e em feiras de todos os tipos e tamanhos,

---

7. *O Globo*, 12/05/1969.

com destaque para a participação na XII Fenit, uma espécie de bisavó da SP Fashion Week. Unindo os maiores nomes da moda nacional e internacional, o evento teve como atração, no estande da Valisère, Jorge Ben, Os Originais do Samba, Trio Mocotó e Milton Banana Trio. Eles se apresentavam de segunda a segunda em shows curtos, ladeados pelo desfile de uma miss universo que trajava as lingeries da patrocinadora.

Somada a esses compromissos, havia a agenda oficial do casting da RCA Victor. Para divulgar seu disco, os Originais viajavam pelo Brasil ao lado de artistas como Ronnie Cord, Jorge Freedman, Francisco Petrônio, Cleide Alves, Antônio Marcos, Wilson Miranda, Carmem Silva, Os Incríveis, Elias de Lima, Antônio Borba, Luis Ayrão e, claro, a grande estrela Martinho da Vila. Começaram a pintar até shows fora do Brasil, como na temporada que fizeram na Mau-Mau, tradicional boate do bairro de La Recoleta, em Buenos Aires, que marcou época na capital portenha com uma decoração extravagante, inspirada em diversas culturas do continente africano.

Embora a situação financeira de Mussum começasse a melhorar rapidamente graças ao sucesso do primeiro disco, os compromissos da vida profissional principiavam a afetar a vida pessoal. Com visitas cada vez mais raras ao Rio de Janeiro, ele ficava por meses sem ver o filho Augusto e, entre as várias namoradas que arrumava pelas rodas de samba paulista, não conseguia firmar uma relação mais séria com nenhuma. Quando perguntavam sobre Leny, o homem ficava puto. Detestava quando diziam que ele não era casado com ela, mas tinha mais raiva ainda se perguntassem sobre a separação. O tempo e a distância foi deixando a relação mais fria e, de comum acordo, o casal se desfez. O problema era o ciúme de Mussum. Ao saber que a ex-mulher havia ido à praia sozinha com Augusto, armava escândalos.

Esse comportamento controlador era incoerente com a sua situação de notório mulherengo. Entre 1969 e 1971, o tocador de reco-reco dos Originais manteve pelo menos quatro relacionamentos ao mesmo tempo sem ter muito cuidado em esconder os romances que tinha com cada uma dessas namoradas. A lindíssima passista Guta, que atuava como uma das dançarinas dos shows de Sargentelli e até atacava de atriz no cinema, era o caso secreto mais famoso de Mussum. Raramente vistos juntos como casal em público, eles se encontravam com frequência em um apartamento da rua Jaguaribe, no bairro de Santa Cecília. Para que a situação não influenciasse negativamente na carreira de um ou de outro, o relacionamento era omitido e oficialmente havia apenas uma forte amizade, uma encenação não levada com muita competência por parte de Mussum. Sempre que percebia algum malandro babando por Guta durante os shows, chegava perto do sujeito com tudo, ameaçando partir-lhe a cara se mexesse com a moça, que já era comprometida. Esse ciúme foi um dos motivos para que a história entre os dois ganhasse tons mais carregados, mas as saídas de Mussum com outras dançarinas de Sargentelli ajudavam a coisa a desandar ainda mais.

Enquanto vivia essa relação de altos e baixos com Guta, o sambista mantinha um namoro empolgado com Maria Glória Fachini, garota de dezessete anos que conheceu em um ensaio de escola de samba em São Paulo. Glorinha, como era chamada, chegou a sair da casa dos pais para morar junto de Mussum no edifício Martinelli – distante apenas dois quilômetros do local onde vivia Guta. A união nasceu com grande paixão das duas partes, mas durou pouco mais de um ano. Foi tempo suficiente para que a estudante engravidasse e desse à luz a primeira filha de Mussum, batizada de Paula Aparecida, e cansasse das ausências do namorado, decidindo ir embora levando a bebê de três meses de volta para a casa de seus pais. Glorinha desconfiava da proximidade de Mussum com as dançarinas de Sargentelli e sabia que, como músico famoso e grande boêmio que era, casos fugazes pelas noites paulistanas deveriam acontecer aos montes. A gota d'água para a separação, no entanto, foi descobrir o romance em estágio avançado entre Mussum e Therezinha, contadora profissional e manequim amadora, mãe de uma menina de três anos e namorada de Mussum havia quase um ano.

Em um momento de fúria pela traição, Glorinha chegou a levar a filha para a porta da casa de Therezinha, dizendo que ela era quem deveria criá-la.

Apesar desse tipo de situação, Therezinha de Oliveira não desistia de estar junto de Antônio Carlos (ela se negava a chamá-lo pelo apelido famoso). Tendo seus próprios meios de sustento e casa própria, ela fazia vista grossa para algumas escapadas do namorado e seguia sua vida de forma independente, trabalhando nos escritórios da loja de louças Bovex na rua da Consolação. O relacionamento só a atrapalhou em relação a uma possível carreira como artista. A bela moça negra, de sobrancelhas fininhas e olhar faiscante, já havia participado com sucesso de eventos como o concurso de beleza negra "Bonequinha do Café" e os desfiles de moda promovidos pela Rhodia, mas, após firmar relação com Mussum, precisou desistir dos convites que chegavam para atuar como atriz e garota-propaganda de comerciais da TV.

— Mulher minha não trabalha em televisão. Lá não é ambiente para moça de família! — dizia em tom grave o sambista.

Na realidade, ter a namorada circulando pelos bastidores dos canais de televisão seria o mesmo que expor sua intensa agenda de bebedeiras e galinhagens. Os Originais do Samba trabalhavam demais, é verdade, mas, entre uma apresentação e outra, arranjava-se tempo para aprontar de tudo um pouco. O único dia de descanso para Mussum era segunda-feira. Já na terça, começavam os ensaios, gravações de músicas em estúdio e os compromissos nas casas noturnas. Na quarta, sempre que havia um sucesso nas paradas, era dia de viajar ao Rio de Janeiro para participações em rádios e canais de TV, em atrações como o programa de Flávio Cavalcanti. De quinta-feira em diante, uma média de três shows por noite em boates como a Blow Up, a Flag e o bar Jogral. Este último geralmente era a última parada da madrugada, já em um clima mais descontraído tanto para os músicos quanto para os frequentadores da casa.

Por lá passavam, tanto pelo palco quanto pelo balcão, nomes como Paulinho da Viola, Clementina de Jesus, Zé Keti, Toquinho, Paulo Vanzolini, Araci de Almeida, Martinho da Vila, Jair Rodrigues, Moreira da Silva, Inezita Barroso, Adoniran Barbosa, Luiz Gonzaga, Lupicínio Rodrigues e outros de quilate equivalente. Mais do que ter contato com essa constelação da música brasileira, o Jogral serviu para Mussum estreitar relações com o pessoal do Trio Mocotó, que revezava com os Originais do Samba o papel de banda de apoio de Jorge Ben. Além de músicos talentosíssimos, Nereu Gargalo, Fritz Escovão e Joãozinho Parahyba tinham uma disposição para virar noites e garrafas comparável à de Mussum. Nereu e Fritz, em especial, também comungavam de um apetite infinito para sair caçando mulheres pela Pauliceia. Daí vieram os apelidos de Escovão, por sair "varrendo" a rua e arrastando garotas, e Gargalo, que ganhou a fama de bem-dotado por conta do seu longo histórico de conquistas.

Nessa mesma pegada, Mussum começou até a ser chamado de Gari, por "se agarrar com qualquer lixo", mas o apelido não pegou. Além de sua irritação com a piada, a beleza e a variedade das conquistas amorosas de Mussum deixavam a piada ainda mais de mau gosto. O mangueirense aproveitou como poucos um momento da noite paulistana chamado por muitos de "a fase do desbunde". Nesse período, era fácil ver figuras da alta sociedade deixando suas inibições no closet enquanto curtiam noitadas sem nenhum freio graças ao advento da pílula anticoncepcional e dos ventos liberais que sopravam desde os Estados Unidos. Mulheres saíam com saias curtíssimas e passavam a noite transando com desconhecidos. Para tanto, bastava demorar um pouco mais para terminar de cruzar as pernas e dessa forma lançar uma isca quase infalível.

A partir daí, o expediente do trio de percussionistas conquistadores, além do xaveco amplo e irrestrito, incluía um procedimento bem ensaiado. Toda a região do centro de São Paulo era mapeada mentalmente para levar as moças para o "H.O." mais próximo. Era assim que eles chamavam os hotéis baratos, que permitiam alugar quartos por algumas horas e tinham, invariavelmente, algumas partes apagadas em seus letreiros de neon. Para evitar confusão entre uma namoradinha e outra, combinaram de sempre apelidar as garotas de Chiquinha. Assim não seriam surpreendidos com telefonemas que começavam com a pergunta: "Oi, lembra de mim?".

Preocupado com tanta farra, Corumba orientava seus artistas a evitar relacionamentos com fãs. Seria arriscado demais para a carreira sair com alguma menina muito nova e virar alvo da fúria da conservadora opinião pública da época. As incursões em bordéis, por outro lado, estavam liberadas. Mussum chegou a apelidar Jair Rodrigues de Zé da Zona, pois, assim que colocava o pé em uma cidade nova, o cantor perguntava:

— E aí, onde será que é a zona?

E não faltavam opções sensacionais de pagar por uma bela trepada. Junto de outros artistas famosos e personalidades da época, Mussum frequentou as festas e as moças da La Licorne, um prostíbulo de luxo na rua Major Sertório que chegava a atrair políticos e turistas em virtude da beleza e sofisticação de seu elenco fixo. E tudo isso acontecia quando os Originais do Samba tinham acabado de estourar. A escalada do grupo rumo a um sucesso ainda maior estava apenas começando.

Graças ao sucesso de vendas do primeiro disco dos Originais do Samba, a RCA encomendou um novo LP para o grupo ainda em 1969 e propôs um novo contrato, prevendo o lançamento de um disco por ano até 1972. O samba nunca havia morrido ou desaparecido, mas a sensação no mercado era a de que o ritmo dos morros vivia seu auge, superando a popularidade da Bossa Nova, da Jovem Guarda e da Tropicália. Um símbolo desse momento foi o disco *O samba está de volta*, da RCA. Com uma capa vermelha e a imagem de um bumerangue na contracapa, o álbum trazia uma coletânea com os Originais, Martinho da Vila, Jamelão, Noel Rosa de Oliveira e as cantoras Maria Isabel e Ilza. O produtor Romeo Nunes mostrava a empolgação do momento com o texto de apresentação do vinil, que dizia: "E, de repente, não mais que de repente, o samba – que parecia ter entrado por um 'cano deslumbrante', como diz Nelson Rodrigues – voltou com sua força total. Como um '*boomerang*' lançado aos maus ventos de ritmos fajutos, o samba deu aquela volta por cima e tomou conta das boates, das rádios e das televisões. E aí está novamente, senhor de todos os terreiros e no assobio do povo. Nós que amamos o nosso ritmo e que, temos certeza, possui ele uma imensa corrente de comunicação, pronta a ser decodificada por brasileiros e estrangeiros. Estamos felizes porque o samba está de volta".

Oito meses após o álbum de estreia, chegava às lojas *Os Originais do Samba vol. 2*. Dessa vez, não houve tempo nem disposição para inventar muita moda. Os violinos e arranjos mais rebuscados foram deixados de lado e todas as fichas foram colocadas em apostas certas. O pouco tempo de gestação do disco não escondeu o amadurecimento do grupo e o fortalecimento da colaboração entre os Originais e Jorge

Ben, facilmente notados nas faixas de abertura dos dois lados do disco. Em "Vou me pirulitar", a expressão que Mussum eternizaria mais tarde como trapalhão, abre os versos um samba acelerado e alegre, introduzido pelo violão inconfundível e pelo *scat* agudo de Jorge Ben. Em "Se papai gira", que inicia o lado B, notam-se resquícios do exagero nos arranjos do álbum anterior, mas, dessa vez, o acabamento da canção é mais equilibrado, tanto nas letras quanto nas harmonias.

Naquele ano, os Originais voltaram a fazer temporadas no Rio de Janeiro e mostraram na cidade natal que os tempos de malandros já haviam passado. Primeiro junto com Elza Soares, no espetáculo *Elza de todos os sambas*, no teatro Santa Rosa, alcançaram grande sucesso de público e crítica. Depois, a consagração da nova fase veio ao lado de Jorge Ben, na badalada Boate Sucata. Em setembro, Oziel Peçanha, na coluna "Show da Cidade", d'*O Globo*, escreveu assim: "Jorge Ben é a grata revelação como intérprete: personalíssimo, poderoso, dinâmico, traduzindo no canto todo o encanto de suas criações". A crítica seguia com elogios aos ritmistas. "O primeiro impacto do show é, exatamente, o seu início com o colorido sambístico dos Originais do Samba, um excelente conjunto rítmico que possui em Carlos Mussum o seu apoio humorístico. Eles dão uma apresentação particular de batida de samba num ritmo correto, sem sofisticação, sem procurar outra coisa senão apoiar ao Jorge Ben. Isto torna-se patente quando silencia o conjunto de Milton Banana e entram em função os bons momentos proporcionados pelos seis componentes do conjunto".

Esse entrosamento no palco fazia-se presente também no álbum novo, que tinha em sua capa uma foto do conjunto uniformizado com um vistoso blazer laranja de lapela curta e, por baixo, uma combinação de camisa com gola rulê e calças feitas na mesma estampa de tons avermelhados. Na foto da frente, os Originais posam sorrindo em um bondinho; atrás, os sambistas estão amontoados em um trepa-trepa de parquinho. Mais uma vez, a escolha das fotos reflete o compromisso do grupo em não ter um integrante aparecendo mais do que outros. Mussum, o *band leader* no palco, aparecia sem qualquer destaque especial em relação aos outros parceiros.

O repertório do "Volume 2" trouxe também amostras de outra importante característica do grupo de Mussum, a versatilidade para interpretar várias modalidades de samba sem perder a autenticidade. O disco traz dois *pots-pourris* bem costurados. O primeiro é "Samba de Holanda", mescla de quatro músicas de Chico Buarque: "Tem mais samba", "Sonho de um Carnaval", "Quem te viu, quem te vê" e "Noite dos mascarados". O outro é "Em ritmo das 4 grandes", uma junção de ótimos sambas-enredo da Portela, do Salgueiro, da Mocidade e da Mangueira.

Dessa vez, porém, a recepção do álbum foi de certa forma o inverso da estreia. Nenhuma das faixas superou "Cadê Tereza" como hit, mas a escolha por arranjos mais tradicionais acalmou os críticos que reclamavam do excesso de invenções do "Volume 1". O próprio Ary Vasconcelos, d'*O Globo*, fazia uma revisão das primeiras críticas aos Originais. Em sua coluna, destacava a *joie de vivre* do grupo e cobria o "Volume 2" com grandes elogios: "Não tenho dúvida: os Originais estão escrevendo, na seção intérpretes, o melhor capítulo da história do samba neste fim de década".[8]

---

8. *O Globo*, 10/11/1969.

Capítulo 8
¿Dónde estás Pelé? (1970)

*"Quem corre atrás de empreguis cansa.
Quem cansa não trabalha."*

Com dois discos bem vendidos nas lojas, músicas tocadas com frequência nas rádios, agenda lotada de shows e um nome respeitado no disputado universo da música popular brasileira, Mussum deixava, definitivamente, os dias de arroz com ovo para trás. Já dava para comer uma carninha. Difícil era arrumar tempo para mastigar por causa do grande apetite do empresário Corumba para arrumar shows para seus contratados. Como acompanhantes de Jair Rodrigues ou já como atrações principais, Os Originais do Samba passariam por extensas maratonas de apresentações para os mais variados públicos. Muitas vezes, no mesmo dia, tocavam em eventos corporativos ou exposições durante o dia, gravavam programas de TV à noite e, durante a madrugada, faziam shows em boates. Nessa época, Mussum estava magro a ponto de não ser reconhecido pelos amigos de Mangueira.

O conjunto tocou, ao lado de um grupo estrelado formado por Wanderley Cardoso, Claudete Soares, Wanderléa e Vanusa, no evento de inauguração de uma fábrica da Pepsi em São Paulo com a presença da atriz Joan Crawford, viúva herdeira e presidente da empresa. Depois batucou no grito de carnaval do Salgueiro, na "Ala Rei de Ouro", na praça Tiradentes e participou como banda de apoio aos concorrentes do IV Concurso de Músicas para o Carnaval, em um Maracanãzinho lotado.

E, mais tarde, no mesmo ano, eles foram uma das atrações da festa do sexto aniversário da Revolução, promovida pela assessoria especial de Relações Públicas do governo militar no Maracanã, com portões abertos e grande divulgação na imprensa.

Para completar a correria, os convites de fora do país começavam a chegar, e Jair Rodrigues, de olho na carreira internacional, não costumava recusar uma boa oportunidade de ganhar dólares. "Eu gosto de cantar no estrangeiro, é um *sarro* diferente. A gente sabe que nego não entende nada, mas vai em frente. E eles têm gostado", disse o cantor em entrevista ao *Jornal do Brasil*.[9] Naquele ano, além de convites para voltar a se apresentar em Buenos Aires, veio uma proposta polpuda para uma turnê latina, passando pelas principais cidades do Chile e do Uruguai. A turnê para exportar samba partiu, tendo como destaques Jair Rodrigues e sua namorada, a então pouco conhecida cantora mineira Clara Nunes, e os Originais do Samba.

Durante essa excursão, o alvo preferido das brincadeiras era Lelei, baixinho tocador de tamborim, tinha a pele mais escura entre os "bronzeados" sambistas e chamava a atenção dos latino-americanos, pouco acostumados a conviver com negros. Em um desses contatos imediatos, em Santiago, nasceu uma brincadeira que mais tarde viraria marca registrada dos Originais: a voz forçadamente gutural de Lelei no início das músicas. Tudo começou quando um vendedor de rua, que circulava próximo ao hotel onde os músicos estavam hospedados, com uma voz muito rouca e profunda, passava oferecendo *coquito*, um doce típico feito de coco e açúcar. Por Lelei ter rido da voz do ambulante, também negro, começaram as brincadeiras entre os dois. O vendedor passou a chamar o sambista de Pelé e aparecia sorrateiro na porta do hotel, colocando a cabeça na porta do edifício e perguntando ironicamente:

— ¿Dónde está Pelé?[10]

O caso virou piada e Lelei aprendeu a imitar a tal voz do vendedor. Todo mundo caía na gargalhada assim que o baixinho soltava qualquer frase com aquela entonação, mas foi o produtor Armando Pittigliani

---

9. *Jornal do Brasil*, 07/10/1970.
10. *Programa MPB Especial – TV Cultura*, 20/11/1972.

quem sugeriu o uso da imitação nos shows e gravações, como ferramenta de alívio cômico entre uma música e outra. Já na primeira oportunidade a imitação foi usada no disco *Samba é de lei*, na faixa "Todo o morro acordou". Mais tarde, apareceria na introdução do maior sucesso dos Originais, "Tragédia no fundo do mar", com Lelei fingindo vender um jornal com uma chocante notícia: "Ostra! Ostra! Saiu uma briga no fundo do mar. O camarão se mandou-se. O camarão ó...".

A turnê latina não teve apenas histórias engraçadas. Quando faziam o circuito dos teatros e cassinos uruguaios, os músicos dos Originais foram impedidos de se hospedar em um hotel em Punta del Este. A direção do estabelecimento permitia apenas a entrada de Jair Rodrigues, a estrela da companhia, e queria barrar o resto da delegação por serem negros. A atitude racista do gerente ia frontalmente contra o modo como Jair lidava com seus colegas de música. O entrosamento do intérprete com os Originais era tanto que os sambistas eram presenças constantes na mesa de Dona Conceição, mãe de Jair Rodrigues, que adorava ver sua casa cheia e servia comida caseira simples, farta e saborosa, como o "feijão com tranqueira", com carne-seca, moela e mais um monte de ingredientes que davam mais sustância ao tradicional arroz com feijão. Assim, é claro que o cantor não concordou e quis voar no pescoço do gerente racista, mas quem resolveu mesmo a questão foi Corumba, fazendo um show antes do show:

— Compro essa porcaria aqui. Quanto custa esse cassino aqui? Quanto custa esse hotel aqui? Eu compro isso aqui e mando todo mundo embora!

No final, entre episódios de preconceito e longas semanas longe do Brasil, o sucesso das apresentações superava qualquer percalço, e a amizade entre Jair e Mussum ficava cada vez mais forte. Tanto que, na volta ao Brasil, o cantor contava com a participação dos Originais em seu retorno em grande estilo aos palcos cariocas. Os contatos feitos durante a turnê latina renderam a Corumba convites para temporadas em Caracas, com direito a contrato com as TVs venezuelanas, e em Cali, onde o governo colombiano preparava as festividades para os Jogos Pan-americanos do ano seguinte. Jair e Mussum preferiam, no entanto, voltar ao Rio de Janeiro. Não só para matar as saudades como também para dar uma satisfação aos cariocas que acusavam o cantor de ser "paulista demais" e estar "fora de moda".

A resposta veio na forma do show Bereketê, nome de uma das melhores músicas do disco *O talento e a bossa de Jair Rodrigues*. Com clima de terreiro de candomblé, a batucada e os versos em dialeto da canção ressaltavam a ligação da nova fase do cantor com o samba de raiz – algo que o público do Rio não estava esperando de um artista tão ligado à MPB e à Bossa Nova. Dirigido por Luiz Haroldo e com textos bem-humorados de Meira Guimarães, Jair subia ao palco junto com as cantoras Márcia e Elizabeth Viana e contava, é claro, com a percussão e as palhaçadas dos Originais. Não tinha como dar errado. E não deu. Os ingressos do teatro Casa Grande, na avenida Afrânio de Melo Franco, 300, Leblon, esgotavam-se com rapidez e mostraram que Jair Rodrigues não devia nada em matéria de samba e carisma para Wilson Simonal, o artista favorito dos cariocas.

O sucesso foi tanto que a temporada inicial foi esticada para o Sambão, espaço maior, na sobreloja da Churrascaria Galeto em Copacabana, que se dizia "o maior embalo da paróquia". No novo endereço, o show foi ainda reforçado por Jamelão, Blecaute e Raul de Barros. Mas quem roubou a cena mesmo foi Mussum com o cover sambístico da música tema do filme *Aeroporto*. O longa romântico, estrelado por Burt Lancaster, Dean Martin e Jacqueline Bisset, era a febre do momento e ninguém esperava a surpresa de ouvir os Originais batucando a trilha sonora, com Mussum imitando diálogos em inglês no seu estilo característico, com *forévis*, *becózis* e *I love youzis*.

Apesar da forte associação com Jair Rodrigues, a carreira dos Originais sambava com a própria batida. O grupo consolidava sua imagem trabalhando bem as músicas de seus discos em shows e, principalmente, nos programas de televisão. Depois de tocar e sambar, Mussum sempre fazia o papel de humorista, respondendo às perguntas dos apresentadores com piadas e convidando o público para participar de uma falsa campanha beneficente cujo slogan era "Faça um crioulo sorrir, compre o disco dos Originais". Embora longe de estar na maioria dos lares, as TVs com imagens em cores começavam a se popularizar no Brasil e transformavam-se em um trunfo e tanto para os figurinos dos sambistas. Não havia diretor de TV que não quisesse aquele espetáculo em seu programa. Além das músicas de sucesso, o pacote dos Originais vinha com cores, coreografias e até com piadas. Era boa audiência na certa.

Por isso, quando não estavam tocando com Jair Rodrigues, era quase certo que Mussum e seu grupo estivessem no *Programa Flávio Cavalcanti*, na Tupi; no *Dia D*, na TV Rio; no *Show Livre*, da TV Globo; ou em qualquer uma das diversas atrações musicais da Record. A segunda casa dos músicos, no entanto, eram as caóticas quintas-feiras da Discoteca do Chacrinha, na Globo. Abelardo Barbosa conseguia, na mesma noite, colocar Elis Regina, Erasmo Carlos e Paulinho da Viola, bem como fazer um "concurso do cachorro mais pulguento" ou eleger "o físico masculino mais bonito da Guanabara", tudo com a audiência lá em cima. Para os Originais, a festa era completa. O apresentador pagava os cachês em dinheiro logo após as apresentações e tratava os músicos como se fossem filhos. Um tipo de proximidade com os formadores de opinião da época que seria também essencial na divulgação de *Samba é de lei*, o novo disco dos Originais do Samba, lançado em agosto de 1970.

Mais trabalhado, o terceiro LP traduzia toda a pluralidade de cores e estilos experimentada pelos sambistas desde o álbum *Os Originais do Samba vol. 2*. A começar pela capa, feita com a montagem de várias fotos coloridas no estilo de uma história em quadrinhos, com Mussum, Lelei, Bidi, Bigode, Chiquinho e Rubão vestidos impecavelmente, fazendo pose de dândis ou brincando como crianças em um parquinho, mas sempre trajando blazers, golas altas, ternos coloridos, gravatas de ponta quadrada, lenços, cardigãs e calças brancas. Outro sinal dos tempos de bonança perceptível na arte do disco é a aparição da viatura oficial dos Originais, uma caminhonete Chevrolet Veraneio C14 azul-clara com vidros fumê e o decalque do recém-criado logotipo da banda, um polvo preto com chapéu de malandro, segurando os instrumentos da percussão de cada um dos integrantes com seus tentáculos.

Na parte musical transparecem o aumento e o aprofundamento do círculo de amizades de Mussum com figuras importantes da música brasileira. A faixa título, "É de lei", é uma composição de Paulo César Pinheiro e Baden Powell e mostra que o vínculo dos sambistas com os criadores de "Lapinha" continuava forte. A música destoa do clima romântico e brincalhão do repertório do grupo, trazendo um papo reto lotado de gírias vindas do morro. Na gravação com sabor de apresentação ao vivo, Mussum saúda Baden como "o professor Aquino e seu cavaquinho tamanho família". O violonista retribui apresentando todos os membros dos Originais e começa então um diálogo musical entre a percussão agitada do conjunto, as harmonias únicas das cordas de Baden e frases de Paulo César Pinheiro declamando um manual de malandragem sobre o que é ser "de lei": "Gato com fome não come pimenta/ Quem vacila tem que dançar/ Vai que eu já voltei/ O malandro não pode vacilar/ Caiu no lago sem ler aviso, jacaré engole/ Pau que boia é jangada/ Dia de muito é véspera de nada/ Malandro caiu, tem que levantar sozinho".

Quase como uma superstição, a música escolhida para a abertura do lado A foi de novo uma composição de Jorge Ben (dessa vez assinada em parceria com João Mello), "Tá chegando fevereiro". Na introdução da faixa, inclusive, Mussum saúda o amigo e convidado especial como poeta Babulina, apelido dos tempos em que Jorge vivia nas lanchonetes da Tijuca com seu violão cantando o rock "Bop-a-lena", do americano Ronnie Self. Vale destaque no disco, ainda, um raro samba composto pela dupla Roberto e Erasmo Carlos chamado "Eu queria era ficar sambando". O toque de Midas dos reis da Jovem Guarda, no entanto, não funcionou em "Samba é de lei". O maior sucesso do 78 rotações de prefixo BBL 1536 foi mesmo a faixa "Tá chegando fevereiro", as críticas da imprensa eram positivas e viriam ainda duas cerejas no bolo.

Cerejas importadas. Em temporada no Brasil, duas lendas do jazz, o estadunidense Earl Grant e o italiano Gato Barbieri, viram, ouviram e adoraram a batida dos sambistas cariocas. Quando os jornalistas fizeram a clássica pergunta "Do que vocês mais gostaram na música brasileira?", ambos falaram: Originais do Samba.

No meio do turbilhão de shows, gravações e viagens, Mussum conseguiu, meio sem querer, acertar sua vida fora do palco. Em uma rara folga, enquanto matava a saudade da quadra da Mangueira, foi apresentado a Neila, uma paulistana tímida de 23 anos, com roupas discretas, pele cor preta e olhos expressivos. Ela era amiga de Sueli, a namorada de Chiquinho dos Originais, e passava férias no Rio de Janeiro. Embora sua família fosse toda de São Paulo, tinha um tio casado com uma carioca e uma vez por ano passava algumas semanas nas praias da Guanabara com seus pais e suas duas irmãs. O sambista ficou interessado na hora, mas não adiantou jogar todo o seu charme e suas piadinhas. A moça era de família e não seria mais uma Chiquinha, ou seja, uma daquelas fãs facilmente atraídas pelos xavecos dos sambistas. Mas a corte não seria jogada fora. Neila tinha achado graça em Mussum e ficaram de se encontrar um dia, quando os dois voltassem para São Paulo.

Para surpresa do ritmista, o encontro aconteceu mesmo. E foi por iniciativa de Neila. Junto a Sueli e outras amigas, ela foi assistir a um show dos Originais no Esporte Clube Pinheiros, na área nobre da capital, e decidiu dar um "olá" após a apresentação. Foi convidada para jantar com os músicos e aceitou marcar um encontro a dois mais para a frente, com uma condição: Mussum precisaria da autorização do pai dela, o respeitável diretor administrativo da Prefeitura de São Paulo, Anísio Ribeiro da Costa.

O malandro percebeu a seriedade da coisa, mas, mesmo assim, encarou o sogro e a desconfiança inicial. Sr. Anísio não gostava muito da ideia de ver a filha saindo com um tocador de reco-reco e ficou de acompanhar a história bem de perto, como mandava a moda antiga. Antes de autorizar a filha a passear sozinha com o tal Antônio Carlos, fez questão de acompanhá-los em alguns jantares, no cinema e também em restaurantes. Mussum, para estreitar laços e mostrar seu trabalho, até levou os sogros à Blow Up, escolhendo uma bela mesa e pedindo o máximo de carinho dos garçons da casa.

O lado educado e contido de Mussum – forjado nos anos de colégio interno e pouquíssimo visto na vida boêmia paulistana – dobrou os pais de Neila e, em pouco tempo, ele fazia parte da família. Grande parte da conquista deveu-se a dois pequenos aliados, os sobrinhos de Neila, Fausto e Mônica. Sempre brincando com os filhos de Neide, a outra filha do sr. Anísio, acabou por ganhar um outro apelido: Caco. Nada a ver com o nome de batismo ou com a alcunha de Carlinhos da Mangueira. De acordo com a sinceridade infantil de Mônica, o namorado da tia era a cara do simpático sapinho da Vila Sésamo. Olhando a boca grande e os olhos arregalados do boneco, dá mesmo para notar algumas semelhanças. O que ninguém desconfiava era que aquele doce de rapaz estava prestes a ser pai novamente, e o filho não seria de Neila.

Capítulo 9
Pega no ganzê, pega no ganzá (1971)

"*A minha árvore ginecológica é de cantoris.*"

Afinados no palco e fora dele, Jair Rodrigues e Mussum receberiam ainda uma boa notícia naquele já exitoso ano de 1970. O cantor foi escolhido por um pool de gravadoras para representar o Brasil no Marché International du Disque et de L'Édition Musicale, festival popularmente conhecido como Midem, em 20 de janeiro de 1971. O festival havia sido criado em 1967 com o objetivo de reunir caciques da indústria fonográfica e os artistas de maior destaque do mundo, para que fechassem contratos internacionais para turnês e discos. Antes de Jair, passaram pelo evento realizado na cidade de Cannes, na França, outras atrações brasileiras pesos-pesados, como Roberto Carlos, em 1967, Elis Regina, em 1968, Chico Buarque, em 1969, e Jorge Ben, em 1970. Embora o Midem tivesse um formato mais parecido com o de um congresso ou de uma feira de negócios, o público e os músicos brasileiros, acostumados à competitividade dos festivais de música da TV, encaravam a participação no evento como uma convocação para jogar uma Copa do Mundo. Por isso, Jair, feliz com o reconhecimento e ao mesmo tempo preocupado com a responsabilidade de representar seu país, de pronto chamou os Originais para acompanhá-lo na turnê e garantir a qualidade do seu espetáculo. Pesou na escolha o profissionalismo dos sambistas, já acostumados a viajar para o exterior com Jair sem nunca terem dado mancadas, além da amizade do grupo com o cantor.

Jair, Mussum e os Originais, todos vindos de histórias de miséria e superação na infância, estariam juntos da nata da música internacional, no luxuoso Palais des Festivals, na não menos luxuosa região do Boulevard de La Croisette na Côte d'Azur. Um cenário que impressionava e intimidava com seus hotéis cinco estrelas, cassinos, carrões e iates. Fechado ao público em geral, o Midem reunia diretores de 603 gravadoras de todo o mundo, donos de casas de espetáculos, empresários e até uma equipe de juristas especializados em direitos autorais de plantão. Essa multidão de líderes da indústria fonográfica passeava pelos 345 boxes montados no salão principal do Palais, ouvindo fitas, trocando ideias e procurando novos talentos. Se algum dos 4.500 executivos presentes no evento ouvisse um cantor ou banda que o agradasse, podia ali mesmo fechar um contrato e apostar no próximo grande sucesso internacional.

Os artistas não eram exibidos apenas por meio de seus discos e fitas. Representantes de maior destaque nos mercados mais importantes subiam ao palco do Midem para mostrar ao vivo a sua categoria e, assim, convencer mais executivos a fechar mais contratos. Em 1971, a disputada vitrine teria shows de artistas do naipe de Elton John, Cat Stevens, Ike & Tina Turner, Mungo Jerry, Julien Clerc, The Marmelades, Richie Havens e da exótica cantora iraniana Googoosh. Por tudo isso, tocar no Midem não era como fazer um show qualquer. Não importava o tamanho do público ou o valor da bilheteria: impressionar os engravatados significava subir de patamar na carreira.

Por tudo isso, Jair e os Originais prepararam-se para subir ao palco com uma performance incendiária. Para começar, Bigode foi incumbido de escolher um figurino que fosse ao mesmo tempo chamativo e elegante. Escolheu uma combinação de sapatos, calças e camisas impecavelmente brancos, coletes cinza imitando couro de cobra e lencinhos azuis para amarrar no pescoço, uma tendência bem internacional. Jair Rodrigues seguia a ideia do figurino *clean*, vestindo um paletó branco e uma gravata azul, no mesmo tom do lenço dos músicos.

Para o repertório do show, nada de inventar moda. Mussum, Bidi e Chiquinho escolheram os sambas mais agitados e pegados, pois sabiam que os gringos não pescariam nada das letras e que, para ganhar o público, o importante era mesmo usar o máximo possível de refrões com lelelê, laiá-laiá e uma marcação fácil de acompanhar batendo palmas. Desfilariam hits infalíveis de Jair Rodrigues, começando por "Deixa isso pra lá" e depois atacando "Tristeza", "Bereketê", "Versos para Tereza", "Alô madrugada", "Isabel", "Mundo velho" e "I Want to Go Back to Bahia". Havia ainda uma arma secreta poderosa, o novíssimo samba-enredo "Festa para um rei negro", que o Salgueiro fez para o desfile de 1971 e acabou entrando para a lista dos maiores clássicos de todos os carnavais com o seu hipnótico refrão: "Olelê! Olalá/ Pega no ganzê/ Pega no ganzá".

Quando os sambistas estavam mais do que preparados para começar, já nos camarins, começou a bater um nervosismo diferente. Acostumados a serem as estrelas, Jair e os Originais viram-se no papel de fãs. Enquanto esperavam pela sua vez de tocar, viam um desfile de gigantes da música internacional passando de um lado para o outro. Não tinha como evitar que o medo de fazer feio aparecesse e sufocasse. O encontro de Mussum com Ike Turner também não ajudou a deixar o clima mais leve. Gênio da guitarra, o americano já era consagrado nos anos 1970 como pioneiro do rock'n'roll, inventor do rhythm'n'blues e monstro do soul. Para completar, tinha descoberto e lapidado o talento incrível de Tina Turner, sua esposa e musa. Ike se aproximou de Mussum já com toda a marra de astro internacional e, após jogar um pouco de conversa fora, começou um baita sermão. No auge de seu penteado black power, Ike disse que era uma vergonha que uma banda formada por negros tivesse todos os seus integrantes usando cabelos curtos. Eles não eram escravizados e não deveriam ter vergonha do seu visual. Mussum olhou bem para o cara magrelo, ouviu, concordou com aquilo tudo dizendo que o gringo estava coberto de razão. Terminou a conversa como se fosse o melhor amigo do guitarrista do Mississippi. E, como se sabe, nunca usou black power.

Outro encontro nos bastidores que aumentou o nervosismo dos sambistas cariocas foi com o vocalista da banda britânica Mungo Jerry, Ray Dorset. O inglês chamava muita atenção por usar um vasto black power e uma barba cerrada e longa, que era raspada apenas na parte do queixo. Em resumo, o branquelo alto e magro parecia uma ovelha negra antes da tosa e estava no auge da fama por causa do hit "In the Summertime", música mundialmente assobiada até hoje por conta da letra fácil e do ritmo leve que se enrosca no refrão "Durante o verão/ Quando o tempo está quente / Você pode se esticar e tocar o céu/ Quando o tempo está bom/ Você fica com mulheres, você fica com mulheres na cabeça" (tradução livre). Ao contrário de Ike, Ray Dorset foi simpático com os brasileiros e não faria sua "intimidação" com palavras. A marcação de território foi feita quando o britânico terminou de se vestir com a roupa de show e passou pelos sambistas com um espetacular conjunto de calça e paletó de veludo bordô que ofuscou o figurino dos Originais.

Assim, antes mesmo de entrarem no palco e serem avaliados pela plateia mais importante de suas carreiras, os sambistas quase foram acometidos pelo famoso complexo de vira-lata, a patologia detectada por Nelson Rodrigues que descreve o sentimento de inferioridade dos brasileiros ao se compararem com os estrangeiros. Em um minuto, estava tudo bem. No outro, eles eram negros alienados e malvestidos do Terceiro Mundo? Em um minuto tudo era chique. No outro, eram cafonas? Por sorte, não deu tempo de pensar muito mais. O relógio marcou 22 horas e chegava o momento de colocar os gringos do Midem para sambar.

Acostumado a competir – e a vencer – festivais de música da TV brasileira e com várias apresentações fora do Brasil no currículo, Jair Rodrigues caprichou na simpatia, na entonação e no samba no pé. Pisou no palco com segurança e abriu o show com aquele que seria o seu maior clássico da carreira: "Deixa isso pra lá". A canção começou com a percussão tímida e uma metralhada de versos que seguia fluindo como se Jair estivesse batendo um papo, assim gostoso, com a plateia. Antes de terminar, dava para perceber as cabeças dos executivos balançando e alguns sorrisos escapando, rompendo o profissionalismo daqueles que, ao menos a princípio, estavam ali para avaliar os artistas no palco. No refrão, quando soltou a voz, Jair mostrou que não estava ali para brincadeira. Resultado: muitas palmas e confiança restabelecida.

Na sequência, outro clássico para continuar a demolição da frieza estrangeira, o sambão "Tristeza", que começa e termina como se fosse um único refrão, com muito laiá-laiá e o belo verso "Tristeza, por favor vá embora/ Minha alma que chora/ Está vendo seu fim". Nesse momento, começa a brilhar também a estrela dos Originais, abrindo a canção com um afinadíssimo coro em uníssono e despejando potência aos poucos nos seus instrumentos. Na segunda repetição da letra, a tristeza já estava longe e a plateia do Midem presenciava o começo de um carnaval tipicamente brasileiro.

O show prosseguiu com os músicos cada vez mais à vontade e, como de costume, com o volume e a empolgação dos aplausos aumentando. Após mais duas canções, Jair e os Originais fizeram uma pausa de duas horas. O intervalo, é claro, servia para que os executivos tratassem de negócios e circulassem pela feira. Mas serviu também para que os brasileiros restaurassem suas energias e voltassem ainda mais empolgados para o restante da apresentação. No segundo ato, logo de saída, os sambistas fizeram todo mundo arregalar os olhos com a rodada de solos de reco-reco, pandeiro, tamborim, cuíca e agogô. Ouvindo pela primeira vez aquele som tão estranho e contagiante, os gringos não conseguiam acompanhar a velocidade dos movimentos dos passistas, que se exibiam um por um dançando e tocando freneticamente ao mesmo tempo. Quando Mussum deu sua derrapadinha, movimento em que jogava o corpo para trás enquanto os pés deslizavam para a frente, teve francês suspirando assustado, pensando que o mangueirense tinha escorregado. Ele percebia isso e abria ainda mais o sorriso.

Para terminar o show com chave de ouro, o samba do "Reisado", como também era chamado o enredo do Salgueiro "Festa para um rei negro", que ainda nem tinha estreado na avenida, incendiou de vez o Palais des Festivals. Os gringos não cansavam de cantar o "Olelê! Olalá!". Jair e os Originais saíram do palco embaixo de palmas e gritos entusiasmados. Quem visse a empolgação daquele público jamais suspeitaria de que ali estava boa parte dos diretores musicais e empresários da indústria fonográfica. Com mais palmas, mais assobios e mais gritos, surgiu o pedido de bis. Extenuados, mas também radiantes de alegria pela apresentação arrebatadora, os brasileiros voltaram ao palco e sapecaram mais algumas vezes a "Festa de um rei negro".

Em 22 de janeiro, o dia seguinte ao show, um jornal local chamado *L'Espoir* descreveu a apresentação dos sambistas de forma apaixonada, dizendo que "Jair tomou conta do auditório que cantou com ele e que não o queria deixar mais partir". Ainda na reportagem do diário de Nice, havia o relato do bis: "O público se resignou com grandes dificuldades a se separar de Jair Rodrigues e seus sambas endiabrados".[11]

O repórter do *L'Espoir* não estava exagerando. Logo que o show terminou, um empolgadíssimo francês convidou os brasileiros para fazerem mais uma apresentação, ainda naquela noite. Eletrizados pelo carinho do público e acostumados a tocar a noite toda nas rodas de samba, os músicos toparam o convite e foram se apresentar no restaurante Chez Felix, ponto de encontro dos artistas convidados para o Midem e de milionários que estavam entre uma sessão e outra de jogatina no Cassino de Cannes.

Sem tempo para trocar de roupa ou ligar para casa, para avisar que tudo tinha ido bem, Jair e os Originais entraram no fino salão sem tempo de apreciar a *cuisine française*. Entre goles de champanhe dos melhores rótulos e taças e mais taças de conhaque Courvoisier, os Originais repetiram o sucesso no Chez Felix. Distintos senhores de smoking e suas digníssimas acompanhantes de estolas e *visons* não escaparam do "Olelê! Olalá!". E, sem muita etiqueta, usaram garfos e facas para batucar nos pratos. Para incredulidade dos maîtres e *serveurs*, vários ricaços subiram na mesa para sambar, num baile de carnaval improvisado que durou até as seis da manhã.

Com o belo cartão de visitas, não tardou para que os convites começassem a surgir, um atrás do outro. O mais lucrativo e importante veio da produtora New Brummel, de Paris, que contratou Jair e os Originais para gravar apresentações para emissoras de TV da França, da Bélgica e da Holanda, além de assinar um contrato para uma turnê francesa que passaria por Mônaco, Nice e região. A proposta mais honrosa veio da própria organização do Midem, que chamou os brasileiros para tocarem em um show de encerramento do festival em pleno Cassino de Cannes, na sexta-feira daquela semana.

---

11. *Correio da Manhã*, 28/01/1971.

Bons contratos, muita moral, mas a consagração veio mesmo com os elogios de Bruno Coquatrix, ninguém menos que o dono da mítica casa de shows Olympia, de Paris.

Além de empresário, o francês era músico e tinha grande adoração por números de acrobacias, dança e variedades. Por isso se derreteu tanto pelos sambistas, que uniam as três modalidades em um só pacote, e propôs na hora o contrato para uma temporada parisiense já em fevereiro. O convite não representava apenas um bom punhado de francos no bolso. Aberto em 1889 por Joseph Oller, o criador do Moulin Rouge, o Olympia tem história suficiente para explicar toda a produção cultural do século XX e foi o palco de shows consagradores de nomes do porte de Edith Piaf, Jacques Brel, Georges Brassens, Léo Ferré, Beatles e Rolling Stones. A importância é tanta que a fachada do teatro é tombada como patrimônio nacional francês.

E lá foram os brasileiros aprontar mais uma, criando de surpresa um carnaval à L'Olympia. Tradicionalmente, o teatro montava seu programa de espetáculos com atrações variadas e, no programa daquela noite de 1971, o show de Jair Rodrigues com os Originais seria ensanduichado por outros artistas tocando antes e depois, apresentando números de danças típicas, declamando poemas em recitais e o diabo a quatro. Após as pesadas cortinas vermelhas abrirem-se para os brasileiros, porém, o programa iria virar de cabeça para baixo. Novamente, o plano de Jair era usar todo seu repertório de sucessos, sem espaço para covers, homenagens ou versões. Afinal, o time estava ganhando.

Tudo seguia bem na primeira noite dos brasileiros no Olympia e o público recebia com entusiasmo cada nova canção. Anos antes, em 1968, Elis Regina também tinha brilhado nos palcos da casa de show e os franceses mostraram-se entusiasmados com a Pimentinha a ponto de fazê-la voltar ao palco de três a quatro vezes em cada noite de show. Se Elis havia aberto a porta, Jair e os Originais escancararam essa relação Brasil-França. Quando já tinham o público na mão, começaram as apresentações dos solos de cada instrumento, acompanhados dos malabarismos dos passistas. Dessa vez, no entanto, Mussum decidiu descer do palco e fazer seu show no meio da plateia. Para delírio de quem assistia, os outros integrantes dos Originais, além do próprio Jair, também desceram e continuaram a sambar no meio da galera.

A essa altura, para aumentar a apoteose, surgiu uma enorme bandeira do Brasil que era carregada e balançada de um lado para o outro do salão. E não bastasse o clima de carnaval, Jair deu a ordem e os Originais começaram a tocar "A festa de um rei negro". O Olympia perdeu a compostura de vez e os gringos, suados de tanto sambar, ou de tentar sambar, largaram seus lugares para fazer uma roda em volta dos ritmistas. Percebendo que a coisa já tinha passado um tanto dos limites, Jair notou o caos que se instaurara e começou a guiar os músicos em direção à saída do teatro. Como não pararam de tocar, o movimento para encerrar o show foi confundido com um convite para invadir as ruas de Paris sambando. A plateia seguiu os músicos até a rua animadamente, cantando alguma coisa que se assemelhava com o "Pega no ganzê! Pega no ganzá". Foi preciso mais de quarenta minutos para que os franceses fossem recompostos e colocados de volta em seus lugares para que o programa de shows do Olympia continuasse, mas, é claro, o maior show da noite já havia acontecido.

Após a apoteose francesa, começaram a surgir diversos convites e as temporadas nas casas de show brasileiras eram intercaladas com constantes giros europeus. Em poucos meses, Jair Rodrigues e os Originais levariam o batuque para o Casino de Estoril, em Portugal, para o XII Festival de La Canción, em Viña Del Mar, no Chile, e por alguns dos principais hotéis, cassinos e casas de shows da Holanda, da Bélgica e da Suécia. Com um ritmo puxado, somado ao frio e à constante boemia dos músicos, a turnê começou a afetar a saúde de Mussum. Na volta ao Brasil, estranhou que a gripe forte que tinha começado no Velho Continente ainda o incomodasse, mas nem pensou em passar em um médico. Já eram semanas de tosse seca, suores noturnos, febres e dores no peito e, quando uma de suas namoradas notava a alta temperatura do corpo de Mussum, ouviam como resposta que "Crioulo é assim mesmo. Eu sou quente! Não está mais acostumada?".

Apesar do bom humor, a situação piorou de vez, e não apenas na questão de saúde.

Além de suspeitar de algo mais grave com a saúde do sambista, Therezinha, parceira de Mussum, grávida de seis meses, passou a reunir indícios de que o comportamento do namorado estava bastante diferente. Por mais de uma vez, Mussum foi pego mentindo: dizia que tinha viajado ao Rio para gravar uma participação no programa de Flávio Cavalcanti quando, na verdade, estava fazendo o papel de bom-moço com Neila e seus familiares. Cansada da situação, em uma noite escolhida a esmo, Therezinha decidiu fazer uma visita à casa da rua Palacete das Águias, no bairro de Vila Alexandria, próximo do Aeroporto de Congonhas e ver se sua desconfiança era justificada. Ao chegar ao local viu o namorado todo educado, ajudando a sogra a sair do carro, como bom genro que era. Apesar de não ter feito uma cena ou chamado a atenção, sua presença foi notada e um desesperado Mussum tratou de sair dali rapidamente, arrancando com seu carro sem explicar nada a ninguém.

A fuga do flagrante não resolveu em nada a situação. Quando o casal ficou frente a frente de novo, Therezinha já havia decidido pela separação e apenas queria comunicar que estava indo embora em definitivo. Não queria nem mesmo que seu filho fosse registrado. Estava farta de traições. Mussum pediu que o filho fosse criado por ele e usou como desculpa seu estado de saúde. Revelou à Therezinha que estava com sintomas de tuberculose e pediu, exagerando dramaticamente a gravidade de seu quadro, para não ser abandonado no momento em que estava perto da morte. Mas a malandragem não deu certo.

De fato, a viagem pela gelada Europa do começo do ano havia provocado uma grande queda da resistência imunológica do mangueirense e as apresentações em ambientes fechados o colocaram em uma situação de risco para o contágio. Quando finalmente visitou um médico, os danos na parte superior de seus pulmões foram detectados na primeira radiografia. Mussum foi internado no Hospital São Luiz e passou por um tratamento que durou meses. O relacionamento com Therezinha, por outro lado, não tinha mais cura. Em 12 de dezembro de 1971, nasceria Antônio Carlos Oliveira Rocha, garoto que só chamaria Mussum de pai sete anos depois. Seu nome foi escolhido após uma promessa a Santo Antônio, pois sua gestação foi apenas até o oitavo mês. No mais, Therezinha não queria mais nada do antigo namorado – pai pela terceira vez aos trinta anos, após três relacionamentos que não deram certo.

Para Mussum, o rompimento e o consequente afastamento de mais um filho – afinal, já não tinha mais contato com a ex, Glorinha, e sua filha, Paula Aparecida – foram um sinal de que seu comportamento deveria mudar radicalmente. A partir dali, daria um fim à sua carreira de galanteador e levaria a sério o namoro com Neila. Estava na hora de crescer e se concentrar no bom momento que atravessava com os Originais. Até porque, além do frio, dos francos faturados e das confusões amorosas, a turnê pela Europa seria muito importante musicalmente para Mussum. O tocador de reco-reco não ficou apenas de olho no estilo espalhafatoso dos músicos gringos. Assistindo ao show da banda Mungo Jerry, no Midem, notou a semelhança entre o banjo usado pela banda inglesa e uma afinação com som bastante familiar. Na volta a São Paulo, sem explicar muita coisa, Mussum pegou Almir Guineto pelo braço e foi até a Casa Del Vecchio, na rua Aurora, comprar um banjo.

Junto do exímio tocador de cavaquinho, Mussum desmontou o instrumento recém-comprado e fez um Frankenstein, acoplando o braço e as cordas do cavaquinho no banjo. Nascia então uma técnica inédita que seria mais tarde muito usada por todos os conjuntos de samba e pagode: adaptar o cavaquinho para aumentar o volume do instrumento, facilmente superado pela percussão de surdos e pandeiros. A técnica seria apenas uma das várias novidades que o próximo disco dos viajados Originais, batizado convenientemente de *Samba exportação*, traria em seu repertório. Em vez de contaminar o samba com influências estrangeiras, a experiência nos palcos ao redor do mundo aproximou os músicos ainda mais das raízes do samba e suas linhagens autênticas: a umbanda, o frevo, o choro e as marchinhas.

Em "Linha de umbanda", Mussum abre a canção respeitosamente pedindo licença aos Orixás, e o coro dos Originais segue o ritmo do canto dos terreiros "Do tempo do cativeiro". Já na faixa "A subida do morro", que décadas depois virou até base para um rap, a letra e o ritmo passam um recado direto, na linguagem da malandragem, explicando que "valente morre mais cedo, valente antecipa o seu próprio fim", porque "na subida do morro é diferente".

O tom de exaltação das coisas brasileiras esbarra até mesmo em um nacionalismo exagerado, arriscadamente parecido com um elogio ao governo militar do tenebroso Emílio Garrastazu Médici. Nas faixas "Brasileiro" e "Samba internacional" há frases com o mesmo sentido do infame slogan da ditadura "Brasil: ame-o ou deixe-o". Os letristas Luís Carlos e Lelei, no entanto, queriam apenas repetir o sucesso de Jorge Ben com seu despolitizado "País tropical". Babulina, aliás, marca presença mais uma vez, assinando a composição e tocando violão em "tenha fé, pois amanhã um lindo dia vai nascer".

Apesar dos recados sérios dessas composições, o humor característico do grupo aparece nas faixas "Amarrei meu bode" e "Mas que menininha", que conta com intervenções engraçadíssimas de Rubão cantando ao estilo "16 toneladas", Mussum gargalhando como um fantasma e Lelei imitando um sujeito ignorante e apaixonado.

Vale registrar também a inventividade do produtor Wilson Miranda na derradeira faixa de *Samba exportação*. Percebendo que a soma dos minutos de todas as músicas gravadas não ocuparia toda a capacidade do LP, ele liberou os Originais para mostrarem, em 1 minuto e 37 segundos, como eram as suas famosas sessões rítmicas. E o tempo foi o suficiente para a faixa "Demonstração (ritmo)", gravada "no cantinho da coisa preta", mostrar solos de cuíca, agogô, surdo, tamborim, pandeiro e reco-reco.

Com a adaptação completa a São Paulo e a carreira dos Originais, enfim, nos trilhos, Mussum conseguiu cortar o cordão umbilical que o ligava a Carlos Machado havia mais de dez anos. Os Originais receberam uma boa proposta do restaurante Di Monaco, na rua Cubatão, 69, no bairro do Paraíso, que, além de pagar melhor e ser mais bem localizado, tinha uma programação mais alinhada com a nova fase do conjunto de samba que o Cassino Royale. Os passistas agora faziam parte do primeiro time da MPB e não dependiam mais exclusivamente de suas acrobacias e do repertório de outros artistas para chamar a atenção do público. A nova casa, vale dizer, contava com atrações de renome, como Jô Soares e Ângela Maria, e vez por outra os Originais até dividiam o palco com artistas de fora do Brasil, como o cantor Johnny Mathis.

A subida de patamar veio no momento mais do que certo. Carlos Machado andava em franca decadência e, sem conseguir prolongar o êxito do Cassino Royale como desejado, voltou ao Rio de Janeiro mais endividado do que havia saído. Seu melancólico retorno foi feito com um espetáculo que apelava mais para o rebolado do que para o teatro chamado *Ninguém segura esse mocotó*. Para horror da crítica e decepção do público, sua produção em conjunto com o comediante Colé não fazia nem mesmo sombra às antigas noites de luxo no Golden Room. O espetáculo resumia-se a um desfile de vedetes seminuas, vendido como uma "revista underground".

Fora dos palcos, a vida de Mussum também parecia se assentar confortavelmente na capital paulista. Sem perder a pegada boêmia, o sambista trocou as aventuras nos hotéis baratos e as madrugadas incertas por uma dedicação inédita à sua carreira. Parte dessa mudança pode ter sido por vontade própria, mas, certamente, o medo de uma recaída da tuberculose e a agenda lotada de compromissos também ajudaram a preencher o tempo que antes era gasto com aventuras amorosas. O pouco tempo que sobrava era gasto com o descanso em família. A relação com Neila ia bem e Mussum chegava até a abusar um pouco do afeto da família da namorada. Não era raro que ele chegasse faminto de madrugada, acompanhado dos outros cinco Originais, na casa da cunhada para filar um jantar. Nada para se irritar. A aparição dos sambistas era sempre bem-vinda e, em vez de incomodar os donos da casa, sempre havia uma minifesta para recebê-los. A intimidade foi tanta que, antes de alugar sua primeira casa em São Paulo, o tio Caco morou por algum tempo na casa dos sobrinhos na Zona Sul de São Paulo, em uma rua nas imediações do Aeroporto de Congonhas, no bairro de Vila Alexandria. A justificativa era boa: estava guardando economias e preparava-se para casar. Pouco tempo depois, em 3 de novembro de 1972, entraria como noivo na Paróquia Santo Ivo, uma discreta igreja próxima ao Parque do Ibirapuera, e consumaria sua união como mandam os ritos católicos – dias após assinar a papelada no cartório da avenida Brigadeiro Luís Antônio e também casar no civil. Foi o primeiro e único casamento "de papel passado" de Mussum, com direito a noiva de branco, bolo, sogros emocionados e tudo o mais.

O time dos casados aumentava nos Originais. Além do titular do reco-reco, Bidi, Lelei, Rubão e Bigode tinham suas esposas e apenas Chiquinho seguia solteiro. A fase mais família de Mussum foi completada também com a conquista da primeira casa própria, comprada em um condomínio fechado no bairro Demarchi, na cidade de São Bernardo do Campo, na Grande São Paulo. Para superar a distância entre o novo endereço e os shows, ensaios e gravações no centro de São Paulo, o sambista comprou também seu primeiro automóvel, um Volkswagen SP2 vermelho com faixas pretas, em homenagem ao Flamengo. O SP2, apelidado pela malandragem de "Sonho de Puta", era um esportivo de dois lugares montado sobre a base da Variant e, no caso de Mussum, contava com um kit de acessórios improvável. Sempre acomodados sobre o console central do carro, próximos do câmbio, estavam uma garrafa de Caninha 51, um copo, uma faca e alguns limões. O motor 1.6 podia ser a gasolina, mas o motorista era movido a álcool. Para tornar a coisa ainda mais temerária, Mussum havia acabado de aprender a dirigir. Não se sabe como nenhum acidente aconteceu.

Mussum até encontrou um jeito para amainar as saudades das suas duas maiores e mais antigas paixões, a Mangueira e o Flamengo. No quesito escola de samba, ele adotou a Camisa Verde e Branca como agremiação preferida na capital paulista. Uma escolha bastante coerente, uma vez que, seguindo a tradição de sacramentar os estandartes de uma nova escola em uma cerimônia solene, em 1953, a Camisa teve a Estação Primeira como sua madrinha. Inicialmente apenas frequentando as rodas de samba no São Paulo Chic e os ensaios na quadra na Barra Funda, Mussum foi chegando e fazendo amizade com todo mundo. Resultado: durante a década de 1970, o carioca desfilou na avenida São João com o mesmo empenho com que ia para a Presidente Vargas e ajudou, como passista ao lado dos Originais do Samba, na histórica conquista do tetracampeonato do carnaval paulista, com os títulos de 1974, 1975, 1976 e 1977.

Na hora de escolher um time paulista para torcer, por outro lado, o verde e o branco ficariam só na camisa do rival. Identificando-se com a torcida de massa semelhante à do seu Flamengo, Mussum adotou o Corinthians como segundo time do coração. Na época era dificílimo ouvir os jogos dos outros estados, e a proximidade com jogadores do elenco alvinegro que frequentavam a Camisa Verde e Branco, um reduto de corinthianos apesar do nome, ajudou na conversão. A simpatia pelo alvinegro fez até com que o sambista fizesse a cabeça do sobrinho Fausto, filho de um simpatizante do São Paulo, a torcer também pelo Timão. Anos depois, mesmo longe da capital paulista, o hábito de acompanhar a equipe do Parque São Jorge seria conservado e uma camisa autografada pelo elenco mosqueteiro seria guardada como relíquia.

Para completar a lua de mel com a terra da Garoa, o novo disco, chamado *O samba é a corda... Os Originais a caçamba*, traria os dois maiores sucessos comerciais da carreira do grupo até então. Lançado inicialmente como um compacto duplo, com quatro músicas, em outubro de 1972, o disco estourou com a faixa "Esperanças perdidas", de Adeilton Alves e Délcio Carvalho. A letra da música vinha se desfiando repleta de poesia, em uma cadência gostosa de ouvir completada com um refrão difícil de esquecer: "Não posso ficar, eu juro que não/ Não posso ficar, eu tenho razão/ Já fui batizado na roda de bamba/ O samba é a corda e eu sou a caçamba". A fórmula conquistou os ouvidos e corações paulistas, depois os cariocas, e em pouco tempo virou sucesso nacional. Nas paradas de mais vendidos, "Esperanças perdidas" disputava os primeiros lugares semana a semana com a trilha internacional da novela *Selva de Pedra* e com os clássicos "Batuque na cozinha", de Martinho da Vila, e "A dança da solidão", de Paulinho da Viola. Na média, o compacto dos Originais superava até "Ben", do ainda adolescente Michael Jackson, e "Os brutos também amam", do campeão de popularidade Agnaldo Timóteo. Dessa forma, em menos de seis meses, a banda ultrapassou pela primeira vez a marca dos 100 mil discos vendidos, e a RCA, em reconhecimento ao bom desempenho, concedeu o primeiro, suado e demorado disco de ouro da história dos Originais – o segundo, por outro lado, não demoraria nem um pouco para chegar.

Quando o LP com doze faixas foi lançado, "Esperanças perdidas" impulsionou vendas ainda maiores e colocou em evidência uma faixa que viraria marca registrada, não só do conjunto mas de toda uma geração de paulistanos. Inspirado no movimento intenso dos apressados trabalhadores do centro da cidade, Luís Carlos e Chiquinho compuseram "Do lado direito da rua Direita". A música foi escrita no começo da vinda dos sambistas a São Paulo e ficou na fila sabe-se lá quanto tempo até ser gravada. A decisão foi de Bidi, responsável pelo repertório dos álbuns, mas os próprios autores apostavam mais em outras composições, mais trabalhadas tanto na melodia quanto na letra.

A origem de "Rua Direita" veio quando os sambistas, sem grana e sem trabalho, muitas vezes saíam do pequeno apartamento na rua Aurora e caminhavam cerca de 1.400 metros até a tal rua para vivenciar um clima de shopping center em uma época em que os shoppings praticamente não existiam. Nas imediações da praça da Sé, a via recebeu esse nome porque era a única construída em linha reta, no meio de um trecho um tanto quanto labiríntico do velho Centrão. Ali enfileiravam-se lojas de roupas, tecidos, eletrodomésticos e os grandes magazines dos anos 1960 e 1970. Não era difícil, como diz o samba, encontrar alguma pequena fazendo compras por lá e, logo em seguida, perdê-la de vista por causa do mar de gente indo e vindo.

Pode ter sido pela facilidade de se identificar com a história contada na letra. Pode ter sido pela delicadeza dos arranjos da marimba latina aprendida nos tempos de México, entrando de fininho no batuque brasileiro ouvido desde o berço. Pode ter sido pelo trocadilho do refrão grudando na memória após ser ouvido pela primeira vez. Pode ter sido, simplesmente, porque os Originais do Samba eram figurinhas fáceis na televisão e contavam com uma boa divulgação da gravadora RCA. Pode, até mais provavelmente, ser uma mistura de todos esses fatores somados a um pouco de sorte. O fato é que "Do lado direito da rua Direita" estourou nas paradas de sucesso e foi uma das músicas mais tocadas no Brasil entre 1972 e 1973.

Assinando apenas como J.A.B, Chacrinha escreveu em sua coluna "Roda, Roda, Roda e Avisa", no *Diário da Noite*,[12] o seguinte: "O que toca nas rádios de São Paulo a música 'Do lado direito da Rua Direita' é uma loucura. Música envolvente, letra bacana, muita lenha é o que está queimando firme os Originais do Samba". Outro sintoma do sucesso foram as seguidas participações no programa *Sua Majestade, o Ibope*, da TV Tupi, uma atração de nome autoexplicativo.

O hit era tão onipresente que surgiram até oportunidades para além do ramo musical. Uma associação de lojistas da rua Direita fez uma proposta para usar a letra dos Originais como jingle em propagandas. Corumba pediu uma grana alta o suficiente para eles desistirem da ideia, mas acabou tomando um chapéu dos publicitários responsáveis pelas propagandas das Lojas Riachuelo. Os anúncios da butique em jornais e revistas alardeavam a reforma de sua unidade no Centro explicando que o endereço, na rua Direita, 176, ficava "do lado direito da rua Direita".

As demais músicas de *O samba é a corda... Os Originais a caçamba* formavam um dos mais sólidos repertórios já gravados pelo conjunto. Jorge Ben aparecia nas ótimas "Tereza" e "Lá vem Salgueiro", e o disco era repleto de referências aos batuques folclóricos, indo do boi-bumbá até o jongo e dos terreiros de umbanda às quadras de escola de samba, sempre mesclando ritmo e melodia de forma impecável. Havia inclusive um samba escrito por Wando, quando ele ainda nem sonhava em ser o rei das calcinhas.

Em fevereiro de 1973, mais um disco de ouro estava garantido na parede (dessa vez pelos mais de 100 mil LPs vendidos) e a lição estava aprendida: a identificação com as raízes da música negra era apreciada e dava muito cartaz com a classe artística, as canções exaltando as belezas do Brasil podiam render convites para tocar em festas do governo, mas o povão queria mesmo era um bom verso romântico para cantarolar, batucando numa caixinha de fósforo ou no caminho para a lida diária.

Em junho, o compacto de "Esperanças perdidas" batia a casa das 170 mil cópias vendidas e a consagração final veio na exibição do *Globo de Ouro*, programa mensal da TV Globo com os artistas que mais vendiam. Os Originais do Samba foram as atrações especiais da noite, tocando, simplesmente, entre Elis Regina e Roberto Carlos.

---

12. *Diário da Noite*, 31/01/1973.

Capítulo 10
Todo Martinho da Vila tem seu dia
de Johnny Mathis (1973)

"Engraçadis, não! Eu sou homem!"

Nem sequer um passo de Antônio Renato Aragão foi fácil no caminho percorrido entre o primeiro dia de testes como redator, na TV Ceará, em 1960, e a consagradora estreia de *Os Trapalhões*, na Globo, em 1977. Apaixonado pelas chanchadas de Oscarito, o bacharel em Direito formado pela Universidade Federal do Ceará perseguia o sonho de repetir o sucesso do ídolo da Atlântida nos cinemas, mas, aos poucos, levado pelas enormes mudanças vividas no Brasil dos anos 1960, acabou dedicando boa parte de sua vida à televisão. Questão de sobrevivência. Antes de conseguir ver seu nome projetado em uma tela de cinema, o humorista passou por alegrias, calotes, aprendizados e decepções enquanto fazia suas palhaçadas na emissora de Fortaleza, depois na Tupi e mais tarde na Excelsior.

Chegou a ficar desempregado e endividado a ponto de vender os móveis de casa para comer, mas recebeu a ajuda providencial de Manoel de Nóbrega e foi atuar no programa *A Praça da Alegria*, inicialmente fazendo participações como substituto de atores que faltavam e mais tarde transformando-se em uma das estrelas da companhia. Renato levou à atração um humor mais agitado, baseado em tombos, tapas e escorregões que imitava dos palhaços de picadeiro. Com muito trabalho e talento, após ocupar seu espaço no tradicional programa, ganhou uma chance de retomar sua trajetória de protagonista, mas até isso foi na base do susto. Na época dos bicos na TV Record, quando atuava por cachê ao lado do fiel parceiro Dedé Santana em humorísticos da casa, como *A Praça* e *O Quartel do Barulho*, foi chamado para conversar com o todo poderoso Paulinho Machado de Carvalho. Entrou no escritório do executivo ao lado do colega esperando levar alguma bronca, mas a notícia que ouviria seria bem diferente.

— Não está certo os dois ali na *Praça*... Vocês precisam de um programa só para vocês!

Da oportunidade nascia, em janeiro de 1972, *Os Insociáveis*, uma atração de tiro curto, com dez minutos de duração, exibida nas noites de quinta-feira às 20h50. O nome sugerido pelo chefe não agradou em nada os humoristas, mas eles nem cogitaram reclamar. Não entenderam muito bem o trocadilho que o chefe havia bolado para satirizar o seriado de gângsteres *Os Intocáveis*, mas, depois de muito perrengue, aquela seria a chance perfeita de voltar a brilhar na TV. A Record tinha uma estrutura muito mais profissional do que as rivais, e seu elenco estrelado por artistas como Hebe Camargo e Ronald Golias era líder de audiência em várias faixas de horário. O pouco tempo no ar e o nome esquisito seriam só detalhes, pois a receita do programa seria a mesma de sempre: comédia pastelão com tombos, brigas, muito improviso e piadas em linguagem popular.

O resultado? Bem, também foi o mesmo de sempre. A química de Didi e Dedé agradou ao público mais uma vez, a audiência crescia a cada semana e o gostinho de quero mais deixado no ar ao final de cada programa fez com que a Record dobrasse a aposta em *Os Insociáveis*. O tempo no ar aumentou, o elenco de apoio cresceu, as histórias ficaram mais complexas e Renato Aragão, protagonista e principal redator do programa, quase teve uma estafa de tanto trabalhar. A correria valia a pena, no entanto, quando os relatórios com os índices do Instituto Brasileiro de Opinião Pública e Estatística (Ibope) chegavam com os números mostrando o crescimento da atração, não importando o horário ou qual das emissoras da rede de emissoras independentes exibia o programa. Às segundas, quintas ou sábados, de tarde ou de noite, em apresentações inéditas ou reprises, as palhaçadas de *Os Insociáveis* resolviam a parada. Foi inevitável, então, a chegada de um novo convite da Record. Paulinho Machado de Carvalho ofereceria um novo contrato a Renato para a realização de um programa de uma hora de duração. O cearense disse ser impossível dar conta do trabalho com a mesma pegada sem receber reforços na produção e, principalmente, no elenco. O empolgado chefão topou na hora, dando carta branca para o humorista ampliar a atração da maneira que quisesse – algo raro vindo de um executivo conhecido por ter um histórico de negociações duras com seus contratados.

Seguindo fielmente a linha do "quanto mais popular, melhor", aliada com a formulação de novas tramas e personagens, juntos, Renato e Dedé decidiram que o novo integrante da trupe deveria ser um ator negro. A inspiração veio das comédias americanas do começo dos anos 1970, quando nomes como Bill Cosby e Richard Pryor faziam sucesso com tipos engraçados, independentemente de usarem fantasias ou atuarem em papéis de afrodescendentes estereotipados. Para que isso funcionasse, concluiu a dupla, o artista deveria ser pouco conhecido. Não adiantaria contratar um humorista com uma bagagem pronta repleta de bordões e trejeitos. Renato queria alguém novo.

O primeiro nome a surgir foi o de Tião Macalé, uma figurinha fácil nos quadros cômicos de espetáculos musicais da noite carioca, com algumas participações em programas de TV no currículo. Na época, Macalé atuava no humorístico *Balança Mas Não Cai*, da TV Tupi, e, buscando referências sobre o artista, Renato e Dedé descobriram sua fama de ser péssimo em decorar textos e ótimo em inventar desculpas para chegar atrasado nas gravações. Daí suas participações reduzidas e falas curtas. Não servia para ser um "insociável".

O próximo nome a surgir foi o de Mussum. Embora fosse familiar ao público, principalmente por ser o líder dos Originais do Samba, suas atuações como cômico começavam a ficar conhecidas dos telespectadores paulistas por causa das pontas que fazia em atrações da Record que misturavam o elenco de músicos, atores e comediantes. Nessa fase, o mangueirense encarou nada menos do que *Romeu e Julieta*, de William Shakespeare. Evidentemente, a montagem da peça era uma palhaçada só. Os protagonistas do teleteatro seriam Ronald Golias e Hebe Camargo, e Mussum faria o papel de Baltazar, servo da família Capuleto e confidente de Romeu. Outra experiência como ator aconteceu no humorístico *Aquela Feliz... Cidade*, da TV Excelsior, no qual, às 20h30 das sextas-feiras, Mussum fazia algumas pontas em quadros de Berta Loran, Eloá Dias, Neide Monteiro, Jaime Filho, dirigido por Wilton Franco.

Mais ou menos nessa mesma época, o *Show do Dia 7* colocaria o sambista-palhaço como sua atração principal. Exibida uma vez por mês, a atração era uma espécie de apoteose da emissora, com números de humor, musicais e entrevistas, e foi anunciada assim: "Atenção Ibope, Marplan e Gallup. Hoje é dia 7! E neste Dia 7 especial, o crioulo Muçum, muito à vontade, vai ingressar definitivamente no primeiro time de nossos artistas. Ele vai comandar o Dia 7 especial, que vai focalizar os assuntos mais incríveis do mundo moderno. Muita gente boa vai estar com Muçum. Hoje, às 20h45, na TV Record, Canal 7".[13]

Essas aparições cada vez mais frequentes colocaram Mussum novamente no radar de Renato, que ainda lembrava bem de vê-lo participando do *Chico Anysio Show*, quando seu rosto negro e os olhos brancos, arregalados, chamaram sua atenção pela semelhança dos seus trejeitos com um personagem de desenho animado. Mal sabia ele da trajetória do tocador de reco-reco como coadjuvante de seriado na TV Globo e estrela do cinema mexicano. Melhor assim, pois soava como boa ideia transformar músicos e artistas de outras áreas em atores e, dessa forma, atrair uma audiência diferente à atração. A primeira formação dos Trapalhões, por exemplo, foi ao ar em 1966, pela TV Excelsior, tendo no elenco o cantor Wanderley Cardoso e o lutador de *telecatch* Ted Boy Marino ao lado dos humoristas Ivon Curi e Renato Aragão. Isso sem falar nos filmes de Roberto Carlos e nas seguidas tentativas de transformar Agnaldo Rayol, Jerry Adriani, Ronnie Von e outros em atores.

Outro ponto favorável à escolha de Mussum era a excelente relação pessoal do sambista com Dedé Santana. O trapalhão era fã de longa

---
13. *Folha de S.Paulo*, 07/04/1972.

data dos Originais e havia conhecido o grupo ainda nos anos 1960, quando produzia shows nos dancings paulistanos para dar uma força no seu esquálido orçamento mensal. A descoberta foi feita por intermédio de Jair Rodrigues, então atração da boate Azteca, onde Dedé fazia bico como diretor artístico. O jeito engraçado e espaçoso de Mussum conquistou Dedé logo de cara e, pouco tempo depois de serem apresentados, já se consideravam *cumpadis*. O mangueirense virou figura fácil nas festas promovidas na casa do humorista e tinha intimidade para ser o primeiro a chegar e o último a sair das reuniões – muitas vezes levando potes de plástico com feijoada e outros quitutes que sobravam nos convescotes. Dedé, só para provocar, gostava de chamar o amigo de negão. Sabia que sempre ia ouvir como resposta um palavrão cabeludo ou uma ofensa, na base da brincadeira, é claro. A partir daí começavam as trocas de ironias envolvendo as progenitoras de ambos:

— Negão, enquanto tu está tocando reco-reco aqui em São Paulo, tua mãe está lá no morro correndo atrás dos malandros, cobrando o programa com uma navalha na mão!

— Pior é a tua mãe, contorcionista, né? Famosa Dona Ondina! Alegria do dono do circo! É ela quem consegue o terreninho para o pessoal armar a barraca!

Em virtude de tanta intimidade, naturalmente coube a Dedé a missão de fazer o convite ao *cumpadi*. Apesar das experiências bem-sucedidas no *Bairro Feliz* e no *Chico Anysio Show*, Mussum relutava bastante em aceitar convites mais sérios para trabalhar na TV. Não seria fácil. Os Originais estavam no auge e sua vida já era atribulada o bastante com os compromissos da agenda de músico. Tanto que a casa no condomínio em São Bernardo do Campo tinha sido deixada para trás, trocada por outra residência na avenida Interlagos, na Zona Sul da capital. Não dava mais tempo para se deslocar de São Paulo para o ABC nas madrugadas entre um show e outro. A troca significou também a vinda de Dona Malvina para São Paulo. Não faltava espaço na nova residência e o sambista, como bom filho, decidiu dar mais conforto para a velha guerreira.

Dedé então resolveu ir logo cedo até a casa de Mussum para tratar de sua contratação. Era uma manhã chuvosa em São Paulo e, antes de bater à porta do amigo, Dedé acabou sujando suas botas com lama no caminho entre o carro e a porta. Como foi recebido por Dona Malvina, Dedé ficou constrangido de entrar na casa sem tirar os sapatos e também por chegar tão cedo à casa do colega. Eram cerca de sete e meia da manhã, não era de bom-tom incomodar alguém tão cedo. Causou estranheza também quando Dona Malvina disse que Carlinhos estava dormindo. Era no mínimo irônico chamar um cara daquele tamanho por qualquer diminutivo. Mas assim foi feito.

A casa, como era costume de Malvina, estava extremamente limpa e tinha uma mesa farta. Dedé foi recebido com um cafezinho passado na hora e conversava sobre amenidades com a mãe do amigo. Na noite anterior, assim como em praticamente todas as noites antecedentes, Mussum havia se apresentado com os Originais e chegado em casa depois das quatro horas da manhã. Foi preciso chamá-lo duas, três vezes, para acordá-lo até que ele surgisse aos berros, descendo do quarto no segundo andar do sobrado, vestindo um roupão e pisando firme e apressado. Demonstrando uma raiva que de antemão assustou tanto Dedé quanto Dona Malvina, saiu dizendo:

— Mãe, o que este safado está fazendo aqui? Ele vive falando mal da senhora! Fala que a senhora corre atrás dos crioulos no morro! Que eles trepam, saem sem pagar e a senhora sai correndo atrás deles com a navalha para cobrar!

A gritaria seguiu, com Mussum listando as várias brincadeiras obscenas ditas pelo amigo e inventando ainda outras tantas. Não restou a Dedé outra opção a não ser levantar-se da mesa e ir embora o mais rápido possível. Saiu tão rápido a ponto de se esquecer de colocar suas botas e encenar uma típica cena de pastelão, sujando-se todo ao caminhar apressado até o carro sobre as poças de barro, calçando apenas meias. Antes de abrir a porta do automóvel, Dedé ouviu uma estrondosa risada. Era apenas uma brincadeira de Mussum, que, enquanto recuperava o ar entre uma gargalhada e outra, falava:

— Entra logo aqui, seu safado!

Após o susto com a convincente atuação do sambista no trote, Dedé ouviu uma negativa resoluta ao convite que levara. Mussum dizia que era músico e que não havia gostado das outras experiências que tivera na televisão. Militar, mangueirense e pai de família não podia usar maquiagem, *cacildis*! O sambista até sugeriu que Dedé levasse a oferta a Bidi, colega dos Originais chegado a fazer piadas tanto quanto ele próprio. Dedé insistiu mais e disse que o amigo precisaria apenas decorar alguns textos curtos, que era muito mais fácil trabalhar em *Os Insociáveis* em algumas cenas do que fazer um papel em uma novela ou atuar no meio das feras da *Escolinha*.

Mussum ficou de pensar, mas não respondeu positivamente. Na manhã seguinte, Dedé voltou para pedir uma resposta. Mussum não estava. O humorista repetiu o convite por mais alguns dias, fez diversas ligações e nada. Mussum havia sumido do mapa. Era mais uma brincadeira do sambista que amadurecia a ideia de enfim levar a carreira a sério? Para tirar a dúvida, Dedé foi ao escritório dos Originais do Samba, na Galeria Cinerama, na avenida Ipiranga, próxima da famosa esquina com a avenida São João. Pegou Mussum ainda em dúvida. Insistiu um pouco mais. Prometeu falas curtas, horários flexíveis, bom salário, lembrou da facilidade em trabalhar na TV Record, onde Mussum já ia quase toda semana se apresentar com os Originais, pediu pelo amor de Deus... E conseguiu dobrar o amigo. Em junho de 1972, às 20h45, no Canal 7, *Os Insociáveis* apareceriam com seu novo integrante em um formato remodelado.

Para ocupar uma faixa de horário mais ampla, o programa havia sido reformulado. No lugar dos esquetes rápidos com Didi e Dedé, ocasionalmente acompanhadas por Roberto Guilherme e outros artistas do elenco da Record, o humorístico teria uma cara de *sitcom*. O palco do Teatro Record da rua Augusta foi transformado em uma vila de casas grudadas uma na outra, com a quitandinha do Joaquim no canto e uma faixa onde lia-se: "Vila Popular – financiamento em 150 anos, com correção mortuária". As histórias quase sempre aconteciam em torno do inquieto e malicioso Didi Mocó Sonrisal Colesterol Novalgina Mufumbo. Vestindo sempre seu terno largo, com uma gravata enorme e a etiqueta de preço pendurada como se tivesse acabado de comprar as peças de um brechó, o personagem vivia inventando formas de ganhar dinheiro sem trabalhar, atazanar os vizinhos e conquistar uma namorada. Sendo que a última tarefa, claro, nunca era concluída. Dedé e Beto Baiano (Roberto Guilherme), ambos com cabelo comprido e costeletas generosas, sofriam na mão do cearense. O bigodudo português da vendinha, decorada com o escudo da Portuguesa de Desportos, então, nem se fala. Dependendo do roteiro, a atração contava com convidados especiais, como o cantor Djalma Lúcio do sucesso "O que passou, passou", fazendo o tipo galã, e outros artistas da Record. A Mussum sobrava o papel de parceiro de traquinagens de Didi. Sempre vestindo seu chapeuzinho característico, o sambista, conforme prometido, tinha poucas falas e ficava inicialmente com a *punch line* das piadas, isto é, a parte mais engraçada do texto. Funcionava muito bem. O novo integrante compôs a fórmula responsável mais tarde por consagrar *Os Trapalhões*, com Dedé e Roberto interpretando homens de bem – e invariavelmente nervosos – servindo como escada para as brincadeiras.

Outra marca do humor trapalhão presente em *Os Insociáveis* era o improviso, com muitas referências engraçadas a elementos que não estavam no texto. Renato chamava com ironia o novo colega de Doutor Antônio Carlos em cena, duvidava da sexualidade de Dedé e desrespeitava as marcações do texto, fazendo piadas com as calças boca de sino e botinhas carrapeta dos parceiros. Mussum entrava solto na brincadeira, mandando recados para os amigos da Mangueira durante os episódios e misturando a ficção com a sua vida real. Ao faturar um broto disputado com Didi, no final de um episódio, Mussum pisca para a câmera e sai caminhando todo feliz, dizendo:

— Todo Martinho da Vila tem seu dia de Johnny Mathis.

Em outra cena, vestido de noiva, para ajudar em um golpe de Didi, Mussum acaba estranhando a intimidade dos abraços com que o colega começa a tratá-lo e protesta, arrancando o véu da fantasia:

— Sai pra lá! Nasci *corinthis*, vou morrer *corinthis*!

Assim, em pouco tempo, coisa de três ou quatro semanas, a química entre Didi, Dedé, Beto e Mussum mostrava-se perfeita. À vontade em cena com os colegas, o sambista ganhava mais falas e seu personagem aparecia com mais importância nas tramas. A carreira como ator ia tão bem que rendeu novos convites, o primeiro deles para participar de uma bem-humorada novela chamada *Meu Adorável Mendigo*. Na trama, ao lado de nomes como Ankito, Jussara Freire, Ewerton de Castro e Zilda Cardoso, Mussum interpretava o mordomo Benedito, sempre às voltas com o inconveniente mendigo, vivido por Borges de Barros, um dos mais populares comediantes da *Praça da Alegria*, graças ao seu papel de um morador de rua que se dizia amigo íntimo de celebridades e chefes de Estado.

O sucesso de Mussum e de *Os Insociáveis* com o público podia ser medido pelas risadas do auditório da Record e pelos bons números da atração no Ibope, mas a crítica especializada em cultura batia duro no humor direto e escrachado. Na *Folha de S.Paulo*,[14] o jornalista Caio Mario Britto comparava o programa de Renato Aragão com *Faça Humor, Não Faça Guerra*, de Jô Soares e Renato Corte Real, aproveitando o espaço para esculachar a falta de modernidade do humor brasileiro. Segundo sua coluna, "Nenhum programa de humor sofre modificação. Todos são meras cópias de outros ou deles mesmos". Para Britto, Dercy Gonçalves "poluía o horário nobre com rugas" e a *Praça da Alegria* era um "Vilarejo de Nostalgia". Para *Os Insociáveis*, guardou linhas mais carregadas. "O programa é impróprio para maiores de 5 anos (de mentalidade, claro, pois de resto, são proibidos até para pessoas de baixo gosto)." Havia até um conselho ao "tal de Muçum ou qualquer coisa parecida", dizendo que ele "não deveria jamais ter abandonado a cuíca (ou reco-reco?) da alazinha da Escola de Samba Esquecidos do Deus Me Livre".

Além da simplicidade nas histórias e nas piadas que incomodavam os críticos, o programa sofria com as reclamações dos setores mais tradicionais da sociedade por causa da eterna procura de Didi Mocó por mulheres e sua ojeriza pelo trabalho, características consideradas impróprias para os valores da "tradicional família brasileira". Resultado: a censura sugeriu alterar o horário de *Os Insociáveis*, passando a atração para a faixa das 21h30. Não adiantou nada. Didi e sua trupe continuaram a fazer seu humor irreverente inspirado nas chanchadas e a incomodar com piadas que faziam referências sexuais, brincadeiras grosseiras com peidos e arrotos, cenas de preconceito com nordestinos, negros e homossexuais. A cada episódio, uma saia justa.

---

14. *Folha de S.Paulo*, 17/07/1972.

Em fevereiro de 1973, por exemplo, o prefeito de Campinas, Lauro Péricles Gonçalves, enviou um ofício à Polícia Federal com "o mais veemente protesto e mui desconcertada indignação contra as contumazes e afrontosas ofensas dirigidas à cidade de Campinas pela TV Record, notadamente através de pseudoartistas, como os senhores Ronald Golias e Renato Aragão". A secular brincadeira de chamar os campineiros de homossexuais rendeu uma bela dor de cabeça para a emissora, que precisou pedir desculpas públicas para a "cidade alegre, cordial e receptiva a todos".[15]

Um mês depois, *Os Insociáveis* iam ao ar contando uma história em que Didi fazia Mussum se passar por um príncipe nigeriano em visita ao Brasil. O nobre africano era seguido por um séquito de escravizados negros, e as brincadeiras com "o povo bronzeado" acabaram incomodando ninguém menos que Mário Gibson Barbosa, o Ministro das Relações Exteriores. O político, por coincidência, havia voltado recentemente de uma viagem para estreitar os lanços de amizade entre o Brasil e os países africanos e reclamou do programa diretamente com a direção da Record. Por pouco, a emissora não teve que tirar a atração do ar para evitar multas ou punições.

A fama de programa de baixo nível estava consolidada de tal forma que, em dezembro daquele ano, a Record foi tirada do ar pela censura por dois dias, tendo seus transmissores desligados na marra pelo Departamento Nacional de Telecomunicações. Os diretores da emissora pensavam ser a punição uma represália em relação à exibição de *Os Insociáveis*. Na verdade, o Ministério das Comunicações suspendeu a programação da Record em virtude da exibição de uma entrevista com uma hippie drogada, detida em uma delegacia, material considerado "ofensivo à moral familiar e pública e aos bons costumes" pelo Ministro da Justiça, Alfredo Buzaid.[16]

Se na televisão Mussum vivia enfrentando polêmicas e interferências da ditadura, na carreira de sambista, por um capricho do destino, foi a vista grossa dos aparelhos de repressão cultural dos militares o maior motivo de alegrias para os Originais do Samba. Após estourar com "Do lado direito da rua Direita", tudo caminhava maravilhosamente bem

---

15. *Jornal do Brasil*, 03/02/1973.
16. *Jornal do Brasil*, 05/12/1973.

para o conjunto. A agenda de shows estava lotada com compromissos por todo o Brasil, os discos anteriores tinham boas vendagens no exterior, e o empresário Corumba colocava o cachê dos Originais no mesmo patamar de Jair Rodrigues, sua maior estrela. Poucos contratantes tinham bala para fazer um show com as duas atrações, e colocar a dobradinha em cima do mesmo palco começou a ficar caro demais. Os aprendizes valiam tanto quanto o mestre.

O disco de 1973, *É preciso cantar*, portanto, nascia pronto para o sucesso. Até a capa, bem trabalhada com uma ilustração do conjunto sobrepondo-se à famosa tela *Capoeira*, do alemão Johann Moritz Rugendas, dava ares de clássico ao vinil. A faixa título, composta por Adeilton Alves e Délcio Carvalho, é um pagode de primeira linha, sem nenhuma invencionice, com o laiá-laiá e o cavaquinho reinando absolutos. O lado mais criativo do conjunto ficaria reservado aos 3 minutos e 29 segundos de "Os sucessos de Erasmo e Roberto Carlos", um surpreendente pot-pourri transformando em batucada os refrões dos sucessos "Debaixo dos caracóis dos seus cabelos", "Quando (você se separou de mim)", "Amada amante", "Quando as crianças saírem de férias" e "Jesus Cristo". O número surgiu nos corredores da Record, quando o diretor Nilton Travesso bolou uma maneira diferente de apresentar os Originais, figuras frequentes na emissora, no programa *Sambão*, da divina madrinha Elizeth Cardoso. O LP ainda trazia letras compostas pelos colaboradores usuais: Eduardo Gudin e Paulo César Pinheiro com "Ilusão maior", Luís Carlos com "Você esqueceu" e "Mulher", Bidi com "Casca do coco", e, claro, Jorge Ben com o excelente recado "Falador passa mal, rapaz", do estribilho "Quem mandou você mentir?/ Você vai se machucar!/ Novamente aqui estou/ Você vai ter de me aturar/ Falador passa mal, rapaz!/ Falador passa mal!".

O que pouca gente esperava era a escolha de "Saudosa maloca", de Adoniran Barbosa, no repertório. Embora hoje pareça óbvia a associação do debochado poeta paulista aos trejeitos verbais de Mussum, foi a homenagem do carioca que ajudou a popularizar a versão original da música, e não o contrário. Adoniran gravou "Saudosa maloca" num compacto de 78 rotações junto de "Samba do Arnesto" em 1955, mas as pérolas não fizeram lá muito sucesso na ocasião. Apenas uma década depois o valor da obra seria redescoberto pela nova geração de sambistas, e as canções voltariam a aparecer na mídia. Em 1965, o autor foi convidado a participar do programa *O Fino da Bossa*, na TV Record de São Paulo, com Jair Rodrigues e Elis Regina, e assim saiu de um anonimato forçado. A partir daí, sua carreira foi retomada aos poucos e, em 1974, seria lançado o primeiro álbum completo do artista. *Adoniran* deveria chegar às lojas mais cedo, mas, impedido pela censura, foi ultrapassado pelo disco dos Originais.

O atraso ocorreu por causa da enorme falta de noção da censora Eugênia Costa Rodrigues, responsável por vetar cinco das doze músicas do tardio álbum de estreia, usando como justificativa a "falta de gosto" na pronúncia de palavras como "tauba", "revorve" e "artomóve". Detalhe: nenhuma das cinco canções censuradas era inédita. Por sorte ou por descuido da ditadura, a gravação de "Saudosa maloca" dos Originais, por sua vez, não teve maiores problemas para ser aprovada pela censura. Uma hipótese é a de que a fama de Mussum, falando errado toda semana na TV, tenha ajudado a perceber a enorme obviedade das letras de Adoniran: os erros eram propositais e faziam parte da história tanto quanto os personagens e os locais cantados.

Trapalhadas dos censores à parte, a gravação dos Originais virou um baita sucesso e fez jus ao genial senso de humor do verdadeiro criador, também elogiadíssimo quando finalmente conseguiu transpor a imbecilidade e, enfim, estrear. A letra e o estilo clássico do samba paulista encaixaram-se perfeitamente à cuíca de Bidi e ao coro afinado dos cariocas. Para completar, a reinterpretação ainda contava com uma engraçada introdução feita por Mussum e Lelei:

— Vamos ter que sair mesmo. É o *pogresso*!, é o *pogresso*! O metrô vai passar embaixo. O pão cai e cai com a manteiga virada para baixo! — dizia Mussum.

— ... E na terra! — respondia Lelei, fazendo sua voz de vendedor de coquito.

Com a mistura certa de humor e boa música, *É preciso cantar* chegou às lojas em setembro e logo se instalou nas primeiras posições das listas de discos mais vendidos em São Paulo e no Rio de Janeiro. Chegou ao quinto lugar no ranking mensal de dezembro, superando os LPs de artistas consagrados pelo público como *Rainha da Lapa*, de Nelson Gonçalves, *Índia*, de Gal Costa, *Infinito*, de Márcio Greick, e *Meu pai Oxalá*, de Toquinho e Vinicius de Moraes. Nas rádios, o sambão dos Originais só perdia mesmo para as imbatíveis trilhas sonoras (nacionais e internacionais) das novelas *Carinhoso* e *Cavalo de Aço*, e para o fenômeno romântico Odair José.

De tão acertada, a fórmula de regravar Adoniran seria repetida mais duas vezes. Os Originais do Samba gravariam de maneira primorosa "Samba do Arnesto", em 1974, e "As mariposa", em 1975. As canções dos anos 1950 pareciam ter sido feitas sob encomenda para a interpretação cômica de Mussum e Lelei. Tanto que esta última, inspirada nos rodopios aéreos dos insetos nos postes da Light, no antigo centro de São Paulo, faz o ouvinte obrigatoriamente imaginar o humorista vestido de mulher, com os lábios enormes pintados de vermelho, enquanto trava o seguinte diálogo:

— Boa noite, *lâmpida*.

— Boa noite, *mariposis*.

— Permita-me oscular a sua face?

— Pois *nãozis*, mas *rapidis*, porque daqui a *pouquis*, eles me *apaguis*!

O talento para o samba e o domínio da arte de falar especialmente errado não eram os únicos pontos em que Mussum e Adoniran se cruzavam. Uma das primeiras composições do autor a ser gravada com sucesso chamava-se "Malvina", fato bastante explorado nas sacanas homenagens feitas por Renato Aragão à mãe do colega – que às vezes até iam para o ar. Raramente o cearense chegava ao final do verso sem tomar um tapão na cabeça, mas a música era assim: "Malvina, você não vai me abandonar/ Não pode, sem você como é que eu vou ficar". Mussum comentava a brincadeira dizendo que sua mãe detestava Adoniran. Como ele tinha conseguido fazer música com um nome tão difícil de rimar?

Capítulo 11
Sucesso de sete lagoas ao fundo do marzis (1974)

"Teimoso e estabelecidis, eu estou tranquilis."

Os problemas com a censura, nem de longe exclusividade de *Os Insociáveis*, tinham efeito nulo sobre a popularidade da atração. Exibido pela rede de emissoras independentes, e assim chegando a São Paulo, Rio de Janeiro, Brasília e outras capitais com emissoras parceiras da TV Record, o humorístico rendia boas audiências em diversos horários, notadamente nas noites de sábado. Nem o sotaque paulistano das piadas, fazendo referência aos jogos no Pacaembu e às ruas do centro da cidade, como a Brigadeiro Luís Antônio, que Didi chamava de Luizandeiro Brigantônio, atrapalhava a identificação dos brasileiros de norte a sul com os comediantes. Isso chamou a atenção da concorrência e, em especial, da rival Tupi, que enxergava ali uma excelente oportunidade de consolidar a audiência da recém-criada rede Tupi. Produzindo o pastelão de Didi, Dedé e Mussum, a emissora poderia preencher a grade de programação de várias afiliadas com sucesso garantido e baixo investimento. Decidiu-se, então, enviar uma boa proposta para seduzir Renato Aragão e sua trupe.

O convite ofereceria vantagens financeiras em relação ao acordo do humorista com a Record e a oportunidade de estar na emissora líder de audiência no Brasil. Prometia também uma boa verba para aumentar o elenco, criar cenários e figurinos diferentes para cada tipo de esquete, a liberdade para bolar formatos mais dinâmicos para o programa e o espaço para atrações musicais. Um negócio fácil de aceitar, mas, antes do sim, Renato impôs uma condição imutável. Só mudaria para a Tupi se pudesse usar novamente o nome com o qual ele e Dedé jamais deixaram de ser chamados pelo público brasileiro: Os Trapalhões.

Nada mais natural, afinal, desde então o apelido vindo do antigo programa *Os Adoráveis Trapalhões*, de 1966, era usado para rotular qualquer coisa feita pela dupla. O comando da Tupi, com a liderança do diretor de programação Mário Wilson, topou a exigência e concedeu ao humorista poderes amplos para ir muito além do formato de seriado de *Os Insociáveis*. Para começar, o trapalhão cearense foi em busca de nomes para reforçar o elenco. Sylvia Massari, multitalentosa e namorada de Wilson, foi a primeira contratação. Loira e com expressivos olhos azuis, a atriz contava com uma inegável veia para o humor e ainda sabia cantar e interpretar – como continuaria a mostrar com o sucesso da personagem Maria Santa e sua desbocada bonequinha Santinha, nos anos 1990, em *A Praça é Nossa*. A "trapalhona" encaixava-se com perfeição nas ideias para os novos quadros, com participações especiais de músicos famosos da época e o acompanhamento das belas dançarinas da companhia de balé de Aládia Centenaro. Ao contrário de *Os Insociáveis*, mais paradão e em preto e branco, *Os Trapalhões* nascia para aproveitar as transmissões em cores com muito som e movimento. Daí veio a ideia para a adição de Ted Boy Marino. O lutador, já com carreira como adorável trapalhão e todos os seus socos, chutes e saltos, seria a segunda novidade do novo programa.

Mais uma aposta para o novo show seriam as sátiras das atrações da Divisão de novelas da Rede Tupi. As paródias serviriam como uma boa oportunidade, tanto para o humorístico quanto para os folhetins do Canal 4, que sofriam para superar as já bem-sucedidas telenovelas da Globo. Renato Aragão, portanto, definiu como requisito essencial para a seleção do novo trapalhão a experiência como ator. Mesmo que involuntariamente, a vaga de palhaço instintivo já era ocupada por Mussum. Apesar de todo o seu carisma, o sambista seguia com dificuldades em decorar textos mais longos e, com seu jeito naturalmente engraçado, não conseguia incorporar tipos muito diferentes. Quando tentava, nem ele nem os companheiros conseguiam ficar sérios em cena.

A busca era por um integrante capaz de encarnar personagens diversos, decorar diálogos mais elaborados e atuar tanto como palhaço quanto como escada. Tudo isso, é claro, seria ainda melhor se o contratado não fosse uma figurinha manjada de outras atrações. Mais uma vez, Renato pôs a "cabecinha de bater bife" para funcionar e chegou ao nome de um ex-colega da TV Excelsior, o mineiro Mauro Faccio Gonçalves. Quando Didi e Dedé estrearam no canal carioca, em 1964, haviam participado de quadros com o ator baixinho e careca de Sete Lagos, capaz de mudar completamente de voz e de comportamento quando interpretava um garçom chamado Moranguinho. A facilidade em fazer um tipo oposto à sua personalidade na vida real, excessivamente austera e discreta, chamava a atenção. Moranguinho era quase como um personagem de desenho animado; com sua voz esganiçada e uma peruca teimosa, sempre estava a revirar os olhos e a fazer gestos tresloucados. Já Mauro falava pausadamente com um tom de voz grave e aparentava ter mais do que os seus quarenta anos. A transformação era resultado de uma carreira de quase vinte anos em rádios e teatros mineiros e, mais tarde, em humorísticos como *A Praça da Alegria*, da TV Record, e *Café sem Conserto*, da própria Tupi.

O convite para integrar *Os Trapalhões* veio em excelente momento, uma vez que, apesar de todo o talento, o ator ainda precisava se virar com papéis esporádicos e vivia meio apertado em São Paulo. O único problema seria adaptar a personalidade tímida de Mauro ao formato de *Os Trapalhões*, no qual os humoristas fariam quadros de cara limpa, vestindo roupas comuns e, muitas vezes, usando seus próprios nomes para apresentar atrações e interagir com o público. Era preciso criar uma nova persona, meio Mauro, meio Moranguinho, vestida com roupas comuns, mas mantendo a peruca, os dentes pretos e o jeitinho característico. Mauro sugeriu os nomes Pafúncio e Gerôncio, mas, para batizar a criatura, Renato Aragão preferiu pegar emprestado o nome do galo Zacarias, um dos personagens aleatórios usados para descrever as histórias da vida de Didi Mocó, como a namorada Jurema, o cão Lupércio, o bode Gumercindo, a cobra Catarina, a égua Jurubeba...

Para comandar o reforçado elenco, a Tupi escalou o veterano Tito de Maglio, um dos pioneiros das transmissões de televisão na Argentina, com passagens por cursos de dramaturgia nos Estados Unidos e pela criação e direção de programas na Excelsior. Ao lado de Renato, Maglio bolou um programa dinâmico, com quadros variados amarrados por esquetes e musicais. Estavam em 1973, mas o velho formato do teatro de revista continuava funcionando muito bem, servindo como base para a nova atração das noites de sábado da TV Tupi.

Os Trapalhões assumiu a faixa das 21 horas, antes ocupada pelo sisudo programa de Haroldo de Andrade, apresentador de rádio transportado para a TV sem alcançar os mesmos resultados. O horário, parecido com o ocupado no canal anterior, garantiria a audiência dos fãs acostumados com Didi, Dedé e Mussum. E eles, de fato, seriam convertidos logo de cara, mas a Tupi tinha um alcance e uma grade de programação ainda mais fortes que os da Record. Mais do que vencer a disputa por pontos do Ibope, *Os Trapalhões* virou um fenômeno popular.

Faziam muito sucesso, além das tradicionais palhaçadas com tortas, quebra-paus e piadas maliciosas, as paródias de novelas. *A Barba Azul*, protagonizada por Eva Wilma e Carlos Zara, *Meu Rico Português*, com Jonas Melo e Dina Lisboa, *O Sheik de Ipanema*, de Luís Gustavo, *Ídolo de Pano*, com Denis Carvalho e Tony Ramos, e vários outros folhetins da Tupi eram escrachados com perfeição pelos Trapalhões. Os destaques eram Mussum e Zacarias vestindo-se com perucas, saias e decotes para imitar as mocinhas, e as participações especiais dos atores originais das tramas. A presença na Tupi também colaborou para reforçar a identificação de *Os Trapalhões* com o público infantojuvenil. Renato Aragão fazia sucesso com essa faixa etária nos cinemas e aproveitou-se disso para organizar o programa, priorizando os quadros com maior apelo visual, como os saltos e brigas do quartel dos legionários, exibindo-os no começo da atração e deixando as piadas mais sacanas e sutis para o final.

O povo abraçou *Os Trapalhões* facilmente. A recepção da crítica, por sua vez, veio com as usuais reclamações. O jornalista J. N. Pinto, do diário *O Estado de S. Paulo*, comparou-os a herdeiros bastardos da era do rádio e de todos os seus defeitos, com uma ressalva avassaladora:

"Não se pode culpar o rádio pela miséria criativa dos textos, pelo amadorismo ridículo das interpretações ou muito menos pela crise coletiva de falta de originalidade da equipe de produção desse show cada dia pior". E a demolição continuou assim: "O humor [dos Trapalhões] é encarado da forma mais superficial, grotesca e popularesca. Os apelos e os temas provocam o riso mais pelo ridículo do que pelo hilariante e são tão rudes e vulgares que chegam mesmo a enojar e enjoar o telespectador".[17] Na *Folha de S.Paulo*, a coluna "Videonário", de Helena Silveira, continuava o espancamento. Escreveu ela: "Ruim, de não se conseguir assistir, 'Os Trapalhões' em sua parte humorística. Infelizmente a parte musical, muito pequena, não consegue contrabalancear tanta baboseira, e como sábado é dia sem bons programas, a opção é escurecer o vídeo e partir para uma boa leitura".[18]

Elogios nos jornais, só mesmo quando o programa completou um ano no ar pela nova emissora e a Tupi comprou espaço nos jornais e nas revistas especializadas para comemorar a data e anunciar uma edição especial da atração, com as presenças de Airton e Lolita Rodrigues, entre outras estrelas da casa. Naquele momento, a atração já era considerada o carro-chefe do canal no Ibope, superando não apenas o humorístico *Balança Mas Não Cai* como também as caóticas variedades do *Buzina do Chacrinha* e outros programas populares, como os sorteios do *Show da Girafa* e as variedades do *Estúdio A*. Até as reprises de *Os Trapalhões*, às 14h30 de domingo, rendiam bons índices Brasil afora.

Tanto cartaz deixou a Record melindrada. Por um pouco de pirraça e uma boa dose de oportunismo, a ex-emissora de Didi, Dedé e Mussum começou a reexibir os episódios de *Os Insociáveis* no mesmo dia e no mesmo horário de *Os Trapalhões*. A manobra revoltou Renato Aragão e o motivou a escrever uma carta aberta para demonstrar seu descontentamento com a antiga empregadora. "O que vou dizer deve servir de alerta aos meus companheiros para que nunca assinem contrato com a cláusula em que a emissora se reserva o direito de, em qualquer época, exibir os tapes gravados. Do contrário, vai acontecer o

---

17. *O Estado de S. Paulo*, 06/10/1974.
18. *Folha de S.Paulo*, 20/08/1974.

que está acontecendo comigo. 'Os Trapalhões' é levado ao ar todos os sábados. No mesmo dia e no mesmo horário a Record exibe a reprise dos Insociáveis, roubando dessa forma (porque divide) os meus pontinhos no Ibope. Eu sempre agi de maneira leal com a Record e isso não está certo. Mesmo porque é falta de ética profissional da Record para com a Tupi."[19]

Para Mussum, a briga entre o canal da rua da Consolação e o da Sumaré era motivo de risada. Quanto mais aparecesse na TV, melhor seria a divulgação dos Originais do Samba. As coisas estavam indo bem, mas podiam sempre melhorar. Bem estabelecido como humorista, a vida de sambista estava na sua melhor fase até então. Os tempos de dureza em São Paulo eram apenas lembranças ruins. No lugar de cortiços e turnês a bordo da Veraneio dos Originais, morava em uma espaçosa casa nas imediações da avenida Interlagos, pertinho dos seus sobrinhos, e dirigia um Ford Maverick preto que, como dizia Mussum, "bebia mais que ele". Junto com a casa nova, bonança para a família e para os negócios. Morando em um local mais espaçoso, veio a decisão de convidar Dona Malvina e seu filho Augusto Cezar, do Rio de Janeiro, para morarem em definitivo junto de Neila em São Paulo, e, seguindo os conselhos do empresário Corumba, diversificou seus investimentos para aplicar em algo sólido: uma empreiteira.

A ideia do sambista-humorista era tornar-se um sambista-humorista-empreendedor ao entrar na sociedade de uma empresa chamada Construtora Ébano, mas a fase de engenheiro durou menos de um ano. Após muitos cruzeiros perdidos, o negócio foi deixado de lado. Embora *Os Trapalhões* desse grande visibilidade para Mussum, sua vida de músico era o seu principal foco e isso significa dizer que a agenda de shows e gravações nunca estivera tão lotada. Era impossível acompanhar o dia a dia dos negócios da Ébano. Até ver sua esposa, Neila, era um luxo. Geralmente Mussum chegava em casa de madrugada após uma apresentação e, poucas horas de sono depois, saía de novo para viajar para a cidade que receberia o próximo show dos Originais. A correria exigia até uma logística especial. Quando chegava em casa com uma mala cheia de roupas usadas, outra já estava à sua espera, pronta para

---

19. *Revista Super Melodias*, março de 1973.

mais uma viagem na eterna turnê dos Originais pelo Brasil. Essa rotina intensa, ainda mais acelerada pelas aparições na televisão, ajudava o conjunto. As piadas de Mussum, antes consideradas uma surpresa para quem ia assistir a um show de samba, começavam a ser aguardadas como um prato principal no jantar. Ele não podia nem pensar em faltar, era a estrela do grupo e boa parte do público estava ali para vê-lo.

Por isso, se em 1974 tivesse precisado escolher entre a vida de humorista popular da TV e a função de líder dos Originais do Samba, Mussum escolheria a segunda opção sem parar para pensar. E ninguém poderia criticar a escolha. O conjunto estava consolidado como grande nome da música brasileira, com seu próprio repertório de sucessos, e a característica combinação de música, dança e cores. Finalmente os televisores capazes de exibir imagens coloridas deixavam de ser raridade, e ver os chamativos smokings coloridos de Mussum, Lelei, Bigode, Bidi, Chiquinho e Rubão "em *côres*", como se escrevia na época, era uma experiência quase hipnótica. Nessa fase, a inspiração do visual era muito mais baseada em conjuntos de soul music, como The Dramatics, The Trammps e Earth Wind and Fire, do que nos passistas de escola de samba. Muito mais Motown do que Salgueiro. Muito mais Discoteca do Chacrinha do que Festival da Record.

Os sambistas, para melhorar a história, ainda contavam com aquela sorte rara que faz os momentos bons chamarem mais momentos bons em um ciclo vitorioso. Naquele ano, a RCA havia lançado com êxito *Samba dos bons*, um álbum contendo dez faixas, cinco de Martinho da Vila e cinco dos Originais do Samba. Nenhuma era inédita, mas mesmo assim era sinal de prestígio ter seu nome ao lado de Martinho, a maior estrela do selo, tanto pelas vendagens quanto pelo cartaz com o público e a crítica. Um teste – bem-sucedido – para medir o moral elevado e a expectativa do público para o novo disco de Mussum e companhia a ser chamado de *Pra que tristeza*, assim mesmo, sem interrogação no final.

Inicialmente criticado pela falta de experiência, o produtor Wilson Miranda chegava ao sétimo disco do conjunto tendo decorado a fórmula exata para extrair o melhor dos Originais, unindo faixas de forte apelo comercial a canções com raízes folclóricas, compositores consagrados a desconhecidos com potencial, percussão tradicional de partido-alto a instrumentos improváveis em um pagode. O LP repetia a dose de Adoniran, dessa vez com "Samba do Arnesto", trazia mais uma composição do novato Wando, "Não sei de nada", e apostava em Luís Carlos, o compositor dos maiores hits dos Originais até então, com "Buchicho". Também mereciam destaque "Mulata faceira", de Martinho da Vila, e "Complicação", primeira música da discografia dos Originais em que Mussum, ainda que ao lado de Bidi e Luís Carlos, assinaria uma composição. Até então, o tocador de reco-reco era ironizado pelos outros integrantes do grupo, que brincavam dizendo que os únicos versos escritos por Carlinhos eram os laiá-laiás das músicas. Sacanagem ou não, "Complicação", uma música sobre as dificuldades de manter um romance, tem laiá-laiá no começo, no meio e no fim. A pouca repercussão da composição de Mussum, porém, nada teve a ver com sua dificuldade ou desinteresse em escrever letras.

Todos os compositores presentes no álbum *Pra que tristeza*, para não falar de todos os outros compositores de todos os outros discos dos Originais, seriam eclipsados por Ibrain e Zeré. A desconhecida dupla foi responsável, simplesmente, por compor a música de maior sucesso da história do conjunto: "Tragédia no fundo do mar (assassinato do camarão)". Perfeita para a fase mais bem-humorada do grupo, sua letra descreve as investigações para descobrir o autor do misterioso assassinato do crustáceo. Toda a fauna marinha é posta sob suspeita na fábula, até a entrada do guaiamum, uma espécie de caranguejo, trazer a solução definitiva para o caso:

— Vou dar um pau nas piranhas lá fora. Vocês vão ver, elas vão ter que entregar!

Difícil saber onde os dois malandros de Parada de Lucas, no subúrbio carioca, aprenderam tanto sobre a vida marinha, mas o caminho entre o infame trocadilho e o sucesso definitivo dos Originais começou com uma espécie de pescaria. Bidi era o responsável pela escolha do repertório do grupo e, em busca de ideias frescas, percorria os morros e subúrbios ouvindo composições de sambistas das mais diversas cepas. Nada de novo até aí. Cartola, no começo de sua carreira, vendia suas composições em troca de doses de pinga nos botequins. Bezerra da Silva, décadas depois, garimparia todos os seus maiores sucessos dando oportunidades a eletricistas, mecânicos e outros trabalhadores e suas composições feitas de improviso, em torno das vendinhas e botecos. Experiente nesse garimpo e bom compositor, Bidi tinha até uma piada pronta para descontrair as audições. Sentava-se ao lado do aspirante a letrista, pedia uma dose de conhaque e mandava que ele começasse a mostrar suas músicas. O compositor mostrava uma música e ele ficava quieto, continuava a beber e a conversar com o pessoal da mesa como se nada estivesse acontecendo. O compositor cantava outra, o sambista pedia outro conhaque. E assim a coisa prosseguia, com várias músicas tocadas até que o repertório do novato fosse esgotado. Quando a demonstração enfim era encerrada por falta de repertório ou por um súbito momento de semancol, Bidi olhava e dizia em tom irônico:

— Tu queres que a gente grave o disco inteiro com as tuas músicas, filhinho?

Com a composição de Ibrain e Zeré, a história seguiu um roteiro parecido. Com a diferença de que "O Assassinato do camarão" já era um hit antes mesmo de ser gravado. A música era um samba de quadra, cantado durante ensaios e rodas de samba do bairro e, quase como uma música folclórica, ia passando de boca em boca sempre agradando e sendo aperfeiçoada. Coube a Bidi procurar os autores da canção e propor a compra dos direitos de gravação, o que foi feito sem maiores complicações. Mas a história não terminaria aí. Ao ser mostrada aos outros integrantes dos Originais, a nova aquisição não agradou logo de cara. Assim como acontecera com "Do lado direito da rua Direita", os sambistas acharam a letra rasteira demais. Mussum, mostrando novamente um severo astigmatismo para o sucesso, foi veementemente contra a inclusão de "O Assassinato do Camarão" no repertório. Ele previa uma chuva de críticas negativas da imprensa e defendia que a palhaçada da composição passava do ponto, manchando a tradição do grupo de gravar canções de grandes nomes do samba. E essa resistência colocou a composição no banco de reservas do repertório do conjunto por mais de dois anos.

Quando Mussum finalmente foi convencido de que a música tinha potencial, surgiu um problema até então inédito ao conjunto: o departamento de censura considerou o título da música ofensivo e não aceitou o uso da expressão de duplo sentido no refrão. A caneta dos censores não atacava apenas recados contra a ditadura. Falar em "dar um pau nas piranhas lá fora" era inaceitável, uma afronta à família brasileira. Existe a teoria de que o veto teria sido motivado pela associação da frase com uma denúncia à tortura, mas é muito maior a chance de a patrulha moral, fortíssima na época, ter ficado escandalizada com a simples menção da palavra piranha. De um jeito ou de outro, o samba sobre quem assassinou o camarão teve que esperar mais dois anos para ser prensado. A música só passaria pela censura, e sem mudanças, em 1974, quando seu título foi trocado para "Tragédia no fundo do mar". Daí para a frente, foi só alegria. Talvez a maior alegria da carreira dos Originais.

O sucesso da música colocou *Pra que tristeza* no topo das paradas de sucesso, fazendo com que a morte do camarão fosse a sensação do ano de 1975, perdendo as primeiras posições do ranking anual de *long playings* mais vendidos apenas para as trilhas sonoras internacionais das novelas *O Espigão* e *Fogo sobre Terra*, para o clássico *A tábua de esmeralda*, de Jorge Ben, e para Roberto Carlos, claro. Ainda assim, ao longo de vários meses, o disco dos Originais dominou as paradas de sucesso, superando artistas de altíssimo nível, como Tim Maia, Odair José, Secos & Molhados e até os discos especiais *Elis e Tom*, de Elis Regina e Tom Jobim, e *Temporada de verão*, com Caetano Veloso, Gilberto Gil e Gal Costa.

Se estava errado em relação a segurar a gravação da canção, Mussum, ao menos, acertou como seria a reação da imprensa. Defensores do samba mais tradicional atacaram os Originais por abandonarem as raízes do ritmo em troca de piadas popularescas. Até nos elogios, vinham reclamações, como fez Nelson Motta em sua coluna: "Os Originais do Samba – cada vez mais ricos – beliscaram mais um disco de ouro por milhares e milhares de cópias vendidas do LP 'Pra que Tristeza' e do chocho e desengraçado 'Tragédia no Fundo do Mar'. Como diz Cartola, acontece…".[20]

---

20. *O Globo*, 02/07/1975.

Não era novidade levar espetadas da imprensa, mas, naquele momento, as críticas poderiam ser digeridas com muito conforto, durante os notáveis churrascos e feijoadas promovidos pelos Originais no seu próprio sítio. Seguindo o mantra do empresário Corumba, sempre aconselhando seus contratados a diversificar o investimento do dinheiro conquistado na carreira, o grupo juntou forças e comprou uma propriedade na região de Parelheiros, afastado bairro da Zona Sul de São Paulo, que, na época, era praticamente uma área rural. Por causa do cenário repleto de montanhas e árvores altas, o sítio logo ganhou o apelido de Suíça Negra.

A chácara tinha churrasqueira, piscina e pequenos chalés para abrigar os músicos e seus familiares. Também havia um campinho de futebol para disputar peladas entre os amigos e até desafiar outros músicos. O *mé*, é claro, rolava solto. Como não havia mercados por perto, o sítio era abastecido com quantidades enormes de cerveja, cachaça, açúcar e limão. Mussum exercia ali seu talento para fazer litros e mais litros de batida. A bebedeira era liberada, mas a bagunça parava aí. Certa feita, quando o conjunto Novos Baianos foi até Parelheiros para disputar uma pelada, Mussum ficou enlouquecido ao perceber que o ônibus do time rival trazia maconha suficiente para abastecer uma vila de rastafáris. Fez os músicos darem meia-volta.

Outro exemplo de investimento dos Originais foi a compra de uma camisaria por Bigode. Além de tocar pandeiro no conjunto, ele era responsável pelo figurino dos músicos e estava sempre para cima e para baixo nas ruas do Centro de São Paulo com tecidos importados comprados em Manaus, calçados customizados feitos nas sapatarias La Pisanina e Spinelli, gravatas de seda Hèrmes cortadas sob encomenda na alfaiataria Horant e encomendas de roupas vindas de avião do Rio de Janeiro. Certa vez, quando procurava alguém para cortar um conjunto de ternos e gravatas para uma nova turnê, foi recomendado para ir a uma camisaria de um amigo do amigo de um amigo. Ao entrar na loja, achou tudo muito velho, e na hora teve a ideia de ser sócio do estabelecimento. No mesmo dia, combinou que faria uma bela reforma e, a partir daí, começou a usar o espaço como a alfaiataria oficial do conjunto.

As únicas peças feitas fora dali seriam os sapatos de Mussum. Como era difícil achar calçados de número 44, era preciso encomendar pares sob medida nas sapatarias da cidade de Franca, no interior de São Paulo.

Ainda nessa época de vacas gordas, Mussum mudou mais uma vez, de carro e de casa. Primeiro, saiu de São Bernardo, pois era longe; agora, trocaria o bairro de Interlagos por uma casa na arborizada alameda Uapixana, tão próxima do Aeroporto de Congonhas que era difícil usar o telefone ou assistir à televisão por causa do barulho dos pousos e decolagens. Ali, Malvina teria uma edícula só para ela e viveria quietinha no seu canto. Foi nesse endereço que Mussum adquiriu o hábito de fumar cachimbos, com fumos importados, para relaxar. Também ficariam mais *tranquilis* as viagens para os shows no interior, feitas a bordo de um novíssimo Ford Galaxie, com direito a direção hidráulica e bancos de couro. Para completar o momento de alegria, entrou em acordo com a ex-mulher e trouxe Augusto Cezar para morar em São Paulo. Apresentou a casa ao filho dizendo:

— Ganhei tudo isso aqui com o samba!

Capítulo 12

Fly me to the Moon (1976)

"Não quero saber se Maomé vai à montanhis ou se a montanhis vai até Maomé. Eu quero mé!"

Enquanto as trapalhadas de Didi, Dedé, Mussum e Zacarias arrancavam risadas do público, aconteciam mudanças de dimensão tectônica na TV brasileira. A endividada Excelsior fecharia suas portas, a Record vivia um esvaziamento após o auge dos festivais, e a Tupi fazia de tudo para segurar o crescimento acelerado da Rede Globo. No meio disso tudo, Silvio Santos ganhava popularidade, dinheiro e habilidade política para transformar em realidade o sonho de ter sua própria emissora. O que os palhaços tinham a ver com isso? Muita coisa. Embora Renato Aragão encarasse a televisão como um trampolim para fazer cinema, o fenômeno *Os Trapalhões* ganhava cada vez mais força. Sucesso absoluto aos sábados, a Tupi até aumentou o investimento no programa e reforçou ainda mais o elenco da atração, contratando o humorista José Vasconcelos, criador do inesquecível gaguinho Sá Silva, e o cantor Wanderley Cardoso, mais um remanescente dos tempos de *Os Adoráveis Trapalhões*.

A intenção não era apenas consolidar a liderança aos sábados. Os palhaços de cara limpa estavam sendo fortalecidos para entrar na briga pela audiência do domingo, desde sempre o dia mais disputado da televisão brasileira. A aposta era arriscada, mas a Tupi contaria com um trunfo enorme. De olho nas negociações para montar a TVS, em 1976, Silvio Santos deixava a Globo e procurava um canal para exibir o seu programa dominical, que ia do meio-dia até as oito da noite. As ambições de empresário superavam as necessidades da carreira de apresentador. Enquanto ficasse na emissora de Roberto Marinho, seria proibido por contrato de negociar concessões e fazer acordos com outros canais para transmitir seus shows. Na Tupi, por outro lado, Silvio teria liberdade total de criação e participação nas decisões estratégicas da empresa, como exibir as mesmas atrações na Rede Tupi e onde mais quisesse. Foi assim que os Trapalhões viraram colegas de trabalho do homem do baú, fazendo uma das dobradinhas mais populares da história.

A chegada do apresentador preferido do Brasil, porém, não garantiria vida fácil para a Tupi. A Globo, principal rival, conseguia com frequência ficar à frente nas medições do Ibope domingueiras com atrações populares, como o seriado *O Planeta dos Macacos*, o jornalístico *Esporte Espetacular*, o musical *Globo de Ouro*, o programa de auditório *Moacyr TV*, de Moacyr Franco, e a revista de variedades *Fantástico*. Maior investimento da emissora até então, o programa somava as forças de todos os caciques do canal. Participavam da feitura do "Show da Vida" a Central Globo de Produção, de Mauro Borja Lopes, o Borjalo, a Central Globo de Jornalismo, de Armando Nogueira, e a Central Globo de Comunicação, de João Carlos Magaldi. Eram simplesmente três dos nomes mais importantes da história da televisão brasileira, auxiliados por editores convidados do naipe de Daniel Filho, Augusto César Vanucci, Manoel Carlos, Nilton Travesso, Maurício Sherman, Ronaldo Bôscoli, Miele, Guto Graça Melo e outras figuras legendárias.

Pior para *Os Trapalhões*, que estrearia nos domingos exatamente para bater de frente com o *Fantástico*, após o fim do *Programa Silvio Santos*, às 20h. Mais que um grande desafio, o embate significava colocar em rota de colisão a crença da Globo em seu "padrão de qualidade" contra duas atrações de inegável vocação popularesca. Durante seu show, Silvio Santos colocava médiuns para entortar colheres, sorteava panelas para os clientes do Baú da Felicidade, entrevistava crianças fofinhas e fazia gincanas com o pessoal das caravanas vindas das mais humildes periferias. Enquanto a Globo mostrava os artistas mais badalados da MPB no *Globo de Ouro*, a Tupi exibia o *Show de Calouros* com pobres-

-diabos desafinando e sendo aloprados pelos jurados. Na faixa seguinte, o mesmo acontecia. O *Fantástico* entrevistava personalidades internacionais, exibia reportagens investigativas e estreava videoclipes caríssimos e exclusivos, enquanto no canal rival Didi atirava tortas na cara de Dedé e Mussum, que, usando batom vermelho, colar de pérolas e peruca loira, imitava os personagens mais populares das novelas da Tupi.

Em vez de encolher, *Os Trapalhões* cresceram. A popularidade da atração incentivou Renato Aragão a gravar discos com piadas e até a lançar uma revista em quadrinhos pela Editora Bloch. Todo mundo parecia estar disposto a rir mais um pouco com as trapalhadas do quarteto, fosse em uma revista, em um disco ou em propagandas. O gibi parecia mais com uma fotonovela, uma vez que os personagens e histórias desenhados nas páginas eram reproduções quase fotográficas das situações do programa – o que não rendia o suficiente para preencher todo o espaço. Para dar mais sustância à publicação, eram incluídas histórias do cowboy Buck Zé e dos sobrinhos do Gato Félix, Leco e Beto.

No mercado fonográfico, a dupla Didi e Dedé estreou com um compacto de piadas, contadas com direito à claque gravada, e chegou a gravar um álbum completo. O teor rasteiro da televisão era reproduzido nos discos. Uma amostra do que se ouvia no compacto: Didi fala que seu tio é cientista e cruza animais diferentes. Dedé pede exemplos. "Já cruzou uma tartaruga com um cearense." O que nasceu? "Um baiano de capacete." No *long playing*, com onze faixas intercalando músicas e piadas, a coisa não era muito diferente. Os destaques eram a "Dança do Psite", "A Jurema" e "Trapa-trapa".

Outra oportunidade aberta pela grande popularidade do programa foi a exibição de merchandising no meio da atração. Marcas como Hering, Biotônico Fontoura e Marisol foram trazidas pelo amigo e empresário João Batista Sérgio Murad, mais tarde famoso pelo personagem Beto Carrero. Na segunda metade da década de 1970, Murad tinha uma sólida carreira como publicitário. Tendo trabalhado na venda de anúncios para os classificados da *Folha de S.Paulo* e, mais tarde, negociando páginas de publicidade para revistas da Editora Abril, como a *Cláudia*, o menino criado numa fazenda nas cercanias de São José do Rio Preto, no interior de São Paulo, virou dono de uma agência que transformava empresas de grande faturamento e pouca noção de marketing em líderes de mercado.

Foi assim com a fabricante catarinense de toalhas Buettner e com a indústria de cosméticos Davene, de Diadema, na Grande São Paulo. O empresário sabia trilhar como poucos os caminhos entre as fábricas e a televisão, e com raro oportunismo usava a celebridade dos artistas do momento para alavancar vendas.

No caso dos Trapalhões, a associação foi fácil e imediata. Por coincidência, o circo da família de Dedé havia armado acampamento em Rio Preto e a família de artistas, sem ter grana para prosseguir viagem, chegou a ficar hospedada na casa dos pais de Beto. Depois de algumas semanas, a vizinhança fez uma vaquinha para que o humilde cirquinho prosseguisse sua turnê, mas a amizade entre os dois garotos perseverou e foi transmitida, décadas depois, para Renato Aragão. Por intermédio do amigo Dedé, Renato e Murad chegaram a morar juntos, dividindo um apartamento nos primeiros anos de batalha em São Paulo. Por tudo isso, as propagandas e o merchandising feitos em *Os Trapalhões* seriam tão importantes dali em diante. Além de estarem nas mãos de um parceiro interessado no bem comum, seriam essenciais para garantir recursos para investir no cinema, sua verdadeira paixão.

Desde que havia se restabelecido na Record no início da década de 1970, Renato, como um Oscarito de Sobral, havia feito pelo menos um filme por ano, ampliando sua filmografia composta de cinco chanchadas dos anos 1960. *Bonga, o Vagabundo*, de 1971, era quase uma refilmagem de Charles Chaplin e foi sua primeira incursão no mundo dos personagens pobres, atrapalhados e de coração melancolicamente partido pela mocinha. Depois vieram as boas bilheterias de *Ali Babá e os quarenta ladrões*, em 1972, *Aladim e a lâmpada maravilhosa*, em 1973, *Robin Hood, o trapalhão da floresta*, em 1974, *O trapalhão na Ilha do Tesouro*, em 1975, e *Simbad, o marujo trapalhão*, em 1976. Embora a crítica emitisse opiniões como "jamais o popular Ali Babá entrou por uma caverna tão pobre de ideias e de cinema como a que [o diretor] Victor Lima cavou com a ferramenta habitual da chanchada",[21] os números das bilheterias mostravam uma evolução constante. *Ali Babá e os quarenta ladrões* levou 1,6 milhão de pessoas ao cinema; *Aladim* teve 2,5 milhões de espectadores; *Robin Hood*, 2,9 milhões; *Ilha do Tesouro*, 3,3 milhões; *Simbad*, 4,4 milhões.

Todos esses filmes foram lançados em datas de férias escolares, o que garantia a presença maciça do público-alvo, as crianças, em um período em que tinham muito tempo livre e praticamente nenhuma opção nacional nos cinemas. As salas eram inundadas com as lucrativas pornochanchadas, e o público infantojuvenil, proibido de assistir às cenas *calientes* de nudez e sexo, gerava uma demanda reprimida. Era um veio de ouro pouco explorado e com potencial infinito. Com a fase boa de *Os Trapalhões* na TV, Renato decidiu dobrar a aposta em 1976 e lançar o seu segundo filme no ano. Seria a estreia de Mussum nas telonas do Brasil.

A produção dessa nova obra para 1976 surgiu da cabeça de Renato, mas a ideia do que seria filmado veio do incorrigível cinéfilo Dedé Santana. Também com uma porção de chanchadas no currículo, o trapalhão de Niterói cismou com a ideia de esculhambar *O Planeta dos Macacos*, uma vontade que ficaria anos esperando por uma chance. Se nos dias de hoje um filme é lançado em escala mundial e vira uma febre – ou um fracasso – em questão de semanas, nos anos 1960 e 1970 o ciclo era bem diferente. O *Planet of the Apes* original baseou-se no romance francês de 1963, de mesmo nome, e chegou às salas de cinema americanas em 1968. O sucesso foi tão grande que outros cinco filmes seriam feitos, o último deles, *Batalha do Planeta dos Macacos*, em 1973. E só um par de anos depois a TV Globo começou a exibir o seriado *O Planeta dos Macacos*.

Com a necessidade de mais um roteiro para aquela temporada, Dedé surgiu com o projeto batizado de *O trapalhão no Planalto dos Macacos*. A história, sem nenhum compromisso com a seriedade ou com a série original, mostraria dois "birutas" transportados para outra dimensão governada por macacos. Até aí, apenas uma cópia, mas o pulo do gato seriam as referências com a situação do Brasil de então. Os tiranos do outro planeta planejavam um golpe de Estado, castigavam

---

21. *Jornal do Brasil*, 03/03/1972.

seu povo impedindo o uso de eletrodomésticos e bens de consumo importados e não conseguiam controlar a alta no preço da banana por conta de uma cruel inflação. Mais ou menos como outros primatas faziam em Brasília. A partir daí, o resto da história seguiria o mesmo roteiro de sempre. Renato Aragão interpretaria um tipo pobre, esperto e debochado, um misto de surfista e inventor maluco chamado Conde. Dedé seria Alex, um fiel escudeiro, bom de briga e com pouca paciência. Os papéis do casal romântico padrão ficariam com Alan Fontaine e Vera Capua, tão belos quanto desconhecidos.

O vilão, embora não mostrasse o rosto durante todo o longa, estava mais uma vez a cargo de Carlos Kurt. O ator carioca de cabelos loiros e olhos azuis esbugalhados já era um veterano em se tratando de filmes de Didi e de Dedé. A parceria nasceu por causa do thriller de ação *Os carrascos estão entre nós*, de 1968, quando Kurt contracenou com Átila Iório, então sogro de Dedé. A partir dessa amizade, surgiu o convite para *2000 anos de confusão*, de 1969, uma chanchada estrelada por Dedé e Dino Santana em que os irmãos interpretavam a dupla Maloca e Bonitão. Mais tarde, após filmar comédias ao lado de Costinha, Agildo Ribeiro, Nair Belo e Mauro Faccio Gonçalves, o ator seria lembrado para a produção *Simbad, o marujo trapalhão*, de 1976, e, a partir daí, seus globos oculares proeminentes jamais deixariam de fazer parte da história dos Trapalhões. Participando de quadros na TV, o ator mostrava todo o seu talento para encarnar os mais abjetos valentões. Contracenando com Renato Aragão, Dedé e Mussum, viveu assaltantes, bicheiros, policiais, pais ciumentos, cobradores enfurecidos ou malandros de boteco – sempre levando a pior no final. No cinema, junto com o posto de principal antagonista dos Trapalhões, intercalou participações em filmes com títulos autoexplicativos, como *Pra ficar nua, cachê dobrado*, de 1977; *Bonitas e gostosas*, de 1978; e *Sexo e sangue*, de 1979. Mas nada marcaria tanto sua carreira como as tortas na cara, os banhos de baldes de água fria e outras humilhações sofridas durante as décadas de serviço ao humor pastelão.

Com a estrutura básica de palhaço, escada, mocinho, mocinha e vilão definida, sobrava a Mussum, o novato, fazer um papel diferente.

Ele daria vida ao guarda Azevedo, ou, em suas palavras, Cabo *Azevedis*. Um policial que entra por acaso na história ao tentar multar Conde e Alex. Embora fosse um estreante em um papel de verdade, o sambista mostra todo o seu carisma de comediante logo no começo do filme, quando é perseguido, carregado e, finalmente, atropelado pela moto cheia de engenhocas que Alex pilota com Conde no sidecar. A cena termina com Mussum ensopado, chorando dentro de uma fonte. É difícil não rir com os gritos, pulos e caretas dignas de Tom e Jerry. Ver o restante do filme, no entanto, é um exercício de paciência.

Mesmo considerando o período da produção, é impossível não notar como o cinema nacional era defasado em relação a Hollywood. As máscaras dos macacos praticamente não se movem enquanto os personagens falam e é difícil entender o que eles dizem. A montagem do filme, em muitos momentos, é primária e usa soluções fáceis para partes complicadas do roteiro. A viagem para o Planeta dos Macacos brasileiro é feita de balão, Mussum continua falando com a delegacia por meio de seu rádio o filme todo e, quando Dedé faz uma cirurgia para se transformar em macaco, as câmeras mostram apenas um corte seco, algumas mudanças de cor na tela e, pronto, metamorfose completa.

Ao mesmo tempo que a tosqueira incomoda, é preciso entender as dificuldades técnicas e financeiras encontradas para realizar um filme no Brasil nos anos 1970. Mesmo com a boa saúde financeira dos títulos anteriores e da franquia *Os Trapalhões* na TV, nas bancas e nas lojas de discos, para financiar a produção Renato Aragão precisou pedir empréstimos na Embrafilme, a agência de cinema do governo federal, e fazer um merchandising nada discreto. O nome, o logotipo e os ônibus da Viação Itapemirim, apoiadora da fita, aparecem em diversas cenas, inclusive como patrocinadora do balão que faz a viagem interplanetária. E mesmo assim não sobrava dinheiro para inventar muito. As máscaras eram inteiriças, feitas com partes de fantasias comuns vendidas no comércio, fazendo com que o elenco de apoio sofresse um calor absurdo. O sacrifício era obrigatório, uma vez que arcar com os custos de fazer diariamente a maquiagem de dezenas de atores inviabilizaria a produção. Nos bastidores, os integrantes da equipe de filmagem trabalhavam de shorts, sem camisa, enquanto os atores cozinhavam com o figurino composto sempre por calças e roupas de mangas longas, afinal, também não havia dinheiro nem tempo hábil para maquiar braços e pernas dos personagens. Até a alimentação era complicada. Para agilizar a retomada das filmagens, os "macacos" precisavam almoçar copos de vitamina de frutas, de canudinho.

Usar dublês e fazer várias tomadas da mesma cena era outro luxo a ser evitado. Por isso, a cena de abertura, em que Mussum é perseguido por uma moto, foi feita com o próprio Dedé dirigindo. Nascido e criado no circo, ao lado de sete irmãos, Manfried Sant'anna já havia atuado como trapezista, acrobata, montador de barracas e, claro, como palhaço. Guiar a moto deveria ser moleza. Mas não foi. Ele perdeu o controle e acabou batendo de frente em um poste, feriu a cabeça e o rosto, e precisou ser submetido a uma cirurgia antes de continuar as filmagens. Até as locações refletiam a contenção de gastos. Na história, o tal planalto dos macacos ficava em Marte, então o ideal seria gravar em um lugar desértico, mas as filmagens tiveram que ser feitas quase em sua totalidade em uma pedreira no bairro de Jacarepaguá, no Rio de Janeiro.

Nada disso impediu o sucesso de *O trapalhão no Planalto dos Macacos*. Estreando em dezembro de 1976, a fita bateu o recorde pessoal de Renato Aragão, sendo vista por 4.565.267 espectadores. O carisma de Didi, Dedé e Mussum, incrementado pela boa exposição na televisão, mostrava que o lançamento de dois filmes por ano seria algo não apenas possível como também muito lucrativo. Méritos do diretor Josip Bogoslaw Tanko, um iugoslavo capaz de fazer muito com pouco. Com 24 filmes no currículo e mais de trinta anos de carreira no cinema, o gringo seria peça fundamental para a criação de uma escala industrial para a produção dos filmes dos Trapalhões. Afinal, ele reconhecia os problemas de roteiro e produção de seus filmes e não os classificava como obras-primas. Pelo contrário, Tanko costumava dizer:

— Não se pode fazer o que se quer, mas o que se faz tem que ser feito com dignidade.

O sucesso nos cinemas ajudava a consolidar *Os Trapalhões* como líder de audiência na TV nas noites de domingo ou o sucesso dominical nas telinhas ajudava os filmes de Renato Aragão a bater seus próprios recordes de bilheteria? Na dúvida, Boni, o grande responsável pela programação da TV Globo, cansou de ver o *Fantástico* no segundo lugar e apelou. Encomendou uma pesquisa nacional ao Ibope para saber quem era o cantor estrangeiro mais popular do Brasil e, fosse quem fosse, colocaria a estrela no programa dominical. O resultado da enquete colocou Elton John em terceiro lugar, com 15,2% das respostas; Elvis Presley em segundo, com 17,9%; e, disparado na liderança, com 24,4%, Frank Sinatra. No programa seguinte, após exibir o ranking, que por si só já era bastante interessante, o *Fantástico* mostrou um segmento inteiro do show de Sinatra no Madison Square Garden, hipnotizando a plateia enquanto cantava "Let Me Try Again". Na segunda-feira, chegou o boletim com o registro da audiência das emissoras no fim de semana, mostrando que nem toda a classe do Old Blue Eyes era capaz de fazer com que o público trocasse de canal na hora de ver Didi, Dedé, Mussum e Zacarias. Boni, sem outra opção, reuniu seus homens de confiança e deu uma ordem simples e direta:

— Contratem os Trapalhões!

Em pouco tempo, chegaria às mãos de Renato Aragão uma proposta polpuda para trocar a Tupi pela emergente Globo. O convite previa a contratação dos parceiros Dedé, Mussum e Zacarias com bons salários e investimentos altíssimos para que seu programa subisse de patamar. Mesmo assim, o convite foi recusado. Circulavam pelos camarins e mesas de edição de todos os canais as histórias sobre o temível "padrão Globo de qualidade". De fato, a emissora embarcara em uma saga pela qualificação de suas atrações, com altos investimentos e certa ojeriza aos nomes mais popularescos. O convite aos Trapalhões cheirava como uma manobra para tirar as estrelas do canal rival e, logo depois, deixá-las fora do ar, ou, como dito no jargão dos profissionais de tevê, na geladeira. Afinal, a emissora tinha excelentes programas de humor, como o *Chico City* e o *Planeta dos Homens*, e um elenco recheado de humoristas de talento, como Jô Soares, Agildo Ribeiro e Paulo Silvino, para citar alguns.

Mais do que isso, a motivação financeira não era o foco dos comediantes no momento. O merchandising rendia uma boa grana, limpa e direta, e Renato Aragão lucrava bem com seus filmes. Estava próximo de realizar o sonho de largar a TV para dedicar-se exclusivamente à produção cinematográfica. Dedé, assim na tela como na vida, sonhava junto do parceiro e estava animado com a possibilidade de ter mais tempo para se dedicar aos trabalhos de diretor, roteirista e produtor.

Já Mussum vivia a melhor fase da sua vida com os Originais do Samba. *Alegria de sambar*, de 1975, havia emplacado mais um enorme hit, "A dona do primeiro andar", e consolidado de vez o conjunto como principal nome do pagode popular no Brasil. Novamente composta por Luís Carlos, e seguindo a receita de sucesso de "Do lado direito da rua Direita", a música estourou nas rádios e colocou o conjunto mais uma vez na lista dos mais tocados no Brasil. Mais uma vez, a repetição de palavras e a malícia faziam o refrão da música ser irresistível e grudento. Bastava ouvir uma vez a rima para sair repetindo: "Estou apaixonado/ Apaixonado estou/ Pela dona do primeiro andar/ Pela dona... Do primeiro andar".

No ano seguinte, o álbum *Em verso e prosa* não trouxe nenhum hit do porte de "Tragédia no fundo do mar" ou de "A dona do primeiro andar", mas a situação dos Originais era confortável o suficiente para garantir boas vendas e convites para tocar em todos os cantos do Brasil, sempre com cachês excelentes. Além do repertório recheado, o público fazia fila onde quer que Mussum fosse aparecer.

O valor dos cachês subiu para cifras nunca imaginadas. Os Originais estavam entre os artistas mais bem pagos do Brasil e a entrada de tanto dinheiro causou uma baixa surpreendente no time. Corumba, logo ele, o veterano e austero empresário e conselheiro do grupo, passou a cobrar o dobro pelas apresentações, mas continuou a repassar o mesmo valor de cachê para os músicos. Procedimento que teria repetido com seus outros contratados, incluindo o velho amigo Jair Rodrigues. Não se sabe por quantas vezes ou por quanto tempo a manobra foi feita, mas o modo como o desvio foi descoberto entrou para o folclore do conjunto. Rubão, surdista e tesoureiro oficial dos Originais, engatou um romance com a secretária de Corumba e, por métodos pouco ortodoxos de auditoria, fez a moça revelar o esquema do chefe.

O bicho pegou. Os sambistas foram para cima do empresário e a parceria, tão bem-sucedida, quase acabou em agressão. O velho sertanejo foi demitido e seria iniciada, a partir dali, uma fase de muito sucesso e pouco comando para os Originais do Samba.

Contrastando com o momento tumultuado na carreira, a vida pessoal de Mussum passava por uma fase de tranquilidade inédita. O casamento com Neila estava prestes a ser presenteado com o nascimento do primeiro filho do casal, Alexandro, e a mãe de sua segunda filha, Paula Aparecida, havia feito as pazes com o antigo namorado. Após um acerto verbal, o sambista, até então bastante ausente na vida da menina, passou a dar assistência e visitá-la sempre que possível – mesmo que fosse de madrugada, depois de uma apresentação, ou rapidamente durante os fins de semana. O mesmo aconteceu gradualmente com Antônio Carlos, o filho de Mussum com Therezinha. Embora não precisasse de ajuda financeira e já estivesse casada novamente, a mãe do garoto ficou sensibilizada com o encanto que os Trapalhões exerciam sobre seu filho.

Ir para a Globo, enfim, não era tão atraente assim para os Trapalhões. Mas a emissora insistiu durante todo o ano de 1976, aumentando a oferta a cada nova tentativa. Boni convidou Renato Aragão para um almoço e explicou como seria o projeto para *Os Trapalhões* na Globo. Todas as vantagens da Tupi seriam exponencialmente multiplicadas. Dinheiro, *merchans*, cenários, figurinos, trucagens, elenco. Tudo estaria à disposição do cearense, mas ele saiu do encontro deixando apenas um acordo verbal no ar. Nada de data ou de papéis assinados. Faltava ainda um empurrão definitivo. E, ironicamente, ele viria da própria Tupi.

Durante as negociações para renovação de contrato com a emissora paulista, a direção do canal jogou duro com Dedé Santana. Não enxergando o valor do artista como elo de união do grupo, propuseram a ele um reajuste salarial que mal cobria a hiperinflação da época. Como era palhaço apenas no circo, Dedé decidiu pedir demissão do canal em outubro daquele ano e gerou um impasse entre o elenco e o comando da Tupi. À boca miúda, rolava o comentário de que uma briga entre os integrantes de *Os Trapalhões* iria encerrar o programa, mas, na verdade, ocorria o contrário. Mussum e Renato Aragão foram solidários ao colega e ameaçaram pedir demissão também, caso um aumento decente não fosse dado. A emissora ficou de bolar uma nova proposta e começou a enrolar os comediantes, gerando um ambiente de tensão tão insustentável que forçaria a saída dos Trapalhões por uma relativa banalidade.

Como as lentes das câmeras eram caríssimas e difíceis de serem substituídas, nos estúdios da Tupi havia um trato entre os diretores das atrações para compartilharem os equipamentos em forma de rodízio. O acordo foi o único jeito encontrado para contornar a falta de recursos para as gravações – sempre reivindicados e nunca comprados. Um desses empréstimos foi feito sem aviso prévio, quando a equipe da produção de novelas da Tupi pegou a lente da câmera usada naquele momento para as gravações d'*Os Trapalhões*. Quando o elenco voltou dos camarins com o figurino trocado para filmar um novo esquete, foram avisados pela produção que seria impossível continuar. Renato Aragão, num acesso de fúria, decidiu naquele momento aceitar o convite da Globo e deixar a Tupi a partir daquele instante. A fase paulista da vida de Mussum estava prestes a acabar.

Capítulo 13

Agora você é da Swat, negão (1977)

"São os forévis da vida. São coincidências. Tem que se cloroformar."

Rompidos com a Tupi, Didi, Dedé, Mussum e Zacarias estavam prontos para mudar de canal, dessa vez sem deixar brechas, como foi feito na saída da Record. O contrato com a nova empregadora teria cláusulas específicas para evitar a famigerada geladeira. Havia o prazo máximo de um ano para a estreia d'*Os Trapalhões* nas noites de domingo da Globo e, enquanto a emissora não colocasse o programa no ar, os altos salários de todo o elenco deveriam ser pagos normalmente. Na negociação também estaria previsto que Renato Aragão poderia lotear, como bem quisesse, o seu horário para a exibição de merchandising e de propaganda de seus filmes, exigência essencial para que Beto Carrero continuasse a sua bem-sucedida parceria com os humoristas.

Interessada em um desfecho rápido do negócio, a Globo aceitou todos os pedidos da trupe e encomendou um programa já para janeiro de 1977.

Essa fase de transição, rolando de forma simultânea às gravações de *O trapalhão no Planalto dos Macacos*, tornou Mussum um dos passageiros mais frequentes da ponte aérea Rio-São Paulo. As filmagens e os preparativos para a chegada à Globo eram no Rio, enquanto os compromissos dos Originais e todo o seu núcleo familiar estavam em São Paulo. Nem mesmo ele, um especialista em estar em dois lugares ao mesmo tempo, andava conseguindo dar conta. Precisava desdobrar-se para não perder shows ou se atrasar para ensaios, chegando a ficar semanas seguidas sem dormir sequer uma noite em casa e vendo seus filhos apenas em rápidas visitas, de madrugada. Uma suíte no hotel Nacional, em São Conrado, virou seu endereço mais frequente. Mussum completava 36 anos de vida e 18 de carreira, já começando a sentir-se cansado.

Por isso iniciou a busca por um local tranquilo para seu novo endereço no Rio de Janeiro, um refúgio para passar seus raros momentos de folga ao lado dos amigos e da família. Precisava rapidamente mudar seu centro de gravidade de volta para a Cidade Maravilhosa e, como passava praticamente todo o seu tempo trabalhando, encontrou a solução durante o expediente, por meio de um colega, ou melhor, de um *cumpadi*.

Dedé havia aproveitado uma pausa nas gravações de *Planalto dos Macacos* para conhecer o Residencial Eldorado, um condomínio fechado em Jacarepaguá, onde encantou-se com uma casa espaçosa, com piscina, churrasqueira e uma fachada coberta de plantas. Sem pensar muito no preço, como fazia com tudo naquela fase de bonança, fechou negócio na hora com o corretor e deu um cheque como sinal da compra. Minutos depois, na mesma rua, viu outra casa, ainda maior e mais sofisticada, e mudou de ideia. Disse ao corretor que ficaria com a segunda propriedade e daria a primeira de presente a um amigo. O amigo, claro, era Mussum, que tomou um susto com aquela história toda e, contrariado, foi conhecer o mimo feito por Dedé.

Por sorte, o rolo deu certo. O sambista gostou da casa com área construída de 360 metros quadrados e, principalmente, do clima bucólico da região. Nos anos 1970, aquele canto de Jacarepaguá ainda era frequentado por vacas de ordenha dos pequenos chacareiros da região, e carroças de madeira passavam oferecendo legumes frescos de uma horta próxima, e o melhor: a tranquilidade, garantida por uma portaria com segurança 24 horas, não significava isolamento. O Eldorado ficava a dez minutos de carro da Barra da Tijuca e a trinta minutos do Centro. Valia a pena investir 30 milhões de cruzeiros ali, e Mussum aceitou o sinal de presente, comprando aquela que seria a sua mais duradoura moradia, no número 660 da rua Fritz Feigl, no final da rua, tão perto de uma cachoeira que a queda-d'água podia ser vista e ouvida das janelas de alguns dos quartos. O local era perfeito pela beleza e pela localização afastada do burburinho. Tanto que não demorou muito para Renato Aragão comprar uma casa no mesmo condomínio e Mauro se mudar também para o pacato bairro, fundando uma espécie de república dos Trapalhões. Seria a fase de maior entrosamento entre os integrantes do grupo. Dedé costumava tomar café da manhã na casa de Mussum quase diariamente e Renato promovia peladas e churrascos no campinho da propriedade que usava como casa de campo.

Antes de curtir as delícias da vida de estrela fora da tela, no entanto, era chegada a hora dos Trapalhões encararem as enormes responsabilidades assumidas com a Globo. Se, por um lado, Boni deu tudo o que Renato pedira, em troca, a liderança e a expansão de audiência eram obrigações. Além disso, no novo canal, o grupo seria supervisionado por Augusto César Vanucci, importante diretor da Globo responsável por sucessos de público e crítica com *Chico City* e *Faça Humor, Não Faça Guerra*.

Os palhaços de cara limpa não poderiam fazer o mesmo programa da Tupi e, ao mesmo tempo, não poderiam abandonar a fórmula de sucesso que os levara até ali. A solução? Reforçar novamente o programa, mas dessa vez nos bastidores. Renato formou um *dream team* de redatores, contratando seu antigo chefe, Mário Wilson, o promissor diretor de chanchadas Adriano Stuart e o ex-colega de *Praça da Alegria*, Carlos Alberto de Nóbrega, então diretor da linha de shows da Tupi. Aos 41 anos, Carlos Alberto já tinha currículo para ser considerado um pilar do humor nacional. Havia começado a carreira escrevendo piadas no rádio junto de seu pai Manoel, aos 17 anos, e depois participado da era de ouro do humor na Record, ajudando a bolar os textos de atrações como *A Família Trapo*, *Bronco Total* e a própria *Praça*, onde atuou como comediante, escada, roteirista, produtor, diretor, contrarregra...

Com o timaço de redatores reunido e o quarteto de comediantes em estado de graça, a ordem era extrapolar os limites dos esquetes e pensar em uma atração com o tamanho que quisessem. Era preciso mostrar logo de cara como seria o novo *Os Trapalhões* e, como a estreia aconteceria como um programa especial dentro da faixa da "Sexta

Super", não era necessário se preocupar com a produção da semana seguinte. Renato chegou a declarar que, se antes gastava um dia para gravar um programa inteiro, nos dois meses de trabalho de produção da estreia levava um dia para gravar cada cena de um minuto.[22] A expectativa era tamanha que até a Tupi entrou na jogada. Programaram, para o mesmo dia, dez minutos antes do horário de *Os Trapalhões – Especial*, uma exibição de "especial com programas antigos", nada menos que uma pirracenta reprise de *Robin Hood, o trapalhão da floresta*. Dessa forma, em 7 de janeiro de 1977, os "novos Trapalhões" iam ao ar às nove horas da noite pela Globo, e os "velhos Trapalhões" apareciam na Tupi.

Obviamente, a nova atração chamou mais a atenção e gerou mais comentários. Era um misto das brincadeiras rasteiras do programa da TV com a mania de grandeza dos filmes, mas agora com um acabamento que deixava tudo com cara de superprodução. A atração foi feita quase toda em locações externas e tinha tomadas espetaculares, como o personagem Zé, de Renato Aragão, fugindo de um grupo de mulheres na cobertura do Maracanã e, depois, no meio da pista do Jóquei Clube em dia de páreo.

Até Mussum foi às ruas para estrear no *plim-plim* em uma atuação memorável. Para satirizar o preço do álcool, combustível que o governo fazia de tudo para incentivar, o malandro aparecia andando na ponta dos pés para, sorrateiro, assaltar o tanque de um sedã com um procedimento bastante requintado. Levando consigo uma caixinha de isopor, o *ladrãozis* coloca duas colheres de açúcar, limão espremido e gelo dentro do tanque do carro, dá uma balançadinha nele e depois prova a *biritis* com um canudinho. Depois, nem faz careta. Só pisca o olho e mostra a língua em sinal de aprovação.

O *Especial* ainda teve as participações especiais do atacante da seleção brasileira Jairzinho e da cantora Wanderléa, passageiros de um táxi dirigido por Didi, e um bloco inteiro dedicado a uma sátira ao seriado americano *S.W.A.T.* Mostrando uma versão avacalhada da rotina de tiroteios e perseguições da unidade de elite da polícia americana, o quadro era o segmento com mais amostras do padrão Globo de qualidade. Em inglês, a sigla vem de Special Weapons And Tactics; em português, ficou

---

22. *O Globo*, 07/01/1977.

SUATE mesmo. O furgão azul dos gringos, todo equipado e blindado, foi substituído por uma bicicleta de sorveteiro e, no lugar de resolver sequestros e evitar atentados, os brasileiros empenhavam-se em missões como tirar gatos de cima de árvores ou descobrir os botecos mais baratos para tomar um *mé* (esta sob responsabilidade do personagem Bob Mussa, é claro). Paródia à parte, o quadro teve um alto investimento da emissora, com cenas de estúdio mescladas com várias externas, figurinos, cenografia incluindo metralhadoras e granadas comestíveis, efeitos especiais e até um clipe de abertura, com trapalhadas ao som da canção-tema do seriado original.

O programa foi recebido com uma aprovação moderada do público adulto. Faltavam o improviso, o caos, as tortas arremessadas na cara. A espontaneidade desaparecera. Para as crianças, por outro lado, nunca foi tão legal ver *Os Trapalhões*. Não fazia tanta falta a malícia quando se podiam ver explosões, cambalhotas e um Didi pequenininho que crescia na tela conforme caminhava ou que levitava sobre uma cama de pregos vestido de faquir. Apesar de todas essas inovações, a nova fórmula recebeu o mesmo tratamento da antiga atração, com uma saraivada de reclamações dos críticos e uma audiência altíssima em todo o Brasil. A molecada havia de fato sido fidelizada pelos filmes dos Trapalhões e, não importando o canal, seguiriam com os palhaços. Com isso, a Globo viu de perto o potencial dos novos contratados, encomendou mais um programa especial na "Sexta Super" para fevereiro e marcou a estreia da atração fixa para 13 de março, no comecinho de uma noite de domingo.

A segunda aparição especial de *Os Trapalhões* trouxe as mesmas qualidades e os mesmos problemas da estreia. O programa não poupou cenários, locações externas, várias trucagens e mostrou uma partida de futebol entre o time dos Trapalhões e uma seleção de atores da Globo. O problema é que, embora aquilo fosse tecnicamente muito superior a tudo que já haviam feito graças às novíssimas mesas de corte da nova emissora, os Trapalhões continuavam engessados em cena. Havia até quadros em que Didi, Dedé, Mussum e Zacarias apareciam vestidos de smoking, fazendo um arremedo de *stand-up comedy*, mas nada de xingamentos, cacos e brincadeiras entre os atores.

Com uma nova cacetada dos críticos, o próprio Renato Aragão percebeu que, continuando daquele jeito mais profissional, o programa perderia sua essência rapidamente. A sensação do líder transbordou ao elenco e à produção do programa. Todo o poderio financeiro e técnico da Globo gerava a obrigação de vencer. Perder seria vexaminoso.

Para piorar o clima tenso das gravações, Mussum sofreu uma perda trágica o suficiente para fazê-lo pensar em abandonar a correria intensa à qual se submetia desde o início de sua jornada dupla de sambista e comediante. Após preencher a exigente agenda de carnaval dos Originais, numa maratona com desfiles nos carnavais do Rio de Janeiro e de São Paulo, participações em blocos de rua e um show no Hotel Casa Grande, na cidade litorânea do Guarujá, em São Paulo, Rubão sentiu-se mal e foi levado às pressas ao hospital. O coração do surdista de 44 anos parou de funcionar no caminho e os Originais do Samba perderam seu primeiro integrante. Muito querido por todos, por causa de sua personalidade dócil, Rubens Fernandes foi o primeiro músico do conjunto a usar o jazigo do Cemitério de Congonhas, em São Paulo, comprado coletivamente como um investimento para um futuro distante. A perda do colega foi sentida, mas não virou trauma. O conjunto contratou Branca de Neve, reputado tocador de surdo da escola de samba paulista Vai-Vai com um tom de pele escuro o suficiente para tornar seu apelido uma grande maldade.

Na Globo, também era preciso continuar a luta, apesar das dificuldades. A estreia da versão semanal do programa estava próxima e as apostas continuavam altas. Para se ter uma ideia, a direção da emissora convocou catorze diferentes maestros para compor uma música tema para a abertura de *Os Trapalhões* e, incrivelmente, as criações de todos eles foram reprovadas. A canção destinada a entrar para a história acabaria sendo composta por um azarão, o guitarrista da orquestra da emissora, Zé Menezes. A lição de que nem sempre o mais sofisticado é o melhor acabou sendo transportada para a direção do programa. Renato Aragão simplesmente desencanou do "padrão Globo de qualidade" e começou a fazer aquilo que melhor sabia fazer: usar o cotidiano como inspiração e improvisar. Desde o primeiro programa semanal, é possível ver quadros com mais malícia e cacos, como na externa em que Didi e Dedé invadem um clube e cobiçam a mulherada de biquíni. Após a estreia, a cada semana, o clima ficava mais leve e o programa ironizava mais e mais os cenários elaborados e o jeito certinho de fazer TV do padrão Globo. Didi começou a escancarar o mundo de mentirinha dos cenários. Ria dos carpetes verdes que simulavam grama, chutava sem esforço as pedras cenográficas, levantava postes que não estavam pregados ao chão, atravessava paredes falsas e fugia dos textos, chamando Dedé de machão e Mussum de grande pássaro.

Em um esquete em que os Trapalhões tiravam sarro dos personagens do descobrimento do Brasil, com Dedé interpretando Pedro Álvares Cabral e Didi fazendo o papel de Pero Vaz de Caminha, o cearense levanta com apenas uma mão um dos elementos do cenário, uma pedra de isopor com folhas de palmeira grudadas, e diz, escapando do roteiro:

— Só podemos estar no Brasil mesmo! Olha só como essa pedra é leve!

Outra solução para unir a sofisticação da Globo ao humor anárquico dos Trapalhões foram as sátiras musicais. A estreia na nova emissora marcou a primeira safra de videoclipes com paródias hilariantes, tanto dos clássicos da MPB quanto dos sucessos passageiros de cada semana, como "Piranha", de Alípio Martins, e "O rapé", da banda Joelho de Porco. O quadro tinha o mínimo de roteirização. Didi, já com o smoking do começo do programa de botões abertos, mais à vontade, fazia algumas poucas perguntas para o músico e, logo em seguida, mandava rodar o trapaclipe. A partir daí a música sofria uma releitura visual, às vezes tendendo para um pastelão puro e simples, com os humoristas vestidos de mulher ou vestindo as mesmas roupas dos artistas originais, e, em outros casos, interpretando literalmente as situações descritas nas canções.

No primeiro estilo, as paródias mais marcantes foram com Ney Matogrosso e Caetano Veloso. Ao lado do andrógino cantor ex-Secos & Molhados, Didi rebolou sem camisa, com direito a maquiagem pesada e um brincão de argolas ao som de "Bandido corazón" e "Trepa no coqueiro". Já "A filha de Chiquita Bacana", sucesso de Caetano, foi apresentada com o baiano cercado pelas trapalhetes – Didi, Dedé, Mussum e Zacarias de perucas, blush, sombras, colares, sutiãs e saias de fenda. Para a elaboração dos quadros, bastava apenas que a produção combinasse com o artista qual seria o seu figurino, a música a ser tocada e um rápido ensaio. Durante o teste de som e de luz, Renato, Dedé, Mussum e Mauro observavam o jeito de se comportar do convidado e, na sequência, dali a alguns minutos, surgiam fantasiados e prontos para fazer suas imitações de coreografias e brincadeiras. O que ia ao ar tinha grande parte de improviso e era quase sempre gravado de primeira, sem cortes ou edições. Não era preciso mais do que isso para fazer todo mundo cair na risada.

Já os clipes mais elaborados, que reproduziam de forma avacalhada as composições, tinham como alvo artistas mais tímidos ou com agenda difícil. "Café da manhã", que teve direito até à participação de Roberto Carlos, foi encenada por Didi e Zacarias como um assanhado casal dentro de um quarto de hotel. Didi, o marido, pede "um café para nós dois", dividindo a bebida da xícara com dois canudinhos, para depois a cena se desenvolver com closes maliciosos e brincadeiras de cunho sexual pouco sutis. "Cotidiano", de Chico Buarque, seguiu a mesma linha, trazendo Didi, novamente como o marido, e Mussum, como a esposa que todo dia faz tudo sempre igual, acordando-o aos sopapos. A cada verso sobre os beijos de café, de hortelã e de feijão, Mussum usava seus beiços enormes para segurar objetos relacionados à música, como um relógio de sorriso pontual, um maço de hortelã ou um pires com colherzinha e tudo. A rotina do casal vai ficando estressante e termina com uma guerra de panelas jogadas de um lado para o outro. Basta assistir à cena para ver que aquilo foi apenas vagamente planejado. Os pulos, gritos e risadas são espontâneos.

Usando essa mesma receita de unir o improviso ao poderio da produção da Globo, surgiu um dos quadros mais inesquecíveis de *Os Trapalhões*, o videoclipe para "Teresinha", composição de Chico Buarque interpretada com enorme sucesso por Maria Bethânia em 1977. Renato estava dirigindo a caminho de mais uma sessão de gravação do programa quando a música começou a tocar no rádio: "O primeiro me chegou/ Como quem vem do florista/ Trouxe um bicho de pelúcia/ Trouxe um broche de ametista". Um início que não chamou a atenção do humorista. Mas a letra prosseguia: "O segundo me chegou/ Como quem chega do bar/ Trouxe um litro de aguardente/ Tão amarga de tragar". Click! O cearense acelerou o carro e chegou aos estúdios com o quadro pronto na cabeça. A segunda parte da música era como se tivesse sido escrita para Mussum. No mesmo dia, pegando perucas e cenários emprestados de outros quadros e ensaiando as marcações de cena rapidamente, gravaram o esquete que ficou tão ou mais famoso do que a própria "Teresinha" de Chico Buarque.

Programas de TV, nacionais e importados, também entraram na máquina de avacalhação dos Trapalhões. O infantil *Sítio do Pica-Pau Amarelo* virou "Sítio da Febre Amarela" com Zacarias fantasiado de Emília, Didi vestido de Visconde de Sabugosa, Dedé como Dona Benta, e Mussum revertendo a doçura servil de tia Anastácia em suas réplicas pouco polidas quando era chamado de negão. Nem Jô Soares e Agildo Ribeiro escapavam das gozações. Os palhaços transformaram o humor inteligente de *O Planeta dos Homens*, dos colegas de Globo, em um pastelão bem rasteiro, com piadas visuais e sátiras aos bordões famosos dos personagens da atração. O seriado *As Panteras* era outro alvo. No quadro, que contou até com a participação de Hélio Gracie, o pioneiro do jiu-jítsu, os palhaços vestiam-se como assanhadas mulheres, com perucas, saias e colares, e esparramavam seu elã para qualquer bonitão no caminho. Renato era a ruiva Kelly, Zacarias era a espevitada Sabrina, e Dedé era o chefão Bosley. Mas quem mais chamava a atenção mesmo era Mussum, como uma versão absurda de Jill, a personagem da loiraça Farrah Fawcett.

De palhaçada em palhaçada, os smokings foram esquecidos e o improviso voltou a reinar. Logo no primeiro ano de casa nova, o caminho para o maior sucesso das carreiras dos Trapalhões estava pavimentado. Com índices de audiência subindo fim de semana após fim de semana, a liderança nas noites de domingo de *Os Trapalhões* se consolidou a ponto de chegar a ajudar o poderoso *Fantástico*. Era o programa ideal para a época de maior expansão da Globo. Enquanto as emissoras rivais patinavam com dívidas, o canal de Roberto Marinho ampliava sua rede de afiliadas pelo Brasil e transformava-se na potência dominante da telinha. Momento muito bem aproveitado por Mussum como sambista, diga-se. A morte de Rubão foi lembrada e saudada na forma de uma bonita homenagem no disco *Os bons sambistas vão voltar*, mas o LP ficaria marcado pela força da parceria entre os Originais do Samba e a azeitada máquina de promoção da Globo.

Na contracapa do álbum de 1977 foi colocada a frase "Rubão: foi lindo você ter vindo", fazendo referência à faixa "Eu agradeço", uma composição de Edu Lobo e Vinicius de Moraes, com versos singelos feitos como que sob medida para o falecido tocador de surdo: "Muito obrigado por toda a beleza que você nos deu/ Sua presença, eu reconheço, foi a melhor recompensa que a vida nos ofereceu/ Foi muito lindo você ter vindo". Uma homenagem que passaria quase desapercebida, tamanho o sucesso de "Nego véio quando morre", esta sim uma encomenda com endereço certo.

Por meio dos novos contatos de Mussum na Globo, o grupo acabou sendo escolhido para gravar a principal música da trilha sonora do folhetim *Nina*, substituta do fenômeno de popularidade *Saramandaia*.

Estrelada por Regina Duarte e Antônio Fagundes, a nova trama seria ambientada nos anos 1920 e, por isso, os Originais mostraram toda a sua versatilidade com arranjos rebuscados, instrumentos de sopro e um tom nostálgico de banda de coreto. Tirar a poeira de ritmos de raiz e levá-los aos ouvidos do grande público não era uma novidade para o conjunto. Em todos os seus álbuns anteriores, o pagode brincalhão e o batuque de escola de samba foram acompanhados por batidas inspiradas em ritmos genuinamente negros, como o jongo, o lundu, a capoeira e o maxixe. O próprio partido-alto, gênero bem dominado por Mussum e companhia, deriva dessas tradicionais manifestações musicais africanas, surgidas em tribos que se reuniam dispostas em círculos e entoavam repetidamente refrões entrecortados por frases rimadas. A diversão era completada por muita dança e muito *mé*. Séculos antes de os europeus chegarem à África, rolava solto pelo continente o malavo, bebida alcoólica resultante da seiva fermentada das palmeiras.

O compromisso com a herança negra pouco tem a ver com o sucesso de "Nego véio quando morre". A bem da correção histórica, o nome da música nem era esse. A canção folclórica, oriunda da segunda metade do século XIX, chamava-se "Quando eu morrer", mas foi creditada erroneamente no disco *Cem anos de samba* e com esse título chegou até o maestro Pachequinho, arranjador do disco dos Originais. A música estourou mesmo por causa da televisão. Além do refrão fácil, "Quando eu morrer quero ir em fralda de camisa/ Defunto pobre de luxo não precisa", da popularidade dos Originais e da força de ter sido escolhida como trilha de uma novela no horário nobre, "Nego veio" foi lançada no encerramento do *Fantástico*, honra reservada aos maiores artistas brasileiros de então.

O tom do videoclipe, como não poderia deixar de ser, era de pura palhaçada, reproduzindo as cenas descritas nos versos. Mussum aparecia vestido com roupa de viúva, peruca loira e batom vermelho, liderando um cortejo de personagens bizarros em que o caixão custava a ser carregado no meio de dunas de areia. Ser contratado da Globo trazia esse tipo de vantagem. Além de participar da lucrativa máquina das novelas e de contar com a enorme ajuda promocional do *Fantástico*, os Originais passaram a participar com frequência dos programas musicais do canal, como o *Brasil Pandeiro*, o *Globo de Ouro* e até da primeira grande campanha beneficente da emissora, no show em prol do Ano Internacional da Criança. Em *Os Trapalhões*, o grupo também fez diversas aparições, como no quadro em que Didi quer escolher uma nova atração para a sua boate e faz uma audição com os músicos. Apesar da maratona para manter-se no conjunto e na TV, valia muito a pena ser trapalhão na Globo. Fora da Globo, também.

Nem toda a correria ocasionada pela mudança de canal fez Renato Aragão desistir do cinema e, em dezembro de 1977, estrearia *O trapalhão nas minas do rei Salomão*, o segundo longa-metragem de Mussum como integrante do grupo. Maurinho ainda ficaria de fora, pois estava envolvido com *Deu a louca nas mulheres*, filme em que era protagonista como Zacarias Kotonete, um vendedor de tratores delicado demais para a função que acabava virando o sonho de consumo das clientes de uma loja de lingeries – ou mais ou menos isso. No novo filme dos três trapalhões, vários nomes conhecidos do público se repetiam. A direção era mais uma vez de J. B. Tanko, o mocinho era Alain Fontaine, o vilão era Carlos Kurt e o magrelo Baiaco continuava a ser o figurante que tomava porradas e, nas cenas mais acrobáticas, substituía Didi.

Apesar da boa fase financeira proporcionada pelo sucesso na Globo, Renato não dispensou novamente o merchandising da viação Itapemirim, na época expandindo suas linhas para o Nordeste. Na época, tudo estava ficando cada vez mais caro, se até o preço da carne estava alto, imagine o custo e as dificuldades de manter uma equipe imagine o custo e as dificuldades de manter uma equipe de produção, alugar equipamentos e pagar elenco, direção, locações... Os problemas trazidos pela falta de grana – e acentuados pela falta de tempo – são facilmente percebidos na realização de *O trapalhão nas minas do rei Salomão*. A começar pelo roteiro, uma busca frenética pelo mapa de um tesouro cobiçado por bruxos, ciganos, beduínos e canibais.

Na fita, para o bem e para o mal, os três trapalhões interpretam personagens que, tirando os nomes Pilo (Renato), Duka (Dedé) e Fumaça (Mussum), em nada diferem de seus papéis no programa da televisão. Para Mussa, isso quer dizer que, ao contrário do que aconteceu em seu filme de estreia, seu comportamento natural de palhaço e de boêmio apareceria mais dessa vez. Mesmo sem aparecer bebendo, há referências descaradas à paixão pela birita, como na fala em que Fumaça diz ser seu sonho encontrar o tesouro do rei Salomão para gastar tudo em *mé*, ou quando, enterrado até o pescoço, ao lado dos parceiros, ele grita por socorro:

— Eu quero ajuda! — diz Duka.

— Eu quero água! — diz o mocinho Alberto.

— Eu quero *mé*! — arremata Fumaça.

O comediante ainda brilha em uma cena ambientada em uma tribo africana, quando seu personagem tenta iludir os inimigos passando-se por um temível ditador, com a farda lotada de medalhas e súditos carregando-o sobre os ombros com uma liteira de bambu – arranjo que deixou Mussum morrendo de medo durante as gravações. O déspota fajuto é desmascarado e, para tentar escapar da ira da tribo, faz várias piadas em relação aos seus antepassados. Enquanto os mocinhos estão amarrados, prestes a serem queimados vivos, Fumaça tenta ganhar a simpatia dos habitantes dizendo que era "o único a ter *pedigrizis*" e explica ser desperdício de combustível incendiá-lo, afinal, ele já estava todo *queimadis*.

Deixando de lado a graça dos próprios humoristas, a fita é de um amadorismo incômodo. A história começa em uma cidade do interior do Brasil, passa por cenas em um matagal, um deserto, uma floresta e termina em uma tribo africana. Tudo isso, claro, se a sua imaginação viajar para longe das locações em Jacarepaguá. Há também erros grosseiros de continuidade. Fumaça dá um tiro de espingarda na touca de Pilo e nada acontece com o gorro. A mocinha cai na água em uma cena e na tomada seguinte aparece com o cabelo e as roupas secas. Fumaça tem os fundilhos rasgados durante uma das dezenas de brigas e fica com a cueca, vermelha, à mostra. Na sequência seguinte, o *forévis* do personagem é coberto por uma de estampa xadrez. Ainda há efeitos especiais pouco caprichados, como quando a bruxa aparece voando com sua vassoura sobre um fundo preto e atira bombas nos Trapalhões, em uma locação em plena luz do dia. Falhas grosseiras? Muitas. Críticas destruidoras nos jornais? Também. Sucesso absoluto entre as crianças? Como nunca! *O trapalhão nas minas do rei Salomão* superou novamente seu antecessor, com impressionantes 5.786.226 espectadores. Tal marca jamais seria atingida novamente, mesmo com produções melhores, distribuição mais bem-feita e um número maior de salas exibindo as fitas trapalhônicas. Carentes de outras opções apropriadas para sua faixa etária, as crianças usavam o tempo livre das férias para ver várias vezes o mesmo filme e, a partir da primeira vez, assistir a um filme dos Trapalhões virou rotina obrigatória nas férias escolares.

A essa altura, a identificação com o público infantil era total. Tanto que os comediantes passaram a fazer as sessões de lançamento sempre tendo como convidados especiais internos de orfanatos ou alunos de escolas da periferia. No lugar de espumante e vinho branco, as *avant--premières* contavam com algodão-doce, palhaços e equilibristas em pernas de pau. Não importava o quão simplório foi *minas do rei Salomão*. Sem apelar para artistas conhecidos ou grandes estratégias de promoção, o título ocupou o posto de segundo mais visto na história do cinema brasileiro, perdendo o primeiro lugar apenas para *A dama do lotação*, que ficou quase seis anos seguidos em cartaz. Até o final da década de 2000, trinta anos depois de seu lançamento, *O trapalhão nas minas do rei Salomão* ainda ocupava a quinta colocação do ranking geral.[23] Parecia mesmo que ter os Trapalhões na TV, nas bancas, nas lojas de discos e no cinema ainda não era o suficiente para a molecada. Percebendo o tamanho do potencial a ser explorado, Dedé voltou às suas origens circenses e convenceu os outros integrantes a rodar pelos picadeiros do Brasil com um show de humor. A ideia foi um enorme acerto. Chegaram convites vindos de cidades de todos os tamanhos e regiões, de circos espetaculares, como o Tivoli Park da Lagoa, no Rio, aos aniversários de cidadezinhas no interior de Mato Grosso. Muito ocupado com a produção do programa de TV e com a realização dos filmes, Renato Aragão nem sempre podia participar das apresentações, mas isso não era um grande problema. Dedé conseguia vender as turnês tranquilamente apenas com Mussum, Zacarias e algumas bailarinas. Aliás, até sem o balé era possível fazer show. Usando sua natural experiência de palhaço de circo, o niteroiense bolou números simples, baseados muito mais nos textos e nas caretas do que em qualquer cenografia ou efeito especial.

Geralmente, os Trapalhões subiam ao palco e começavam a conversar, transformando histórias em piadas ou então fazendo apostas para ver quem era capaz de enganar o próximo a entrar no palco. Um número frequente era Dedé jogando água no rosto dos companheiros quando um deles dizia "Eu quero mel, abelhinha". O primeiro palhaço a ser enganado tramava a sua vingança tendo o segundo comediante como alvo; este caía no truque também e armava a tramoia para um terceiro, que saía do texto e dava um nó nos companheiros. Mussum arrancava gargalhadas da plateia sem muito esforço, apenas brincando com as palavras, fingindo que ia brigar com Dedé, surgia o seguinte diálogo:

— Não me provoca, ô cara! Eu sei lutar todas as artes marciais!
— Tudo o que você lutar, eu luto pelo *avessis*!
— Eu luto boxe!
— Então eu luto *xebozis*!
— Eu luto karatê!
— Então eu luto *tekarezis*!

---
23. Agência Nacional de Cinema – ancine.gov.br.

— Eu luto judô!

— Então eu luto *dojuzis*!

— Eu luto kung fu!

— Então eu luto *fungui*... Não, isso eu não luto, não!

Havia muitos convites para shows em ginásios, uma vez que boa parte dos bairros de periferia e das cidades do interior não possuía teatros com estrutura para receber um grande público. Nesses casos, as quadras poliesportivas transformavam-se em palco para os shows dos Trapalhões. Geralmente, quando Renato Aragão estava apto a fazer parte do pacote, os humoristas faziam o número do jogo de futebol de salão. Zacarias era o goleiro e calçava "luvas atômicas". Logo de cara derrubava as traves sem querer, mostrando sua força. A criançada dava a primeira gargalhada. Primeira de muitas.

Durante a partida, sempre contra um time de convidados locais, Didi arrancava com a bola, e seu calção caía no meio da corrida. Depois, na sequência da jogada, Mussum sofria uma falta do adversário, brigava com o juiz pedindo uma punição mais enérgica e dava um grito que, mesmo sem microfone, ecoava pelo ginásio. Como o árbitro não dava bola, o humorista incendiava a plateia, incentivando-a a cantar "Ladrão! Ladrão! Ladrão!". Na cobrança da falta, Mussum derrubava todos os adversários da barreira e Didi acertava um chute no canto. Gol dos Trapalhões. Delírio da molecada.

O roteiro seguia com palhaçadas como frangos do goleiro Zacarias, uma cobrança de pênalti com Didi chutando o sapato de um lado e a bola de outro, e até um gol de bicicleta marcado pelo líder dos Trapalhões quase do meio da quadra. Após cada tento, Didi e Mussum faziam um cumprimento em que cada um dava tapinhas com as duas mãos na bunda do outro. Era jogo de festa, mas, para manter um tom de suspense, os adversários também tocavam a bola, driblavam e marcavam uns gols. O clima começava a ficar tenso, com faltas de lado a lado e muita catimba... Até Didi dar uma rasteira no juiz e ser expulso, desencadeando um caos sem tamanho no jogo. Mussum e Dedé batiam no árbitro e uma tropa de choque formada por palhaços entrava em cena, soltando fumaça e serpentinas para todo lado. A partida virava circo e os Trapalhões saíam de fininho para se preparar para o próximo número.

Não era difícil armar essa cena nem mudar o roteiro de acordo com a cidade que veria o show, e as crianças já vibravam apenas por verem os personagens da televisão de perto. Em uma época de poucos ídolos nacionais e difícil acesso aos livros e peças de teatro, aquele quase sempre era o primeiro contato de crianças e adolescentes com um show. Bom para quem não tinha condições de consumir produtos culturais, melhor ainda para os Trapalhões. Com clubes, ginásios e circos lotados, o dinheiro chegava rápido, fácil e sem intermediários. Em um fim de semana, em trio ou em quarteto, os humoristas faziam até oito apresentações. Na mesma cidade, em horários diferentes, e em cidades vizinhas, dobrando a sessão.

Para Didi e Dedé, isso significava contar com uma nova e importante fonte de financiamento para os próximos filmes. Zacarias começava a melhorar de vida, comprando seu apartamento próprio e um carro. Já Mussum, arrumava mais uma baita dor de cabeça. Ainda reformando e decorando a casa de Jacarepaguá para trazer sua família em definitivo, o novo superstar do cinema – e também da TV e dos picadeiros – continuava a viajar várias vezes por semana com as turnês dos Originais do Samba.

Se os dias durassem 28 horas, ainda assim seriam curtos para pegar tanta ponte aérea e dirigir tanto seu Galaxie. Eram os primeiros e mais fortes sinais de que chegaria um momento de escolher entre o samba e a comédia. Renato Aragão puxava Mussum para o seu lado sem disfarçar. Aconselhava-o a deixar o conjunto e pensar no futuro de sua família. Apesar das boas vendagens dos seus discos, era difícil alcançar o mesmo montante que vinha da soma do cachê da Globo, dos merchandisings trazidos por Beto Carrero e das bilheterias do cinema e dos circos. Porém, do outro lado, estava um grupo formado por companheiros de toda uma trilha acidentada de trabalho, superação e êxito.

A cabeça de Mussum virou um trevo e, sem decidir o que faria, começou a redobrar o esforço para estar no Rio e em São Paulo, nas gravações da TV e nos ensaios do conjunto, nos shows dos Trapalhões e nos shows dos Originais. Conseguia milagrosamente evitar faltas, mas os atrasos eram cada vez maiores e mais frequentes. O pau só não quebrava, de um lado ou de outro, porque o malandro já chegava contando uma piada qualquer e antes de levar bronca desarmava o espírito dos colegas.

Normalmente eram histórias ocorridas no aeroporto. Conforme ficava mais conhecido do público brasileiro, mais era interpelado por fãs de todos os tipos e idades. Os adultos costumavam tratá-lo como o personagem d'*Os Trapalhões*. Era normal ser xingado de negão e tomar tapas na cabeça e nas costas. Duas das poucas coisas capazes de tirar Mussum do sério.

Foi um causo ocorrido em aeroporto que Mussum contou durante uma consagradora entrevista dos quatro Trapalhões ao jornal *O Pasquim*[24], feita pelos intelectuais e humoristas faixa preta Jaguar, Jeferson, Nani, Ricky e Sylvio. O bate-papo foi realizado no apartamento de Renato Aragão, na rua Delfim Moreira, no Leblon, e, como de costume, Mussum demorou o suficiente para que as perguntas começassem a ser feitas sem ele, mas, quando finalmente chegou, não deixou seu atraso virar assunto. Emendou seu bordão sobre estar "em pé sem cair, deitado sem dormir, sentado sem cochilar, só fazendo pose" com a seguinte história:

— Sabe o que aconteceu comigo hoje? Uma garota veio perguntar para mim se eu era o Mussum. Falei: "Eu não". "É você, sim. Você não é da Globo?" "Sou, mas não mexo com esse negócio de Trapalhões, não. Eu trabalho é [na novela] 'O Astro'!"

Os três colegas de programa e os jornalistas mal tentaram ficar sérios para saber qual era o desfecho do diálogo, que o trapalhão atrasado contava com cara de contrariado, imitando a voz da garota com quem encontrou no aeroporto:

— "Não! Em 'O Astro', não. Lá não tem preto!"

Todos caíram na gargalhada, a entrevista continuou por longas horas e ficou tudo bem. Assim, mais um atraso era disfarçado com uma piada, uma que mostrava Mussum tirando de letra toda a pressão que o cercava. Outros casos contados por Mussum para driblar as broncas pelos constantes atrasos falavam das incomuns – para não dizer racistas

---

24. *O Pasquim*, ano X, nº 474.

– demonstrações de carinho dos fãs. Como na história em que uma mulher coloca forçadamente um garoto nos braços do humorista e incentiva a criança dizendo: "Abraça ele, meu filho, pode encostar que não solta tinta!". Ou então uma quase agressão na fila para o embarque:

— Estava na fila para entrar no avião e tomei um empurrão no meio das costas. Pensei que era algum amigo, algum conhecido brincando, mas não era. Eu me virei e era um paulista, de terno, com aquelas pastas 007. Ele olhou bem sério para mim e disse: "Agora você é da S.W.A.T., negão! Tem que aprender a se defender!". E o miserável caiu na risada!

Capítulo 14
A guerra dos planetas (1979)

"Vocês não têm a chance de ter esse bronzeadis que eu tenho."

As brincadeiras e a informalidade para justificar os atrasos funcionavam apenas até certo ponto. Quando as discussões encrespavam de vez, Mussum era obrigado a citar os números superlativos dos Trapalhões para os Originais ou então explicar aos Trapalhões a importância dos Originais para sua vida. Sempre dava um empate apertado, e os companheiros tanto da trupe quanto do conjunto acabavam cedendo. Dos dois lados, a presença do malandro mangueirense não era mais opcional. Mais do que um programa de TV, *Os Trapalhões* transformara-se em uma febre nacional, poderosa e lucrativa. O próprio Renato Aragão, criador do grupo e dono da marca, abriu mão de ser o nome maior nos letreiros dos cinemas para explorar melhor a sinergia com o fenômeno da televisão. Em 1978, pela primeira vez com Dedé, Mussum e Zacarias – ainda aparecendo nos créditos como Mauro Gonçalves – no mesmo elenco, o título do filme seria o nome do grupo, na fita *Os Trapalhões na Guerra dos Planetas*.

Os Originais do Samba, por sua vez, lucravam com a fama do seu tocador de reco-reco e encontravam espaço cativo na grade da Globo graças ao prestígio e às amizades do integrante trapalhão. Algo ainda mais importante em um período duro para os músicos nacionais. A disco music tomava o lugar do samba e da MPB como ritmo preferido das casas noturnas e a riquíssima fauna da cena musical nacional penava para achar espaço na noite, agora tomada pelos *Hi-Fis* e *disc jockeys*. Não era só na novela *Dancin' Days* que o artista brasileiro perdia terreno para o enlatado. O cenário foi bem descrito pelos próprios Originais no álbum de 1977, na reclamação da música "Toca Nicanor", do refrão "Toca Nicador/ Toca Nicanor/ Stop/ Deixa o rock para a Leonor/ Toca Nicador/ Toca Nicanor/ Toca samba, por favor". Apesar do protesto, a carreira de músico de Mussum seguia a todo vapor, com grandes expectativas do público, das rádios e da gravadora para o lançamento de *O aniversário do Tarzan*, um disco capaz de traduzir perfeitamente a fase final de transformação do Mussum sambista para o Mussum humorista.

Ao contrário dos outros álbuns, em que todos os integrantes dos Originais apareciam com o mesmo destaque, sem uma ordem hierárquica definida nas fotos de capas e contracapas, o LP de 1978 dava claro destaque ao seu integrante mais midiático. Com uma temática infantil, o álbum trazia Mussum em posição central, fantasiado de Tarzan, de sunga com estampa de oncinha e uma bela barriga à mostra, e os outros músicos caricaturalmente fantasiados. Bigode vestido de Mandrake, Lelei de Fantasma, Branca de Neve de Lothar, Chiquinho de Zorro e Bidi de Sargento Garcia. Entre os músicos, desenhos de animais fazendo piadas, em balões coloridos, continuavam o clima de avacalhação. Um orangotango pensava, no cantinho da capa, entre onomatopeias de cartoon: "Eu disse pro Tarzan não ir muito à praia".

Eram referências a alguns dos personagens citados na faixa título, um pagodão misturado com discoteca em uma letra digna de "Samba do crioulo doido" costurada pelo experiente compositor de enredos Bidi. Para comemorar o tal do aniversário do Tarzan, apareciam no encontro personagens de histórias em quadrinhos gringos, como os citados na capa, e nacionais, como Mônica, Cascão, Anjinho e Cebolinha – com este último dando uma canja de "Palabéns pla você".

A brincadeira em nada lembrava a qualidade dos primeiros trabalhos ao lado de Elis Regina, Baden Powell e Jorge Ben, mas isso não impediu a pompa de lançamento. Como já havia acontecido com enorme sucesso com "Nego veio quando morre", a nova música do conjunto de Mussum foi lançada com clipe no *Fantástico* e grande investimento do departamento de marketing da RCA. O vídeo, aliás, merece destaque pelo clima de superprodução (para os padrões da época, claro). Os integrantes do conjunto participam de uma festança no meio de uma floresta cenográfica ao lado de figurantes fantasiados de Shazam, Capitão América, Popeye e outros heróis dos gibis. Mussum, com um chimpanzé a tiracolo, aparece bebendo uma branquinha em vários momentos... Até que vai assoprar as velinhas e acaba queimando o bolo ao soprar uma labareda enorme. Afinal, espirrar álcool no fogo...

Não era só na faixa principal que o disco mostrava a distância entre os Originais do final dos anos 1970 e aquele humilde conjunto de ritmistas queridinhos dos monstros da MPB. Completam a bolacha "Sambatheque (tá tudo aí)", uma tentativa de aproximação com o ritmo da moda, com Mussum falando uma frase qualquer em francês, "Blusa amarela", pagode que cita uma nega tanajura e faz um trocadilho sacana (Olha a blusa dela/ Olha a blusa dela/ Chegou a nega tanajura com a blusa amarela), e ainda um medley com um pot-pourri que vai de "Carinhoso", de Pixinguinha e João de Barro, até "A jardineira", de Benedito Lacerda e Humberto Porto.

Tanta novidade não foi bem-recebida pelos fãs tradicionais dos Originais, mas os novos fãs, as crianças acostumadas a curtir o trapalhão Mussum, garantiram boas vendas. A idolatria do público infantil chegava a incomodar nas turnês. Quando se espalhava a notícia de que Mussum estava hospedado em certo hotel, a molecada saía batendo de porta em porta ou ligando em todos os ramais dos quartos até descobrir onde estava o trapalhão. Quando descobriam, o assédio não cessava mais.

A condição de estrela dos Originais e dos Trapalhões consumia quase todo o tempo de Mussum, e ele, casado e pai de quatro filhos, tinha a obrigação e o desejo de passar mais tempo com seus entes queridos. Ainda mais depois de a casa de Jacarepaguá ficar pronta, com seus jardins, quartos e salões feitos sob medida para o gosto do novo proprietário. Lembrando-se da sua breve e frustrada carreira de empreiteiro, o sambista fez uma reforma que incluiu a construção de um novo andar na casa, tendo o quarto do casal sete por nove metros quadrados, uma belíssima varanda e uma biblioteca. O acabamento dos móveis era em madeira rústica e tijolos à vista, e os objetos de maior destaque na decoração eram duas bandeiras emolduradas, uma do Flamengo, assinada por Zico, e uma da Mangueira, com dedicatória de Dona Mocinha. Tudo para agradar em cheio Neila, a esposa, que deixara seu emprego na Prefeitura de São Paulo para mudar-se para o Rio de Janeiro junto com Sandro, então com dois anos, e Augusto, de treze.

Fora de casa, havia ainda a urgência de aproveitar o retorno ao Rio de Janeiro e a proximidade com a Mangueira e todos os *cumpadis* das antigas. O jeito foi, então, se multiplicar por quatro: o palhaço da TV, o músico dos palcos, o chefe de família e o sambista boêmio. Com duas longas sessões de gravação para a TV, geralmente no meio da semana, a rotina de humorista profissional era dividida com rápidas escapadas pelos botecos. Sempre que podia, encontrava um lugar perto do estúdio ou da locação para tomar um *mé*. E, no retorno do trabalho, reunia-se com alguns amigos dispostos a *matar o bicho* na Lapa ou mesmo no largo do Anil, próximo de sua nova moradia. A adaptação a Jacarepaguá foi tão rápida que Mussum sabia até os horários que os donos dos bares serviam certas iguarias. Muitas vezes saía mais cedo de casa só para começar o dia comendo ovos coloridos fresquinhos e bebendo uma dose de Xixi da Xuxa, como apelidou sua cachacinha envelhecida preferida.

Quando conquistava uma folga, de um dia ou de algumas semanas, dava espaço para passeios com os filhos, brincadeiras com os sobrinhos, viagens com a patroa e rodas de samba em Mangueira. Em uma situação ou em outra, o comportamento de Mussum era sempre o mesmo. Cumprimentava todos aonde chegava e fazia amizades breves, sinceras e fortes com seus parceiros de copo. Já não era mais o moleque magrelo de São Francisco Xavier, mas pedia licença e a benção para Dona Malvina para entrar e sair de casa. Seu rosto era conhecido em todo o território nacional, mas, quando estava nas feijoadas na casa de Dona Neuma ou nos botecos do Méier, era apenas mais um mangueirense tomando cachaça, sem camisa e com uma toalhinha pendurada no ombro, para enxugar o "petróleo" que escorria de sua testa enquanto tocava partido-alto junto dos outros colegas de *sindicatis*.

Os longos anos rodando pelos palcos do Brasil e do mundo, no entanto, fizeram com que a resistência de Mussum ao *mé* aumentasse até atingir proporções lendárias. Poucos eram capazes de acompanhar um dia de bebedeira ao lado do trapalhão. Intercalando cerveja gelada e batidas de limão com doses de uísque, conhaque e o que mais pintasse, ele varava o dia com um copo na mão. Mais raros ainda eram os relatos de quem via o boêmio trançar as pernas, vomitar ou falar aquilo que não devia. Ao longo dos anos de relacionamento íntimo com as *biritis*, Mussum desenvolveu alguns gatilhos para evitar vexames. O primeiro e mais usado era a comilança. Junto das grandes quantidades de bebida, encarava quantidades maiores ainda de feijoada, rabada, peixadas, mocotós e churrascos. Fazia pratos enormes e conseguia, assim, segurar a onda para recomeçar os trabalhos novamente.

Quando o segundo turno de *beiçadas* começava a pesar, Mussum tinha por regra encostar e dormir no primeiro canto disponível. Muitas vezes roncando alto, o mangueirense capotava e dava trabalho para ser acordado ou removido. Se ninguém notasse a escapada e a festa durasse o suficiente, porém, era capaz de emendar um terceiro turno, com mais rodadas de bebedeira e desenfreada comilança. Mesmo com toda a grana, continuava a ter modos simples. No retorno ao Rio, matando a saudade das peregrinações alcoólicas com o *cumpadi* Nilton, parava nas mesmas biroscas e comia as iguarias dos tempos de soldado de segunda classe. Passavam pelo seu prato cachorros-quentes "com tudo dentro", carne assada no estilo churrasco grego, bolinhos de aipim, ovos coloridos e pedaços meio peludos de pururuca. Um desses lugares de baixíssima gastronomia ficava no bairro da Candelária, onde uma vendinha fazia um mocotó que era uma delícia – apesar de ser preparado em um local sem pia ou torneira, com os pratos sujos lavados em uma bacia.

O divertimento simples contrastava com as responsabilidades cada vez maiores na carreira. No cinema, programado para ser lançado em dezembro, *Os Trapalhões na Guerra dos Planetas* tinha aspirações ainda maiores que seu antecessor, o campeão de bilheteria *O Trapalhão nas Minas do Rei Salomão*. Com Mussum totalmente à vontade e Zacarias dando maior suporte às falas e encenações, partiu-se para a produção mais ousada da carreira do grupo de humoristas até então. No lugar do veterano J. B. Tanko, de 73 anos, que havia dirigido sete filmes trapalhônicos nos últimos dez anos, a produção ficou a cargo de Adriano Stuart, de 35 anos, redator preferido do grupo na televisão. Embora escrevesse quadros para o programa na Globo, a verdadeira vocação de Stuart era fazer cinema. Ele havia estreado como ator na TV Tupi em 1951, aos oito anos, e quatro anos mais tarde já teria seu primeiro papel no cinema, no filme *O sobrado*. A partir daí, além de compor músicas, montar peças e atuar no teatro, mergulhou com gosto no escracho das chanchadas da Boca do Lixo.

Para mencionar apenas as obras que melhor traduzem o tipo de humor praticado por Stuart, dois exemplos: *Bacalhau*, a história de um tosco peixe assassino de beldades satirizando *Tubarão*, de Steven Spielberg, e *Kung Fu contra as bonecas*, a saga de um mestre de artes marciais vagando pelo Sertão nordestino em busca de vingança contra um bando de cangaceiros efeminados que mataram seus pais. Tanto em uma fita quanto na outra, cenas de lutas engraçadíssimas, efeitos especiais feitos na base do improviso e diálogos surreais, misturando humor e malícia. Para completar, Stuart adorava tomar um *mé* com Mussum e ficou muito amigo de todos do elenco por causa de seu jeito caipira e simples de ser. Assim deixava o clima leve no estúdio e todos rendiam bem. Em suma, a receita facilmente reconhecida nos melhores quadros de *Os Trapalhões* na TV seria transportada para o cinema.

A diferença era a grana à disposição do diretor. Se nos tempos de cinema marginal era preciso aproveitar cada tomada pensando em economizar o rolo de filme, na nova empreitada contaria com um orçamento de 10 milhões de cruzeiros. O montante era maior do que o dobro da arrecadação de bilheteria dos dois filmes anteriores. A verba era fruto do trabalho da recém-inaugurada Renato Aragão Produções Artísticas Ltda., empresa responsável pela captação de recursos, filmagem, edição e produção do filme. Em parceria com a Globo e outros patrocinadores, a R.A. Produções conseguiu bancar tomadas aéreas, locações externas e internas variadas, efeitos especiais, sequências com mais de quarenta figurantes em cena e perseguições envolvendo vários carros e motos ao mesmo tempo. Afinal, até para satirizar o blockbuster mundial *Guerra nas Estrelas*, de George Lucas, era preciso caprichar. Obviamente, o apuro na produção ia até certo ponto. Nem com muito dinheiro, uma obra de cinema nacional conseguiria equiparar-se a uma superprodução americana. Embora em *Os Trapalhões na Guerra dos Planetas* haja uma cena dos Trapalhões dançando, e depois brigando, em uma boate interplanetária ao som de "People of The World, Rise!", do The Trammps, a trilha sonora do longa, quase exclusivamente composta por música instrumental, desafiava os tímpanos da audiência com insistentes e repetitivos solos de teclado distorcido.

Nas cenas de luta, apesar do uso de câmera lenta e do grande número de atores envolvidos, há um abuso dos infames replays das cacetadas, mais tarde usados em quase todos os episódios do programa de TV. O Luke Skywalker brasileiro, o príncipe Flick, foi interpretado pelo playboy Pedrinho Aguinaga, famoso como "o homem mais bonito do Brasil" e popular garoto-propaganda do cigarro Chanceller 100, "o fino que satisfaz". O vilão, um arremedo de Darth Vader chamado Zuco, é mais uma vez encarnado por Carlos Kurt. Ainda vale destacar no elenco o ajudante do mocinho, um clone de Chewbacca... que fuma! A criatura assustadora foi vivida por uma figurinha fácil de reconhecer em vários episódios de *Os Trapalhões*. Figurinha é jeito de falar, claro, pois Emil Assad Rached tinha 2,23 metros de altura. Vindo do interior paulista, era ex-jogador da seleção brasileira de basquete e fazia sempre o mesmo papel de gigante invocado que batia em Didi.

Os Trapalhões entravam na história de *A Guerra dos Planetas* após serem abduzidos pelo disco voador de Flick ou, segundo Mussum, "uma tartaruga *voadoris*". A aposta na ficção científica e no excesso de trucagens confundiria um pouco a cabeça das crianças, mas, mesmo assim, o filme chegou simultaneamente a 85 cidades brasileiras como a maior atração das férias. Do lançamento no Cinema Rian, na avenida Atlântica, em 18 de dezembro, até a exibição na mais remota sala no interior do Amazonas meses depois, *A Guerra dos Planetas* foi a pedida preferida dos brasileirinhos. Embora não tivesse batido o recorde da película anterior, ninguém no país conseguia alcançar a marca dos 5 milhões e ainda assim achar que o resultado não foi lá grandes coisas. O alto investimento de Renato Aragão mais uma vez havia sido pago e o trapalhão líder ganhava fôlego para tirar da gaveta o projeto de fazer dois filmes por ano, com lançamentos programados para estrear nas férias escolares no meio e no final de cada período letivo. Já havia feito essa mesma aposta em 1973 e conseguido bons resultados. Pensava, com razão, que a fase iluminada dos Trapalhões permitiria a produção em dobro com lucros ainda maiores. E isso era o mesmo que dizer que a agenda apertada de Mussum estava prestes a ficar impossível de ser cumprida.

Sem a presença paternal de Corumba nem a disciplina dos tempos de pobreza em São Paulo, Os Originais do Samba passavam por um momento delicado. Convites para tocar em todo o Brasil não faltavam, mas o calendário de compromissos da maior estrela do grupo travava a vida do restante do conjunto. Geralmente, às terças e quintas-feiras, os Trapalhões passavam o dia todo gravando. Deviam chegar ao teatro Fênix por volta da uma da tarde para passar os textos e fazer o primeiro ensaio com o elenco de apoio e os figurantes. Depois, precisavam ir para os camarins preparar maquiagens e figurinos para começar, de fato, as gravações. Era um trabalho que durava toda a noite e muitas vezes invadia as primeiras horas da madrugada. Isso sem falar nas gravações externas, feitas em dias diferentes e sujeitas a todo tipo de imprevisto. Um quadro na praia não poderia ser filmado em um dia de chuva, efeitos cenográficos como explosões e cenários podiam falhar ou atrasar, uma infinidade de coisas podia acontecer. O clima era sempre bastante descontraído, com os erros de falas e eventuais mancadas da equipe técnica transformando-se em brincadeiras que na maioria das vezes iam ao ar – e muitos palavrões que começaram a preocupar a cúpula da emissora. Entrou para o folclore de *Os Trapalhões* uma suposta ordem da Globo para destruir as fitas com erros e restos de gravação para não correr o risco de que um dia o público infantil visse Didi, Dedé e Mussum falando palavrões cabeludos. Ninguém da emissora confirma essa história, mas as brincadeiras escrachadas de fato aconteciam fartamente.

Tanto que, décadas depois, vazou na internet um vídeo em que Renato, como Formiga, pede a Zacarias, uma bem-sucedida Cigarra, para mandar La Fontaine, autor da famosa fábula, para a puta que o pariu.

Com ou sem uma esticada para dar uma beiçada depois das gravações, não era possível contar com Mussum logo no outro dia de manhã. E os sambistas viam-se constantemente em um dilema: perder voos para esperar o tocador de reco-reco, viajar sem o integrante e torcer para ele chegar a tempo no destino depois ou mesmo cancelar compromissos. Qualquer uma das opções era incômoda.

A logística dos Originais era intrincada e exigia empenho dos músicos. Além dos ensaios, gravações para seus discos e a participação em programas de TV e de rádio, as turnês pelo interior do país consumiam semanas inteiras. Geralmente, os músicos hospedavam-se na capital de um estado e viajavam de carro, ida e volta, para as cidades do interior. Podiam, por exemplo, escolher Belo Horizonte como base e dirigir até Juiz de Fora, São João del-Rei ou qualquer outro município mineiro. Os atrasos ou desistências de Mussum complicavam a programação, e a repetição dessa situação tornou a convivência do grupo inviável. Até que foi convocada uma reunião para definir qual seria o futuro do grupo.

Por falta de tempo e de local mais apropriado, o papo foi realizado no próprio ônibus do conjunto, durante uma viagem entre São Paulo e Campinas. Os cinco integrantes dos Originais enquadraram Mussum, pedindo uma mudança de comportamento completa ou, do contrário, sua saída. O ultimato estava feito e, com lágrimas nos olhos, a resposta veio com voz embargada:

— Se for preciso, largo tudo e fico com vocês.

Não foi só uma promessa. O conjunto, vinte anos depois da gênese na praça Tiradentes, buscou suas raízes e voltou a privilegiar a igualdade entre seus integrantes e o samba vindo diretamente do morro – sem perder a tendência ao deboche, claro. O próximo álbum dos Originais, *Clima total*, foi uma síntese do novo compromisso dos integrantes. Na capa, todos de roupa branca voltam a aparecer no mesmo plano, sem hierarquia ou destaque especial para alguém. O repertório, inteiro formado por bons sambas e sem invencionices, trazia participações dos nomes primordiais para a história do grupo. A primeira faixa, "O amor nascerá depois", contava com a especialíssima participação do violão de Baden Powell; "Baile familiar" tinha letra de Eduardo Gudin e Paulo César Pinheiro, e nas demais canções acontecia um desfile de diplomatas do pagode de favela, como Pelado da Mangueira, Hélio Turco, Neoci, Dedé da Portela, Beto Sem Braço e Bom Cabelo. O pé-quente Luís Carlos também dá as caras, com a excelente "Mané marcou, dançou", assinando a composição ao lado de Tião Pelado. A música, involuntariamente, trazia versos que justificariam exatamente o que aconteceria nos próximos meses com Mussum: "Você marcou, Mané/ Mané, marcou, dançou/ Agora chora dizendo que a sorte não lhe ajudou".

Compor, ensaiar, gravar, dar uma bela beiçada e tocar samba pelo Brasil eram as atividades preferidas do sambista mangueirense, mas não havia mais tempo para fazer nem metade disso. Enquanto tentava reatar seus laços com o samba autêntico, os compromissos da carreira de humorista ficavam cada vez mais constantes e exigentes. Além de ter de gravar dois filmes com os Trapalhões em 1979, ficou desesperado ao saber que uma das fitas seria rodada fora do Brasil.

O cinderelo trapalhão, a fita destinada a divertir a molecada nas férias de meio de ano, foi gravada em locações na estância climática de Miguel Pereira, a 120 quilômetros do Rio. O local era tão agradável e perto da capital que Mussum acabou comprando uma casa por lá. Não seria um grande problema para a agenda de músico gravar de dia no centro-sul fluminense e voltar à noite para tocar com os Originais. Afinal, a sátira da Gata Borralheira teria uma trama simples e uma produção mais simples ainda. Embora fosse ambientada em "uma pequena aldeia distante do nosso tempo e de nossa terra", como introduzia o narrador, os cenários continham elementos contemporâneos, como motos, Fuscas e carros da Ford.

Na história levada aos cinemas sobraria pouco do conto de Charles Perrault. Renato Aragão seria mais uma vez o herói improvável, pobre e sujo, mas com um coração de ouro e uma inteligência acima do comum. Dedé, Mussum e Zacarias, em compensação, passariam a interpretar papéis de coadjuvantes engraçados, mas sem grande relevância.

Em *Cinderelo*, ficam sem aparecer na tela entre os minutos 17 e 40 da película. Mesmo assim, protagonizam cenas inesquecíveis. Usando um chapéu de pele de guaxinim no estilo Daniel Boone, Mussum aparece bebendo sem nenhum freio. Enquanto os Trapalhões treinam levantando pesos e fazendo exercícios para encarar os capangas do vilão, o mangueirense aparece dando goles e mais goles em um copo enorme de cachaça. Mais tarde, numa cena em que todos os personagens se envolvem em uma interminável troca de tapas e pontapés, Mussum reserva-se o direito de sentar e assistir à peleja, enquanto enxuga uma garrafa de *mé* até cair embriagado.

O filme também traz uma das melhores, se não a melhor, fala de Mussum no cinema. Ao treinar os camponeses para a luta final, o personagem distrai os aprendizes com um frenético samba de passista e depois aplica uma rasteira em três deles ao mesmo tempo. Espantado, um dos personagens provoca o diálogo:

— Nossa! Você é faixa preta?

— Eu sou preto *inteiris, cumpadi! Inteiris!*

Como era esperado: sucesso nas bilheterias. Embora muito mais despretensioso que *Os Trapalhões na Guerra dos Planetas*, *Cinderelo* também atraiu cerca de 5 milhões de espectadores aos cinemas brasileiros e lucrou 12 milhões de cruzeiros nas bilheterias. Era a conta necessária para a primeira empreitada internacional da Renato Aragão Produções, o filme *O o rei e os Trapalhões*, uma história das mil e uma noites a ser filmada em Marrocos.

Foi mais ou menos nessa época que Dedé começou a brincar com o colega, apelidando-o de "judeu cearense". Como se estivesse em uma mesa de pôquer, sempre com quatro cartas perfeitas, Renato dobrava a aposta e sempre vencia. As cifras conquistadas nas salas brasileiras despertavam até sondagens de estúdios americanos, como a Warner e o Universal. Independentemente da qualidade dos efeitos e da simplicidade dos roteiros, os longas dos Trapalhões seguiam como uma das poucas opções destinadas ao público infantil, concorrendo apenas com desenhos da Disney, reprises de Jerry Lewis e com um punhado de esporádicos filmes de Natal ou obras insossas com classificação "para toda a família".

A intenção de caprichar em *O rei e os Trapalhões* começava nos bastidores. Estava acertada a exibição do filme em Portugal e no México. No Brasil, a fita contaria com 91 cópias para serem espalhadas por todo o território nacional. E todo o dinheiro arrecadado com os títulos anteriores seria apostado novamente na produção. Por isso, no lugar de criar uma cidade cenográfica e fingir que pedreiras cariocas eram desertos, a ideia foi levar toda a equipe para filmar a história inspirada no tradicional conto *O ladrão de Bagdá* em locações nas cidades de Marrakech e Rabat.

Com ajuda do Ministério das Relações Exteriores, a R.A. Produções artísticas conseguiu liberar a entrada de 28 pessoas no Marrocos. A comitiva seria formada pelo elenco, a equipe técnica e três intérpretes. De acordo com os planos de Renato, quanto mais cenas fossem gravadas na África, melhor. Mas as coisas não seriam nada fáceis. Didi, Dedé, Mussum, Zacarias, Adriano Stuart, Carlos Kurt e companhia chegariam em um país em guerra, em meio ao pináculo de uma crise política. Em agosto de 1979, o Marrocos estava envolvido, junto com a Espanha e a Mauritânia, em uma disputa territorial chamada de Conflito do Saara Ocidental. Por isso, todos os passos dos brasileiros seriam seguidos de perto por soldados armados e muito desconfiados dos visitantes.

Na prática, a autorização obtida com a ajuda de Brasília não serviria de nada. A equipe ficou parada treze dias sem poder filmar e sem entender a razão da proibição, enquanto derretia sob um calor tão forte que obrigou Mussum a tirar sua inseparável corrente de ouro do pescoço. A agenda de filmagens estava severamente atrasada, consumindo o orçamento destinado às despesas da viagem e deixando o mangueirense maluco, afinal, o *mé* é proibido por aquelas bandas.

Para contornar a situação, foram necessárias boas doses de malandragem. Uma parte da equipe pediu autorização para sair sozinha e fazer um piquenique. Na verdade, escaparam rapidamente para filmar ilegalmente. O equipamento foi escondido dentro de cestos de vime, com sanduíches por cima. Em outro *chapéu* aplicado na guarda marroquina, o diretor Adriano Stuart exigiu, por meio do intérprete, que o guarda fosse ligar novamente para seus superiores, insistindo no pedido de autorização.

Enquanto o militar saía para fazer a chamada, a equipe filmava tudo rapidinho. Quando o incauto voltava, negando a autorização, as cenas já estavam gravadas.

Até quando, finalmente, a permissão oficial para levar suas câmeras às ruas chegou, as exigências das autoridades marroquinas beiravam o absurdo. Podia-se gravar de um lado de uma rua, mas não do outro. Alguns figurantes locais eram proibidos de aparecer, outros eram incentivados. Planos com o famoso mercado de rua de Marrakech foram vetados; mostrar os cavaleiros berberes foi liberado. Para azar de Mussum, a cena com os encantadores de cobras foi permitida. O sambista tinha pavor dos bichos e, após muita reclamação, pediu para ficar fora das sequências que mostravam os personagens Abel, Abil, Abol e Abul (as versões Sherazade de Didi, Dedé, Mussum e Zacarias) perto das najas. Esse seria o menor dos problemas.

Ameaçada de ter o parco material gravado apreendido, a produção precisou contrabandear algumas das latas com filmes, escondendo o material em meio a roupas sujas nas malas. No final das contas, menos de 40% das cenas da versão final do filme traziam imagens capturadas no Marrocos. Foi preciso improvisar de novo, transformando o Rio de Janeiro em cidadela persa e incluindo no roteiro uma viagem no tempo com os malandros das mil e uma noites passando uma temporada em um típico xadrez carioca. Se a criançada engoliu um planeta dos macacos e uma guerra nas estrelas feitos com sérias restrições cenográficas, aquilo não seria problema. E, mais uma vez, a cara de pau do chanchadeiro diretor Adriano Stuart contou a favor da improvisação. Com o mínimo de atraso, *O rei e os Trapalhões* chegou a tempo de aproveitar as férias de verão da molecada e manter a sequência de vitórias de Renato Aragão nas bilheterias. Apesar de todas as dificuldades financeiras, a fita alcançou 4,2 milhões de espectadores. Se não era um recorde, pelo menos pagava os prejuízos e alimentava as esperanças de expansão internacional da marca "Os Trapalhões". Em menos de doze meses conquistaram um público superior a 10 milhões de pessoas, e o sinal verde estava dado para os preparativos para o próximo filme a estrear nas férias de julho.

Assim, junto com a confirmação da agenda para 1980, com mais dois filmes, programas semanais na Globo, shows em circos pelo Brasil e ainda a gravação de discos de piadas e a participação na escolha de produtos licenciados como brinquedos e gibis, veio a decisão inevitável para Mussum. Após um show no interior de São Paulo, onde o contratante espalhou cartazes anunciando "O trapalhão Mussum e Os Originais do Samba" e o público não aplaudia as músicas, pois queria apenas ouvir piadas, foi convocada mais uma reunião. Dessa vez, ficou decidido que o posto de tocador de reco-reco estava vago. Mussum começaria a nova década como um trapalhão em período integral – ou quase isso.

Capítulo 15
O voo do grande pássaro (1980)

"Na vidis o vento que refresca cá, refresca lá também."

Desde que voltou a morar no Rio de Janeiro por causa da ida de *Os Trapalhões* para a Globo, Mussum retomou sua vocação de sambista onipresente. Já atuando como diretor de harmonia da ala das baianas da Estação Primeira de Mangueira, frequentava os ensaios e fazia parte do dia a dia da escola, conhecia do porteiro ao presidente da agremiação e tinha amigos espalhados por todos os cantos do morro. Quando eram feitas à luz do dia, as visitas à favela causavam um tumulto entre as crianças. Elas cercavam a casa de Dona Neuma pedindo autógrafos ou simplesmente um aceno do ídolo da televisão. Na madrugada, indo de vendinha em vendinha como fazia no final da adolescência, o humorista só tinha o assédio dos amigos de antigamente.

Como praticamente em todos os programas de domingo dava um jeitinho de citar as pessoas e as coisas de Mangueira na televisão, a popularidade de Mussum na comunidade era enorme. Mas seus passeios e amigos não estavam restritos à Estação Primeira. Ele participava ativamente das atividades do Clube do Samba, movimento criado por João Nogueira, Alcione e Beth Carvalho para valorizar a música nacional em relação à invasão estrangeira da discoteca e do rock'n'roll. O clube promovia festas de bambas no quintal da casa de João, recebia novos compositores e tentava formar uma unidade coesa dos artistas do gênero. Aspirações estratégicas à parte, rolavam hectolitros de cerveja, cachaça e aulas de samba com mestres de diferentes gerações, como Cartola, Monarco, Martinho da Vila e Paulo César Pinheiro. Mais ou menos com essa mesma turma, o trapalhão criou o hábito de participar das rodas de partido-alto do Grêmio Recreativo Cacique de Ramos. O bloco carnavalesco do bairro da Leopoldina foi criado em 1961. Tendo a Mangueira como madrinha, era naturalmente uma extensão da escola, embora contasse com suas próprias cores, tradições e baluartes. Quando ainda nem sonhava em ser palhaço na TV, Carlinhos do Reco-Reco já era assíduo participante das feijoadas e dos desfiles do bloco. Vivia por lá com a belíssima Marina Montini, a "Mulata do Quarto Centenário", sambando e tomando seu *mé*. Ao longo do ano, sempre sob as folhas das enormes tamarineiras no centro da sede do bloco, ele era mais um dos formidáveis sambistas reunidos ali para beber, trocar ideias e composições, comer fartamente e, claro, fazer música de raiz.

Quando voltou ao Cacique, já no finalzinho dos anos 1970, Mussum encontrou tudo exatamente igual. Ainda pouco conhecido fora do Rio de Janeiro, o espaço funcionava quase como um clube exclusivo para a nata dos sambistas do subúrbio, uma cápsula do tempo preservando o samba de roda de modismos e revisões. A diferença era que naquele momento, além dos ensaios para desfiles e das feijoadas de fim de semana, alguns dos integrantes da diretoria do bloco e seus amigos mais chegados começaram a fazer reuniões semanais, sempre nas noites de quartas-feiras. A ideia era juntar o pessoal, bater uma bola na quadra e, depois de suar um pouco, começar uma roda de partido-alto sem maiores pretensões. Nada de ingresso, palco, caixa de som e microfone. Só havia espaço para o improviso e o batuque mais tradicional. Era o paraíso na terra para Mussum, um reencontro com o começo da sua vida de músico.

Junto com o trapalhão, os pagodes no Cacique atraíram outras personalidades da música e da bola. Por meio de Alcir, ex-jogador do Vasco da Gama, vários atletas dos times cariocas passaram a frequentar o encontro. A acanhada quadra recebeu craques badalados como Jairzinho, Marinho Chagas, Afonsinho, Brito, Nelinho, Perivaldo, Roberto Dinamite, Josimar, Renê, Édson de Souza Barbosa e vários outros. A lista de músicos famosos que visitavam as reuniões na Leopoldina era ainda maior, mas nenhum dos ilustres convidados foi tão importante quanto Beth Carvalho. Com um longo histórico de serviços prestados ao resgate e à divulgação do samba de raiz, a moça de Ipanema tinha o respeito e a admiração das Velhas Guardas de todas as escolas de samba e, no Cacique, foi a grande responsável por organizar a brincadeira e transformá-la em algo muito maior.

Antes de Beth, os sambistas e seus convidados nem pensavam em fazer algum petisco enquanto jogavam bola e tocavam. Kid Mumu da Mangueira e bela companhia viam o dia amanhecer enquanto secavam o estoque de cerveja da vendinha improvisada dentro do Cacique. O humorista gostava de intercalar as geladas com doses de conhaque; e, quando este acabava, ia de pinga. E o menu da casa era esse mesmo. Se por algum motivo alguém quisesse tomar um refrigerante, teria que arrumar o refresco em outro lugar. A tamarineira, símbolo do bloco, além de abençoar espiritualmente o lugar, protegia o pessoal da chuva e do sereno, mas nunca serviu para fazer suco. Era *biritis* em cima de *biritis*, com *biritis* no meio. E *biritis* para fechar. Por isso a cantora começou a organizar churrascos e feijoadas para tornar o ambiente um pouco menos insalubre. O samba ganhou mais fôlego para ir até altas horas, e o pessoal mais boêmio só ia embora por volta das onze da manhã, após mostrar suas músicas, ouvir as músicas dos colegas, repetir os sucessos mais antigos e começar tudo de novo a cada convidado que chegava. Foi no Cacique que o banjo com braço de cavaquinho, desenvolvido por Almir Guineto e Mussum, ganhou ainda mais destaque e passou a aparecer nas gravações de vários sambistas. E essa mesma turma criaria ainda outras improvisações, usando instrumentos adaptados ao pagode, como o tantã, o repique de mão e o repique de anel.

Esse clima de amizade e bebedeira explica as origens de dois dos sambas mais famosos da história. "Vou festejar" tem letra de Jorge Aragão, Neoci e Dida, três crias do Cacique, e "Coisinha do pai" foi escrita por Almir Guineto, o irmão de Chiquinho dos Originais, Luís Carlos, aquele mesmo do hit de "Do lado direito da rua Direita", e Jorge Aragão. A coisinha tão bonitinha do pai valia mesmo ouro. Em 1979, a música estourou nas rádios com a voz de Beth Carvalho e teve seu lançamento na TV, com ajuda de Mussum, em um episódio de *Os Trapalhões*. A cantora participava de uma roda de improviso, acompanhada por um improvável conjunto com Mussum no surdo, Didi no pandeiro, Dedé no violão e Zacarias no tamborim. Depois de fazer rimas com os palhaços, começava a cantar "Coisinha do pai" enquanto o quarteto fazia macaquices à sua volta. Brincadeira que impulsionou ainda mais a carreira de Beth e representou o primeiro grande sucesso de Almir e Jorge.

Tanto samba, tanta alegria, tanta amizade e, claro, tanto *mé* fizeram brotar na cabeça de Mussum a ideia de retomar sua vida de sambista. Por mais que a carreira de humorista estivesse em sua fase mais elogiada, no fundo ele jamais deixou de considerar a si mesmo como um músico. A saída dos Originais havia deixado um buraco enorme em seu peito. Era sofrido ouvir as histórias dos amigos, fazendo shows em ginásios vazios e tendo compromissos cancelados quando os contratantes descobriam que o grupo estava desfalcado de sua principal estrela. Mesmo assim, o mangueirense sabia ser impossível o seu retorno à rotina puxada do grupo. Sem muita pressa, pensava em montar um novo conjunto ou mesmo partir para a carreira solo, mas isso não era o mais importante.

A RCA Victor também sentia falta de Mussum, artista com quem tinha contrato até 1984. Desde o começo da crise entre o músico e seus colegas de Originais, as vendas dos discos do conjunto despencaram. O último hit fora "O aniversário do Tarzan", de 1978, mas a imagem do artista só havia ficado mais conhecida e mais querida desde então. A gravadora, assim, fez o convite para o disco solo, mas, apesar da vontade de aceitar, Mussum hesitou e disse não. Sabia que cantar não era seu forte e previa um eventual fracasso do disco, manchando sua reputação de sambista construída com tanto esforço nos últimos vinte anos. Outra preocupação era seu álbum ser confundido com um LP de piadas. O receio era justificado, uma vez que os discos dos Trapalhões faziam grande sucesso entre as crianças e, a essa altura, o lado comediante eclipsava seu cartaz de músico. Desconversou e prometeu dar uma resposta para a RCA qualquer dia desses, deixando o disco para mais tarde. Os produtores da gravadora, no entanto, sentiram que o velho Mussa estava balançado com a proposta e combinaram com ele o seguinte: faria as gravações na data que quisesse, com os músicos que escolhesse e com total liberdade para selecionar o repertório. As vantagens eram grandes demais para serem ignoradas. O contrato foi assinado e a carreira de músico estava prestes a ser retomada. Mas, antes disso, eram os compromissos da vida de estrela do cinema que surgiam com urgência na agenda. As lucrativas turnês de apresentações em circos e a crescente audiência na televisão – que consequentemente aumentava o valor dos merchandisings trazidos por Beto Carrero – rendiam uma vida confortabilíssima para o quarteto de palhaços, porém o cinema ainda era a maior obsessão de Renato Aragão.

Por mais que tivesse liberdade para tocar *Os Trapalhões* na Globo, era nos filmes do grupo que o cearense sentia-se realizado como artista e como empreendedor. Renato movimentava quantidades astronômicas de dinheiro. Em um mês estava correndo atrás da Ancine, da Globo e dos bancos em busca de empréstimos e de renegociações de dívidas e repasses. Chegava a vender alguns de seus imóveis. Logo em seguida, aparecia esbanjando fortunas após fechar acordos para divulgar programas do governo federal na abertura de seus filmes. Lucrava bem mais que os outros três colegas de trapalhões, mas trabalhava o dobro e corria o quádruplo de riscos. Esse fluxo de investimentos, lucros e prejuízos era constantemente motivo de reclamação do trapalhão líder em suas entrevistas. Quando perguntado sobre sua situação financeira, após tantos anos de seguidos recordes de bilheterias, respondia dizendo: "O Didi vai muito bem, o Renato é quem vai mal". Ninguém dava muita bola em relação ao dinheiro ganho ou perdido pelos Trapalhões, mas uma nota na coluna de Ibrahim Sued n'*O Globo*, em maio de 1980, mudaria definitivamente o foco do burburinho em torno do grupo.

Sued revelava que o humorista cearense havia acabado de fechar a compra da Granja Comary, em Teresópolis, região serrana do Rio de Janeiro. A imensa propriedade foi construída pelo milionário Carlos Guinle, pai do playboy Jorginho Guinle, e por lá se hospedaram até o Duque de Windsor, o presidente Getúlio Vargas e os atores Cary Grant e Kim Novak. Com quatro salões, 23 quartos, nove banheiros, sauna, piscinas, lavanderias, aviários e quilométricos gramados e jardins, a gleba dos Guinle não era apenas uma mansão com valor estimado em cinco milhões de dólares. Ela era um monumento à tradição e à pujança da alta sociedade carioca; não se tratava só de dinheiro. As dondocas da *high society* ficaram horrorizadas com o novo vizinho, inclusive hostilizando-o em eventuais encontros por acaso.

Por causa de toda a polêmica envolvendo a compra da mansão em Teresópolis, *Os três mosqueteiros trapalhões* foi filmado com toneladas de referências ácidas à ganância dos mais ricos, tendo até uma cena em que uma festa de gala acaba com pessoas se estapeando no chão para pegar diamantes. O filme usou como locação principal a própria Granja Comary e também fez propaganda das belezas naturais de Manaus, Foz do Iguaçu e do Rio de Janeiro sob encomenda do governo. Estreou nas férias de julho da molecada e arrastou 4,2 milhões de pessoas aos cinemas. Dessa vez, no entanto, a velha discussão da imprensa sobre a falta de originalidade dos filmes contrastando com seus recordes de bilheteria deu lugar a especulações sobre como o dinheiro obtido nas bilheterias era dividido. No inconsciente coletivo começava a fermentar a ideia de que Renato Aragão estava podre de rico enquanto os outros três trapalhões levavam vidinhas simplórias.

Na verdade, Renato ficava com 50% dos lucros obtidos no cinema, enquanto Dedé, Mussum e Zacarias dividiam entre eles 20%, em partes iguais. A divisão ainda envolvia outros parceiros e investidores das produções, o que podia diminuir ainda mais a fatia do bolo destinada ao trio. Na Globo, os salários eram negociados individualmente e a receita com propaganda era paga em forma de cachê. Já o pagamento pelos shows em circos e ginásios pelos rincões do Brasil era feito de acordo com a participação de cada artista. Se Renato não fizesse parte do espetáculo, não ganhava nada. Se participasse, dividia igualmente o bolo com os colegas. Havia ainda os contratos de licenciamento da marca Os Trapalhões, um ponto delicado da parceria, uma vez que o nome do grupo era de propriedade da Renato Aragão Produções e o direito de uso da imagem dos personagens, por meio de desenhos ou fotos, devia ser pago e repassado para cada um dos três comediantes. Para administrar essas questões,

Dedé, Mussum e Zacarias fundaram a DeMuZa Produções Artísticas e Cinematográficas. Assim, não precisariam se preocupar com a parte burocrática da coisa e podiam aproveitar os milhões de cruzeiros que estavam ganhando. Mesmo dividindo uma parte menor do faturamento dos Trapalhões, dinheiro era o que não faltava.

Dedé investia em imóveis na Barra da Tijuca, Mauro morava em um confortável apartamento em Copacabana e comprou um sítio em Minas Gerais, e Mussum, além de fazer constantes reformas para incrementar a casa de Jacarepaguá, trocava de carro várias vezes por ano. Não conseguia dizer não para os velhos amigos que apareciam com ofertas mirabolantes e acabava fazendo negócios por impulso. Foi mais ou menos assim que decidiu vender sua casa na estância de Miguel Pereira, propriedade comprada menos de um ano antes e que contava até com acesso a um lago, para reinvestir o dinheiro em uma casa na Ilha da Gipoia, em Angra dos Reis. A ideia surgiu, como sempre acontecia, pela influência de algum *cumpadi*. Nesse caso, a história começou entre um bate-papo e outro com Geraldo Freire de Castro Filho, o popular humorista Castrinho. No auge do sucesso com o personagem Cascatinha, do programa *Chico City*, Geraldo viajava pelo Brasil fazendo shows em circos, ginásios e teatros, cobrindo o mesmo circuito infantil dos Trapalhões. Muitas vezes os humoristas faziam apresentações na mesma cidade ou até no mesmo palco. O desajeitado garoto Cascatinha era muito popular entre as crianças e servia perfeitamente para esquentar a plateia para a entrada apoteótica de Didi, Dedé, Mussum e Zacarias.

Durante essas turnês, Mussum e Geraldo começaram a ficar bastante amigos. Ambos curtiam tomar um bom uísque, fumar charutos depois dos shows e, assim, tentar descansar um pouco durante a apertada rotina de viagens por estradas esburacadas e diversas sessões do mesmo show. Também muito palhaços fora do palco, os dois costumavam xingar um ao outro, em clima de galhofa juvenil. Quando Castrinho provocava o colega chamando-o de negão, ouvia rapidamente como resposta um "Negão é sua mãe, seu anão filho da puta!". Mas não ficava por aí.

Em um momento de intimidade forçada dentro de um dos camarins improvisados nos pequenos ginásios em que Os Trapalhões e Cascatinha faziam seus shows, Castrinho notou que o pênis do colega era coberto por manchas brancas, como se tivesse vitiligo. A partir daí, o sacana parceiro de palco passou a chamar Mussum de Malhado, um dos apelidos mais odiados pelo mangueirense. A raiva não era por não conseguir devolver a provocação em grande estilo, mas sim pelo enorme constrangimento de ter de ouvir Castrinho explicando para Deus e o mundo a origem da brincadeira.

Dessa amizade, cada vez mais forte, surgiu o convite para conhecer a recém-comprada casa de Castrinho em Angra. O baixinho havia descoberto as praias particulares de areia branca e água azul-turquesa do arquipélago de Angra e Mussum não costumava recusar um convite para ir à praia. Faltava tempo para fazer a visita, mas, quando o mangueirense finalmente colocou seus pés nas paradisíacas praias do litoral sul do Rio, decidiu que compraria uma casa ali e, algumas semanas depois, já estava assinando os papéis para ser o proprietário de uma casa de frente para o mar da Ilha da Gipóia, na Praia do Calhau, avaliada em mais de 500 milhões de cruzeiros.

Ser proprietário de um imóvel na região não era coisa para qualquer um. Entre os novos vizinhos do trapalhão estariam Boni, Ivo Pitanguy, o mais badalado cirurgião-plástico dos anos 1980, e outros milionários. Manter uma casa ali significava lidar com os custos da geração de energia e do transporte, uma vez que para acessar o local era preciso de uma viagem de, pelo menos, trinta minutos de barco. Mas nem a sofisticação dos vizinhos nem o isolamento tão prezado pelos ricaços fizeram Mussum mudar seu jeito de ser, a começar pela compra do seu primeiro barco. O vendedor, acostumado a lidar com os milionários de Angra, jogou o preço da embarcação lá no alto. O sambista então disse que, por aquele valor, teria que levar dois barcos. Pensando ser piada, o vendedor caiu na gargalhada, mas, no final da transação, o humorista concretizou o negócio da forma como queria. Pelo mesmo dinheiro, comprou uma lancha e levou uma traineira, com motor toque-toque, de bônus.

As dificuldades naturais da vida na Ilha da Gipóia também não impediram Mussum de levar um pedacinho da Mangueira para o arquipélago dos ricaços. Do seu jeito característico, em vez de ficar quieto em sua mansão, ficou amigo dos pescadores da ilha e transformou o Bar do Luiz Rosa, um pequeno boteco rústico todo feito de madeira, em uma autêntica vendinha de favela. No verão, gostava de andar à vontade pela ilha, geralmente descalço, com a camisa aberta e a barba por fazer – tanto que depois das férias voltaria ao trabalho ostentando um bigode.

A grande diversão começava no final da tarde de sexta-feira, com a preparação de um garrafão de pinga com mel e limão que ele levava para o barzinho para tomar com quem quer que estivesse por lá. Sua companhia podia ser os amigos do Fundo de Quintal, os nativos caiçaras da região ou até as celebridades que passavam fins de semana nas ilhas, como a atriz Sônia Braga ou o próprio Boni. Depois de encharcar, bebendo pinga e cerveja sem parar até o começo da madrugada, era hora de cair matando nos generosos pratos de xerelete (pescado ali mesmo) servido com arroz e batata frita. Feita a refeição, a farra continuava madrugada adentro na casa de Mussum, com rodas de samba frequentadas pela nata dos ritmistas e compositores, quase como em uma versão praiana das reuniões de quarta no Cacique de Ramos. O anfitrião divertia-se tentando deixar seus convidados o mais bêbados possível. Preparava mais uma rodada de pinga com mel e limão, colocando a mistura em um grande bule de café e passando o goró de mão em mão até acabar. A farra era tanta que Mussum até virou padrinho de um bloco de carnaval em Angra, o Sindicato dos Biriteiros. A humildade no jeito de tratar as pessoas e a alegria de encontrar o prazer nas coisas pequenas e simples da vida estavam intactas, mas era impossível negar o quanto a vida havia melhorado.

Nesse clima de plena felicidade, após um criterioso processo de escolha do repertório das muitas viagens para as filmagens de *Os três mosqueteiros*, Mussum entrou nos estúdios da RCA Victor sob o comando do maestro José Briamonte para gravar seu primeiro disco solo, embora continuasse receoso por soltar a voz sozinho pela primeira vez. Nos Originais do Samba, quem fazia as vezes de solista era Bidi e, mesmo quando cantava em coro, Mussum sempre era amparado pelos outros cinco companheiros. Dessa vez, sentindo que sua afinação não era lá essas coisas, decidiu então usar a ajuda de backing vocals o máximo possível e cantar miudinho, mais Martinho que Jamelão. Também apelou para a ajuda de amigos talentosos, como o próprio Martinho da Vila, que cantou junto do trapalhão na música "Teatro brasileiro".

A preocupação de ter o álbum de samba confundido com um disco de piadas foi dirimida sem muito esforço. Da primeira até a última faixa, Mussum mostrava uma cancha de comediante experiente, brincando e fazendo comentários engraçados no decorrer das letras. Quem porventura se enganasse na compra, acabaria dando risada do mesmo jeito. Na introdução de "Descobrimento do Brasil", um samba-enredo do Salgueiro de 1962, há uma rápida participação de Didi, Dedé e Zacarias, com Kid Mumu fingindo ser um atencioso professor de história regendo um coro de crianças. Em "Nega besta", uma das pérolas do LP, é relatado em ritmo de bossa nova o romance de Mussum com uma "crioula toda americanista" que tem a boca torta e diz que fala inglês. Bem solto na gravação, o mangueirense até arrisca o refrão de "The Old Fashioned Way", hit gravado pelo francês Charles Aznavour, e desfila uma série de versões para palavras estrangeiras, expandindo o seu vernáculo internacional com traduções como *housis, mortandoela, coca-cuela, biscueito, brékefasti, californis...*

"A vizinha (pega ela peru)", canção escolhida por Mussum e pela gravadora como música de trabalho, era praticamente uma descrição musicada de um quadro de *Os Trapalhões*. Na letra de Paulinho Durena e Alfredo Melodia, desenrola-se a história de duas candinhas que fofocam pela vizinhança. Uma delas começa a apelidar sua inimiga de Peru. Na época, vale explicar, ainda era normal comprar aves vivas nas granjas e abatê-las no quintal. Geralmente os perus, por serem bichos grandes e às vezes até meio enfezados, eram embebedados com cachaça para dar menos trabalho durante o processo. A música prossegue assim: "Dona Maria tá com bronca da vizinha/ E manda a mesma pra tudo quanto é lugar/ Mas a vizinha, osso duro de roer/ Chama a Maria de maria-vai-com-as-outras/ Mas Dona Maria começou a imaginar/ Um apelido que não fosse popular/ É aí, quando a vizinha enche a cara de Pitú/ E passa na esquina é o maior sururu/ Pega ela peru!/ Pega ela peru!". Embora Mussum tenha caprichado no restante das faixas, gravando ao lado da cantora Márcia "Um amor em cada coração", samba inédito de Baden Powell e Vinicius de Moraes, e apostando em boas composições do pessoal do Cacique, com Almir Guineto, Jorge Aragão e Neoci assinando letras, "A vizinha" foi mesmo o grande sucesso do álbum. A música foi lançada com um clipe hilário no *Fantástico*. Em um cenário típico de favela, com barracos grudados um no outro e uma vendinha no meio, Mussum, Marina Miranda e Tião Macalé dão vida à história da "Peru" com direito a muitas caretas, tapas e palhaçadas.

Mussum, o disco solo, não chegou a ser um estouro de vendas, mas "A vizinha" fez sucesso o suficiente para virar uma das músicas mais tocadas no carnaval de 1981 e mostrar que dentro do trapalhão ainda havia um grande sambista, embora o grande sambista mantivesse sempre o comportamento de trapalhão. Quando perguntado sobre para quem ele dedicava o seu primeiro disco, a resposta era sempre: "Não conheço ninguém que mereça esse castigo!".

Próximo da chegada do álbum às melhores casas do ramo, veio o lançamento de *O incrível monstro trapalhão* e, de novo, a carreira de humorista ocupou todo o espaço da vida do sambista, fazendo com que Mussum não chegasse a excursionar com as músicas de seu álbum solo. Mais do que tomar o seu tempo, o filme trouxe um bocado de chateações e a primeira onda de críticas direcionadas exclusivamente para seu trabalho como humorista.

Na história de *O Iincrível monstro trapalhão*, Renato é dr. Jegue, um cientista maluco capaz de transformar pés de marmeleiro, uma planta típica do Nordeste, em um combustível de alta potência. O feito, na verdade, foi alcançado na vida real pelo sobrinho de Renato, Afrânio Aragão Craveiro, responsável pela cadeira de Química na Universidade Federal de Fortaleza. De fato, Afrânio provou que o teor de octanagem da planta era superior ao da gasolina, mas, além da inspiração familiar, o motivo de falar de combustível no roteiro do filme era o patrocínio do governo brasileiro, interessado em incentivar o programa Pró-Álcool. Por isso, a versão trapalhônica de *O médico e o monstro* tem como eixo a disputa de um campeonato de corridas de automóveis em Interlagos. O personagem de Renato trabalha junto dos mecânicos Kiko (Dedé), Sassa (Mussum) e Quindim (Zacarias) na escuderia dos mocinhos, enfrentando um time de pilotos trapaceiros e gangues de estrangeiros interessados em roubar a fórmula do novo combustível. Ninguém reclamou da propaganda política porcamente disfarçada na fita infantil, mas um diálogo entre Dedé e Mussum despertou a ira de muita gente. Logo nos primeiros minutos do filme, Kiko está na garagem tentando consertar o motor de um carro. Nervoso com as trapalhadas de seus colegas, começa a dar broncas, procura ferramentas para erguer o automóvel e grita:

— Cadê o macaco? Onde é que está o macaco? O macaco está aí?

— Tô! Mas macaco é a tua *mãezis*! — responde Sassa, tirando a cabeça de baixo do fosso onde o carro estava reparado.

— Estou falando do macaco, aquele que fica embaixo do carro — retruca Kiko.

— E eu estou *aondis*? — encerra o assunto o mecânico negro.

Não era a primeira e nem seria a última piada racista feita em *Os Trapalhões*, e nessa época, tudo o que os comediantes faziam ganhava uma repercussão tão grande quanto o alcance de seus programas e filmes. Reflexo de uma audiência que chegou, em 23 de setembro de 1980, a um pico histórico no Ibope, representando 80% dos televisores ligados no país. Se lançar uma música com um clipe no humorístico de domingo da TV Globo era quase certeza de sucesso de vendas, a lógica também valia para as gírias, brincadeiras e bordões usados no programa. Didi falava ou fazia algo no fim de semana e, na segunda-feira, a molecada já estava comentando e imitando na hora do recreio. Essa relação com as crianças foi apontada como maior problema para o tom racista. Centenas de cartas chegaram ao serviço de atendimento ao telespectador da Rede Globo acusando Renato Aragão de racista e dizendo que Mussum era um alienado por colaborar passivamente com aquilo. Até associações de defesa da igualdade racial se manifestaram contra o filme e pediram que os Trapalhões fizessem uma retratação pública pela piada. Entre os palhaços, a hipótese nem sequer foi cogitada. A gritaria logo passou pelo simples fato de a maior parte da sociedade nem entender o que havia de errado no caso. Afinal, o humor baseado em ofensas preconceituosas visto na TV era uma reprodução da vida real – com a ressalva de que o comediante rebatia todos os xingamentos, enquanto muitos cidadãos negros nem sonhavam com a mesma prerrogativa em suas vidas cotidianas.

Quando Mussum era provocado ao ser chamado de Azeitona, Azulão, Boi da Cara Preta, Cromado, Fumaça, Fumacinha, Fumê, Fuscão Preto, Galega Azul, Grande Pássaro, Kuta Kintê, Maizena, Morcegão,

Nega da Boca do Tubo, Urubu Sem Asa, Tia Anastácia ou Velho Zuza, rebatia ironizando as origens de Renato, xingando-o de Cabecinha de Aeroporto, Cabecinha de Bater Bife, Cabecinha de Cinzeiro, Coroinha do Padre, Cícero, Crooner de Orquestra de Forró, Fabricante de Jabá, Jumentinho Cearense, Jangadeiro, Mandioqueiro, Mandioca Futebol Clube, Pança-seca, Paraíba, Rei do Jabá, Ô do Jabá ou Strogonoff de Carne-seca. O mangueirense chegou até a compor uma marchinha para azucrinar seu chefe: "No Ceará ele cresceu/ Com farinha ele se criou/ Jabá com coco ele comeu/ O Didi chegou!/ O Didi chegou!".

Dedé entrava na brincadeira e ouvia desaforos por tudo quanto era motivo, num bullying que variava o alvo entre a pobreza de ser niteroiense, sua suposta falta de masculinidade ou sua péssima forma física. Isso acontecia tanto no ar quanto nos bastidores, e a criatividade nas ofensas era tão grande que ofendido e ofensor caíam na risada juntos com as provocações. Apenas Mauro, mais reservado e discreto, não entrava na troca de insultos. Nem na tela, como Zacarias, nem na vida real aquilo combinava com sua personalidade afável; seu papel era muito mais o de conselheiro e amigo do que de companheiro de fuzarca. As acusações de ser alienado e de fazer apenas papéis de personagens subalternos também era infundada. É verdade que Mussum interpretava mendigos, ladrões, malandros, bebuns, faxineiros, mordomos, mecânicos e prostitutas. Mas tão comum quanto esses tipos são as atuações como rei, general, policial, médico, advogado, empresário, velhinho, velhinha, criança e todo tipo de trabalhador. Nas telas, viveu mais de uma vez tanto Deus quanto o diabo. Ainda vale lembrar a obsessão de Renato Aragão com Bonga, seu personagem pobre, de roupas rasgadas e sem ter onde morar. Se até o líder do grupo preferia fazer crítica social e protagonizar tantos quadros e filmes como mendigo, não faria sentido qualquer um dos integrantes brigar para viver ricaços na tela. "Estou aqui fazendo humor e não tese política para defender classe", respondeu Mussum quando perguntado sobre sua atuação enquanto negro na TV.[25]

Quanto ao incômodo de ver uma piada racista associada a um filme infantil, se os grupos quisessem reclamar da exposição de material

---

25. *Veja*, 12/09/1979.

preconceituoso em produtos destinados às crianças, deveriam correr para tirar das bancas os gibis dos Trapalhões. Desde a fase iniciada em 1979, a revistinha trazia histórias independentes do programa de TV, com um humor pouco recomendado para garotos recém-alfabetizados. Quando não estava transformado na Nega Maravilha em sátiras aos super-heróis americanos, Mussum era constantemente desenhado consumindo ou procurando *mé*. Sem falar nos quadrinhos com temáticas mais adultas, como o Didi reclamando do preço da gasolina e da inflação ou o Dedé tentando arrumar um encontro ocasional com alguma gatinha. Em um especial para as férias de verão, a revistinha descrevia as praias do Rio como excelentes lugares para "nadar, tomar sol, jogar bola e ser assaltado".

Perguntado pela mídia sobre o racismo, Mussum tratava o assunto como algo menor. Jamais revelava o quanto sofria com as ofensas que chegavam misturadas no meio da correspondência dos fãs. Os Trapalhões recebiam, em média, duzentas cartas por semana e muita gente aproveitava para xingar o humorista de coisas bem piores do que macaco. Mesmo assim, ele dizia nunca ter sido vítima de preconceito e que o Brasil não era um país racista, pois qualquer cidadão disposto a estudar e trabalhar seria respeitado. Sua opinião oficial era a de que a maior chaga do povo era a falta de educação. "O único círculo social que me interessa é uma banheira redonda que estou instalando em casa", declarou quando perguntado se existiam camadas da sociedade mais ou menos preconceituosas.[26]

Na vida real, o comportamento do cidadão Antônio Carlos Bernardes Gomes era bastante diferente. Amigo e grande admirador dos artistas negros mais engajados, como Milton Gonçalves e Jorge Coutinho, passou grande parte da carreira de músico divulgando a cultura afro-brasileira por meio de gravações com ritmos folclóricos e letras inspiradas em histórias das senzalas – sempre chamadas de cativeiro. Não tinha vergonha de ser negro e não aceitava ser chamado de crioulo ou de negão em nenhuma hipótese. Dedé, amigo íntimo, era o único a ter essa autorização, mas, mesmo assim, ouvia sempre o tradicional:

---

26. *Folha de S.Paulo*, 02/02/1981.

— Negão é a tua *véia*!

Polêmicas à parte, *O incrível monstro trapalhão* foi recebido pela criançada como de costume, sendo a grande atração das férias e mantendo-se na mesma marca de 4,2 milhões de espectadores das outras produções mais recentes. Financeiramente, o negócio também compensou. O patrocínio governamental e os custos reduzidos da realização – em comparação com os efeitos especiais de *Os Trapalhões na Guerra dos Planetas* e com as locações de *O rei e os Trapalhões* – resultaram em um bom lucro para Renato, Dedé, Mussum e Zacarias. Era um bom começo para o ano em que seria comemorado o aniversário de quinze anos de *Os Trapalhões*.

Capítulo 16
Espetáculo com cheirinho de macarrão (1981)

"Paz, alegria e beiço quente! Manda o mé!"

De forma gradual, Adriano Stuart assumiu o comando do programa *Os Trapalhões* na Rede Globo. Era, mais do que um reflexo do sucesso do diretor nos últimos cinco filmes do grupo, o reconhecimento pelo seu talento e jeito desencanado. Na preparação das cenas, ele dava instruções simples sem a definição de marcações de posicionamento muito específicas. Falava algo como "Renato vem daqui, Mussum vem dali e daí começa a cena". Além disso, possuía um senso de humor calcado no deboche e na malícia das pornochanchadas. Com Stuart não existia piada pesada demais. Usando o tom certo, era possível insinuar cenas de sexo, mostrar bebedeiras dionisíacas, tiros, assaltos, brigas e o que mais os redatores imaginassem ser engraçado. Isso incentivava ainda mais o improviso nos quadros e deixava o elenco bastante à vontade para levar para a frente das câmeras o mesmo tipo de brincadeiras que faziam nos bastidores.

Flamenguista fanático, Mussum adorava sacanear o vascaíno Renato Aragão e, a partir das provocações, começavam as já célebres trocas de insultos. Naquele começo dos anos 1980, aliás, sobravam motivos para tirar onda com o chefe. Tendo como base um timaço formado por Zico, Leandro, Mozer, Andrade e Adílio, o Rubro-Negro venceu o Campeonato Brasileiro três vezes (1980, 1982, 1983), a Taça Libertadores da América (1981) e o Mundial de Clubes (1981). Uma fase de ouro também refletida nos torneios regionais e nos confrontos diretos. Os domingos de clássico eram esperados ansiosamente pelos dois trapalhões, que começavam as brincadeiras ao longo da semana prevendo quem seria o perdedor. É fácil afirmar que Renato se dava pior nas brincadeiras e as longas horas de gravação ficavam ainda mais longas para o cearense. Na Era Zico, o Flamengo chegou a vencer o campeonato carioca três vezes seguidas, sendo duas delas sobre o Vasco. A freguesia já vinha da década passada, quando, em 1979, a federação de futebol do estado do Rio de Janeiro decidiu fazer uma espécie de terceiro turno batizado de Taça Organizações Globo. Foi como ter dois Campeonatos Cariocas no mesmo ano. E, para desespero de Renato, deu Flamengo nas duas vezes. Tião Macalé, torcedor do Fluminense, era outra vítima. Mussum descobriu que ele ficava puto quando alguém assoviava o hino do Flamengo e começava a proferir os xingamentos mais cabeludos. A partir daí, começou a cantarolar sempre que podia o cântico rubro-negro no ouvido do injuriado colega.

Mais uma característica de Adriano Stuart muito apreciada e respeitada era a valorização homogênea do elenco. O diretor escolhia Dedé, Mussum e Zacarias como protagonistas de esquetes tanto quanto escalava Didi. Não hesitava em deixar o trapalhão líder de fora de alguns quadros ou em usá-lo como escada para que os outros brilhassem. Essa filosofia de incentivo ao improviso e a prioridade para a igualdade entre o quarteto foram essenciais para a produção de alguns dos momentos mais memoráveis da história de *Os Trapalhões*. Três exemplos: Mussum entalado na banheira; o show de calouros com a música "O casamento da filha do Velho Faceta"; e Mussum e Macalé tentando pagar fiado no bar de Didi, armando a célebre *pindureta*.

A cena do mangueirense preso em uma diminuta banheira implorando pela ajuda dos outros três trapalhões foi tão antológica que chegou a ser tema principal de uma coluna do crítico de TV Artur da Távola, d'*O Globo*, com elogios à ousadia na montagem do quadro.[27] "O importante para o registro do cronista é o humor resultante apenas do que ia sendo adivinhado (logo, puramente conceitual, já que ninguém via o que imaginava passar-se dentro da banheira) e do que era ativado através do dado sensorial. Ao mesmo tempo em que 'partes'

---
27. *O Globo*, 27/10/1981.

do Mussum submersas eram pisadas, outras tentativas de tirá-lo dali faziam-lhe cócegas..."

Nos shows de calouros apresentados por Dedé Santana, todos os palhaços do quarteto apareciam, mas quem mais ficou marcado foi Mauro. Ao lado de Renato, ele canta uma modinha interpretando uma assanhada menina do interior chamada Geni. De trancinhas, maquiagem pesada nas bochechas e um vestidinho florido, Zacarias berra estridente "Papai, eu quero me casar!", no que Didi responde:

— Ô minha filha, então diga com quem!

A partir daí, réplica e tréplica são piadas curtas contadas na métrica e no ritmo da música. Com o leiteiro a menina não pode se casar. O leiteiro tira o leite da vaca e depois vai desmamá-la também. Uma referência ao sexo oral. Com Marlon Brando, ela também não casa bem. Didi explica que o ator amanteigou Maria Schneider e iria amanteigar a filha também. O versinho, sem nenhum sentido para uma criança, cita uma das mais polêmicas cenas do filme *O último tango em Paris*, quando o personagem de Brando usava uma barra de manteiga para lubrificar o ânus de sua parceira. A necessidade da garota desesperada para se casar só é resolvida quando ela propõe Ney Matogrosso como noivo. Didi, satisfeito, diz que o cantor "vira homem e lobisomem, mas quando é homem não faz medo para ninguém". É uma citação do sucesso "O vira", do grupo Secos & Molhados, mas também a insinuação de que, por ser homossexual, Ney não "faria mal", ou seja, não faria sexo com a filha. Em pouco mais de dois minutos, um programa infantil faz piada envolvendo sexo oral, sexo anal e homossexualidade – sem ofender ninguém. Essa era a assinatura de Adriano Stuart.

No mesmo quadro é possível observar outra característica dessa fase anárquica dos Trapalhões na Globo. Antes da antológica apresentação de Didi e Zacarias, Mussum adentra o palco do show de calouros sendo chamado pelo seu nome de batismo completo, Antônio Carlos Bernardes Gomes, e interpreta uma versão caricata de si mesmo, apelidado de Empalhadinho da Mangueira. Em sua carreira como palhaço, sempre foi comum mandar abraços para o pessoal dos morros e fazer piadas envolvendo seus amigos do mundo da música, mas, no começo dos anos 1980, essas referências tornaram-se ainda mais frequentes, livres e engraçadas.

Antes de começar a cantar todo desafinado no show de calouros, Empalhadinho manda um abraço para a rapaziada do Funcha, onde o pessoal "mata o bicho" e "paga uma e bebe três". O lugar, de fato, existia e era bastante frequentado por Mussum. Desde que havia retornado ao Rio de Janeiro, morando em Jacarepaguá, a lanchonete e restaurante Funchal havia se transformado em posto avançado da casa do mangueirense. Se em nada lembrava o cenário clássico do botequim de favela, lotado de sambistas, o bem-comportado Funchal conquistou o cliente ilustre por ficar aberto de madrugada e, principalmente, por ficar no caminho entre seu trabalho e sua casa. Sr. Anselmo, o descendente de portugueses que era dono do estabelecimento, tinha grande apreço por Mussum e, muitas vezes, o humorista levava toda a sua família para almoçar ou jantar suculentos bifes a cavalo, filés à parmegiana e outros pratos igualmente substanciosos por lá. No retorno das gravações, no entanto, quando pintava por lá sozinho, Mussum nem sequer abria o cardápio. Ficava lá até altas horas apenas variando entre copos de chope e de Steinhaeger, muita conversa e muita gargalhada.

O diretor Adriano Stuart, também um apreciador da vida boêmia, adorava as histórias ocorridas nas mesas de bar e incentivava os redatores a explorar o lado mais pinguço de Mussum. Boa parte dos quadros que envolviam bebedeiras e botecos foi filmada nesse período. Alguns deles seriam impossíveis de ser gravados em outras temporadas, com outros diretores. Alguns exemplos, para ilustrar: Mussum faz o papel de um degustador de bebidas capaz de adivinhar, mesmo vendado, o tipo de *mé*, a safra, a data do engarrafamento e o tempo de envelhecimento com apenas uma beiçada; Dedé e Mussum roubam um peru e dividem as tarefas do preparo. Enquanto Dedé vai ao mercado comprar os ingredientes para fazer a farofa, Mussum deve embebedar e abater a ave. Após idas e vindas, Mussum fica tão bêbado quanto o peru e acaba se afeiçoando ao bicho. Quando Dedé diz que era preciso começar a preparar a ceia, ouve as ameaças do amigo:

— Ele é do *sindicatis*! Ele é ponta firme! Se você tocar um dedo no meu amigo, eu te mato!

O esquete com Mussum e Tião Macalé tomando cerveja no botequim de Didi segue a mesma lógica. Traz improviso no texto, liberdade total dos atores, referências à vida real e um toque de apologia da vida boêmia. O esquete mais tarde conhecido pela internet como "Mussum Armando uma Pindureta" começa com o mangueirense cantando um samba enquanto batuca com o abridor em uma garrafa, gesto típico dos partideiros. O refrão "Lá no morro quando eu olho pra baixo/ Acho a cidade uma beleza" é da música "Lá no morro", do disco de estreia do Fundo de Quintal, *Samba é no fundo de quintal*. Os amigos de Cacique de Ramos lançavam seu primeiro álbum e o trapalhão estava com o contagiante refrão na cabeça após ouvir a música nos ensaios e depois nas fitas do conjunto. A exclamação "Castro Alves, meu bem!" tem mais ou menos a mesma origem. Na época, Mussum estava envolvido com as gravações de seu disco solo e tinha na mente os versos do samba-enredo "O Descobrimento do Brasil", do Salgueiro, que citava figuras históricas do Brasil, como o poeta baiano Antônio Frederico de Castro Alves.

O parceiro de cena, Tião Macalé, então com 55 anos, ainda não fazia parte do elenco fixo dos Trapalhões, mas era presença constante nos humorísticos da Globo. Assim como Mussum, era um veterano do teatro de revista e tinha grande dificuldade em decorar textos mais longos. No quadro, canta por conta própria e no seu estilo característico uma parte da canção "Jenny, Jenny", de Little Richard, do frenético refrão "Jenny! Jenny! Jenny!/ Jenny won't you come along with me/ Jenny Jenny, oh!/ Jenny Jenny, oh!". Música importada? Sim. Improviso? Completamente. Desde que chegara ao Rio de Janeiro nos anos 1940 para fugir da miséria em Salvador, sua cidade natal, Tião Macalé se arriscou como dançarino no teatro João Caetano, crooner na boate do Hotel Glória, cômico no show de calouros na TV e o que mais pintasse pela frente. O improviso era o seu ganha-pão desde o início da carreira, que só começou porque ele estava dormindo na rua e encontrou por acaso um antigo amigo baiano que lhe ofereceu o emprego de bilheteiro de um teatro na Cinelândia. Vem desses tempos o seu apelido e até o seu sobrenome. Batizado de Augusto Temístocles da Silva Costa, passou a ser chamado de Tião por causa do filme *Moleque Tião*, protagonizado por Grande Otelo, e ganhou o Macalé porque substituiu o cara que tocava o gongo no programa *Calouros em Desfile*, de Ary Barroso, e era assim chamado. Acidentes de percurso à parte, Tião gostava da vida boêmia carioca.

Frequentador assíduo dos bares do Beco das Garrafas, era figurinha fácil entre o Posto 4 e o Posto 6 de Copacabana, onde adorava tomar chope, mas não dispensava cerveja, uísque, cachaça.

Não seria difícil, portanto, reunir Mussum e Macalé em uma mesa de boteco e vê-los enxugar aquelas oito garrafas de *suco de cevadis*, como também não é impossível que, em algum momento de suas vidas, os dois tenham mesmo pedido mais duas garrafas fiado, só para completar o lance, e depois ido embora, deixando o pagamento "pendurado". Ainda era bastante comum que os frequentadores mais assíduos tivessem contas permanentemente em aberto nos seus botecos preferidos para beber durante a semana e acertar a dívida na sexta-feira, dia de receber para quem dependia de pagamentos semanais. Geralmente os donos das biroscas, quase sempre portugueses ou descendentes galegos, deixavam essas anotações das contas feitas em pequenos pedaços de papel espetados ou pendurados em varais ao lado do caixa. Como essas confissões de dívida nem sempre eram honradas, é justificável que, em cena, o garçom Didi negasse os insistentes pedidos de Mussum para tomar mais cerveja. Os elogios claramente irônicos que ele usava para tratar seus clientes eram uma constante no jeito de atuar de Renato. Para provocar os parceiros de cena, ele fugia do script, brincando com as roupas ou com a aparência dos colegas. Em cena, os veteranos Dedé e Roberto Guilherme eram chamados de jovens e de machões, por exemplo, e não foi só no quadro da *pindureta* que ele usou os termos engenheiros, bacharéis, diplomatas, embaixadores, gente polida e gente educada.

Ignorando a paciência do garçom, Mussum pede mais duas *ampolis* com a justificativa de ter que beber mais para conseguir subir o morro do Salgueiro, mais uma referência que não estava prevista no texto original, mas que seguramente fazia parte da rotina dos tempos de Mussum como Carlinhos da Mangueira. Junto com os amigos dos Originais do Samba, vários nascidos e criados no íngreme morro do bairro da Tijuca, ele sabia bem como era difícil chegar a certos pontos da comunidade. A brincadeira recorrente do pessoal que frequentava um pedaço da favela apelidado de Cantinho no Céu era dizer que só chegava ali em cima quem descobrisse um jeito de usar o matagal como corrimão.

Piadas adultas e cenas maliciosas, no entanto, não desagradavam ao público principal de *Os Trapalhões*, as crianças. Em julho de 1981, o grupo comemorou quinze anos de sua criação em alta com a molecada de todo o Brasil. A conta não levava em consideração a montagem do quarteto na TV Tupi, mas sim a estreia de Didi ao lado de Wanderley Cardoso, Ted Boy Marino e Ivon Curi no programa *Os Adoráveis Trapalhões*. Mesmo assim, não faltavam motivos para comemorar a fase de enorme sucesso das trapalhadas. Com índices de audiência altíssimos, os comediantes andavam cheios de moral na Globo. Prova disso foi o programa especial de aniversário, com oito horas de duração e um elaborado show transmitido ao vivo do ginásio Caio Martins, em Niterói. A quadra do Botafogo foi transformada em um gigantesco picadeiro, com dezenas de palhaços, acrobatas, dançarinas e, no centro de todos os holofotes, Didi, Dedé, Mussum e Zacarias.

O programa especial lembrou as origens de cada um dos integrantes do quarteto, com Mussum vestido de mecânico, falando sobre a carreira de músico e a vida na Aeronáutica, Zacarias sem peruca, relembrando quando foi vendedor de sapatos, e Didi e Dedé contando o quanto eram apaixonados pelo circo. Os blocos do programa eram encerrados por depoimentos de personalidades importantes elogiando os Trapalhões. Entre os mimos ditos pelos famosos, aparecia Elis Regina ao lado de seus filhos, dizendo-se fã do programa e creditando Mussum como um dos responsáveis pela vitória de "Lapinha" na I Bienal do Samba. Seria uma das derradeiras aparições da cantora na TV antes de sua morte, em janeiro de 1982.

Nomes famosos das novelas e da música não faltaram no especial, apresentado ao vivo por Tony Ramos. Além de celebrar os Trapalhões, a atração foi usada como plataforma para uma campanha beneficente do Ano Internacional da Pessoa com Deficiência, com direito a um mutirão de atores espalhados pelo Brasil para arrecadar fundos para iniciativas de doação de córneas e vagas de emprego para os pessoas com deficiência. Entre um número e outro dos Trapalhões, como o tradicional jogo de futebol de salão dos humoristas, rolou até uma partida entre atletas paraplégicos, das seleções paulista e carioca de basquete em cadeira de rodas, narrada por Léo Batista.

Naquele ano, o passado dos integrantes seria explorado ainda no documentário *O mundo mágico dos Trapalhões*, um longa realizado pela Renato Aragão Produções com direção de Silvio Tendler e uma impecável narração de Chico Anysio. Sem contar com o mesmo apelo com as crianças, o projeto não foi destinado ao lucro nas bilheterias. Alcançou apenas 1,8 milhão de espectadores e serviu mais como um presente para o ego de Renato Aragão do que para lucrar. No lançamento do filme, o cearense fez a seguinte declaração ao jornal *O Globo*: "Com esse longa-metragem eu posso dizer que me considero um homem realizado. É um professor da Pontifícia Universidade Católica que se decide a fazer um filme-pesquisa sobre o nosso trabalho. Isto é uma grande resposta a tanta coisa ruim que já tentaram fazer conosco. E pensar que uma minoria de críticos recalcados já tentou acabar com a gente. Eu dou graças a Deus porque essa gente está acabada, sumindo".[28]

A entrevista mostrava que o líder dos Trapalhões ainda guardava no peito muita mágoa pelas críticas da imprensa e sentia a necessidade de calar seus detratores, mesmo quando a aceitação de seu trabalho alcançava o nível de unanimidade pelo público e arrancava elogios de gente como Luís Fernando Veríssimo, Glauber Rocha, Jô Soares, Chico Anysio, Millôr Fernandes e Caetano Veloso. "Esse preconceito que há contra todos os humoristas há em maior escala com os Trapalhões. Eles fazem um humor popular para o qual os intelectuais e as elites em geral torcem o nariz. Eu, porém, acho tudo extraordinariamente engraçado e acho que depois de conquistar a televisão e o cinema eles estão prontos para conquistar o mesmo sucesso em plano internacional", diz o cartunista Millôr em sua participação no documentário *O mundo mágico dos Trapalhões*. Já Caetano, fã declarado do grupo, além de aparecer no documentário para comentar suas aparições no programa, chegou a cantar o nome dos Trapalhões na música "Jeito de corpo", de seu disco *Outras palavras*, de 1981. Nem esses afagos públicos faziam o rancor diminuir. Não importava quanto sucesso Renato fazia ou quanto dinheiro ganhava, era sempre preciso crescer e melhorar, nunca haveria um derradeiro xeque-mate no ressentimento. Embora consolidada, a carreira do comediante seria sempre pautada por uma luta imaginária contra quem um dia classificou os filmes dos Trapalhões como chanchadas rasteiras.

---

28. *O Globo*, 08/01/1981.

Até por isso, Renato andava preocupado e animado em grandes proporções com a possibilidade que se abriria para o seu próximo projeto. Após alguns anos de sondagens e conversas com os estúdios americanos, a R.A. Produções havia firmado um acordo de colaboração com a Universal Studios, dona dos maiores hits do cinema nos anos 1970 e 1980. A empresa americana emprestaria equipamentos e técnicos e, em troca, usaria a infraestrutura dos novíssimos estúdios que a R.A. Produções inauguraria em breve no Rio de Janeiro. Assim, Didi, Dedé, Mussum e Zacarias partiriam para Los Angeles para gravar por dez dias cenas nos mesmos sets onde a maioria dos clássicos de Steven Spielberg havia sido filmada.

O objetivo final era dar um salto de qualidade na produção técnica dos filmes dos Trapalhões e, assim, iniciar a distribuição internacional dos filmes e dos programas de TV. Havia planos até mesmo de gravar uma temporada inteira de um seriado "tipo exportação", que serviria de cartão de visitas do grupo em novos mercados. Faltava apenas uma história universalmente cativante e engraçada o suficiente para ser encaixada no material que o grupo produziria durante o intercâmbio.

Foi aí que surgiu a ideia de *Os saltimbancos trapalhões*, um filme baseado na adaptação de Chico Buarque para os textos e músicas do disco infantil *I musicanti*, do italiano Sergio Bardotti e do argentino Luis Enriquez Bacalov, que também eram releituras do conto folclórico *Os músicos de Bremen,* dos irmãos Grimm. Como praticamente tudo feito por Chico em sua carreira, a fábula musical dos animais fugitivos, tropicalizada e batizada de *Os saltimbancos,* foi elogiadíssima pela imprensa tanto no palco do Canecão quanto na forma de um LP. Era uma surpreendente experimentação de Chico no árido mercado de produtos culturais destinados ao público infantojuvenil e isso despertou a atenção de Renato Aragão. O trapalhão achou a história perfeita para servir como argumento para seu próximo filme e propôs uma parceria com o incensado músico.

Uma comparação entre a obra adaptada por Chico Buarque e o resultado final que foi para as telas mostra, no entanto, que na obra cinematográfica há muito mais as digitais dos Trapalhões do que de Chico, Bacalov e Bardotti, embora os autores tenham trabalhado na adaptação da obra para o cinema e o músico tenha supervisionado e cantado na trilha sonora do filme. O cenário rural presente na versão original foi trocado pelos bastidores do pequeno Circo Bartholo, a atmosfera preferida de Renato, Dedé e do diretor Adriano Stuart.

Na peça, cada um dos quatro personagens principais tem uma história, uma característica específica e um motivo principal para abandonar sua rotina atual e tentar a vida como artista. Grande Otelo interpretava o Jumento, sempre teimoso e um pouco medroso, cansado de tanto trabalhar sem recompensa; Pedro Paulo Rangel fez o papel do Cão, que questionava a fidelidade ao seu dono quando não aguentava mais fazer apenas a vontade dos outros; a cantora Miúcha, irmã de Chico Buarque, ficou com o papel da Galinha incapaz de pôr ovos por ter medo de ser abatida; e, finalmente, Marieta Severo vivia a aristocrática Gata, desejando largar o enfado de bicho de estimação para ser uma cantora de boate na cidade grande. No filme, Renato acaba se fantasiando de Jumento apenas para participar de um musical do tal circo Bartholo. Seu comportamento é o mesmo de todos os demais longas dos Trapalhões: pobre, meio vagabundo, contestador, debochado e com um amor impossível no coração. Dedé, Mussum e Zacarias apenas fazem o papel de figurantes de luxo, com poucas falas e nenhuma relevância no desenvolvimento da história. Talvez até o cachorrinho vira-lata alugado para o filme tenha mais importância na trama do que o trio. Pior que isso, a escolha dos personagens serve para mostrar involuntariamente o lugar ocupado na época por cada um dos três trapalhões. Dedé é apenas a parte de trás da fantasia de Burro, ou seja, uma extensão de Didi; Mussum é o cachorro, obediente e amável; Zacarias, uma espalhafatosa e descerebrada galinha. Lucinha Lins faz a gata, bela e com classe, mas supérflua. Em resumo, no grande projeto, os holofotes estariam grande parte do tempo apenas sobre Renato, enquanto os colegas teriam que "se comportar", evitando destoar da história ao usar bordões e trejeitos de seus personagens da TV no filme.

Musicalmente, as bolas são mais bem distribuídas. Chico Buarque comandou a gravação da trilha sonora de *Os saltimbancos trapalhões*, com uma canção-tema nova e um tom de protesto ligeiramente suavizado. Nos palcos, a peça fazia uma série de críticas codificadas mirando os militares e a falta de liberdades na sociedade brasileira. No filme, e consequentemente na trilha do filme, o alvo das reclamações foi bastante simplificado. Os bonzinhos eram os pobres e os vilões eram os ricos, seguindo uma das constantes mais presentes nas obras trapalhônicas, junto das referências ao circo e dos personagens maltrapilhos de Renato. Mesmo assim, as faixas que misturam o talento de Chico Buarque com a irreverência dos Trapalhões ficaram excelentes. O clima nas gravações do filme, no entanto, não foi tão afinado quanto o violão de Chico.

Encarando a oportunidade de gravar em Universal City como a grande chance de fazer decolar sua carreira internacional, Renato passou a ter um comportamento ainda mais perfeccionista e controlador do que o de costume. Embora nunca tivesse assinado um filme como diretor, na prática, o cearense supervisionava o trabalho de toda a equipe, cobrando atrasos e discutindo cada detalhe das produções. Um comportamento até aceitável se considerarmos que boa parte do dinheiro investido na realização dos filmes vinha do bolso do próprio Renato. No caso de *Os saltimbancos*, para ser mais específico, foi investido mais de 1,2 milhão de dólares, o equivalente a 130 milhões de cruzeiros na época. Uma aposta de tamanha responsabilidade fez as coisas passarem dos limites em Los Angeles. Integrantes da equipe de produção relatam que o líder dos Trapalhões bateu boca com Adriano Stuart por conta de uma decisão banal em uma cena e ouviu um ultimato dizendo para limitar-se a participar do filme como ator. Stuart acabou ouvindo alguns bons desaforos, retrucou e por fim abandonou a equipe nos Estados Unidos, desistindo de continuar *Os saltimbancos*.

Foi um duro golpe para todo o elenco e, em especial, para Mussum. Mais do que um diretor, Adriano Stuart era um grande amigo de copo e de trabalho. Sua carreira de humorista nunca havia evoluído tanto quanto nos últimos anos. Mas o show precisava continuar. Com a ajuda de intérpretes para se comunicar com a equipe de câmeras e contrarregras americanos, Dedé assumiu interinamente o posto de diretor nos Estados Unidos, bolou esquetes curtos para mais tarde serem inseridos no filme como representações dos sonhos de Didi, um pobre faxineiro de circo que almejava ser estrela de cinema, como bem descrevia a música "Hollywood", de Chico Buarque: "Ói nós aqui!/ Ói nós aqui!/ Hollywood fica ali bem perto/ Só não vê quem tem um olho aberto". Na volta ao Brasil, com o filme longe de estar terminado, foi preciso recorrer ao velho J. B. Tanko. O mesmo diretor preterido anos antes por ser antiquado agora teria pela frente mais recursos e responsabilidade do que jamais teve. E, no final das contas, deu tudo certo, mais certo do que nunca.

Para divulgar o longa, foi ao ar em 27 de dezembro de 1981 um episódio especial de *Os Trapalhões*, com cenas gravadas na Granja Comary, então residência oficial dos Aragão. O programa teve videoclipes das músicas "Piruetas", "Alô liberdade", "História de uma gata" e "Todos juntos", com Lucinha Lins e Os Trapalhões vestindo as fantasias do filme e também uma partida de futebol com Lucinha, Didi, Dedé, Mussum, Zacarias e Carlos Kurt enfrentando um time recheado de ex-campeões da Seleção Brasileira, como Brito, Nilton Santos, Félix e Jairzinho. Até Eduardo Conde, o careca-cabeludo de olhar intimidador responsável pelos últimos vilões dos filmes da trupe, apareceu em uma ponta no programa, sendo bastante sacaneado, é claro.

O planejamento pesado de promoção e a distribuição azeitada em mais de cem salas ao redor do Brasil garantiram marcas expressivas para *Os saltimbancos trapalhões*, tanto no cinema quanto nas lojas de disco, onde o LP da trilha sonora vendeu mais de 100 mil cópias e garantiu um Disco de Ouro para a improvável parceria entre Chico Buarque e o quarteto de palhaços. Nos cinemas, já na semana de lançamento, destroçando a produção estrangeira *Fuga para a vitória*, com Pelé e Sylvester Stallone, o filme arrecadou 120 milhões de cruzeiros e tornou-se o sexto mais visto do ano. Até sair de cartaz, levou 5,2 milhões de espectadores aos cinemas, alcançando o posto de segunda obra mais vista da carreira dos humoristas. O número é especialmente importante se for lembrado o momento de crise econômica do país e de encolhimento do cinema nacional. Em 1981, foram 90 milhões de espectadores contra 110 milhões do ano anterior. Os Trapalhões faziam o Brasil rir, mas sorriam muito mais.

Capítulo 17
Mais ouro do que areia (1982)

"Inflaçãozis é, em tradução, vaselina no forévis do povis."

A audiência de *Os Trapalhões* em território nacional alcançava uma média de 27 milhões de pessoas a cada noite de domingo. No Rio de Janeiro, principal praça da época, o humorístico chegava aos 8 milhões de espectadores e superava com folga até o *Jornal Nacional*. Com *O incrível monstro trapalhão*, *O mundo mágico dos Trapalhões* e *Os saltimbancos trapalhões*, a trupe respondia sozinha por mais de 10% do total de espectadores do cinema brasileiro em 1981, lucrando mais de 550 milhões de cruzeiros. E ainda havia uma agenda de shows lotada para o ano inteiro e as vendas expressivas de discos, brinquedos, roupas e gibis – sendo que só as revistinhas chegavam a uma tiragem anual de 3,1 milhões de exemplares. Nem Pernalonga e Patolino, nem Mickey e Pato Donald: era o quarteto Didi, Dedé, Mussum e Zacarias que representava a marca mais adorada e consumida pelas crianças do Brasil.

Mérito do capitão do barco, Renato Aragão, e de seu ritmo alucinante de trabalho para a expansão contínua desse sucesso. Se havia começado a vida artística querendo ser um humilde discípulo de Oscarito, as comparações naquele momento eram com Walt Disney. De forma pioneira fora dos Estados Unidos, chegou a licenciar sua imagem para ser usada pela Phillips e pela Magnavox para um cartucho do videogame Odyssey (o rival do Atari), chamado "Didi na Mina Encantada", e ainda planejava a distribuição global dos filmes dos Trapalhões, a compra de uma fábrica de brinquedos e até a construção de um parque temático – só não percebia o que se passava na vida pessoal dos companheiros. A receita desse êxito comercial incluía um controle pouco saudável sobre tudo que girava em torno do quarteto.

Nos filmes, Renato cuidava pessoalmente desde a etapa de rascunho e redação da primeira sinopse até a entrega das fotos das filmagens nos estúdios do ilustrador José Luiz Benício, o mais competente criador de pôsteres da história do cinema nacional. No programa de TV, a coisa era parecida, e, por isso, a opção por um novo diretor para *Os Trapalhões* era sempre uma questão delicada. A saída conturbada de Adriano Stuart mostrou que um diretor com personalidade demais implicaria disputa de liderança e, consequentemente, demissão. Era preciso alguém mais profissional, mais técnico e menos emotivo. Renato buscou a ajuda de Chico Anysio.

O conterrâneo gozava de extrema influência na TV Globo e, formal ou informalmente, palpitava sobre todos os programas da emissora. Na maioria das vezes, era ouvido pela direção e conseguia tudo o que queria. Um exemplo claro dessa influência foi uma ligação para o próprio Renato para criticar a aparência do colega. De acordo com Chico, um comediante grisalho passava uma imagem velha e cansada, incompatível com a vitalidade e o dinamismo necessário para cativar as crianças. Foi assim que Renato começou a pintar seus cabelos com uma tinta de tons avermelhados – fato extremamente satirizado por Mussum, que começou a chamar o chefe de mico-leão-dourado e de cardeal, o pássaro de penas vermelhas na cabeça e brancas no peito.

É claro que as conversas com Chico não ficaram só no tema capilar. Aconselhado pelo veterano, o líder dos Trapalhões desenvolveu um novo formato para seu programa dominical. Para dar uma chacoalhada na audiência e aproveitar o carisma do quarteto, a temporada de 1982 seria gravada no Teatro Fênix, com a presença da plateia no auditório e, junto com os esquetes, traria novidades, como entrevistas com personalidades, brincadeiras de picadeiro e, claro, os números musicais com as intervenções cômicas de Didi, Dedé, Mussum e Zacarias. Para comandar a atração com um pulso firme e, ao mesmo tempo, não perder o sabor de "ao vivo", foi escalado o diretor Oswaldo Loureiro. Ator de teatro consagrado em montagens de Nelson Rodrigues e Shakespeare, e mais conhecido do grande público por viver vilões arrogantes em telenovelas da Globo, Loureiro era o diretor preferido de Chico em suas temporadas de shows, ganhando muitos elogios por seu profissionalismo e apuro técnico em detalhes como a cenografia, a iluminação e a atenção ao timing dos textos. Seria o homem certo para aplicar o novo e mais ágil tom pretendido para *Os Trapalhões* sem dar muitos pitacos na redação dos quadros.

Assim, a nova temporada do programa começou renovada na frente e atrás das câmeras. Junto com a mudança, Renato retomou o controle maior dos roteiros, filtrando melhor o trabalho da equipe de redatores para privilegiar o conteúdo mais adequado ao público infantil e vetar eventuais quadros mais pesados. O improviso, no entanto, continuaria reinando. No bloco de talk shows dos Trapalhões, as maiores personalidades da música e da televisão na época participavam de conversas descontraídas, sem um direcionamento claro por parte da produção. Em uma dessas oportunidades, inclusive, o quarteto passou de entrevistador para entrevistado. Em uma bancada formada por Zico, Roberto Dinamite, Chico Anysio, pela jogadora de vôlei Isabel e pelo diretor Walter Lacet, todos acompanhados de seus filhos, os palhaços foram sabatinados com perguntas indiscretas sobre suas vidas pessoais. Didi teve que dar explicações sobre sua nova coloração capilar, Dedé revelou que achava engraçado ser chamado de rapaz alegre, e Zacarias, em um momento fora do tom geral de brincadeira, revelou a dor de ter perdido seu pai recentemente.

Coube a Mussum fazer um agradecimento sincero – e sem multiplicação de palavras – aos companheiros pela fase de tranquilidade vivida e elogiar o mestre e "padrinho" Chico Anysio. Sem segurar um sorriso largo no rosto, disse que sua história de amor com o *mé* era verdadeira, porém só bebia socialmente. Nisso, Renato fez uma pertinente observação: "E que vida social intensa!". Aconteceu até uma revelação pública sobre seu odiado apelido na Aeronáutica. Mostrando seu sapato 44 bico largo, explicou como marchava de pés abertos quando estava cansado e mandou um recado aos antigos colegas de quartel:

— Aqui vai minha resposta para aqueles que muito me chamaram de Pé de Rodo: Pé de Rodo é a sua *véia*!

O clima descontraído das conversas no palco mostrava quatro velhos amigos, muitas vezes sentados no chão do cenário, batendo papo à vontade com ídolos nacionais como se estivessem recebendo-os na sala de casa – uma intimidade que o grupo só tinha mesmo na telinha. Cada vez mais absorvido pelos seus projetos e viagens, Renato passava pouco tempo na casa de Jacarepaguá. Enquanto os colegas estavam desfrutando a vida ao lado de suas famílias, o trapalhão líder fazia viagens para participar de festivais de cinema na Rússia ou feiras de fabricantes de brinquedos na Alemanha. Praticamente não havia ócio para o cearense, sempre carregando um bloco de notas para escrever ideias de novos quadros, roteiros e produtos. Renato era Didi apenas aos domingos, mas tocava os negócios da R.A. Produções "48 horas por dia", como gostava de dizer.

Maurinho, o integrante mais velho do grupo, com 47 anos, vivia uma fase diametralmente oposta. Separado da primeira mulher, isolava-se na sua casa cercado de plantas e passarinhos. Embora a residência ficasse em Jacarepaguá, quase nunca aparecia no Condomínio Eldorado para visitar Dedé e Mussum. A vontade de desaparecer era tão grande que o mineiro chegou a pintar o telhado e as paredes de verde-escuro para integrar melhor sua morada ao meio ambiente. Até a decoração de sua casa refletia uma preocupação exagerada com o além. Atrás da porta havia um enfeite com fitinhas do Senhor do Bonfim e nas prateleiras das estantes era possível encontrar imagens de Buda, carrancas e elefantes sagrados. Enquanto Renato pensava em dominar o mundo, o homem por trás de Zacarias cuidava de distribuir bebedouros para beija-flores, estudar os mistérios do espiritismo e plantar verduras, ervas e legumes em sua horta.

Em contraste com o distanciamento de Renato e Mauro, a essa altura não muito mais do que colegas de trabalho, Dedé e Mussum mantinham sua proximidade inabalada. Isso não acontecia apenas por serem vizinhos de rua ou por ficarem confinados no mesmo teatro por mais de doze horas duas vezes por semana. Ainda preservando um hábito obtido nos tempos de militar, Mussum costumava acordar cedo e ler a edição d'*O Globo* do começo ao fim. Depois do ritual, passava a mão no telefone e ligava para o velho *cumpadi* para comentar os assuntos do dia. Muitas vezes combinavam caronas de Jacarepaguá até o Teatro Fênix ou até Laranjeiras, na sede da DeMuZa, ou simplesmente discutiam sobre política, cinema, música ou comentavam as últimas críticas feitas aos seus filmes e programas. Só os relatórios do Ibope é que não viravam assunto, afinal, *Os Trapalhões* não tinham nenhum rival à vista. A Record vivia grandes dificuldades financeiras, a TV Tupi fechara suas portas em 1980 e a recém-criada TVS de Silvio Santos não chegava a ser uma ameaça.

Dependendo do dia, a ligação nem precisava ser feita, pois sem aviso prévio Dedé chegava à casa do amigo e tomava café da manhã ao lado da família, como se fosse um deles. Não se tratava de ser espaçoso. Os filhos mais velhos dos dois trapalhões tinham idades parecidas e estudavam no mesmo colégio. Mussum também entrava e saía da casa do amigo quando bem entendia. Em um fim de semana comum, quando planejava mais uma reforma na sua casa, o mangueirense bateu na porta de Dedé sem aviso, junto de sua esposa e filhos, propondo que trocassem de casa por um fim de semana inteiro. Queria experimentar a divisão dos cômodos do vizinho na prática antes de quebrar paredes e construir novas dependências. Outro ponto de fortalecimento da amizade entre Mussum e Dedé acontecia durante as longas horas dirigindo pelas estradas do interior do Brasil. Revezando no volante, conversavam sobre todos os assuntos possíveis. Dedé contava suas muitas histórias dos tempos de circo, quando, ao lado do irmão Dino Santana, fazia números em picadeiros miseráveis pelo Brasil. Mussum dava dicas para o amigo de como se vestir melhor e o aconselhava sobre os perigos da fama. Se no inconsciente coletivo Didi e Dedé eram o maior exemplo de parceria, na vida real, Manfried e Antônio Carlos podiam ser considerados como irmãos – apesar de as piadas de um com o apetite sexual da mãe do outro jamais terem deixado de ser feitas.

Enquanto o programa da TV mantinha as aparências de união do grupo, que quase sempre aparecia junto para os esquetes do tipo "aposto que você não descobre tal coisa" ou "vamos enganar o próximo trapalhão a entrar no palco", o cinema escancarava a distância entre as aspirações expansionistas de Renato e o conformismo do restante do quarteto. De súbito, o cearense decidiu que, além de fazer rir, os filmes do grupo deveriam trazer uma boa camada de crítica social. A inspiração pode ter vindo dos trabalhos beneficentes realizados ao lado do elenco da Globo no especial de quinze anos de *Os Trapalhões*, como pode ter vindo dos prêmios e elogios obtidos por *Pixote, a lei do mais fraco*, o filme-denúncia de Hector Babenco.

Fato era que, depois de pegar argumentos emprestados de clássicos literários como *Os três mosqueteiros*, *As mil e uma noites* e *Os músicos de Bremen*, chegava a hora de colocar um pouco de realidade na fantasia dos Trapalhões – ou um pouco de fantasia na realidade dos brasileiros. Com a volta de J. B. Tanko à direção da fábrica de cinema da R.A. Produções, retornava também o controle absoluto de Renato sobre os rumos dos filmes. A partir de *Os vagabundos trapalhões*, a película programada para as férias escolares de julho, Renato trabalhava da seguinte forma: escrevia uma sinopse de como seria o longa, repassava o material a três redatores e, após ler o resultado do trabalho do trio, costurava as melhores ideias em apenas um roteiro. Como de costume, o processo acabava em um resultado extremamente parecido.

Em *Os vagabundos trapalhões*, Renato interpreta novamente Bonga – o vagabundo, maltrapilho, valente, generoso, esperto e engraçado –, que abriga crianças de rua em uma caverna para depois arrumar pais adotivos para elas. São noventa minutos altamente previsíveis, quase sonolentos, com Dedé, Mussum e Zacarias fazendo o papel de figurantes de luxo. Mussum faz o filme todo vestindo uma camisa rasgada do Flamengo e resgata seus primeiros bordões da época de *Escolinha do Professor Raimundo*, repetindo meio a esmo a expressão "como de *fatis*", mas a participação do humorista é quase burocrática e fica difícil rir com suas palhaçadas quando elas não se conectam ao roteiro principal.

O mocinho da trama, interpretado por Edson Celulari, é um rico industrial que não tem tempo para cuidar de seu filho. O garoto acaba fugindo de casa e se unindo ao bando de Bonga. Moral da história? Ricos deveriam dar mais atenção aos seus filhos ou então adotar crianças pobres. Como a imprensa reagiu à mensagem? "Como o filme gira em torno de Aragão e Aragão gira em torno da piada mais acessível, o resultado é simples: a questão do menor abandonado tem a mesma importância para o filme que o enredo de 'Os saltimbancos', ou seja, nenhuma." A bilheteria? É preciso escrever? Mais de 4,6 milhões de espectadores.[29]

Nesse último ponto é preciso bater palmas para Renato Aragão. O filme foi lançado em 110 cinemas das 22 capitais e dos outros 40 maiores municípios no mesmo período da Copa do Mundo da Espanha, quando a até então imbatível seleção de Telê Santana jogaria seu belo futebol em busca do tetracampeonato. Enquanto todos os estúdios preferiram esperar o fim do Mundial para lançar seus principais produtos, a R.A. Produções apostou na força da marca Trapalhões e se deu bem com a derrota traumática do time de Zico, Sócrates, Falcão, Éder e Serginho Chulapa. Era praticamente o único filme inédito em cartaz e correram livres na liderança.

O êxito de *Os vagabundos trapalhões* escondia um falso sinal. A mais nova aparição de Bonga em um filme com mais lições de moral do que tortas na cara fez sucesso entre a criançada, mas deixou os integrantes dos Trapalhões ainda mais divididos. Não que Dedé, Mussum e Zacarias fossem insensíveis às questões sociais de um Brasil extremamente desigual. Nas turnês que faziam pelos ginásios de municípios pobres do Brasil, o trio podia medir a temperatura exata da situação dos subúrbios do país.

O problema era que o sentimentalismo exagerado, com tons chaplinianos, pouco ou nada tinha a ver com a vocação artística do trio. Na mesma época do filme, Mussum gravaria um compacto simples com as músicas "O amigo da criança (melô do piniquinho)" e "Camisa um", cuja letra mostrava que as maiores preocupações do sambista eram rezar pelos milagres de "São *Ziquis*" e tirar onda dos goleiros adversários. A letra, entre outras paródias com clichês futebolísticos, trazia versos como "Eu não vou mais na bola/ Eu tou debaixo do pau/ Ninguém segura nada e eu aqui passando mal" e "Eu já dei soco no vento/ Teve um cara aqui dentro, que só bota com a mão/ Eu já tirei da gaveta, me aparece um cometa/ Eu não sou Leão".

As duas canções eram uma espécie de ensaio geral para o novo disco solo, programado para estrear em 1983. Dessa vez mais confiante com

---

29. *Veja*, 23/06/1982.

seu próprio jeito de cantar, o sambista faria gravações com um tom tão despojado quanto uma reunião de amigos, com várias letras trazendo referências ao *mé* e um estilo devagar devagarinho bem-acabado, nos moldes de Martinho da Vila. Novamente amparado pelos músicos do Fundo de Quintal, entraria nos estúdios ao lado de seu filho caçula, Alexandro, e de Alcione, a velha conhecida dos tempos de dureza na rua Augusta, para cantar "Água benta", uma canção sobre um miraculoso líquido capaz de curar desilusões amorosas, lavar a alma e refrescar o coração. Alexandro, então com seis anos, era companhia frequente de Mussum em seus passeios pelas rodas de samba e biroscas espalhadas pelo subúrbio do Rio de Janeiro. De certa forma, era a primeira vez que o sambista, já aos 41 anos, tinha a oportunidade de exercer seu papel de pai com alguma tranquilidade, pois não precisava se dividir entre Originais e Trapalhões.

Outro destaque musical e alcoólico do disco seria "Chiclete de hortelã", composição de um jovem compositor frequentador do Cacique de Ramos chamado nos documentos de Jessé Gomes da Silva Filho, mas desde aquele tempo, aos 22 anos, conhecido pela rapaziada do samba como Zeca Pagodinho. O moleque magrelo ia de ônibus até a quadra do bloco, levando seu cavaquinho em uma sacola de mercado, e Mussum, ao lado de Beth Carvalho e de Alcione, foi um dos primeiros intérpretes a gravar uma canção sua. A letra, composta de brincadeira entre amigos nas rodas de partido-alto, parecia ter sido feita sob encomenda para o momento vivido pelo trapalhão: "O meu time vai domingo/ Vai jogar no Maracanã/ Vou festejar a vitória, com a torcida campeã/ Se quando eu chegar à casa, não estiver com a cuca sã/ Para disfarçar vou mastigar um chiclete de hortelã/ É só pro bafo melhorar, com chiclete de hortelã". Vale ainda registrar que o álbum traz uma curiosa parceria musical e humorística entre Chico Anysio e Mussum na faixa "Rio antigo". A dupla faz imitações sobre um fundo meio bossa-nova e canta a letra que relembra tempos idos do Rio de Janeiro, com a cidade sem aterro, crianças brincando na rua sem perigo, bondes e taiobas no lugar do metrô.

Enfim, com Alcione, Zeca Pagodinho ou Chico Anysio, Mussum tratava de uma temática bem diferente do clima de alerta social escolhido por Renato para funcionar como bandeira dos Trapalhões. Essa falta de engajamento, porém, seria ignorada pelo líder do grupo. Mal *Os vagabundos trapalhões* entrou em cartaz, já começava a produção da próxima aventura politicamente engajada dos palhaços, *Os Trapalhões na Serra Pelada*. Dessa vez, a inspiração não veio de livros ou de outros filmes. As chocantes imagens de 30 mil garimpeiros tentando a sorte em uma enlameada cava de cinquenta quilômetros quadrados nas profundezas do estado do Pará eram motivo suficiente para inspirar mais uma história de um sujeito humilde, porém incapaz de ser subjugado pela tirania dos poderosos. Afinal, deveria haver muitos Bongas penando no meio das áreas de exploração batizadas de Babilônia 1 e Babilônia 2, tétricos infernos de lama onde a corrida pela riqueza instantânea havia feito a extração de cerca de sete toneladas de ouro, em 1980, ser reduzida a 2,5 toneladas um ano depois. Como cenário nenhum seria capaz de reproduzir Serra Pelada, os Trapalhões precisaram fazer gravações *in loco*, algo perigoso e complicado por causa do mesmo motivo, ou melhor, por causa da mesma pessoa: Sebastião Rodrigues de Moura, o controverso Major Curió.

Militar de carreira, Moura teve envolvimento na execução de 41 pessoas durante a Guerrilha do Araguaia e foi designado pelo governo federal para comandar uma intervenção oficial no garimpo, a fim de garantir o registro dos aventureiros na Receita Federal e o monopólio da compra de metais preciosos pela Caixa Econômica Federal.

Com muita truculência, Curió não apenas cumpriu a missão dada pelo governo como também virou, na prática, o dono de Serra Pelada – chegando ao ponto de transformar e emancipar a região como um município chamado Curionópolis. Não seria possível, portanto, colocar os pés no garimpo sem um acordo com o cara e só o imenso prestígio dos Trapalhões pode explicar o feito de levar uma equipe completa de filmagem para as áreas de exploração. Por coincidência, negociata ou agradecimento, o personagem de Renato Aragão na trama é chamado de Curió, e a história que mostra as condições desumanas da época das filmagens começa com a inscrição "Serra Pelada antes da intervenção federal". Esforços diplomáticos à parte, o filme traz registros valiosos sobre o Brasil dos anos 1980, mostrando a miséria dos retirantes desesperados por um grama de ouro de maneira crua.

Nos minutos iniciais da fita, o quarteto transita pelo sufocante barro do garimpo, subindo infinitas escadas, misturado aos milhares de aventureiros como se não fossem grandes estrelas da TV – a única diferença era que Os Trapalhões carregavam sacos cheios de jornal, enquanto os trabalhadores levavam quilos de cascalho nas costas. Méritos para o diretor J. B. Tanko, que captou com precisão a essência do local antes de mergulhar novamente em mais uma chanchada moderna, com as mesmas limitações de enredo presentes nas demais obras da saga de "Os Trapalhões" no cinema. No roteiro, após descobrirem um veio de ouro, os quatro bocós são sequestrados por um cruel capataz (Eduardo Conde, de novo) e descobrem que os problemas do garimpo são culpa de um estrangeiro ganancioso. Lutam do seu modo característico contra o vilão e vencem a batalha final com a ajuda do intrépido Exército Brasileiro. No meio disso tudo, salvo a exceção de uma ou duas boas cenas, Dedé, Mussum e Zacarias, este vestindo uma camisa do Corinthians, aparecem pouco e têm importância diminuta no enredo. Mas a propaganda governista e o subaproveitamento do trio não incomodaram ninguém da plateia. Assim como ocorreu com *Os vagabundos trapalhões*, a aventura com momentos de documentário em Serra Pelada foi recebida com empolgação pela crítica e enorme receptividade pelo pessoal da poltrona.

Por mais ousada que fosse a ideia de filmar na hostil Serra Pelada, o que mais importava na época era colocar as caras dos quatro heróis-palhaços em uma tela de cinema no período das férias. Com 4,7 milhões de espectadores, *Os Trapalhões na Serra Pelada* só perdeu nas bilheterias para *E.T. – o extraterrestre*, obra icônica de Steven Spielberg que foi vista por 7 milhões de brasileiros em 1982. Só dava Trapalhões, ano após ano, mas isso não era motivo para sossegar. Não para Renato Aragão.

Após muito reclamar da falta de estrutura do cinema nacional, o líder dos Trapalhões deu início ao seu projeto mais ambicioso: a construção de um centro de audiovisual que ocupava 67 mil metros quadrados em um terreno da Barra da Tijuca, com direito a estúdio, ilha de edição, cidade cenográfica e até lanchonete temática. Com custo estimado em 6 milhões de dólares, o equivalente a cerca de 20 milhões de dólares se corrigirmos o valor com a inflação acumulada até 2023.

Produções estaria mais próxima de Hollywood do que qualquer outra produtora brasileira se atreveria a sonhar – incluindo nessa lista a coirmã DeMuZa Produções. A empresa responsável por administrar os negócios da carreira de Dedé, Mussum e Zacarias lucrava cerca de 300 milhões de cruzeiros ao ano, uma soma considerável para qualquer negócio em época de recessão econômica e, ao mesmo tempo, raquítica se comparada aos montantes movimentados pela firma de Renato Aragão. Uma disparidade que se transformava em constante motivo de brigas.

De um lado, a administração familiar da R.A. Produções, tocada pelo próprio Renato junto com a esposa, Martha, e o filho, Paulo, visava à contínua expansão da marca Trapalhões, usando um pioneiro modelo de licenciamento de produtos como alavanca para financiar as produções cinematográficas. Tratava-se de um negócio bem organizado, que chegava a empregar quinhentas pessoas nas épocas das filmagens e tinha no seu quadro fixo de administração cerca de cinquenta pessoas. Cada centavo ganho nas bilheterias era acompanhado de perto, e na produção das novas obras eram obrigatórias as tentativas de renegociar condições para o pagamento ou o aluguel de equipamentos e locações por meio de permutas e merchandisings.

Do outro lado, baseada em uma bela casa no bairro de Laranjeiras, a DeMuZa praticava uma filosofia totalmente oposta. Manfried Sant'anna, Antônio Carlos Bernardes Gomes e Mauro Faccio Gonçalves, as três pessoas físicas fundadoras da companhia, não se interessavam pelos relatórios, planilhas e contratos assinados pelos diretores administrativos que contrataram. Os principais parceiros de empreitada do trio de trapalhões eram antigos produtores de filmes da Herbert Richers e da J. B. Tanko Produções e conheciam bem o riscado do mundo artístico, com larga experiência na captação de recursos para filmes, organização de turnês e negociação de cachês para propagandas e shows. Tinham carta branca para representar Dedé, Mussum e Zacarias em negociações e administrar o dinheiro que entrava e que saía da empresa. E aí começava o problema. Naquela altura dos anos 1980, Renato pouco participava das turnês em circos e ginásios do interior, desvalorizando, assim, as apresentações dos outros Trapalhões e consolidando uma impressão de que estava ocupado demais com seus projetos pessoais para trabalhar junto dos outros.

O ponto mais crítico, no entanto, era a partilha dos lucros obtidos nas bilheterias dos filmes com a marca "Os Trapalhões". Na visão dos administradores da DeMuZa, as negociações com a direção da R.A. Produções sempre eram muito desvantajosas, com uma divisão de lucros injusta e pouco transparente, privilegiando demasiadamente o lado de Renato. A cada novo longa, brigavam novamente por uma fatia de 50% dos lucros e não mais de 20%, alegando que sem Dedé, Mussum e Zacarias não haveria filme. As reuniões entre os funcionários das duas companhias eram tensas e não raro terminavam em bate-bocas entre seus funcionários. O conflito gerou até um apelido jocoso para ironizar a austeridade do pessoal da R.A. Produções, que sempre fazia um discurso sobre as dificuldades financeiras do momento, apesar dos grandes lucros acumulados ano após ano. A partir de certo momento, no escritório da DeMuZa, a empresa de Renato era apenas chamada de "o primo rico", uma referência ao antigo quadro de humor da Rádio Nacional, em que um sujeito milionário reclamava da vida ao encontrar seu primo paupérrimo. Piadas à parte, a ameaça de tirar os três trapalhões do elenco dos filmes não assustava ninguém do outro lado da mesa de negócio. Muito pelo contrário.

Para a realização de *O cangaceiro trapalhão*, filme destinado a estrear nas férias de junho de 1983, Renato decidiu incrementar ainda mais sua filmografia, usando a grana e o prestígio de campeão de bilheteria para arregimentar profissionais de primeira linha para a produção e para o elenco do longa-metragem. Como Tanko estava pensando seriamente em se aposentar e a base do filme seria uma sátira ao universo da minissérie *Lampião e Maria Bonita*, exibida com grande sucesso pela Rede Globo no ano anterior, o cearense decidiu contratar praticamente toda a equipe responsável pela produção. Trouxe o casal de protagonistas do seriado, formado por Nelson Xavier e Tânia Alves, o obrigatório sertanejo José Dumont e até os roteiristas Aguinaldo Silva e Doc Comparato. E esses não seriam os únicos nomes famosos nos créditos. Chico Anysio foi o responsável pelos diálogos da história e Daniel Filho foi chamado para a direção, escalando Regina Duarte, Bruna Lombardi e Tarcísio Meira para fazerem participações especiais.

Com tantos nomes consagrados, o espaço em cena para Dedé, Mussum e Zacarias, já reduzido nos últimos filmes, ficaria ainda menor. Com referências a momentos de *Os caçadores da arca perdida*, *Deus e o Diabo na Terra do Sol* e *Casablanca*, a história girava em torno de Severino Quixadá, um criador de cabras interpretado por Renato Aragão. O pobre coitado, meio sem querer, salvava o cangaceiro Capitão, vivido por Nelson Xavier, e a partir daí as histórias dos dois se entrecruzavam. Dedé fazia o papel de um dos lacaios de Capitão. Os outros dois trapalhões nem isso. Eram dois presidiários fugitivos anexos à história do grupo principal sem muita explicação. Por isso, nos bastidores, participar do filme foi especialmente chato para Mussa.

Gravando externas no meio do interior do Ceará, ele e boa parte do elenco precisavam esperar horas e horas para trabalhar. Como a maioria das cenas envolvia apenas Renato, havia uma espécie de rodízio de atores. Enquanto um núcleo gravava, o outro esperava por longas horas, dormindo nos motorhomes ou jogando conversa fora. Ao contrário de J. B. Tanko e Adriano Stuart, mestres da improvisação cinematográfica, Daniel Filho era perfeccionista e só dava o seu grito de "ação" quando tudo estava exatamente como ele queria. Para as gravações das tomadas iniciais, um tiroteio no meio de uma cidadezinha, o diretor pediu um cano para transportar a fumaça de uma parte para a outra do cenário. Como o pedido não foi atendido, puto da vida, ameaçou abandonar a cidade de Juatama e trocar de locação. Até o mal-entendido ser resolvido, foi perdido um dia inteiro de filmagem.

Nesses momentos de folga forçada, Mussum costumava devorar jornais e revistas, lendo cada exemplar da primeira até a última página para matar o tempo; Mauro caminhava fazendo registros dos bastidores com sua câmera Leica; e Dedé transformava-se em uma espécie de diretor informal, ensaiando os dublês, resolvendo pequenos problemas de logística e sugerindo tomadas e enquadramentos aos técnicos. Mesmo quando os Trapalhões precisavam entrar juntos em cena, a demora da produção causava novas sessões de espera. Nesses momentos, bastava procurar pelo som de gente dando risada para saber onde Mussum estava. Sem perdoar ninguém, ele reunia toda a equipe e elenco em rodas de piadas, contando histórias engraçadas e inventando apelidos para os colegas. Para filmar uma tomada em que o personagem de Renato Aragão trepava por debaixo de uma carroça em movimento, Daniel Filho resolveu fazer uma vala, cobrir o buraco com espuma e depois jogar terra por cima para proteger o protagonista de qualquer queda mais séria. Ao saber que o diretor preparara uma vala de dezenas de metros apenas para proteger o *forévis* de Renato, Mussum começou a dizer que aquilo era desnecessário, pois o colega era a "abóbora do Ceará", conhecido por todo o norte como "abóbora capada, por causa do seu buraquinho exposto".

Se fazia todos rirem o tempo todo nos bastidores, no resultado final do filme eram raras as falas e as cenas engraçadas de Mussum. Enquanto isso, convidados especiais, como Bruna Lombardi, tinham até canção-tema (composta por Rita Lee e Roberto de Carvalho), cenário especial e diferentes figurinos para as suas cenas. O título no singular não era mera coincidência, *O cangaceiro trapalhão* era um filme de Renato, não do quarteto. Diferença pouco notada pela criançada, claro.

Após a estreia, em 25 de junho, o filme rendeu 45 milhões de cruzeiros por dia nas duas primeiras semanas, e mais tarde alcançou a marca de 3,8 milhões de espectadores. Enquanto isso, na imprensa, as críticas positivas foram quase unânimes. A escolha de Daniel Filho e os recentes sucessos de filmes mais bem produzidos como *Os saltimbancos trapalhões* e *Os Trapalhões na Serra Pelada* haviam aplacado a sede de sangue dos colunistas mais antipáticos ao humor pastelão do grupo. Até o tom pesado de crítica social, julgado inadequado para as comédias acéfalas do quarteto, havia sido suavizado, dando lugar a uma oportuna temática nordestina – também bastante contestadora, porém mais alinhada aos anseios políticos em voga na época.

A fase de paz e amor com a imprensa era tão sólida que até o novo disco de Mussum, com a capa estampando uma montagem do trapalhão da televisão, todo humilde e pateta, cumprimentando o próprio sambista, dessa vez vestido de terno branco e gravata verde e rosa, estreou recebendo uma série de elogios nas colunas de música. Tudo corria bem com os números das lojas e das bilheterias, como virara costume nos últimos anos, mas dessa vez os problemas não viriam de fora, e sim do próprio núcleo dos Trapalhões.

A matéria de capa da edição de 13 de julho de 1983 da revista *Veja*, com a manchete "O grande palhaço – por que Renato Aragão faz rir", fez com que a birra entre os funcionários da R.A. Produções e da DeMuZa finalmente contaminasse a relação entre Renato, Dedé, Mussum e Mauro. Exaltando o espírito empreendedor do líder dos Trapalhões, a reportagem empilhava os impressionantes recordes da filmografia do cearense, contava detalhes sobre seu estilo de vida luxuoso e fazia o seguinte elogio: "Aragão ocupa, no cinema, o mesmo lugar de Roberto Carlos na canção ou de Janet Clair nas telenovelas". Sobre os três companheiros de palhaçadas, apenas uma brevíssima citação, descrevendo-os como companhias constantes na tela. E nada mais.[30]

A publicação do perfil gerou um mal-estar generalizado nos corredores do Teatro Fênix, incentivando discussões a portas fechadas entre as quatro estrelas de *Os Trapalhões*. Nas gravações do programa, o clima voltava a desanuviar, pois a regra sempre foi deixar os problemas pessoais de lado durante o trabalho. Terminadas as sessões, as brigas continuavam, com mais intensidade, de onde tinham sido interrompidas. De lado a lado, as ameaças de dissolução do grupo apareciam, cada vez com mais força, e os pedidos de uma nova divisão dos lucros dos filmes, a antiga reivindicação dos administradores da DeMuZa, viraram um ponto de inflexão. Sem um aumento na participação das bilheterias, o trio Dedé, Mussum e Zacarias estaria fora.

Anos mais tarde, Dedé revelaria que a estratégia foi um blefe. Queriam apenas mostrar ao líder o quanto andavam descontentes com a divisão do bolo, tanto em relação ao dinheiro quanto na criação dos roteiros e papéis, mas não queriam de forma alguma largar o grupo. Renato, por sua vez, tinha outra visão da questão toda, como demonstrou em 1981, comemorando o aniversário de quinze anos do grupo com base na data de estreia do programa *Os Adoráveis Trapalhões* e não usando a efeméride da formação clássica da TV Tupi, já com Dedé, Mussum e Zacarias. Teoricamente, não apenas seria possível continuar a vida sem os velhos companheiros como ainda seria uma chance de fazer mais uma renovação.

Por fim, nenhum dos lados cedeu e o clima descontraído dos bastidores acabou. Era inviável seguir daquele jeito e foi decidido, em comum

---

30. *Veja*, 13/07/1983.

acordo, que o grupo resolveria uma forma de separação amigável. Depois de 37 dias da publicação da reportagem sobre Renato Aragão na revista *Veja*, e de muita especulação, os Trapalhões realmente pediam divórcio.

Não tardou para a notícia vazar, e o quarteto convocou uma coletiva de imprensa no Teatro Fênix para confirmar, de uma forma menos dramática, o que muitos colunistas estavam ventilando: ninguém esmurrou ninguém, mas a dissolução do grupo era para valer. Tensos, escolhendo as palavras e sem convencer ninguém, eles disseram que não fariam mais filmes juntos e avaliariam o futuro do programa de TV em breve, após uma reunião com a direção da Globo, dali a uma semana. O motivo principal da briga, segundo Dedé, fora "um mal-entendido gerado por várias notinhas na imprensa". Renato descartou tocar a atração sozinho, deixando no ar a formação de um novo grupo. Mussum, por sua vez, deu mostras de que a rivalidade entre a R.A. Produções e a DeMuZa não era mais segredo para ninguém: "Os funcionários das nossas empresas criaram muitos obstáculos. Se não fosse a maldita burocracia, muita gente já estaria demitida, mas queremos resolver tudo de forma civilizada, sem mágoas". Um jornalista fez uma pergunta tão necessária quanto óbvia e ouviu Dedé, sem querer, mostrar seu ressentimento em forma de piada:

— Se o problema são os funcionários das empresas, por que não trocá-los? — indagou o repórter.

— Porque, nesse caso, teríamos que demitir toda a família do Renato — disse Dedé.

Estranhamente, quando foram forçados a dar uma resposta definitiva, todos os quatro trapalhões afirmaram ter vontade de permanecer juntos. Especialistas no humor pastelão, fizeram involuntariamente uma cena de comédia surrealista digna de um filme de Buñuel. Antes do que deveria ser a sua última aparição pública como quarteto, disseram:

— Se depender de mim, tudo continua como antes — disse Renato.

— Gostaria que continuássemos trabalhando juntos na TV — concordou Dedé.

— Eu não gostaria que a separação acontecesse — completou Mussum.[31]

---

31. *O Estado de S. Paulo*, 19/08/1983.

Capítulo 18
Se até Zico saiu do Flamengo... (1983)

"Você é simplesmente um ignóbis."

Uma semana depois da constrangedora entrevista coletiva para anunciar a separação, uma reunião com a direção da Globo consolidou a decisão do quarteto. A emissora tinha contrato com todos os humoristas, mas não iria forçá-los a atuar juntos. Embora estivesse satisfeita com os bons índices de audiência aos domingos, deixou para os artistas a decisão sobre o futuro de *Os Trapalhões*. Como os companheiros seguiam irredutíveis, Renato Aragão optou por continuar tocando o programa e pediu reforços. Promoveu atores do elenco de apoio da atração e planejou uma reformulação mínima. Continuaria a fazer os mesmos quadros, no mesmo dia e horário, com a diferença de ter outros coadjuvantes. Para as vagas abertas foram convocados Roberto Guilherme, o eterno Sargento Pincel, Zilda Cardoso, famosa pela debochada mendiga Catifunda, e os versáteis Rogério Cardoso, Augusto Olímpio e Arnaud Rodrigues. Em setembro de 1983, *Os Trapalhões* ia ao ar sem Dedé, Mussum e Zacarias. O clichê de que o show tinha que continuar seguia pétreo e imutável.

O público, por sua vez, não parecia disposto a ficar do lado da nova trupe de Didi. O programa com seu novo elenco não conseguia manter a mesma audiência da atração de quando tinha sua formação clássica. Isso servia como prova do carisma do trio demissionário, pois os novos atores eram capazes de fazer excelentes quadros, variando seus tipos e decorando textos bem mais elaborados. A Globo, atenta ao esvaziamento do humorístico, encomendou uma pesquisa. Queria saber a quantas andava o prestígio de Renato Aragão e dos seus ex-companheiros para tomar uma decisão mais bem pensada no calendário de 1984. Homero Icaza Sánchez, fundador do Instituto Técnico de Análises e Pesquisas e consultor da Globo, descobriu, então, que o povo preferia ficar ao lado de Dedé, Mussum e Zacarias na briga. Então recomendou que, se fosse para escolher um lado, a emissora deveria ficar junto dos três trapalhões rebeldes.[32] Mesmo assim, perder Renato, o líder criativo e principal redator do programa, não era uma opção a ser considerada. A Globo estudou a alternativa de criar um novo elenco fixo para *Os Trapalhões*, chegando a sondar outros artistas populares na época, como Sérgio Mallandro, estrela ascendente de programas de auditório, como *O Povo na TV* e *Show de Calouros*, da TVS, a comediante-revelação Regina Casé e até os veteranos Ronald Golias e Costinha.

Pelo lado do trio de ex-trapalhões, a coisa era bem mais simples. Além de continuarem com as portas abertas dentro da empresa de Roberto Marinho, onde poderiam tocar novos projetos, tinham em mãos uma vantajosa proposta da emissora de Silvio Santos. De acordo com as especulações veiculadas na imprensa, trocar de ares traria um aumento considerável nos vencimentos mensais de Dedé, Mussum e Zacarias. A mudança de canal renderia 10 milhões de cruzeiros por mês, no lugar dos 2 milhões de cruzeiros pagos pela Globo, valores não confirmados pelo vice-presidente da TVS, Luciano Callegari, que, no entanto, afirmou publicamente o interesse na contratação do trio.

Enquanto não sabia se teria um, três ou quatro trapalhões disponíveis no elenco, a Globo acomodou o trio rebelde dentro de *A Festa é Nossa*, atração comandada por Agildo Ribeiro e Lúcio Mauro que reunia vários humoristas da casa em um programa com quadros diferentes a cada semana. Dedé, Mussum e Zacarias atuavam como mecânicos de uma oficina de carros e aprontavam confusões no melhor estilo "Os Três Patetas", com cacetadas, caretas e gritos. Apesar de breve – o humorístico só durou entre março e dezembro de 1983 –, a incursão dos ex-trapalhões serviu para mostrar o quanto eles eram queridos entre os colegas. A direção da emissora, a equipe de produção e o elenco recheado de amigos, como

---

32. *Folha de S.Paulo*, 18/09/1983.

Castrinho, Roberto Guilherme e Tião Macalé, os tratavam com muita deferência, sugerindo novas cenas e elementos cenográficos. Parecia que a briga estava encerrada, com cada grupo seguindo sua direção, levando algumas mágoas, sim, mas sem nenhuma questão pendente.

Mas isso durou apenas até o dia em que, em mais uma de suas leituras matinais, Mussum foi informado, por uma notinha no jornal do dia, de que Renato Aragão estava começando a rodar seu novo filme, *O trapalhão na arca de Noé*, sem os ex-companheiros. O mangueirense ligou para Dedé já bem pautado para a tradicional conversa telefônica das sete horas da manhã.

— Você viu que ele vai fazer um filme sozinho?

— Pois é, rapaz...

— Você não é diretor? Não diz que entende tudo de cinema... Então vamos fazer um filme nosso também!

— Mas não vai dar tempo, *cumpadi*.

— Eu cuido da música, você cuida da direção... *Vamo'simbora*!

Assim, de um arroubo de indignação, nascia o primeiro filme de Dedé, Mussum e Zacarias sem o comando de Renato Aragão, um projeto marcado pelo improviso, pela pressa na realização e por um recém-descoberto amadorismo administrativo da DeMuZa Produções Artísticas e Cinematográficas.

Para começar, o argumento e o roteiro da produção precisaram ser feitos em tempo recorde mesmo para as desencanadas produções trapalhônicas: quinze dias. Após a conversa inicial entre os *cumpadis*, Dedé bolou uma história reaproveitando a sátira do seriado *S.W.A.T.*, um dos grandes sucessos do grupo na televisão, em um roteiro que mostraria a expulsão dos três trapalhões da tropa de elite da polícia, fazendo, assim, uma matreira referência ao momento vivido pelo trio na vida real. Seria, para as crianças, uma comédia inocente, e, para os bons entendedores, uma resposta cifrada ao antigo chefe. E o filme nem precisou começar a ser filmado para o recado de vingança ser dado.

Dedé convidou Victor Lustosa para ser seu braço direito na produção do longa, mesmo com o amigo trabalhando na equipe de *O trapalhão na arca de Noé*. Lustosa, amigo muito próximo do trio rebelde, mudou de lado e fez Renato acusar os ex-colegas de roubarem profissionais de sua equipe. O talentoso roteirista e diretor declararia apenas que fez uma escolha profissional, baseada em uma melhor oferta financeira e na maior liberdade criativa oferecida pelos novos contratantes. Quando o chamavam de traidor, se saía com a seguinte tirada: "Se até Zico saiu do Flamengo...".

Bastante empolgado e envolvido no projeto, Mussum ficou responsável por musicar as cenas imaginadas por Dedé. Chamou a rapaziada do Cacique de Ramos para um churrasco em Jacarepaguá e, em menos de uma semana, já tinha composto letras e melodias para toda a trilha sonora do projeto ao lado de Neoci, Jorge Aragão e companhia. Faltava ainda um nome para o projeto, uma vez que a marca Trapalhões era de propriedade da R.A. Produções. Depois de muito quebrar a cabeça usando trocadilhos terríveis, como paspalhões, trespalhões e trapalhaços, surgiu a ideia de pegar emprestado o nome famoso, sem usá-lo completamente, e batizar o filme como *Atrapalhando a Suate*. A partir daí, era colocar o escritório da DeMuZa para trabalhar, a fim de contratar uma equipe completa de filmagem, alugar equipamentos, conquistar patrocinadores, desenhar o melhor circuito de exibição para o longa e negociar as autorizações para as locações. Esta última tarefa foi destinada a Mauro, afinal, negociar pessoalmente com um artista de televisão impressionava muito qualquer empresário.

A soma dos esforços do diretor Dedé, do músico Mussum e do embaixador Zacarias não seria o suficiente para lançar o filme até o período das férias escolares de final de ano. Foi preciso fazer escolhas e tornar a produção o mais enxuta e prática possível. As cenas foram gravadas de primeira e só havia uma câmera disponível. No lugar de efeitos especiais, trucagens e dublês, foram usados artistas de circo capazes de fazer malabarismos com motos ou imitar macacos. Ao contrário do que rolava na R.A. Produções, o orçamento para o elenco era reduzido. Lucinha Lins topou o convite para ser a mocinha de *Atrapalhando a Suate*, muito mais pela amizade do que pelos valores oferecidos, e nessa toada seguiram as gravações, contando com o "apoio cultural" de empresas como a Cia. Santo Amaro de automóveis Ford, a Transbrasil, a Itapemirim e a Parmalat. O que não foi financiado pelo merchandising virou dívida para a DeMuZa pagar depois. Era um resgate dos tempos das chanchadas de J. B. Tanko nos anos 1970 e, até por isso, um retorno ao território mais confortável para o trio. Até o final da história, como não poderia deixar de ser, foi feliz. Na base da correria, o primeiro filme do trio conseguiu ser lançado a tempo em 12 de dezembro, três dias antes da nova aventura solo de Didi.

A versão cinematográfica da paródia à S.W.A.T., apesar das dificuldades na produção, mostrava sem disfarce o tamanho das aspirações de gigantismo dos seus produtores. Antes de o filme começar, surgia na tela uma caricatura animada de Dedé rugindo como o leão da Metro-Goldwyn-Mayer. Após ser provocado, ele sai da moldura e acaba brigando com Zacarias, travestido de musa da Columbia Pictures, com um vestido longo, salto alto e segurando uma tocha. No entrevero entre os dois personagens, a pira de Zacarias voa e acaba queimando a cauda de Mussum, desenhado como se fosse um urubu empoleirado sobre a famosa montanha do logotipo da Paramount Pictures. Ao sair voando com as penas em chamas, o grande pássaro mostra no quadro final uma paródia do logo da 20th Century Fox, que troca o vinte por três zeros. Só depois disso tudo o desenho esmaece e dá lugar, finalmente, ao logo da DeMuZa Produções.

O filme em si traz momentos de ação e pastelão aos montes, com uma atuação homogênea dos três ex-trapalhões, sempre aparecendo juntos e com o mesmo número de falas para cada cena. No lugar das lições de moral pregadas nos últimos filmes do grupo, surge apenas humor fácil e direto. Intenção exposta logo na abertura, quando os protagonistas dão uma volta de viatura pela avenida Atlântica fazendo caretas ao verem mulheres bonitas. Até a trilha sonora, composta e interpretada por Mussum, ajuda no clima de palhaçada sem compromisso. Em um misto de samba com discoteca, os policiais cantam para alertar os *vabagundis*: "Sobe a pirambeira que a Suate chegou!/ Cai da folha, larga as trouxas/ Se não vai pintar horror".

As cenas musicais são o único respiro entre uma sequência de ação e outra. Talvez ansioso para mostrar seus dotes de diretor, Dedé filmou perseguições, brigas, balés e pequenos esquetes emendados uns nos outros, deixando o filme agitado a ponto de esconder qualquer limitação técnica ou financeira da produção. Até o roteiro, meio bobinho, é encoberto pela rapidez dos acontecimentos. Dedé, Mussum e Zacarias falham ao impedir os terroristas internacionais da organização Barba Rubra da Morte (BRM), e suas patentes na tropa de elite são questionadas. O vilão, vivido pelo irmão de Dedé, Dino Santana, com uma barba postiça, nem é tão importante. Fica mesmo na memória a cena do computador da central de inteligência, sabotado pelos bandidos, mostrando uma versão avacalhada da ficha dos heróis. O perfil de Mussum é então descrito assim: "Q.I.: baixíssimo; Grau de instrução: tocador de reco-reco; Academia Militar: academia de Samba do Mé Unidos do Copo". Lamentavelmente, porém, o filme insiste em erros vistos também nos títulos do quarteto lançados no começo dos anos 1980, e faz uma piada racista com Mussum, comparando-o a um alienígena vindo do *Planeta dos Macacos*.

Rapidamente os palhaços estão com um pé fora da corporação, mas aparece uma última missão: transportar uma caixa que contém um "componente atômico dez mil vezes mais poderoso que a bomba de Hiroshima". É desnecessário descrever em detalhes o caminho acidentado percorrido pela tal caixa, mas vale destacar que até a metade do roteiro de *Atrapalhando a Suate* o espectador tem a impressão de que não se passaram nem dez minutos de filme. Exatamente o inverso da sensação obtida ao assistir *O trapalhão na arca de Noé*.

O argumento do filme escrito por Renato Aragão em parceria com Aguinaldo Silva e Doc Comparato traz como mensagem principal as lições sobre ecologia, colocando os coureiros do Pantanal como vilões e abusando da repetição de imagens de tuiuiús, jacarés e paisagens alagadas. O mocinho da história é vivido por Gracindo Júnior e, no lugar dos seus parceiros habituais, o trapalhão é acompanhado por Fábio Villa Verde, então um garoto de doze anos, e por Sérgio Mallandro, escolha que alimentou ainda mais os boatos da contratação do fazedor de *glu-glu* pela Globo. O filme ainda conta com a participação do sempre vilão Carlos Kurt, um organizador de rinhas de galo, e da modelo Xuxa Meneghel, de vinte anos. Foi um dos primeiros trabalhos destinados ao público infantil feito pela loira. Naquele começo dos anos 1980, sua notoriedade ainda era ligada ao trabalho de manequim e ao namoro com Pelé – algo prestes a mudar com a estreia do *Clube da Criança*, na TV Manchete. A participação da futura Rainha dos Baixinhos no longa, no entanto, é bem curta. Ela aparece no final do filme, sem falas, para servir de par ao protagonista, escolhido pelo próprio Noé, como modelo de ser humano para o povoamento de uma nova sociedade.

Como era previsto, com tantas lições de moral, o humor ficou em segundo plano. Apesar de efeitos especiais bem-feitos e de uma realização tecnicamente impecável, a saída de Dedé, Mussum e Zacarias significou uma drástica redução da graça espontânea que era natural dos Trapalhões. Do outro lado da trincheira, o trio de palhaços sofreu menos com as agruras da falta de orçamento e de tempo, compensando o clima mambembe com carisma. Impressão reforçada pelas avalições nos cadernos de cultura dos jornais e nas seções de revistas de variedades. Poucas vezes dois filmes foram tão comparados pelos críticos e, ainda assim, as opiniões foram tão consoantes. A crítica de Rubens Ewald Filho, na *Folha de S.Paulo*, resumia bem a opinião dos colegas: "É difícil dizer qual é o menos ruim. Parece que a melhor maneira de avaliar o resultado é pela pretensão. Enquanto Dedé, Mussum e Zacarias não têm outra intenção além de serem os Três Patetas, Aragão continua com sua ambição de emular Charles Chaplin".[33]

Nas bilheterias, o público infantil não foi tão resoluto em escolher um lado. Pela falta de outras opções, acabaram ficando com os dois. Nos anos anteriores era comum ver o filme dos Trapalhões mais de uma vez, por isso, ver dois filmes diferentes era mais uma oportunidade de variar do que de escolher. O amor incondicional da molecada pelos palhaços pouco importou no final das contas. A diferença entre o sucesso e o fracasso dos filmes foi definida mesmo pela experiência nos bastidores, algo que sobrava aos funcionários da R.A. Produções e faltava gravemente pelos lados da DeMuZa. *Atrapalhando a Suate* foi lançado em dezessete capitais e, em três semanas após sua estreia, havia conseguido levar 750 mil pessoas ao cinema, arrecadando mais de 570 milhões de cruzeiros, o que foi divulgado oficialmente como uma arrecadação mais de duas vezes maior do que valor gasto com a produção.

O trapalhão na aca de Noé, no mesmo período, superou a marca de 1 milhão de espectadores e arrecadou 800 milhões de cruzeiros, e a película repleta de locações, efeitos especiais e artistas conhecidos no

---

33. *Folha de S.Paulo*, 28/12/1983.

elenco havia consumido 300 milhões de cruzeiros com gastos de produção e outros 200 milhões de cruzeiros com promoção. A disparidade não foi uma questão apenas de gosto do público. O filme de Renato foi exibido em 105 salas espalhadas pelo Brasil, contra 63 salas do rival. No Rio, o principal mercado de então, o filme de Renato estava no dobro de salas. O bom relacionamento da R.A. Produções com os exibidores e a parceria da empresa com a Embrafilme empurraram *Atrapalhando a Suate* para o "segundo circuito", salas com menor capacidade e piores endereços. Enquanto tomava um baile no Brasil, a DeMuZa gastava energias com o lançamento de uma versão argentina da comédia, traduzida como *Los Chiflados de Swat*.

Como resultado final, uma derrota dupla. O verdadeiro campeão de bilheterias daquele ano seria *O retorno do Jedi*, que em três semanas de exibição levou 1,2 milhão de pessoas aos cinemas, lucrando 1 bilhão de cruzeiros. Na comparação dos três filmes até o final de suas exibições, nem a soma dos dois filmes dos Trapalhões superaria a ópera espacial de Luke Skywalker e Darth Vader. *Atrapalhando a Suate* ultrapassou por pouco a marca de 1 milhão de espectadores – metade do esperado pelos seus produtores – e *O trapalhão na arca de Noé*, a de 2,1 milhões. Nos dois casos, patamares menores do que os filmes anteriores dos Trapalhões alcançaram.

O desempenho fraco no cinema não era a única amostra de que a separação havia sido um passo na direção errada. Como os direitos do nome comercial do grupo pertenciam à R.A. Produções, o trio começou a usar o nome de "Os Trapalhaços" para fazer seus shows pelos circos e ginásios do interior do Brasil. As apresentações continuavam lotando, mas os cachês não eram suficientes para cobrir as dívidas extraoficiais contraídas pela produtora, sem o conhecimento dos artistas, durante a realização de *Atrapalhando a Suate*. A estreia de Dedé, Mussum e Zacarias como produtores revelava-se mais desastrosa a cada semana. Em vez de planejarem um filme para as férias de julho de 1984, estavam atolados na papelada e surpresos com cobranças vindas de todas as praças nas quais o longa havia sido exibido.

Enquanto isso, Renato finalizava os preparativos para inaugurar seu complexo de estúdios na Barra da Tijuca, onde já negociava coproduções com artistas como Bud Spencer, Terence Hill, Jack Nicholson e Robert Duvall. Tinha ainda conversas adiantadas com Mauricio de Sousa para fazer o filme *O trapalhão e a Turma da Mônica* e um projeto destinado ao mercado de cinema do Leste Europeu. Enquanto Dedé, Mussum e Zacarias suavam a camisa para ganhar alguns cruzeiros em circos de Osasco e Madureira, o cearense viajava para Moscou para negociar recursos para o projeto de *O cossaco trapalhão*. A fase era tão auspiciosa que ele brincava dizendo ter escolhido usar vidros espelhados no acabamento do prédio central da R.A. Produções para os olhares invejosos serem refletidos de volta.

Questões cinematográficas à parte, as coisas iam mal no programa de TV. O novo elenco de *Os Trapalhões* não havia agradado ao público e isso era refletido em audiências cada vez mais baixas. A Globo precisou apelar para reprises dos melhores momentos do grupo e seus filmes antigos, e até mudou o horário da atração, agora exibida mais cedo, às seis da tarde. Cartas e mais cartas de fãs chegavam ao serviço de atendimento ao telespectador da Globo pedindo a volta do grupo. Houve até um pai desesperado com a tristeza de seus filhos que prometia "quebrar a cara" dos comediantes se eles não voltassem.

A alta direção da Globo também fazia consultas regulares sobre um possível retorno. Muito próximo de Renato, o vice-presidente Boni conversava com o trapalhão sobre os rumos a serem tomados na temporada de 1984 de *Os Trapalhões*, sem nunca deixar de colocar como opção uma reconciliação. Mauro Borja Lopes, o diretor artístico da TV Globo, ia mais longe. Ele enviava bilhetes semanais para os quatro integrantes, pedindo de forma emotiva o retorno do grupo. Em uma dessas mensagens, Borjalo chegou a colocar a impressão digital de seu netinho de três anos, apelando para o sentimentalismo do quarteto. Nunca um divórcio teve tanta torcida para ser cancelado. Roberto Marinho, o proprietário das Organizações Globo, chegou a convocar uma reunião com Renato e Dedé e resumiu a situação da seguinte forma: "Vocês têm a galinha dos ovos de ouro, por que vão matá-la?".

Outra parte muito incomodada com a separação era Sérgio Murad, ainda muito mais empresário do que Beto Carrero, o cowboy brasileiro. Para ele, os intervalos comerciais e merchandisings das noites de domingo representavam a mola mestra do seu trabalho de marketing e promoção. Àquela altura, produtos como o Biotônico Fontoura, o leite de aveia Monange e as bicicletas Monark alcançavam o auge da popularidade e batiam recordes de vendas graças ao bem amarrado acordo entre Renato, Murad e Globo. Durante os reclames ou mesmo dentro do programa, *Os Trapalhões* sorteavam prêmios em nome dos patrocinadores e colocavam as empresas trazidas pela firma de Murad em enorme evidência. Líder isolada de audiência, a emissora do *plim-plim* chegava a 3.525 municípios, atingindo 75 milhões de telespectadores. Mas nem os atores ou apresentadores mais famosos dispunham da liberdade de negociar anúncios dentro de seu horário.

Sérgio Murad resolveu, então, ser herói e começou a tramar uma maneira de reaproximar o quarteto. Se pudesse, montaria em seu cavalo Faísca, laçaria e amarraria os amigos até convencê-los a parar de jogar dinheiro fora, mas isso não era possível. Para começar, Renato não precisava mais de dinheiro. Se quisesse, tinha condições tranquilas de largar a televisão para se dedicar exclusivamente ao cinema. Do outro lado, os Trapalhaços, embora precisassem de dinheiro como nunca, mostravam suas mágoas com o antigo líder a cada entrevista ou declaração pública. Mussum, por exemplo, passou a se referir a Renato como "O Professor". O apelido, antes usado de forma carinhosa por causa da maior experiência do colega, era dito com um tom diferente, com óbvios resquícios de ironia.

Murad então bolou um plano digno de filme. Com a desculpa de apresentar um novo projeto de marketing, convidou separadamente cada um dos Trapalhões para um jantar de negócios no restaurante Le Saint-Honoré, dentro do Hotel Méridien, no Leme. Mentiu quando perguntado se teria chamado outros integrantes para a conversa. Após várias tentativas de reaproximação frustradas, essa era a única maneira de atrair Didi, Dedé, Mussum e Zacarias para baixo do mesmo teto. Dizia que aquela oportunidade seria apenas para um artista e pediu sigilo sobre o encontro. Os quatro acabaram topando e a cena estava armada. Sem que eles soubessem, Beto Carrero reuniria o grupo pela primeira vez em quase seis meses.

Na noite marcada para o encontro, uma segunda-feira, 13 de fevereiro de 1984, o maître do Saint-Honoré foi avisado sobre o que rolaria ali, separou uma mesa bem no fundo do salão e instruiu todos os garçons a deixar os quatro convidados isolados uns dos outros conforme fossem chegando. Deviam dizer que Sérgio Murad estava atrasado, a mesa reservada ainda estava ocupada e acomodar Renato, Dedé, Mussum e Maurinho na área de espera, no bar, ou em uma mesa separada. Valia qualquer coisa para não estragar a surpresa e fazer com que o quarteto se encontrasse antes da hora.

Renato foi o primeiro a chegar, sendo levado para a mesa dos fundos para encontrar-se com o empresário e colocado habilmente em uma cadeira que ficava de costas para a entrada. Nos próximos trinta minutos, chegaram Mauro, Mussum e Dedé – e cada um foi isolado em um lado do restaurante. O maître cochichou no ouvido de Beto que os três convidados haviam chegado e recebeu a ordem de trazê-los ao mesmo tempo para a mesa. Quando se virou e viu os três companheiros, Renato não segurou o choro e a cada abraço apertado nos colegas reparava que a emoção era recíproca. O empresário nem precisou tocar no assunto. A volta dos Trapalhões foi selada sem que nenhuma palavra precisasse ser dita.

Após a choradeira provocada pelo reencontro, chegou uma garrafa de champanhe Dom Pérignon para celebrar a retomada da amizade. E viriam mais duas depois, além de incontáveis doses de uísque Ballantine's. Ninguém falou de como seria a divisão do dinheiro das bilheterias ou a participação de cada um nos negócios. Embora a decisão de voltar envolvesse diretamente bilhões de cruzeiros, naquela noite Renato, Manfried, Antônio Carlos e Mauro eram apenas amigos queridos que se viam após um longo período. Por total coincidência, Mussum vivia mais um momento importante da sua vida no mesmo pedaço de chão do Leme. O Hotel Méridien havia sido construído exatamente onde ficava a boate Fred's, o berço dos Originais do Samba.

Capítulo 19
Tem leite de ganso manso? (1984)

> "Ser rico não é nadis. Ser rico e bonitis, dá para compreender. Agora ser rico, bonitis, gostoso e chupetis, aí é fogo!"

No dia seguinte ao encontro tramado por Sérgio Murad, os quatro comediantes decidiram marcar uma reunião para falar de negócios. Seria um almoço, de novo no Leme, em uma mesa da histórica cantina La Fiorentina. Os Trapalhões chegaram desarmados de qualquer sentimento de revanche, sem vencedores ou vencidos, e expuseram todos os problemas e reclamações guardados por anos. O trio rebelde havia descoberto o quanto o trabalho de Renato Aragão era complicado. Ao produzir *Atrapalhando a Suate*, contraíram dívidas e trabalharam muito. Mesmo assim, o filme foi relegado a um circuito de salas que desperdiçou boa parte do seu potencial de bilheteria. Por isso, foi decidido em conjunto que a distribuição das produções para o cinema, principal ponto da discórdia que motivou a separação, ficaria sob a supervisão de Renato, mas, ao mesmo tempo, teria participação da DeMuZa. Em troca do controle do negócio, haveria uma separação de lucros mais favorável aos Trespalhões. Além disso, Dedé receberia a oportunidade de formalizar seu papel nos bastidores e, enfim, realizar o sonho de ser diretor. O filme solo dos Trapalhaços serviu como prova de que o niteroiense era capaz de tocar um longa de ação e comédia com bastante talento. Mussum e Zacarias também participariam com voz mais ativa nos processos criativos das obras. Aprovariam as decisões e passariam a ter voto na escolha de roteiros, personagens, elenco e trilha sonora.

Mágoas sobre declarações na imprensa foram dirimidas, colocando-se toda a culpa nos fuxicos dos "mentirosos" colunistas. Essa foi a segunda decisão do encontro. A partir da retomada, nenhum dos integrantes falaria com qualquer veículo de comunicação isoladamente. Todos os pronunciamentos sobre o programa de TV ou sobre os próximos lançamentos para o cinema seriam feitos com os quatro comediantes juntos. Mais um ponto discutido foi a participação de Renato nos shows dos Trapalhões nos circos e ginásios do interior do Brasil. Quase sempre ausente das turnês para cuidar de negócios pessoais, o cearense comprometeu-se a analisar com mais carinho as próximas propostas de apresentações, inclusive se envolvendo nas negociações do grupo, que a partir de então seriam vendidas com o grupo completo.

A conversa demorou cerca de três horas, e, entre pratos de espaguete com molho de camarões, lulas e mexilhões refogados, Renato, Dedé, Mussum e Mauro decidiram ir até a Globo para espalhar a notícia. Chegaram à sede da emissora às cinco da tarde e foram diretamente para a sala de Borjalo comunicar a decisão. O diretor ficou entusiasmado, já falando sobre datas e projetos novos que poderiam ser realizados a partir dali. Walter Lacet, diretor da linha de shows e antigo amigo da trupe que torcia pela retomada da formação clássica do grupo, teve a mesma reação. Até o presidente das Organizações Globo, Roberto Marinho, arrumou um espacinho em sua agenda para ouvir as boas-novas diretamente de seus portadores. Para alívio de todos, o time das noites de domingo voltaria a ser escalado com força total e, assim, garantiria a soberania da emissora sem sustos. Do dia para a noite, um problemão foi resolvido para a direção, pois 1984 começava ainda sem uma definição satisfatória do que fazer com os humoristas separados. A princípio, o plano era manter Renato liderando *Os Trapalhões* com um elenco rotativo e acomodar Dedé, Mussum e Zacarias como participantes do *Humor Livre*, um novo programa de comédia que estrearia nas noites de sábado a partir de março. Estrearia, porque, depois da notícia da reconciliação, acabou engavetado. Não valeria a pena dividir forças.

Como ficara provado durante o período de separação, a força de *Os Trapalhões* era a química entre seus quatro componentes, ou as quatros pernas de uma mesa, como gostavam de metaforizar.

Para o dia seguinte, foi convocada uma coletiva de imprensa nos recém-inaugurados estúdios da Renato Aragão Produções, na Barra da Tijuca. A infraestrutura do local era superior a qualquer coisa do gênero no Brasil e ficava pau a pau com os estúdios americanos visitados pelos comediantes durante as gravações de *Os saltimbancos trapalhões*. Provava o quanto Renato Aragão trabalhava duro para promover seus filmes, fazendo a "parte chata" com tanto ou mais talento do que dava cambalhotas e fazia piadas rasteiras. Começada a conversa com os repórteres, notava-se exatamente o contrário do clima do último anúncio coletivo pouco menos de seis meses antes, no Teatro Fênix. Entre sorrisos e brincadeiras, o grupo respondeu às perguntas de repórteres incrédulos. Como era possível uma briga ensopada de rancores e trocas públicas de farpas ter terminado assim, sem mais nem menos, com tanta leveza?

Foi especulada até a possibilidade de aquilo tudo ter sido apenas um grande golpe de marketing para dar uma chacoalhada no tradicional programa dominical, mas Renato apressou-se em comparar o grupo a um casal. Depois de dez anos de convívio intenso, a relação do quarteto estava desgastada e eles resolveram tirar "férias conjugais". Viviam agora uma espécie de renovação de votos, dispostos a superar problemas e fazer tudo que era bom ficar ainda melhor. Após uma rodada de respostas desmontando a teoria do golpe de marketing e frases evasivas a respeito de como seria a nova divisão dos lucros, Mussum pediu a palavra para falar que a história toda nada tinha a ver com números. "É curioso observar que, mesmo no auge dos disse me disses da separação, nós nunca sentamos para discutir a causa do rompimento. E muito menos agora, na reconciliação. Olhando para trás acho que tomamos a decisão inteligente que tínhamos de tomar, porque toda a revolta de seis meses atrás era somente um mal-entendido organizacional. Um problema interno das nossas firmas, que não estavam se entrosando. No final das contas, a separação serviu de férias."[34]

---

34. *O Globo*, 16/02/1984.

Mussum usou o intervalo provocado pela ruptura repentina para aproveitar um pouco mais a vida. O que, no caso de um veterano de boemia como ele, significava curtir a companhia dos filhos, dos sobrinhos e do ócio. Trabalhou muito na produção apressada de *Atrapalhando a Suate*, mas o longa acabou sendo bem mais simples do que qualquer outro trabalho recente do grupo completo. Sem o mesmo apuro técnico ou roteiros mirabolantes, o longa foi filmado quase sempre em tomadas únicas. Ficou bom no primeiro take? Ótimo. Ficou mais ou menos? Depois dá-se um jeito. Para Mussum, foi uma oportunidade de curtir a infância do seu filho Alexandro, a quem chamava de Sandruco, e de marcar de perto o final da adolescência de Augusto, seu filho mais velho, então com dezenove anos. O pai coruja havia combinado dar liberdade total para o primogênito curtir a noite assim que ele alcançasse a maioridade. Gugu completou seus dezoito anos, mas nada feito. Enquanto o filho não chegasse, Mussum mantinha-se acordado, fumando cachimbo e esperando ver o rebento chegar são e salvo à hora que fosse. O pai coruja andava preocupado com a escalada de violência no Rio de Janeiro e ficava aflito com as baladas de Augusto. Meses antes, havia passado por uma tentativa de assalto no caminho de volta da Globo, quando uma dupla de bandidos armados só não levou seu Volkswagen Santana porque reconheceu o comediante famoso e desistiu do roubo. A partir do episódio, Mussum passou a andar sempre acompanhado de Edson Farias, espécie de segurança, motorista e secretário dos Trapalhões. Edson trabalhou primeiro com Renato e depois com Dedé e Mussum. Além de zelar pela segurança dos patrões, participou como figurante de uma dúzia de filmes do quarteto. É só olhar nos créditos!

A fase mais tranquila em casa também serviu para o velho Mussa aperfeiçoar seus conhecimentos culinários, recebendo seus convidados em Jacarepaguá com memoráveis churrascos, feijoadas, cassoulets, mocotós, rabadas, angus à baiana, dobradinhas e até mesmo um prato próprio, o Filé à Mumu – um medalhão de filé-mignon com molho de champignon, shoyu e mostarda, acompanhado de arroz maluco, também conhecido como arroz Biro-Biro. O *mé* não era o único culpado pela barriga alta e redonda exibida pelo trapalhão em cena. No comecinho dos seus quarenta anos, Mussum já não lembrava em nada o passista magrelo campeão na avenida com a Estação Primeira, tanto pela silhueta quanto pela disposição de sair revirando as vendinhas dos morros à pé pela madrugada.

Seus lugares preferidos para *matar o bicho* ficavam mais perto de casa, na Barra da Tijuca, onde era membro do clube do uísque da Churrascaria Porcão e figura fácil de ser encontrada no Bar do Oswaldo, famoso pelas suas tradicionais batidas. O retorno das gravações semanais do programa para a Globo, somado às filmagens para o cinema e uma maior participação na parte administrativa dos negócios, acabaria com essa moleza. Em 25 de março de 1984, dali a cinco semanas, seria preciso gravar um dos episódios mais emocionantes da sua carreira artística, o definitivo retorno ao palco dos Trapalhões. Situação que exigia algo especial, é claro. Não poderiam apenas retomar a atração exatamente como era antes sem dar qualquer explicação para as crianças, órfãs de sua principal diversão televisiva por meses. A primeira aparição da temporada seria especial, mas o resto do ano também deveria ser. Nas reuniões iniciais para definir o roteiro e o elenco do programa, os quatro integrantes chegaram com um brilho nos olhos há muito não visto. Traziam sugestões anotadas em pedacinhos de papel, discutiam animadamente novas ideias para paródias e começavam as cenas de provocações e tapas antes mesmo de entrar em cena. Em uma dessas rodadas de ideias, surgiu o nome de um novo diretor para a atração. No lugar de Gracindo Júnior, já com mais vontade de voltar a ser ator do que de comandar o humorístico, foi convidado Paulo Araújo, experiente ator e diretor de comédias, conhecido do grande público por encarnar o malandro Agostinho na primeira versão do seriado *A Grande Família*, nos anos 1970. Por trás das câmeras, seu maior cartão de visitas era o inovador *Planeta dos Homens*. Exibido pela Globo nas noites de segunda-feira entre 1976 e 1982, o programa girava em torno de vários personagens diferentes a cada episódio, mas possuía carismáticos macacos tentando entender as peculiaridades dos seres humanos. Além da inteligência dos textos de craques como Jô Soares, Max Nunes, Hilton Marques, Haroldo Barbosa e Luis Fernando Verissimo, o programa contava com uma cenografia minimalista e com esquetes de ritmo variado, mas sem nunca ultrapassar mais do que dez minutos com uma só piada – coisa bastante comum em quadros de *Os Trapalhões*.

Araújo topou o convite e foi iniciada uma correria geral na Globo, não apenas nos corredores do Teatro Fênix. Nos últimos meses, Hans Donner já havia até feito uma nova vinheta de abertura para *Os Trapalhões*. Como a ideia era fazer algo mais genérico, sem referências a Dedé, Mussum e Zacarias, todo o trabalho precisou ser refeito. O resultado, mesmo com pouco tempo para ser gestado, foi um dos mais inovadores trabalhos da equipe do designer austríaco, com cenas colorizadas do quarteto interagindo com personagens de desenhos animados. Didi começava a abertura como um sertanejo na caatinga e chutava de letra o crânio de uma vaca. O esqueleto do animal ganhava vida e saía chifrando o trapalhão. A partir daí, Dedé era mostrado como bombeiro de posto de gasolina, Mussum como pescador e Zacarias como caçador. Todos se davam mal nas suas cenas e Didi aparecia novamente, dessa vez como presidiário. O cearense fazia então uma embaixadinha com a bola de ferro presa ao seu tornozelo e, dando um chute de bicicleta, mostrado com direito a replay, escapava do presídio voando para cair nos braços dos companheiros. Quando a televisão da molecada mostrou isso na noite de domingo, muita gente sorriu de alívio como não sorria havia muito tempo. Os Trapalhões estavam de volta com força máxima.

Esse primeiro episódio começou com Chico Anysio no centro do palco, contando para três meninas, uma delas Simony, uma história sobre quatro caras fantásticos que faziam todo mundo rir. Junto com a narração do comediante, eram mostrados trechos de programas antigos e dos filmes dos Trapalhões. Ao final do texto, cada um dos integrantes foi chamado ao palco para receber o carinho do auditório do Teatro Fênix e, consequentemente, o calor do Brasil inteiro. Boas-vindas retribuídas com um programa mais ágil e engraçado. A base do novo cenário principal era toda branca, com elementos cenográficos meramente simbólicos. Um esquete passado em uma praça, por exemplo, seria montado apenas com um banco e um poste, sem fundo, árvores, cercas ou figurantes. A criação dos detalhes do local ficava com a imaginação do telespectador, que mal tinha tempo para se incomodar com a simplicidade, pois, muitas vezes, as piadas eram representadas em pouco menos de um minuto. Esse esquema fez o trabalho de Mussum crescer bastante, uma vez que decorar textos e fazer personagens diferentes não era o seu forte. Um de seus quadros mais famosos foi feito justamente nesse arranjo. O personagem do sambista entra no boteco e vai direto ao galego do balcão fazer seu pedido:

— Me dá um copo de leite de capivara de Barra do Piraí.
— Não tem.
— Então dá um copo de leite de mula manca sem cabeça.
— Também não tem.
— E leite de perereca, tem?
— Não!
— Leite de ganso manso?
— Não tem nada disso!
— Deus é testemunha que eu queria tomar leite... Bota aí uma cachaça!

É claro que os esquetes mais longos, recheados de improvisos, e as paródias musicais, duas marcas registradas de *Os Trapalhões*, foram mantidos e aprimorados. Naquela temporada, os cantores Fábio Júnior, Erasmo Carlos e Simone não apenas cantaram junto dos palhaços como também brincaram de atuar, interpretando eles mesmos. Os trapaclipes continuavam impagáveis e com cada vez mais cuidado na produção. Para a versão avacalhada de "Thriller", Renato Aragão pintou o rosto de tinta preta e encenou todas as principais cenas do videoclipe original, com direito a um cenário sombrio e um balé imitando a famosa coreografia. Na época, nada se falou sobre o *blackface* e o quadro só despertava gargalhadas. Mussum e Zacarias completavam o lance fazendo as palhaçadas de sempre no meio de tudo isso. Para a participação do pioneiro conjunto de hip-hop nacional, Black Juniors, foi montada uma grande festa de break, com *B-boys* e figurantes vestidos a caráter. O foco do quadro só foi desviado para importunar Mussum, o único trapalhão que não precisou usar maquiagem para escurecer o rosto. Brincadeira racista, mas que não abalou o clima recém-estabelecido de saudável sacanagem entre os humoristas. Mais um reflexo de que a felicidade havia voltado a dar expediente seria exibido mais tarde, no final do ano, por meio de um programa especial que mostrava uma longa seleção dos erros de gravação, com todos os integrantes da produção rachando de rir das criancices de Renato e Mussum em cena.

Mais uma marca dessa fase de retomada foi o aprofundamento nos programas sociais para beneficiar crianças necessitadas. A partir da metade da década de 1980, os Trapalhões aumentariam consideravelmente seu trabalho social. Não apenas com críticas superficiais nos seus filmes ou convidando garotos de orfanatos para participarem das estreias no cinema, mas liderando iniciativas de grande vulto.

A primeira delas aconteceu graças a Renato Aragão, em setembro de 1983, quando a Rede Globo promoveu a campanha Nordeste Urgente. Foi uma resposta solidária a uma fase de seca sem precedentes, que começou a se agravar em 1979, com mais de 1.427 municípios, de uma região com mais de 1,4 milhão de quilômetros quadrados, entrando em colapso pela falta de água para plantação e para consumo humano. Estimava-se que 30 milhões de pessoas sofriam os efeitos da seca em oito estados: Pernambuco, Rio Grande do Norte, Maranhão, Ceará, Piauí, Paraíba, Bahia e também na região norte de Minas Gerais. Com o apoio de Boni e a participação de grande parte do elenco da Globo, Renato Aragão foi ao ar domingo, do meio-dia às oito horas da noite, e conseguiu arrecadar 2,5 toneladas de alimentos e 4 bilhões de cruzeiros em doações.

Depois do sucesso desse projeto, dois anos mais tarde, seria criado o Criança Esperança, mas, antes disso, a denúncia das grandes mazelas dos brasileiros seria feita por meio do cinema mesmo. Programado para as férias de meio do ano, o primeiro filme dos Trapalhões após reatarem seria um raio X bastante crítico dos flagelados da caatinga. Baseando-se no conto *O mágico de Oz*, do norte-americano Lyman Frank Baum, Renato Aragão bolou um argumento a ser encenado entre casebres de pau a pique, caveiras de gado e repentistas. A piadinha infame seria abrasileirar o nome do famoso feiticeiro da história original, mudando seu sufixo para o Mágico de Oróz, uma homenagem à cidadezinha de Orós, a 341 quilômetros de Fortaleza.

Ao lado do elogiado *O cangaceiro trapalhão*, o filme *Os Trapalhões e o mágico de Oróz* seria uma das mais brasileiras obras do quarteto, tanto pela estética quanto pelo tema principal. Só havia uma pendência antes das filmagens: bolado na época da separação, o roteiro não previa as participações de Dedé, Mussum e Zacarias.

Renato, finalmente assumindo o apelido e o personagem Didi no cinema, seria acompanhado por José Dumont e Arnaud Rodrigues ao longo da história. Provavelmente, Dumont seria o homem sem coragem, Arnaud o espantalho sem cérebro e Roberto Guilherme encarnaria o homem de lata. Com o retorno dos titulares, foi preciso fazer uma reorganização completa no roteiro. Para o bem da molecada que foi ao cinema em junho de 1984, e para a história do cinema nacional, o recém-efetivado diretor Dedé Santana, acompanhado do anistiado Victor Lustosa, resolveu a questão, colocando José Dumont como tatu e Arnaud Rodrigues como Soró, dois amigos sertanejos de Didi que decidem junto com ele deixar a terra esturricada em busca de água ou de qualquer oportunidade de melhorar de vida.

Aos três trapalhões foram estipulados os papéis dos amigos de Dorothy. Zacarias, mostrando seus dotes de ator teatral, viveu o molenga espantalho Vassoura, na sua busca por um cérebro; Dedé fez o papel do covarde delegado Leão, que pediria ao mágico de Oróz para deixar de ser frouxo; Mussum interpretou o Homem de Lata, no caso, um tonel de cachaça deprimido por sua falta de sentimentos. Sua cena de entrada, aliás, é um dos pontos altos do filme. Didi e Vassoura entram em um paiol abandonado e acabam esbarrando em tonéis metálicos. Começam a ouvir um fantasmagórico lamento:

— *Mé... Mé... Mé...*

A dupla pensa que um cabrito estava preso entre os latões, mas acaba sacando que há algo dentro de um dos tonéis. Ao abrirem a tampa de um dos recipientes, veem a cabeça de Mussum sair e seguir sua súplica:

— *Mé...* Preciso de *Mé... Fosfatis... Fortificantis...*

Após abastecerem o novo amigo com cachaça, descobrem que ele é triste por não ter um coração. "Encher a cara de cana não deixa ninguém feliz", observa Didi, e o tonel falante junta-se ao grupo. Nesse momento, a canção-tema toca novamente, com sua letra adaptada ao personagem que acabara de ser apresentado, assim como aconteceu nas cenas de entrada do espantalho, do leão e dos sertanejos. Essa coesão é vista em outros momentos do filme, como durante um julgamento em que promotor e defesa expõem argumentos na forma de repente. Vale a pena, ainda, reparar na ironia do destino trazida pela cena. Dez anos depois da brincadeira, Mussum de fato precisaria de um coração. E não era um problema a ser resolvido por nenhum mágico.

Voltando a 1984, *Os Trapalhões e o mágico de Oróz* garante seu lugar na história por ser uma tentativa de trégua entre a R.A. Produções e a DeMuZa. Os investimentos de mais de 500 milhões de cruzeiros foram divididos entre as duas empresas e o complexo de estúdios de Renato Aragão foi usado durante vários momentos da filmagem. Visualmente, o mais interessante foram as vinhetas das antigas rivais aparecendo em sequência, com a assinatura da DeMuZa em uma versão mais sóbria, trazendo apenas a sátira ao logotipo e à canção-tema do estúdio 20th Century Fox, sem outras animações. Também nos novos termos da parceria, foi filmado, no mesmo ano, *A filha dos Trapalhões*, projeto menos ambicioso, porém com tanto ou mais viés político.

Renato Aragão espantou-se ao ver no *Fantástico* uma reportagem sobre uma sequestradora de bebês do Rio Grande do Sul. A mulher roubava crianças e as vendia para casais estrangeiros com a consciência tranquila, dizia que estava lucrando um pouco enquanto ajudava na solução de um problema social. A partir daí, nasceu um dos primeiros roteiros originais da filmografia dos Trapalhões. A realidade pela primeira vez ganhava da literatura e do cinema. O vilão do filme chegou a dizer uma versão da frase da sequestradora gaúcha: "Resolvemos um problema social. Pai rico, criança pobre. Uma criança abandonada a menos, um negócio a mais". Mas como tocar em um tema tão sensível e, ao mesmo tempo, arranjar uma desculpa para fazer o público rir?

O agora diretor Dedé Santana fez o que sabia fazer melhor, caprichou nas cenas de ação e colocou artistas de circo para participar da trama e, assim, adicionar tintas mais românticas e infantis. Renato também fez o que julgava melhor, ressuscitou Bonga, o vagabundo de bom coração, para ser o protagonista do filme. Dessa vez, com a diferença de o personagem assumir o apelido de Didi em cena. O próprio Renato havia desistido de batizar à toa os tipos que vivia no cinema. Assim, já no segundo filme pós-separação, Dedé, Mussum e Zacarias voltariam a interpretar pequenos papéis. Não faria falta se não aparecessem, mas dessa vez era por uma boa causa. Além disso, o clima nas gravações era de festa. Com locações na Granja Comary, Mussum sentia-se em casa para tomar um vinho ou um conhaque da adega do patrão e, assim, espantar o frio e o tédio por esperar sua vez de ser gravado em cena.

No filme *A filha dos Trapalhões*, os quatro trapalhões viviam em uma maloca flutuante, filmada na lagoa de Marapendi, na Barra da Tijuca e, após uma sequência cheia de lances arriscados, como Didi pendurando a bebezinha apenas pelas pernas no alto de um edifício, acabaram adotando uma garotinha – a filha do título. Quem mais chamava a atenção no longa não era a menina Fernanda Brasil, de apenas cinco anos, mas sim a atriz que fazia o papel da mãe arrependida por vender a própria filha. O papel era de Myrian Rios, a então esposa de Roberto Carlos, que estava em grande evidência por conta da personagem Gabi, da novela *Ti Ti Ti*. Faziam parte do elenco, ainda, o cantor Ronnie Von, como o mocinho, e Eliezer Motta, cômico famoso por dar vida ao sacristão Batista, ao herói gay Carlos Suely e a outros personagens inesquecíveis dos programas de Jô Soares. O resultado final é um filme agitado para os padrões trapalhônicos, com cenas muito bem dirigidas, mas um tom abaixo da comédia mais rasgada. As cenas mais divertidas pareciam ser de um filme; as sequências mais dramáticas, de outro.

No término das temporadas de exibições, os dois filmes que uniram os Trapalhões nas telas de cinema novamente não foram o estouro esperado. *Os Trapalhões e o mágico de Oróz* e *A filha dos Trapalhões* alcançaram a marca de 2,4 milhões de espectadores, cada um. Embora abaixo da média dos bons tempos, aqueles eram números sem rival para a fase do cinema nacional. A explicação para o sucesso relativo dos filmes não estava em sua qualidade nem em um desgaste dos Trapalhões com o público infantil, afinal, o grupo continuava a licenciar produtos dos mais diversos e ser uma das maiores audiências da Globo. O problema que mais afetou a bilheteria do grupo foi o mesmo que tornava tão difícil a vida de todos os brasileiros: a acentuada recessão econômica e a consequente hiperinflação. Enquanto o filme recordista de público da franquia, *O rei e os Trapalhões*, foi exibido em mais de 5 mil salas de cinema espalhadas pelo Brasil em 1979, *Os Trapalhões e o mágico de Oróz* foi exibido em pouco mais de 1.600. Desde sempre, foi caro manter imóveis grandes e lidar com o maquinário do cinema, mas, com a recessão corroendo o poder de compra a ponto de bifes terem virado artigo de luxo, a conta não fechava para os proprietários das salas, que acabavam falindo ou sendo obrigados a vender cinemas de rua para cadeias de supermercados, igrejas evangélicas ou donos de estacionamentos.

Não que o país fosse um exemplo de prosperidade sustentável e de igualdade social nas décadas controladas pelo governo militar, mas a abertura política escancarava ainda mais os velhos problemas brasileiros. A gradual liberdade de imprensa fazia com que as antigas mazelas fossem enfim expostas. Sem a cortina de ferro imposta pela censura, o país mostrava-se extremamente enrolado com o pagamento da dívida externa, possuía uma moeda fraca e um parque industrial jurássico. Sem falar no estágio de abandono dos sistemas de educação e de saúde e da falta de emprego. Restava a esperança, ao menos, de que o direito de escolher o presidente do país, por meio do voto direto, fosse restabelecido.

Mas nem isso foi possível. A emenda constitucional proposta pelo deputado federal Dante de Oliveira, do Partido do Movimento Democrático Brasileiro (PMDB), foi rejeitada por não conseguir alcançar dois terços dos votos da Câmara. Apesar de 298 votos a favor, pesaram os 65 deputados contrários e as 113 ausências ao plenário. Derrota que não impediu o povo de voltar a se interessar mais por política e expressar suas posições de uma maneira aberta. As eleições presidenciais de 1985 seriam disputadas de forma indireta por antagônicos candidatos, mas ninguém ficou indiferente e escolhas precisaram ser feitas. De um lado, o governador de Minas Gerais, Tancredo de Almeida Neves, do PMDB, um dos principais articuladores do Movimento Diretas Já. Do outro, Paulo Salim Maluf, então o deputado federal mais votado do Brasil, eleito com 672 927 dos votos, com seu extenso currículo de obras viárias contrastando com o estreito relacionamento com o governo militar e as acusações de corrupção.

Nem os próprios correligionários do Partido Democrático Social (PDS) apoiavam Maluf de forma unânime. Antônio Carlos Magalhães, no intervalo entre uma gestão e outra do governo da Bahia, estava sendo processado por injúria pelo paulista, e, para se defender, levou até a terceira Vara Criminal de Salvador um calhamaço com doze quilos de documentos sustentando suas acusações de corrupção e improbidade administrativa. Mesmo assim, Maluf venceu a convenção partidária e partiu para a campanha. Com o povo do lado de fora, a escolha do próximo presidente seria feita por meio de um colegiado formado por deputados estaduais e representantes das câmaras municipais. A corrida por votos seria muito mais na base da conquista dos formadores de opinião que do corpo a corpo com o povão. Por isso, o candidato paulista armou um esquema bastante midiático e, ao seu estilo característico, abusou das frases de efeito, cantando vitória bem antes da contagem dos votos. "Faço as minhas contas e não existe qualquer possibilidade de eu não sair vencedor em 15 de janeiro", dizia Maluf.[35]

Esse pedaço da história política nacional é especialmente importante para exemplificar as convicções de Mussum. Sempre discreto quando perguntado sobre suas preferências partidárias, o humorista pela primeira vez assumiu publicamente uma posição em favor de um candidato. O comitê de campanha de Maluf promoveu um almoço em Brasília, em sua residência na Península dos Ministros, às margens do lago Paranoá, tendo 52 artistas como convidados. Com todas as despesas pagas, o ex-governador de São Paulo reuniu um time com apresentadores, músicos e atores de várias gerações e diferentes níveis de notoriedade. Estavam por lá Abelardo Barbosa, o Chacrinha, Jece Valadão e Hebe Camargo, os cantores Agnaldo Timóteo, Antônio Marcos, Barros de Alencar, Emilinha Borba, Gilliard, Jane, Herondy, Milionário, José Rico, Tonico, Tinoco e Edith Veiga. Entre os comediantes, marcaram presença Chocolate, Dercy Gonçalves, José Vasconcelos, Sérgio Mallandro, Zacarias e Mussum. Timóteo, na época deputado federal pelo Partido Democrático Trabalhista (PDT) do Rio de Janeiro, foi um dos mentores do evento e ajudou a pautar as propostas apresentadas durante o encontro.

A principal delas seria a criação do Ministério da Cultura, Esportes e Turismo, uma pasta destinada a tratar das três reinvindicações mais comuns entre os artistas brasileiros da época: maior autonomia sindi-

---

35. *Folha de S.Paulo*, 06/11/1984.

cal, limitação da reprodução de conteúdo estrangeiro no rádio e na TV, por meio de uma reserva de mercado para o produto cultural nacional, e uma reforma completa no Escritório Central de Arrecadação e Distribuição (ECAD) de direitos autorais. Habilmente, além de falar tudo o que sua audiência sonhava em ouvir, Maluf deixou no ar que pretendia ver a pasta sendo comandada por alguém da classe.

Enquanto o discurso rolava, a turma enxugou rapidamente sete garrafas de uísque escocês, e isso causou uma série de declarações estapafúrdias para a imprensa, que aguardava o final do almoço para cair matando, questionando os artistas pelo apoio ao polêmico candidato. A cantora Emilinha Borba se disse decidida a apoiar Maluf, pois o político lembrava de cabeça sua data de aniversário; Chacrinha lembrou que comia quibes com o candidato "há mais de vinte anos"; Jece Valadão fez uma esquisita metáfora sobre o Brasil precisar ser engravidado de esperança e só Maluf ter a vontade de um noivo em noite de núpcias; e Hebe usou uma lógica de "tostines" para responder aos questionamentos dos jornalistas: "Não vejo por que tanto susto. De repente, todo mundo está assustado com o meu apoio a Paulo Maluf, enquanto eu me pergunto: por que não apoiar Paulo Maluf?".

Mussum, um dos mais assediados tanto pelos colegas quanto pelos repórteres, explicou que aquele era o seu primeiro encontro com o candidato, mas que as propostas finalmente tratavam de temas muito importantes para a classe artística brasileira. Quando ainda era integrante dos Originais do Samba, nunca perdia uma oportunidade de reclamar da preferência das rádios por músicas estrangeiras e da arcaica prestação de contas do ECAD. Por isso, após ouvir as promessas de Maluf, saiu empolgado. Perguntado se estava confiante em uma vitória nas eleições indiretas, respondeu:

— Estou *malufantis*!

Apesar do apoio de tantos cabos eleitorais famosos, em janeiro de 1985, com uma diferença de trezentos votos, Tancredo Neves foi o vencedor da corrida presidencial, e a ligação entre Maluf e Mussum seria encerrada tão subitamente quanto começou. Um ano depois, nas eleições gerais, Renato Aragão declarou apoio a Antônio Ermírio de

Moraes, candidato ao governo do estado de São Paulo pelo PTB. Seu principal adversário? Paulo Maluf. A posição de Mussum? Cumpriu tranquilamente a agenda de shows nos comícios do novo candidato e voltou para o Rio de Janeiro para votar *tranquilis*. A zona eleitoral do seu título era do Méier, o bairro em que morou durante a infância e boa parte da adolescência. Votar, mais do que uma festa democrática, era a chance de visitar velhos amigos e armar memoráveis rodas de samba. Nem a lei seca atrapalhava a empolgação do reencontro do filho pródigo com a turma que ele carinhosamente apelidou de "a máfia". Dava-se sempre um jeito de tomar o suco de *cevadis* de um jeito mais discreto, escondido embaixo da mesa ou colocando o *mé* em uma insuspeita garrafinha de refrigerante.

Com a presença e a ajuda de Renato, os shows dos Trapalhões entraram em sua fase mais lucrativa. Por influência do empreendedor cearense, a trupe montou um espetáculo grandioso sob medida para a luxuosa casa de shows Scala, na avenida Afrânio de Melo, no Leblon, e mais tarde para grandes palcos dos melhores circos. No lugar de improvisar antigas piadas de picadeiro no meio das quadras poliesportivas de pequenos municípios do interior, Dedé, Mussum e Zacarias dividiram os holofotes com Xuxa em uma temporada memorável nas maiores casas de espetáculo do Brasil. Aos sábados e domingos, às dezessete horas, o grupo lotava o Scala com mais de 2 mil pagantes por sessão, cada um desembolsando entre 10 e 35 mil cruzeiros. A apresentação, chamada de *Os Trapalhões ao vivo*, contava com um programa detalhando a trajetória das estrelas, um corpo de balé completo trajando plumas e paetês, trocas de figurinos, cenografia com efeitos de luz e pirotecnias, além de música e roteiro próprios – o ingresso dava direito até a um kit com sanduíche e refrigerante para a garotada aguentar os noventa minutos de espetáculo.

Com quatro quadros principais, fora as canjas de Xuxa e algumas brincadeiras de improviso, *Os Trapalhões ao vivo* começava com a entrada triunfal dos quatro integrantes uniformizados de coletes azuis, camisetas brancas com um escudo com suas caricaturas, calças e sapatos brancos. Após fazer algumas piadas com rimas fáceis e conter a primeira onda de entusiasmo das crianças, era apresentada uma sucessão de brincadeiras e musicais. Logo de saída, o quarteto fazia suas tradicionais caretas e brigas enquanto tentava consertar o carro-sapato, anteriormente usado em *O mágico de Oróz* como peça de merchandising para a Olympikus. Depois, seguia-se uma história da Suate, com Didi às voltas com um vilão que o prendia, mas, claro, sofria na sua mão. A temperatura voltava a subir quando, após um número do balé do Scala, surgia a atração musical Os Belhudos, um avacalhado cover dos Menudos, com Didi, Dedé, Mussum, Zacarias e Xuxa cantando freneticamente "Não se reprima", o maior hit da *boy band* porto-riquenha.

Havia ainda uma apresentação tipicamente circense com a participação de equilibristas, malabaristas e palhaços e um show de ritmistas. Esse segmento, é claro, foi ideia de Mussum, que aproveitou a deixa para trazer o conjunto Juventude Samba Show e compor um samba-enredo de exaltação à Estação Primeira de Mangueira. Xuxa também tinha um espaço só seu no show, reproduzindo as brincadeiras e cantando as músicas do seu popularíssimo *Clube da Criança*. Por fim, num esquisito ato patriótico, o show era encerrado com o Hino da Independência, com a plateia exausta de tanto pular gastando suas últimas energias para cantar "Já raiou a liberdade no horizonte do Brasil".

Os Trapalhões ao vivo foi um sucesso tão grande que, após a temporada inicial durante as férias de junho, a programação foi estendida até setembro no Rio de Janeiro e depois começou a excursionar pelo Brasil, batendo recordes em Vitória, com 10 mil espectadores em um fim de semana, e em Manaus, com 20 mil. O espetáculo chegaria a São Paulo, em novembro e dezembro, já com um par de semanas de ingressos esgotados, mas foi no Rio Grande do Sul a maior demonstração de carinho para o grupo. Em uma apresentação durante a feira agropecuária Expointer, em Esteio, na grande Porto Alegre, a presença dos Trapalhões reuniu cerca de 300 mil pessoas. A lotação do espaço era tanta que os humoristas não conseguiram chegar ao palco na hora marcada e atrasaram o início do show em mais de uma hora. Eles não acreditavam que toda aquela gente estava ali apenas para vê-los, mas, após o show, com o local sendo completamente esvaziado, perceberam o tamanho real de sua popularidade. Sucesso que serviria como base para inspirar os roteiros das duas próximas aventuras dos Trapalhões no cinema.

Em julho de 1985, estreou *Os Trapalhões no Reino da Fantasia*, um filme de roteiro simplíssimo, em que a história central desenrolava-se em torno de um show dos Trapalhões para salvar o orfanato da Irmã Maria, interpretada por Xuxa. Repleto de elementos de metalinguagem, afinal, os artistas faziam os papéis de si mesmos, o longa mostrou duas parcerias importantes da época: Mauricio de Sousa e Beto Carrero. O desenhista, após bastante tempo discutindo uma parceria entre seus estúdios e a R.A. Produções, fez uma sequência de cerca de quinze minutos em que os Trapalhões apareciam na forma de desenhos animados. Já Beto Carrero apareceu finalmente com sua jaqueta de franjas, lenço no pescoço e chapéu branco. Ele usou o filme para mostrar seu mais novo empreendimento, o Rodeio Oestelândia, em Camboriú, Santa Catarina. Vale registrar, ainda, a impagável sátira dos Heavy Trapas, uma imitação de AC/DC, banda que havia feito uma destruidora apresentação no festival Rock in Rio de 1985, com Zacarias bancando o Brian Johnson, Mussum tocando bateria e Didi solando na guitarra como Angus Young.

Seis meses mais tarde, estrearia *Os Trapalhões no rabo do cometa*, de novo um filme com Didi, Dedé, Mussum e Zacarias atuando no cinema como os próprios superstars da TV. Nessa película, porém, a equipe de Mauricio de Sousa trabalhou muito mais. A história começa com um show no Scala, mostrando as mesmas piadas e gags de *Os Trapalhões ao vivo*, mas, após a aparição do criador da Turma da Mônica no palco, os comediantes são transportados para o mundo dos desenhos animados, ficando por lá pelos próximos 55 minutos de fita. No desenho, para fugir do mesmo bruxo do filme anterior (dublado por José Vasconcelos), Didi viaja no tempo encontrando versões temáticas de seus colegas, como o general grego Mussum Aquilis da Silva e o imperador romano Zaca Nero, e personagens como dinossauros, pistoleiros do Velho Oeste e gângsteres americanos. Um dos pontos altos da animação é sua trilha sonora, com participação do Ultraje a Rigor, trocando o refrão de "Eu me amo" por "Eu não rango", e das bandas Ira! e Premeditando o Breque.

Além de atuar e dublar, Mussum participou da parte musical do filme, tanto como compositor quanto como músico. Na reta decisiva da história, quando a perseguição do bruxo a Didi chega aos dias atuais, uma dupla de capangas tenta capturar o mangueirense por engano. Ele é retratado pelos traços de Mauricio de Sousa em uma típica favela carioca, sonhando com o desfile do Grêmio Recreativo Unidos por uma Garrafa, uma escola de samba formada apenas por instrumentos vivos. Meio *Yellow Submarine* meio *Fantasia*, a sequência mostrava alas formadas por tamborins, surdos e reco-recos tirando som de si mesmos, e um violão servindo de porta-bandeira para um serelepe cavaquinho. Tudo isso ao som do samba-enredo "Paz e humor", composição inspirada do trio Mussum, Jorge Aragão e Neoci, que trazia em sua letra versos como "No horizonte formado pelas linhas da janela havia cores de um arco-íris ou de uma aquarela/ Os instrumentos são a minha fonte de alegria e paz/ Já me seguiram em tantos carnavais/ A contar num só compasso/ Eu faço o samba atravessar fronteiras/ Levando a raça e o som da Mangueira".

E a produção musical de Mussa na segunda metade dos anos 1980 não parou por aí. Finalmente acabava seu vínculo com a RCA Victor, iniciado dezesseis anos antes junto com Os Originais do Samba, e o sambista recebeu propostas de diferentes gravadoras para lançar seu terceiro álbum solo. O convite que mais agradou foi o da Continental Wheaton do Brasil, afinal, deram liberdade total para a produção e escolha de repertório dos trabalhos. Assim, além de ganhar uma boa renda extra, Mussum poderia reunir novamente seu *dream team* do samba para se divertir. E assim foi feito. Embora não tenha tido ideia melhor para batizar o álbum, chamado novamente apenas de *Mussum*, o LP reuniu o lendário arranjador Rildo Hora e uma seleção de músicos e compositores de primeira linha, incluindo João Nogueira, Almir Guineto, Arlindo Cruz, Dicró, Jorge Aragão, Neoci, Noca da Portela, Bandeira Brasil e Beto Sem Braço. Todos em um clima de alegria contagiante, misturando o talento de ritmista ao carisma de humorista de Mussum. A faixa que abre o álbum, aliás, é muito mais do personagem do que do músico. "Because Forever" é uma reportagem sobre a crescente liberalidade nos desfiles da recém-inaugurada Marquês de Sapucaí. A letra fala que depois do topless, do jeito que a coisa ia, não demoraria para todo mundo sair mostrando o *forévis* e o *becózi of you*, neologismo usado tanto como sinônimo de bunda quanto para se referir à genitália. No refrão, já cantando bem mais à vontade que nos outros discos, o intérprete Mussum solta a pérola: "No carnaval do ano que vem/ Do jeito que a coisa vai, meu bem/ Vai sair todo mundo nu/ Mexendo e balançando... O *corpis*/ Eu disse o *corpis*". E a palhaçada continua escrachada na faixa "O grande Gerê", história de um rapaz fino, "filho *uniquis*", que se muda para Paris para se "encher de silicone e colocar bustos e quadris". Entre piadas com o novo lance de Jeremias, lança um novo bordão, o "Ui, ui, ui!", com óbvia ironia. O Mussum, digamos, pessoa física, também aparece no disco, cantando homenagens ao Flamengo em "O torcedor" e ao Cacique de Ramos em "Filosofia de quintal" e "Madureira, Vaz Lobo, Irajá".

Tudo feito no capricho e com grande potencial comercial. Porém, mais uma vez, a carreira de trapalhão impediu o disco de ser "trabalhado" e sair dos estúdios para ser testado nos palcos das casas de show e programas de auditório. Além de atuar como palhaço em dois filmes por ano, Mussum, nessa fase de retomada do grupo, passou a acumular a função de consultor musical dos produtos lançados pela R.A. Produções e pela DeMuZa. Isso significava participar da produção, edição e gravação dos discos dos Trapalhões e dos álbuns de trilha sonora dos filmes, um filão lucrativo descoberto desde os tempos de *O forró dos Trapalhões*, disco de 1981, do qual Mussum não participou por ainda ser contratado exclusivo da RCA. Naquele ano, o LP dos Trapalhões vendeu bem, pegando carona em dois quadros de sucesso do programa *A velha embaixo da cama* e *O casamento da filha do velho faceta*. A partir da reconciliação, a direção musical, de forma oficial ou oficiosa, era responsabilidade de Mussum e, mais uma vez, a carreira de sambista precisou ficar de lado. Afinal, o público infantil era uma mina de ouro também no consumo de música. O álbum *Pirlimpimpim*, da turma do Balão Mágico, havia vendido 3 milhões de cópias e *Xou da Xuxa* bateu a casa dos 2,5 milhões de unidades vendidas.

Se bem que, até se não encostasse um dedo na obra fonográfica do grupo, Mussum dificilmente encontraria tempo para se dedicar à divulgação de seu terceiro álbum. A agenda de cômico dos Trapalhões era cada vez mais exigente, uma vez que planos de expansão internacional da R.A. Produções finalmente entravam na fase de execução. Os estúdios na Barra da Tijuca passaram a receber de forma constante as visitas de equipes gringas para a gravação de filmes e videoclipes. Entre os clientes mais famosos, estavam Mick Jagger, Michael Douglas, Jack Nicholson e a dupla Bud Spencer & Terence Hill. Na segunda metade dos anos 1980, experimentando as possibilidades de uma carreira solo, Jagger montou a Nitrate Films e veio ao Brasil rodar o filme *Running Out of Luck* (*Maré de azar*, em português). Na trama, o Rolling Stone interpreta a si mesmo numa história em que é assaltado por travestis, come um frango de macumba e acaba tornando-se escravo em uma plantação de banana, ao lado de Toni Tornado e Grande Otelo. O filme não fez sucesso algum nem no Brasil nem na Inglaterra, mas serviu como um bom cartão de visitas para a R.A. Produções.

Com Bud Spencer e Terence Hill o relacionamento foi mais intenso. A dupla de atores italianos, cujos nomes verdadeiros são Carlo Pedersoli e Mario Girotti, trilhou o caminho sonhado pelos Trapalhões. Faziam, desde os anos 1960, o mesmo tipo despretensioso de filme e, ainda assim, conseguiam vender os longas para os cinemas e canais de TV do mundo todo. Com muita porrada e doses generosas de humor, o grandalhão barbudo e o galã bronzeado de olhos azuis eram estrelas globais *made in Italy*. No Brasil, usando a estrutura da R.A. Produções, gravaram *Non c'è due senza quattro*, lançado em português como *Eu, você, ele e os outros* e, em inglês, como *Double Trouble*. O entrosamento com Renato foi tão grande que a dupla de brigões até participou de um episódio de *Os Trapalhões*. Bud Spencer já havia morado em Pernambuco, sabia falar português e respondeu maliciosamente às perguntas dos quatro trapalhões. Mussum perguntou se as bebidas que apareciam nos filmes eram de verdade ou apenas cenográficas e, para sua tristeza, ouviu como resposta que os copos de uísque da série de *spaghetti western* Trinity sempre estavam cheios de chá. No final da conversa, rolou uma briga de mentirinha, com o quarteto brasileiro tomando socos e tendo cadeiras e garrafas quebradas em suas cabeças.

O intercâmbio internacional dos Trapalhões não parou aí. Durante a temporada de reprises do programa dominical, o grupo passou uma temporada em Los Angeles, gravando o que seria sua primeira série de programas feitos para exportação. Foram catorze episódios com Didi, Dedé, Mussum e Zacarias fazendo suas palhaçadas nos cenários da Universal City. As fitas rodaram produtoras do mundo todo, mas acabaram mesmo sendo exibidas primeiro no próprio programa da Globo, como blocos especiais. A R.A. Produções ia tão bem que Renato anunciou seus planos de montar um escritório em Los Angeles, a fim de divulgar melhor os filmes dos Trapalhões no exterior. Chegou até a vender a polêmica propriedade da Granja Comary, em Teresópolis, por um valor estimado em 3 milhões de dólares, para capitalizar a nova empreitada.

Para quem achasse isso um devaneio, chegava aos cinemas *Os Trapalhões e o Rei do Futebol*, comédia em que os quatro palhaços dividiam os letreiros com Pelé, o brasileiro mais famoso do mundo. Ainda namorado de Xuxa, o craque era presença frequente nos bastidores dos espetáculos no Scala e acabou ficando amigo dos quatro palhaços. Como depois de encerrar a sua inigualável carreira de entortador de zagueiros e carrasco de goleiros Edson Arantes do Nascimento só havia colhido resultados medianos em suas aventuras pela música e pelo cinema, aceitou o convite de Renato para estrelar um filme ao lado dos responsáveis pelas maiores bilheterias do cinema nacional. Era a chance de finalmente emplacar um sucesso fora de campo.

O filme é um dos mais divertidos e ágeis da filmografia do grupo. Sem lição de moral ou sentimentalismos, o roteiro mostra os Trapalhões como funcionários da comissão técnica do fictício Independência Futebol Clube, e Renato, dessa vez deixando Didi de lado para assumir outro apelido, o de Cardeal, acabava tornando-se técnico do time após uma disputa política entre dirigentes. Pelé não era um mero coadjuvante. Seu personagem, chamado apenas Nascimento, era um repórter que ajudava o quarteto a evitar as armadilhas dos vilões e ainda quebrava um belo galho como goleiro. Na final do campeonato de mentirinha, ele defende um pênalti e, na sequência, marca um gol batendo tiro de meta – lance que não seria validado no mundo real, mas quem se importa? A participação de Mussum no longa é, novamente, mais como músico do que como ator. É de seu personagem, Fumê, a cena em que a vitória do time é comemorada com uma noite de pagode embalada pelo partido-alto "Você da cabeça tá legal/ Cardeal! Cardeal/ Você só faz o bem, não faz o mal/ Cardeal! Cardeal/ Seu nome só rima com coisa legal/ Cardeal! Cardeal".

O filme levou 3,6 milhões de pessoas ao cinema, sendo o maior sucesso da trupe desde o retorno da formação completa e alcançando o posto de filme mais visto do Brasil no ano, com o dobro do público do segundo colocado, *O beijo da Mulher-Aranha*, com a musa do momento, Sônia Braga. Resultado de duas apostas arriscadas de Renato. A primeira foi resgatar o diretor Carlos Manga, veterano das chanchadas da Atlântida, que estava em aposentadoria voluntária dos cinemas. Manga trouxe um humor tão leve e descompromissado para *Os Trapalhões e o Rei do Futebol* que acabou sendo convidado para dirigir também o programa da Globo. A outra aposta arriscada, porém bem-sucedida, foi novamente lançar um longa no período da Copa do Mundo de 1986. A exemplo do que aconteceu quatro anos antes, os jogos da Copa poderiam monopolizar a atenção do público, mas, novamente, os Trapalhões lucraram com a frustração que a seleção proporcionou ao país. Após o time de Zico cair diante da França de Platini nas quartas de final nos pênaltis, ver os gols de Pelé e Cardeal no cinema era um bálsamo para a alma da pátria de chuteiras. O filme marcou uma era de ouro para a R.A. Produções. Seus quatro palhaços sem maquiagem eram tão queridos – e lucrativos – no Brasil quanto o próprio Rei do Futebol.

Nesse mesmo período, em terrível contraste, a DeMuZa dava seus últimos suspiros. Nada era capaz de cobrir os gastos da empresa. Nem a retomada da formação completa do grupo nem a lucrativa turnê de *Os Trapalhões ao vivo* nem as boas bilheterias de *A filha dos Trapalhões*, *Os Trapalhões no Reino da Fantasia* e *Os Trapalhões no rabo do cometa*, que, somados, levaram quase 6 milhões de pessoas aos cinemas, deram jeito nas dívidas contraídas pela empresa nos tempos de Trapalhaços. Provando uma enorme falta de aptidão para os negócios, Dedé, Mussum e Zacarias não percebiam os gastos excessivos dos administradores contratados. O escritório em Laranjeiras, ainda motivado por uma invejosa rivalidade com a R.A. Produções, vivia com uma mania de grandeza injustificável. A folha de pagamentos era alta demais, com dezenas de funcionários supérfluos recebendo salários acima da média do mercado para produzir pouco ou nada. Havia um desperdício crônico de dinheiro até na compra de materiais de escritório. Quem trabalhou por lá diz que a quantidade de papel timbrado comprado mensalmente pela empresa seria o suficiente para abastecer uma repartição pública por décadas.

Pior que isso, pipocavam ações judiciais contra a empresa. Pela desorganização no pagamento dos distribuidores espalhados pelo Brasil, muitas das dívidas só eram conhecidas quando já era tarde demais para negociar. Credores de todos os cantos apareciam com processos, multiplicando o gasto com dívidas e com honorários para advogados. A situação começou a ficar tão feia que até os desencanados Dedé, Mussum e Zacarias perceberam que as contas não batiam. Contrataram um auditor externo para dar uma olhada na papelada e descobriram coisas ainda mais graves do que uma má administração. O pente-fino encontrou notas fiscais duplicadas, recibos forjados com uma máquina roubada de dentro do Banco do Brasil e até transferências dos direitos autorais de filmes estrelados pelo trio feitas por procurações com assinaturas falsas. Aí, *cumpadi*, o tempo fechou para valer na DeMuZa.

Manfried, Antônio Carlos e Mauro decidiram demitir os funcionários por meio de anúncios no jornal e saíram espalhando a quem quisesse ouvir que tinham sido vítimas de um golpe. Longe das telas, os Trapalhaços viviam cenas de drama e thriller policial. A vida estava bem longe de ser um reino de fantasia.

Enquanto faziam o sucesso de sempre na TV e nos cinemas, Dedé, Mussum e Zacarias viviam um pesadelo sem fim por conta dos problemas administrativos da DeMuZa, mas quem ligava a televisão nas noites de domingo jamais poderia notar qualquer tom de melancolia no trio. Com a chegada do diretor Carlos Manga, o programa de domingo na Globo havia retomado sua vocação original de pastelão e resgatado, com enorme sucesso, o quadro do quartel do Sargento Pincel, originalmente chamado de "Os Legionários", em 1965, na TV Excelsior. O timing foi perfeito.

Roberto Guilherme, novamente efetivado no elenco fixo da atração, ainda ostentava uma cabeleira encaracolada – na verdade, uma peruca feita com fios de cabelo de sua irmã – e era o ator perfeito para sofrer na mão dos quatro recrutas trapalhões. Renato e Mussum, só de sacanagem, bolavam cenas ou situações em que o sargento fosse alvejado por tortas, banhos de tinta, ovadas ou qualquer outra coisa capaz de melar a peruca. A brincadeira final, no entanto, foi o quadro em que, ao perder uma aposta para os Trapalhões, o personagem de Roberto Guilherme tem a cabeça raspada à máquina pelos quatro comediantes. A cena ficou marcada na história da TV e também na memória dos atores, afinal, aquilo foi tudo para valer, e a partir daquele episódio Roberto passaria a usar sempre o mesmo visual Kojak. Mais que isso, a transformação final de Roberto em Sargento Pincel marcou uma fase de reconhecimento e sucesso muito merecidos para o mato-grossense, que saiu da cidade de Ladário como Edward Guilherme Nunes, foi paraquedista da Aeronáutica nos anos 1950 e, tentando a vida de artista, passou a se chamar de Roberto para homenagear o rei do iê-iê-iê.

A intimidade entre Roberto, Renato, Dedé e Mussum em cena era enorme, vinda dos tempos de *Os Insociáveis*, e levar ao ar esse tipo de brincadeiras de bastidores ajudava a manter a cumplicidade do público e os bons níveis no Ibope. Em 1986, *Os Trapalhões* era o programa sintonizado por 48% dos televisores ligados no Brasil, superando com folga os rivais *Programa Silvio Santos*, com 26% do público, e as atrações da Bandeirantes e da Manchete, que quase nunca chegavam a mais de 10% de *share*. O mundo de fantasia acabava aí, assim que as gravações no Teatro Fênix eram encerradas. No tempo em que geralmente se dedicavam a projetos pessoais ou a descansar, os três palhaços precisavam fazer peregrinações pelos cartórios de São Paulo e do Rio de Janeiro para pagar faturas correspondentes à divulgação do filme *Atrapalhando a Suate*, de três anos antes.

Chegaram a solicitar a falência da DeMuZa Produções Artísticas e Cinematográficas, mas, em maio de 1986, o pedido foi indeferido, pois a empresa ainda tinha um montante considerável de dívidas fiscais e trabalhistas a acertar. A publicação do pedido nos jornais provocou uma nova onda de cobranças. Era o preço cobrado pelo descaso com que os três trapalhões cuidavam de seus negócios, assinando cheques e notas promissórias em branco para poupar visitas ao escritório. Em questão de meses, tinham gastado mais de 7 milhões de cruzeiros em acertos na Justiça, mas aquilo era apenas o começo.

Os antigos administradores da DeMuZa foram à Justiça do Trabalho reclamar o recebimento de seus direitos atrasados. Entre eles, três produtores haviam sido demitidos sumariamente por meio de edital publicado nos principais jornais do Rio de Janeiro e, não satisfeitos em cobrar férias, décimo terceiro salário, horas extras e dinheiro de rescisão, entraram também com uma ação por injúria, calúnia e difamação. Tanto nas conversas de bastidores quanto abertamente pela imprensa, Mussum e Dedé não poupavam palavras para dizer que haviam sido enganados e roubados, citando os nomes dos antigos funcionários sempre que podiam. Como não foram capazes de provar quem foi o autor dos trambiques na Justiça, Dedé, Mussum e Mauro perderam uma ação por danos morais, tiveram todas as suas propostas de acordo recusadas e complicaram ainda mais sua situação financeira. Em menos de um ano, os ricos Trapalhões descobriram ser donos de um passivo de 3 bilhões de cruzeiros.

Cobrir a vultuosa quantia seria difícil em qualquer situação. No Brasil do recém-empossado presidente José Sarney, então, a tarefa ganharia contornos dramáticos. Eram tempos de calote no pagamento da dívida externa e uma hiperinflação que batia marcas de três dígitos, com 235,11% de aumento nos preços dos itens básicos durante 1985. A situação ficou tão grave que, em fevereiro do ano seguinte, Dilson Funaro, Ministro da Fazenda, lançou como medida desesperada o Plano Cruzado, aposentando os cruzeiros e criando uma bolha artificial para brecar o aumento dos preços e segurar a taxa de câmbio em 13,84 cruzados para cada dólar. Estava criado um caos ainda maior, com desabastecimento de produtos como carne e leite nos supermercados, salários defasados e uma inflação ainda mais incontrolável. Cenário que dificultaria de vez a recuperação financeira dos três trapalhões.

Rapidamente, todo o dinheiro que tinham investido em aplicações foi gasto. Os anos de economias não resolveram nem metade da dívida. Era preciso mais sacrifício.

Para começar, a casa que abrigava o escritório em Laranjeiras foi vendida e todo o material armazenado lá foi liquidado pela primeira oferta que apareceu. Não era o suficiente. Dedé vendeu três casas na Barra da Tijuca, compradas como investimento para o futuro, Zacarias se desfez de seu sítio em Minas Gerais, e Mussum, com dor no coração, precisou vender sua nova lancha e a casa da Ilha da Gipóia. Batizada de Neila, em homenagem à esposa, a embarcação de 27 pés tinha uma cozinha usada para preparação de bebidas, um par de camas para tirar uma soneca depois do almoço e uma cobertura para proteger os convidados durante as viagens. Tanto Mussum quanto Neila haviam feito o curso de arrais amador para poder pilotar a lancha, divertiam-se fazendo passeios até Paraty, Ilha Grande, e visitavam outras ilhas do arquipélago de Angra dos Reis. Um luxo que não teriam mais. A casa na Ilha da Gipóia, bem mais valioso do patrimônio de Mussum, precisou ser vendida. A avaliação mínima do mercado para o imóvel era de 1,5 bilhão de cruzeiros, mas o desespero e a terrível situação financeira do Brasil fizeram com que o mangueirense fechasse negócio por 700 milhões de cruzeiros.

Ainda assim, para quitar as obrigações com o restante dos credores, foi preciso pedir ajuda à Globo. A direção da emissora liquidou a dívida e combinou fazer descontos mensais nos salários do trio durante dois anos. Ironicamente, enquanto viam todo o seu patrimônio ser comprometido pelos problemas da DeMuZa, a maior tarefa dos três trapalhões seria pedir dinheiro. Após o sucesso da campanha Nordeste Urgente e das iniciativas beneficentes da Globo lideradas por Renato Aragão, o programa especial de vinte anos de *Os Trapalhões* seria transformado em uma maratona de dez horas de assistencialismo televisivo batizada de *Criança Esperança*. Em um formato anabolizado do que já havia feito no programa de quinze anos da atração, o Teatro Fênix foi transformado em uma central de espetáculos, pedindo doações com a ajuda de todo o elenco estrelar da emissora. Junto dos Trapalhões, apareceram de Roberto Carlos a Xuxa, de Chico Anysio a Dercy Gonçalves, de Eva

Wilma a Zezé Macedo, e ainda rolaram edições especiais do *Cassino do Chacrinha* e do *Viva o Gordo*. Os graves problemas da DeMuZa teriam que esperar. As criancinhas precisavam mais dos Trapalhões – embora os três empreendedores falidos nunca tivessem precisado tanto do seu fiel público para se reerguer.

A agenda de shows pelo interior teve que ser retomada. Junto de Renato Aragão, continuavam a fazer shows grandiosos, como uma apresentação para 180 mil pessoas em um evento agropecuário em Uberaba e um show da Globo no Maracanã para 220 mil pagantes, mas os convites para aniversários de municípios, inaugurações de hipermercados, rodeios, feiras e eventos em pequenos circos não podiam mais ser recusados. Muitas vezes, os contratantes não ofereciam o mínimo de infraestrutura para receber o trio de trapalhões, mas, mesmo assim, os acordos eram feitos. Em ginásios superlotados nas periferias, Dedé, Mussum e Zacarias faziam até quatro sessões no mesmo dia, trabalhando sem parar durante todo o fim de semana, parando apenas pelo tempo necessário para que os locais fossem esvaziados e enchidos pelo público novamente. Depois seguiam de carro até o próximo destino da turnê improvisada e repetiam o mesmo procedimento.

Tal situação deixava a audiência constantemente sob o risco de esmagamentos e acidentes. Contratantes amadores do interior não tinham escrúpulos de vender muito mais ingressos do que os teatros e picadeiros suportavam e uma tragédia poderia acontecer a qualquer momento. Sempre havia gente para ver e rever os astros nacionais de pertinho. Por sorte, o único incidente ocorrido nessa fase foi nos bastidores. Os Trapalhões fariam o show de encerramento do Festviola, um festival de música regional realizado no Parque de Exposições de Maringá, na cidade a 425 quilômetros da capital Curitiba. Antes da apresentação, Manoel Cabral, jurado da competição e colunista do *Diário do Norte do Paraná*, entrou nos camarins e foi em direção a Mussum, a fim de marcar uma entrevista.

O mangueirense estava de costas e foi abordado com um tapinha na cabeça. Na versão do jornalista, o comediante virou-se violentamente em sua direção, agarrando-o pelo pescoço, para depois jogá-lo ao chão e desferir alguns pontapés e socos. Com olhos vermelhos e esbugalhados, Mussum teria gritado "Nunca mais faça isso comigo!" enquanto o agredia. Na mesma noite, após o show, o comediante teria pedido desculpas pelo acesso de fúria, mas já era tarde. Cabral havia registrado uma queixa-crime, declarou que o comediante estava drogado e que levaria o caso até as últimas consequências na Justiça. A versão de Mussum para o caso foi bastante diferente. Confirmava o fato de o jornalista ter dado um tapa em sua cabeça para abordá-lo e isso ter causado irritação. Era comum que estranhos dessem chutes e socos nos Trapalhões, transferindo sem noção de gravidade as brincadeiras vistas na televisão para a vida real, e nessas situações Mussum nem sempre reagia com calma. Geralmente levantava o tom de voz e, de cara, assustava quem esperava o gritinho agudo do personagem. No caso de Cabral, no entanto, o comediante dizia apenas ter dado um empurrão. O jornalista era portador de uma má-formação em uma das pernas e, frágil, teria se desequilibrado e caído após o *chega pra lá*.

 Não houve uma resposta sobre a acusação de estar drogado. Sendo totalmente contra o consumo de maconha e cocaína, mesmo nos círculos onde o uso das substâncias era socialmente aceito, Mussum era considerado careta e chato pelos colegas. Desde o tempo de Originais do Samba, dava longos sermões quando descobria que algum conhecido estava fumando o famoso cigarrinho de artista ou cafungando. Para ele, os negros deveriam manter o dobro de distância desse tipo de embalo, uma vez que, quando a coisa apertasse, a culpa sempre recairia para quem tivesse o tom de pele mais escuro.

 A explicação mais plausível para o destempero de Mussum no episódio de Maringá passa pelas longas viagens feitas de carro entre uma cidade e outra. Sem se dar ao luxo de contar com um ônibus de excursão ou com um motorista particular, os Trapalhões dirigiam madrugada adentro pelas estradas, entre uma cidade e outra. Para cumprir uma agenda com shows de manhã, de tarde e de noite, muitas vezes era preciso virar a noite. A hipótese de Mussum estar bêbado na hora da agressão é viável, mas não provável. Para otimizar o tempo das turnês, nem sempre os artistas hospedavam-se na mesma cidade em que faziam o show e, por isso, não havia tempo para frequentar um botequim e encher a cara. É verdade que, nos bastidores dos eventos, o sambista sempre procurava algo quente para beber, mas o pedido não era um sinal de alcoolismo. O problema é que os contratantes, confundindo mais uma vez as pessoas físicas com os personagens da televisão, recebiam os Trapalhões com doces e refrigerantes, como em uma festinha de aniversário infantil. Nos melhores casos, ofereciam litros de cachaças típicas da região a Mussum como forma de presente. Carinho até bem recebido, mas, naquela fase da vida, o mangueirense estava mais interessado em doses de uísque escocês do que em beber pinga no gargalo, como fazia na televisão.

Conforme prometido, Manoel Cabral levou o caso para a Justiça e pediu uma indenização pesada. Não sabia da situação peremptória das contas do cidadão Antônio Carlos Bernardes Gomes, mas, mesmo assim, acabou aceitando um acordo para arquivar o caso. Não tinha provas da agressão e teria que perder tempo e dinheiro visitando o Rio de Janeiro por meses, até conseguir uma apelação. O comediante, na sua pior fase financeira, agradeceu aos céus e viu-se, enfim, livre para trabalhar e recomeçar a garantir o futuro da família.

Sensibilizado pela situação dos colegas, Renato Aragão convidou Dedé, Mussum e Zacarias para montarem seus escritórios dentro do prédio da R.A. Produções, na Barra da Tijuca. Cada um teria sua própria sala e poderia tocar os seus negócios a partir dali. A proximidade facilitaria os acordos feitos em nome de todos os Trapalhões e diminuiria a distância pessoal entre o quarteto. Quando as coisas pareciam, enfim, entrar nos eixos novamente, com um ano de 1987 cheio de projetos importantes para os Trapalhões, veio a pior notícia do mundo para Mussum. Vítima de um ataque cardíaco fulminante, morreu Dona Malvina.

Com 76 anos, mas aparentando mais idade por causa do longo histórico de trabalho duro, Malvina Bernardes Gomes convivia com uma série de problemas no coração que a impediam de fazer qualquer esforço maior e a trancafiavam em uma dieta sem gorduras, temperos ou carnes vermelhas. Em 1976, a mãe de Mussum havia sofrido um infarto do qual jamais se recuperaria completamente. Vivendo com a filha Nancy, em São Paulo, ou com o seu Carlinhos, em Jacarepaguá, já não conseguia trabalhar e preferia ficar quieta, no seu canto, falando pouco e juntando-se aos outros apenas na hora de ver televisão. Seu maior prazer era cozinhar para os netos e cuidar das roupas do filho famoso. Gostava de passar e engomar as camisas e calças sociais, deixando tudo impecável. Sempre atenta à limpeza da casa, não tirava por nada um lenço da cabeça, já escondendo seus cabelos brancos. Nos últimos cinco anos tinha sido levada às pressas ao hospital mais de uma vez por causa de derrames e, naquela sexta-feira, 6 de fevereiro, não resistiu mais. Em seu enterro, no Jardim da Saudade, no bairro de Sulacap, na Zona Oeste do Rio, Mussum esteve irreconhecível.

Amigos que o conheciam e que conviveram com ele por décadas nunca tinham visto seu semblante tão sem vida. Mesmo em momentos difíceis, o mangueirense sempre era capaz de dar um sorriso, dizer uma palavra de conforto ou fazer uma piada para quebrar o clima. Naquele dia, pouco falou e não aguentava de emoção, chorando muito a cada conhecido que abraçava. Estava inconsolável e comentou que não aguentaria passar por aquilo. Diz a lenda que de pronto apareceu uma garrafa de pinga Velho Barreiro, que o comediante tomou no gargalo inteira em poucos goles, e poucos minutos depois foi embora. Mas nem aquele nem muitos outros litros de aguardente curariam a dor sentida naquele momento. Nunca havia se declarado praticante de nenhuma religião, mas, até onde sua fé alcançava, não entendia por que tantas coisas ruins precisavam acontecer juntas.

Capítulo 20
Super Mussa contra o baixo astral (1987)

"Casa, comidis e três milhões por mês, fora o bafo, topas?"

Dois dias depois da morte de Dona Malvina, Mussum tinha um compromisso como sambista. Ao lado da amiga Alcione, participaria de um show gratuito em plena Praia de Ramos, no subúrbio carioca, para um projeto de levar música ao povo chamado "Pagode na Praia". O domingo de samba, areia e farofa, apelidado jocosamente de o "Rock in Rio dos Pobres", teria atrações de excelente nível, como Dona Ivone Lara, Jovelina Pérola Negra, Leci Brandão e Dicró, espécie de embaixador extraoficial do lugar. A ausência do mangueirense, portanto, seria, além de compreensível, pouco notada pelo público. Mesmo assim, ficar em casa, de luto, não parecia ser uma opção. Acostumado com a vida corrida desde os tempos de ritmista da companhia de Carlos Machado, Mussum não sabia ficar parado e decidiu que não deixaria o desânimo segurá-lo, especialmente em uma fase tão crítica. Não respeitaria o luto oficial, não por insensibilidade, mas por ter uma visão bem particular em relação ao sobrenatural. Quando perguntado a respeito de sua religião, falando sério, nunca afirmou ser católico, espírita ou praticante de candomblé. Dizia ter fé na Santíssima Trindade de uma forma acima da razão, acreditando em Deus de sua maneira, pedindo e agradecendo sempre pelas conquistas. Como ficar sério não era sua especialidade, essas mesmas conversas terminavam geralmente com uma piada com bom fundo de verdade. Mussum falava que não acreditava em nada, mas não deixava de acender suas velinhas, afinal não era bobo.

Somando essa relação direta com a fé e sua incapacidade de ficar triste por muito tempo, decidiu encarar seu compromisso em Ramos. Sem dúvida, foi a escolha correta. O show reuniu mais de 15 mil pessoas em um clima de animação e carinho que emocionou o trapalhão. Ao subir no palco de surpresa, à frente dos músicos, recebeu um aplauso inesquecível. Não apenas porque estava sozinho, sem a escolta dos Trapalhões ou dos Originais, mas principalmente pela consagração em meio às pessoas que tinham a sua mesma origem. Via nas crianças e adolescentes negros do subúrbio o seu próprio reflexo e, entre um sucesso e outro, tocou muito reco-reco e tamborim e fez todo mundo sorrir com o debochado refrão de "A vizinha (pega ela peru)". No meio da apresentação, com o público deliciado, disse com todo o orgulho:

— Sou moleque criado na Penha, na Mangueira, e queria sempre poder estar junto de vocês como agora.[36]

O desfile de carnaval de 1987 foi outra necessária volta às origens para Mussum. Em um ano em que as escolas estavam na penumbra em virtude do fracasso do Plano Cruzado, a garra dos integrantes precisaria falar mais alto do que o luxo das fantasias e dos carros alegóricos, até porque nenhuma agremiação conseguiria bancar um espetáculo grandioso num período de tamanha crise econômica. No ano anterior, em um cenário ligeiramente diferente, a Mangueira colocou seu nome mais uma vez na história, sendo campeã com o inesquecível enredo "Caymmi mostra ao mundo o que a Bahia e a Mangueira têm", com o clássico refrão "Tem xinxim e acarajé/ Tamborim e samba no pé". Foi a vitória inquestionável de um desfile que parecia destinado ao primeiro lugar desde o começo.

Em 1987, a coisa pintava de uma forma diferente. A escolha do samba-enredo foi polêmica, sendo decidida sem unanimidade na ala dos compositores, e a Mangueira foi escolhida para entrar por último na Marquês de Sapucaí, na manhã de segunda-feira. Se as fantasias

---
36. *Jornal do Brasil*, 09/02/1987.

simples e os poucos carros alegóricos já corriam o risco de parecer pobres com os holofotes, o que seria, então, de um desfile murcho como aquele em plena luz do dia? O que fazer quando, minutos antes da entrada na avenida, o mestre de bateria passa mal e resolve ir embora? E se dezenas de penetras invadirem a pista para tentar desfilar de graça, atrapalhando a evolução? Para qualquer escola de samba, seria o fim. Mas tratava-se do grêmio recreativo escola de samba Estação Primeira de Mangueira e, como a história da Verde e Rosa mostra, quanto mais dificuldades desse tipo aparecerem, mais o povo do morro buscará forças para se superar.

O enredo "No reino das palavras", uma homenagem a Carlos Drummond de Andrade, festejava a cidade natal do poeta, Itabira, em Minas Gerais, e fazia menção a alguns de seus trabalhos mais famosos, como "O elefante". Assim, na voz de Jamelão, com um sol forte demais para aquele começo de março, ecoou o refrão "É Dom Quixote, ô! É Zé Pereira! É Charlie Chaplin no embalo da Mangueira". A escola pisou na avenida remendada e, mesmo assim, fez levantar a plateia no sambódromo. Quem estava ali, afinal, havia aguardado toda a noite e a madrugada para ver a Estação Primeira. E valeu a pena. Com a estreia de Chico Buarque na avenida, em uma comissão de frente formada por outros poetas, Mocinha portando a bandeira no auge de seus 61 anos, Grande Otelo como destaque e outros 4.500 integrantes empolgadíssimos, a escola conseguiu fazer um carnaval dos anos 1960, com mais foco nas pessoas do que no luxo. Seguindo essa receita, à frente da ala das baianas, Mussum não dava sossego para as tias, vestidas apenas de branco e preto, para combinar com a parte do enredo que falava do poema dedicado a Carlitos, de Charles Chaplin. Se não foi um desfile vistoso tecnicamente, foi uma demonstração de amor ao carnaval.

No dia da apuração, reinava o sentimento de dever cumprido, mas a expectativa por um bicampeonato era tão pequena que a quadra da escola nem se preocupou em organizar uma possível festa para o título. Na visão dos jurados, os desfiles realmente tinham sido realizados com condições desfavoráveis demais, nem cabia comparação com os anos anteriores e, por isso, tirando certo favoritismo da Mocidade

Independente de Padre Miguel, as escolas Vila Isabel, Salgueiro, Portela, Império Serrano, Estácio de Sá, Imperatriz Leopoldinense e Mangueira estavam no mesmo nível. A vitória não parecia possível até a divulgação das notas do quesito evolução. Até então, a escola vinha empatada com Império Serrano, Portela, Salgueiro e Vila Isabel. Quando chegaram as notas 10 no quesito fantasia, a Mangueira passou à frente da líder Mocidade Independente e o sonho do bicampeonato começou a parecer real. No fim, para surpresa geral, deu Mangueira na cabeça, com 224 pontos, seguida da Mocidade, com um ponto a menos, e a Império empatada com a Portela em terceiro lugar, com 221. O resultado foi muito questionado pelas rivais, que acusaram os jurados de beneficiarem a escola mais popular para acalmar um pouco o momento de crise política e econômica vivido no estado e no país. Choradeira que não deu em nada. Foi a primeira notícia boa que Mussum receberia em muito tempo, uma fresta para entrar luz após tantos e tantos dias escuros.

Imitando a parábola do filho pródigo à sua forma, o comediante reencontrava forças em suas raízes, envolvendo-se cada vez mais na vida da Verde e Rosa. Após o título, novamente por um convite da amiga Alcione, Mussum aceitou trabalhar como incentivador e professor do Grêmio Recreativo e Cultural Mangueira do Amanhã, um projeto social bolado pelo então presidente Carlos Alberto Dória para usar o poder de mobilização da escola de samba para estruturar um centro de formação para jovens entre 5 e 16 anos, com cursos profissionalizantes, aulas de samba e prática de futebol, vôlei e atletismo. O programa incluiu a construção de uma vila olímpica, com quadra poliesportiva, e a criação de um curso completo de samba, com aulas ministradas pelos mais ilustres membros das alas dos compositores, mestres de bateria, passistas e diretores de alas. Mais do que formar uma réplica em miniatura da Mangueira, o projeto tinha como meta incentivar os estudos. Só entrava no curso quem passasse por uma avaliação trimestral, provando assiduidade e boas notas na escola. A formatura do curso, claro, seria na avenida, com um desfile mirim completo, colocando na Marquês de Sapucaí um samba-enredo inédito, fantasias originais, casais de mestre-sala e porta-bandeira, passistas e carros alegóricos. Durante as aulas de percussão e harmonia, Mussum reencontrava seu passado de menino pobre do morro e enxergava seu presente, como ídolo máximo da molecada. Sem dúvida, uma sensação que o ajudou a superar as perdas recentes e o energizou para seguir na luta. Até porque não haveria de faltar trabalho para o trapalhão.

Por causa do sucesso da temporada de shows pelo Brasil, a decisão de gravar mais episódios de *Os Trapalhões* para evitar a apresentação de reprises no período das férias escolares e também pelas dificuldades financeiras de fazer cinema no Brasil, Renato Aragão decidiu passar o final daquele ano sem lançar um filme dos Trapalhões nas férias. Havia ainda outro motivo para mudar a agenda em 1986. O próximo projeto a ser realizado pela R.A. Produções era o mais ousado voo da filmografia trapalhônica desde *Os saltimbancos trapalhões*. Didi, Dedé, Mussum e Zacarias encarnariam nas telas os personagens da peça *O Auto da Compadecida*, uma elogiadíssima adaptação do livro homônimo de Ariano Suassuna que fazia a cabeça da classe intelectual desde seu lançamento, quase trinta anos antes. Tal projeto não poderia ser feito a toque de caixa, como era costume, e traria desafios novos para a trupe, especialmente para Mussum.

O primeiro obstáculo foi convencer o autor paraibano a deixar sua obra ser transformada em filme, algo que nada tinha a ver com a fama de chanchadeiros dos Trapalhões. Vinte e oito anos antes, o então iniciante diretor Roberto Farias telefonou para Suassuna propondo uma versão cinematográfica do livro e ouviu um não. Tentou sem sucesso em mais duas oportunidades ao longo das décadas seguintes e, insistente, conseguiu sua autorização apenas na terceira. Quando teve o sinal verde do autor pela primeira vez, em 1979, Farias procurou Renato Aragão para executar o projeto e também para viver o protagonista João Grilo, afinal, quem seria melhor para interpretar um malandro nordestino no cinema senão o próprio Didi Mocó Sonrisal Colesterol Novalgina Mufumbo? Mas Renato não quis saber de conversa.

Embora fosse amigo de Farias, na época diretor da Embrafilme, seria arriscado demais envolver ídolos infantis como os Trapalhões em uma história que critica tanto os ritos e símbolos da Igreja católica quanto a lógica de mercado e os bons costumes da tradicional família brasileira. Além disso, *O Auto da Compadecida* não seria um filme dos Trapalhões, uma vez que a trama girava apenas em torno de uma dupla e o autor original provavelmente se recusaria a fazer concessões para incluir ou alterar seus personagens. Farias conquistou Suassuna, mas bateu na trave com Aragão. A espera havia sido em vão. Primeiro porque a história já havia sido filmada antes, em 1968, e depois porque o cineasta, irmão do ator Reginaldo Faria, andava desanimado por continuar filmando histórias ordinárias, como fez nos longas *Roberto Carlos em ritmo de aventura*, *Roberto Carlos e o diamante cor-de-rosa* e *Roberto Carlos a 300 quilômetros por hora*.

Só em 1986, sete anos após o convite de Farias, Renato Aragão acabou dando uma segunda olhada no livro e foi convencido de que filmar o conto nordestino seria a oportunidade perfeita de calar de vez a boca de quem reclamava da mesmice dos filmes dos Trapalhões. Sob essa ótica, percebeu que a oportunidade de interpretar um personagem diferente faria com que o quarteto ganhasse respeito do público adulto sem perder a idolatria das crianças e, mais do que isso, poderia, enfim, experimentar um pouco da liberdade criativa oferecida pelo primeiro governo civil em tantos anos. Pelo menos para isso o incompetente governo Sarney haveria de servir. Ligou para o cineasta indo direto ao assunto:

— Roberto, e aquele filme lá? Vamos fazer?

Entusiasmado com o sim do trapalhão, o diretor teve um encontro pessoal com Ariano Suassuna para dar as boas-novas e preparar o roteiro. Para surpresa de Roberto Farias, o escritor era admirador dos Trapalhões e aceitou envolver-se na adaptação da obra para o cinema, com a condição de que a estrutura de sua narrativa e seus personagens não fossem alterados. E aí surgiu o segundo obstáculo importante para a criação de *Os Trapalhões no Auto da Compadecida*. Estava claro que João Grilo seria interpretado por Renato Aragão e que Dedé daria vida a Chicó, o parceiro inseparável do protagonista. Mas o que fazer com Mussum e Zacarias? O elétrico mineirinho, com sua peruca e dentinhos pretos, não poderia aparecer do nada, gargalhando no meio do sertão. Seria preciso usar a experiência de ator de Mauro Gonçalves para interpretar um dos personagens da peça ou, então, tirá-lo do elenco.

Com Mussum a decisão era ainda mais complicada, afinal, *O Auto da Compadecida* tinha um personagem negro, mas o papel exigia um nível alto de interpretação. No ato final da peça, acontecia um julgamento para decidir se os personagens passariam a eternidade do pós-vida no céu, no inferno ou no purgatório, e Jesus Cristo deveria ser, segundo as instruções de montagem da peça, "um preto retinto, com uma bondade simples e digna nos gestos e nos modos". Como colocar a malandragem do Kid Mumu da Mangueira, falando seus *cacildis* e *forévis*, numa cena como essa? Quando João Grilo o chamasse de negão, ele responderia "negão é sua mãe"?

Como se tornou costume após a separação, uma reunião para discutir o problema foi feita com os quatro integrantes do grupo, todos leriam os textos da peça e opinariam depois se dariam ou não conta do recado. Após a leitura, eles concordaram que seria um desafio e tanto sair da pele dos seus tipos habituais e decorar longos textos, criar maneirismos e ainda assim manter os novos personagens por uma história toda. Mas toparam a empreitada. Mauro percebeu semelhanças no comportamento covarde do padeiro da história com seu jeitinho de Zacarias. A mulher do comerciante seria interpretada por Cláudia Jimenez, que já roubava a cena com suas atuações no elenco de apoio de *Os Trapalhões*, e, assim, o casal teria uma comicidade instantânea por unir um baixinho medroso e uma mulherona voluptuosa. Já Mussum, após relutar um pouco e receber o incentivo dos colegas, prometeu se empenhar como nunca, estudando suas falas à exaustão para viver não apenas um, mas dois personagens da trama. Primeiro, o frade, um bondoso subalterno que é constantemente humilhado pelos membros da igreja. Depois, entraria em cena como Manuel, "Nosso Senhor Jesus Cristo", e faria o julgamento final. Uma responsabilidade imensa, mas também a chance única de passar uma poderosa mensagem contra o racismo, no tom certo e na hora certa.

Com os Trapalhões acomodados no roteiro, partiu-se para a montagem de um elenco de apoio experiente, sem apelar para nomes conhecidos do público sem milhagem de atuação, como foram os casos de Xuxa, Luiza Brunet, Sérgio Mallandro e tantos outros. O temido coronel Antônio Morais e o Diabo seriam vividos por Raul Cortez; José Dumont voltaria a filmar com os Trapalhões, dessa vez no papel do cangaceiro Severino do Aracaju; Betty Goffman, revelação de novelas da Globo, com formação pelo teatro Tablado, seria Nossa Senhora Aparecida; e Renato Consorte, também com carreira originada no teatro, viveria o corrupto Bispo.

Para as locações, a preocupação com qualidade foi a mesma. A R.A. Produções se encarregou de usar um terreno em Jacarepaguá para reproduzir com exatidão uma foto dos anos 1920 mostrando o centro de Taperoá, a cidade do interior da Paraíba onde Ariano Suassuna passou parte de sua infância. Para a reprodução do cenário do julgamento final, no céu, foram usados enormes galpões do Riocentro, onde foram armados uma lona de circo, um palanque para os tronos de Jesus e Nossa Senhora e uma reprodução das portas do inferno. Cenografia que impediu a venda das cotas para merchandising de produtos e marcas, avaliadas na época em 300 mil cruzados cada, e consumiu boa parte do orçamento de 14 milhões de cruzados, mas o resultado final justificou o investimento. Nunca uma obra dos Trapalhões foi tão bem-feita.

Sem dobrar plurais ou fazer graça, Mussum abre o filme declamando a epígrafe como Jesus ao lado de Betty Goffman, a Compadecida, e Raul Cortez, o Demônio. A passagem é feita apenas com áudio e com a tela completamente escura. Quem estiver desatento não vai perceber qual é a voz de Mussum. A partir daí, segue-se uma reprodução bastante fiel da obra original, com um esforço coletivo de toda a equipe para representar a história sem apelar para as piadas e movimentos típicos dos Trapalhões – nem sempre com sucesso. Didi faz um João Grilo a seu modo, mostrando-se pouco à vontade com o texto, mas, mesmo assim, saindo-se bem. Dedé começa falando com sotaque de nordestino e logo retorna ao tom de voz normal, tirando o brilho de Chicó, mas também sem comprometer. O destaque mesmo fica por parte dos coadjuvantes. Fazendo um tipo bem diferente de Zacarias, sem perder a ternura, Mauro compõe uma dupla perfeita com Cláudia Jimenez. Mussum, por sua vez, rouba a cena para si como o frade Benedito, protagonizando cenas de cinema mudo, calcadas muito mais em sua expressão facial do que no texto. Ele, aos poucos, mostra que seu personagem não é apenas um humilde monge e vai demonstrando seus poderes celestes.

Conforme combinado entre Suassuna, Farias e Aragão, o longa não alterou nenhuma das críticas ácidas que o texto original fazia à ganância da Igreja católica e à mesquinhez burguesa nem removeu momentos que poderiam expor o público infantil a questões como o adultério, a corrupção, o racismo e a morte. Até as piadas mais adultas, como o gato que "descome dinheiro" após ter moedas enfiadas em seu ânus, são mostradas com o mínimo de retoque possível. E assim, com uma medida de ingenuidade, e outra menor, de malícia, foi feita a cena mais perigosa do auto. Mussum finalmente surge como Manoel, o Leão de Judá, o Filho de Davi, montado em um cavalo branco, de coroa na cabeça e capa vermelha sobre os ombros. E dá-se o diálogo entre o incrédulo João Grilo, que não acredita ver Jesus personificado como negro, e o filho de Deus, explicando que poderia ter a forma que quisesse, pois não há diferença entre as pessoas. Nesse momento, o texto da peça é reproduzido sem alteração: "Não é lhe faltando com o respeito não, mas eu pensava que o senhor era muito menos queimado". Com domínio total da cena, Mussum consegue intercalar falas iradas, repreendendo o bispo, e sorrisos fraternais, mudando seu tom de voz e sua expressão conforme pedia a ocasião do texto. No seu grande momento, dá uma lição contra o racismo:

— Muito obrigado, João, mas agora é sua vez. Você é cheio de preconceitos de raça. Vim hoje assim de propósito, porque sabia que isso ia despertar comentários. Que vergonha! Eu, Jesus, nasci branco e quis nascer judeu, como podia ter nascido negro. Para mim, tanto faz um branco como um negro. Você pensa que eu sou americano para ter preconceito de raça?

Pode até não ser uma atuação digna de Oscar, mas está anos-luz à frente de qualquer outro trabalho da carreira do sambista como ator. "Mussum interpreta Cristo muito bem e às vezes parece excessivamente severo", disse ninguém menos que Ariano Suassuna, e o poeta não foi o único a elogiar.[37] Com 2,6 milhões de pessoas na plateia, a versão trapalhônica de O Auto da Compadecida conseguiu o feito raro de unir boas

---

37. *Jornal do Brasil*, 25/06/1987.

críticas e uma bilheteria expressiva. Algo que não voltaria mais a acontecer nos cinemas para os Trapalhões. Embora buscasse a aprovação dos colunistas especializados, Renato Aragão sabia que o principal público-alvo do seu trabalho eram crianças cada vez mais jovens. Na segunda metade dos anos 1980, ver o humorístico e os filmes já não era mais programa para adolescentes. Afinal, naquela década começava a ficar mais evidente a diferenciação entre o consumidor jovem e o infantil. E a escolha dos Trapalhões foi pelo segundo segmento. Nas noites de domingo, os quadros traziam cada vez menos piadas adultas e cada vez mais brincadeiras com extintores de incêndio, tortas, baldes d'água e bombas de farinha voando de um lado para o outro. A malícia ainda estava presente em um detalhe ou outro, mas era preciso um olhar treinado para achá-la.

Um marco dessa opção pelo infantil em detrimento do juvenil foi a assinatura de um contrato do grupo com uma empresa especializada em marketing chamada Tribo de Merchandising, chefiada pelo publicitário Celso Schvartzer. A iniciativa teve como objetivo remodelar e uniformizar a marca "Os Trapalhões" de uma forma que todos os produtos licenciados, filmes ou discos com a participação do grupo tivessem uma mesma cara e, para tanto, contou com o apoio da produtora Sketch Filme, do desenhista especializado em *character design* César Sandoval, o responsável por animações famosas, como a Menina Bocona da margarina Claybom, o torcedor Pachecão da Gillette e o Dodói dos band-aids da Jonhson & Johnson.

Isso não se tratava de uma invenção, uma vez que o processo de *branding* já era usado com sucesso por conglomerados internacionais de mídia, como a Warner, a Disney, a Hanna Barbera e a Lucasfilm. A diferença é que a industrialização da imagem venderia um produto de dentro do Brasil e não do exterior. Por meio de uma participação que ia de 5 a 8% do valor de venda, os fabricantes locais poderiam explorar a popularidade dos Trapalhões em bolas, chicletes, calçados, camisetas, bonecos, bicicletas, lençóis, copos, cadernos, revistas, livros e discos. Isso sem citar o mercado das fitas VHS, que crescia rapidamente com a chegada dos videocassetes nas casas dos brasileiros com mais dinheiro – ou com conhecidos que viajavam para o Paraguai.

Tendo como alvos as crianças entre três e dez anos, as novas caricaturas seguiriam uma linha mais colorida e amistosa, com os bonecos representando crianças e não mais versões que destacavam os defeitos físicos dos quatro humoristas. No gibi *Os Trapalhões*, até então publicado pela Editora Bloch, Didi tinha cabelos pretos, costeletas longas, cabeça chata e rugas na testa, enquanto Dedé, Mussum e Zacarias eram retratados com as mesmas barrigas e pés de galinha que tinham na vida real. Na versão reformulada da revistinha, a ser publicada pela Editora Abril, os novos personagens seriam retratados como crianças, com as cabeças ligeiramente grandes, olhos arredondados e o corpo rechonchudo, teriam todos a mesma altura, vestiriam camisetas e calças coloridas e embarcariam em aventuras certinhas com os coleguinhas na escola e na rua, sem referências ao uso de bebidas alcoólicas, por exemplo.

Nos palcos e na TV, os Trapalhões passariam a adotar um manual de características próprio, também com o intuito de dar unidade ao grupo e aumentar a semelhança entre as aparições presenciais e as representações desenhadas nas embalagens e estampas dos produtos. O uniforme de palco seria formado por jaquetas coloridas cobertas por lantejoulas, calças e sapatos brancos e uma camiseta mostrando em tamanho grande o novo logotipo, um escudo de bordas douradas com uma letra "tê" estilizada. Esse visual seria repetido, com variações mínimas, tanto nas aberturas dos programas da TV quanto nas turnês de shows, nas aparições em outros programas da Globo e até nos filmes. Na capa do LP *Os Trapalhões*, de 1987, é possível ver o quarteto com esse figurino. Mussum aparece com jaqueta e camiseta vermelhas; Renato, de preto; Zacarias, de verde; e Dedé, de lilás. Na contracapa e no encarte, é claro, os novos desenhos dos amistosos trapalhõezinhos.

O disco é outro exemplo do direcionamento exclusivo para um público de faixa etária mais jovem. Cinco das dez músicas gravadas eram de autoria de Michael Sullivan e Paulo Massadas, músicos experientes e de relativo sucesso que se descobriram como talentosos compositores de aluguel. Nos anos 1980, ninguém conhecia melhor o caminho entre as produções rápidas e o coração das crianças. Foi deles a maioria das músicas dos álbuns campeões de vendas de artistas com apelo infantil como Xuxa, Trem da Alegria, Angélica, Bozo e Mara Maravilha. Para o álbum dos Trapalhões, a dupla fez muitas músicas com refrões fáceis de repetir, palmas e batidas contagiantes. A participação de Mussum é apenas como integrante dos Trapalhões, sem tocar nenhum instrumento ou cantar com algum destaque. Tudo muito bonitinho para animar uma festinha de aniversário, mas duro de encontrar alguma piada ou brincadeira digna de risada.

O sentimentalismo domina o álbum em faixas como "Criança Esperança" e "Livre para voar", com a exceção de "O touro apaixonado", de Ed Wilson e Carlos Colla, que faz uma sequência ininterrupta de trocadilhos com as palavras teta, chifre, vaca e rabo. O que merece registro, e ainda assim apenas para os fãs mais dedicados, é a faixa "Super-heróis brasileiros", uma retrospectiva da carreira cinematográfica dos Trapalhões: "Te levamos para as mil e uma noites/ Vem com a gente, somos quatro mosqueteiros/ Saltimbancos, não há nada que nos mude/ Nós já fomos Aladim e Robin Hood/ Resistimos bem ao canto da sereia/ Serra Pelada tem mais ouro que areia" e por aí vai. A música seria usada a partir daí como uma espécie de hino nas apresentações dos Trapalhões pelo Brasil. Havia até uma coreografia para o quarteto imitar momentos dos seus filmes, como as lutas de espadas de *Os três mosqueteiros trapalhões*.

No cinema, o novo *look and feel* do quarteto estreou em *Os fantasmas trapalhões* apenas na abertura. Os bonecos fofinhos eram mostrados nos créditos iniciais e depois sumiam. A vontade de atender apenas ao público infantil e a preocupação comercial, por outro lado, permaneciam em cada segundo da película. Dirigido por J. B. Tanko no seu melhor estilo bom e barato, o filme confiou no uso de algumas soluções capengas para superar a falta de inspiração do seu argumento. Enquanto se assustam com as assombrações, os Trapalhões protagonizam cenas com efeitos especiais pouco convincentes, apesar dos lasers e de algumas ousadas sobreposições de imagens.

No elenco, novamente foi usada a muleta de aproveitar celebridades do momento como chamarizes para o público. No caso, o apresentador Gugu Liberato faria o papel do mocinho, o delegado Augusto, Bia Seidl, da novela *Corpo a Corpo*, seria a mocinha, e os garotos do grupo Dominó apareceriam como figurantes de luxo. Augusto Liberato vivia o auge de sua popularidade no comando do programa *Viva a Noite* e estava prestes a assinar um contrato milionário para trocar o SBT pela Globo. Além do carisma no palco, o paulista de 27 anos tinha um impressionante faro empreendedor. Foi dele a ideia de criar uma banda brasileira nos moldes dos Menudos, e o conjunto Dominó, formado pelos galãs adolescentes Affonso Nigro, Lenilson dos Santos (o Nill), Marcos Quintela e Marcelo Henrique Rodrigues, fez um enorme sucesso com músicas como "Ela não gosta de mim", "Companheiro", "P' da vida" e "Manequim". A presença de Gugu e do Dominó em *Os fantasmas trapalhões*, portanto, era uma boa jogada comercial para todas as partes envolvidas.

Com esse intuito de lucrar, foi escolhido um roteiro sem qualquer inovação ou aposta arriscada. A história seria previsível, tendo os quatro trapalhões interpretando personagens sem nenhuma diferenciação em relação aos quadros da TV e um fraco elenco de apoio. É um filme bastante fácil de esquecer, servindo de exemplo de produção ruim. Qualitativamente, se comparado com *Os Trapalhões no Auto da Compadecida*, *Os fantasmas trapalhões* leva desvantagem. Nas bilheterias, no entanto, houve um empate técnico, com vantagem para o segundo. Enquanto a elaborada versão da peça de Ariano Suassuna levou exatos 2 610 371 espectadores ao cinema, a desmiolada aventura em que Zacarias muda a cor da peruca cada vez que leva um susto atraiu 2 689 380 pessoas.

Entre a massagem no ego e o lucro nas bilheterias, Mussum, Dedé e Mauro com certeza prefeririam a segunda opção. Cinemas cheios significavam uma bem-vinda ajuda na retomada financeira do trio, que também era abastecido pelo sucesso inabalável na televisão. Mesmo após uma longa série de mudanças, o programa de domingo seguia como o preferido da faixa das dezenove horas, sem concorrência ou maiores turbulências. Na média do Ibope, tinha quase o dobro da audiência do

Programa Silvio Santos e, sozinho, superava com bastante folga a soma das atrações da Bandeirantes e da Manchete. No ranking semanal, *Os Trapalhões* só perdia para as novelas (que ainda começavam às oito da noite) e para o *Jornal Nacional*, ambos com mais de 60% de preferência dos telespectadores em seus respectivos horários. Nem as constantes trocas na direção e no elenco de apoio traziam qualquer problema. Entre abril de 1986 e março de 1988, o humorístico passou pelas mãos de Walter Lacet, Carlos Manga e Maurício Tavares. Cada um deles, ao seu estilo, alterou um pouco a fórmula vencedora, acertando e errando em algum grau, mas nunca mexendo o suficiente para alterar o status do quarteto com sua audiência. As mudanças dessa época, a bem da verdade, não traziam nenhuma ruptura radical. Experiente cineasta, Manga tentou dar mais unidade ao programa, gravando mais externas e juntando um quadro no outro para criar certa continuidade. Lacet, acostumado a produzir grandes musicais, aumentou a participação de artistas da Globo nas trapalhadas de cada domingo. Tavares repetiu a ideia de aumentar a espontaneidade do quarteto ao fazê-lo interagir ao vivo com a plateia do Teatro Fênix. No final das contas, as alterações foram irrelevantes, uma vez que a velha fórmula dos esquetes era de fato o que marcava todas as fases do programa.

Na contagem de entradas e saídas da equipe, a maior baixa do período foi a discreta saída do redator Carlos Alberto de Nóbrega rumo à TV Bandeirantes, onde realizaria, em 1987, o sonho de tocar uma nova versão de *A Praça da Alegria*, batizada de *Praça Brasil*. Poucas semanas mais tarde, Silvio Santos, de olho no potencial da atração, convenceu Carlos Alberto e toda a trupe a mudar para a TVS e por lá ficar pelas próximas três décadas. Já a adição mais valiosa da trupe não foi nada discreta. Fazendo uma ponta no quadro da Escolinha do Quartel do Sargento Pincel como Divino, um primo mais novo "e muito macho" de Mussum, surgia a inigualável figura de Jorge Lafond. Com 76 quilos distribuídos em 1,93 metro de altura, o ex-bailarino do *Fantástico* apareceu com destaque para o grande público com um papel na novela *Sassaricando*, também da Globo, e, ainda iniciando sua carreira de ator, roubava a cena sempre que participava de qualquer quadro de *Os Trapalhões* ou do *Viva o Gordo*, de

Jô Soares. Sua entrada foi um raro exemplo de humor mais adulto dentro das histórias bastante infantilizadas de Didi, Dedé, Mussum e Zacarias. Logo em sua primeira aparição, por exemplo, acontece uma brincadeira imperceptível às crianças, mas bastante maliciosa. Quando o professor da escolinha pergunta sobre a temperatura em que a água ferve, Dedé, fazendo o tipo do aluno sabe-tudo, insiste em dizer que a resposta certa é noventa graus centígrados, dando a deixa para Mussum fazer a piada: "A noventa graus você só ferve o ângulo reto". O professor, então, transfere a pergunta para o personagem de Jorge Lafond, mas antes Didi comenta com os colegas: "Olha só... falaram de reto e ele foi perguntar logo para quem".

Lafond à parte, o programa vivia das mesmas piadas de sempre e parecia atravessar uma fase de acomodação apesar das trocas de diretor. Algo fácil de ser explicado quando se analisa a vida dos quatro principais artistas do programa. Renato Aragão andava mais atarefado do que o comum com a implementação da nova identidade do grupo, enquanto Dedé, Mussum e Zacarias apertavam-se ao máximo para fazer o maior número de shows possível. Nessa época, aliás, o mangueirense descobriu e foi descoberto pelas agências de propaganda. Mesmo separado de seus colegas de palco, conseguia passar uma imagem bem-humorada perfeita para vender qualquer tipo de produto, para clientes pequenos ou grandes. Ironicamente, três dessas campanhas usavam Mussum sem saber que, na vida real, o comediante seria um péssimo garoto-propaganda para seus produtos. Em um anúncio da Caixa Econômica Federal, o mangueirense aparecia confortável, sentado com roupas comuns em uma sala de estar, assistindo ao videotape do último desfile da sua escola do coração, e depois aconselhava:

— Tem duas coisas que eu trato com muito carinho: as minhas baianas e a aplicação do meu dinheiro. Esse tira daqui, corre para lá, só atrapalha. Eu quero segurança e um bom rendimento. Perder dinheiro não é engraçado. Com a Caixa, a minha poupança rende bem e eu fico inteiramente tran-qui-lo.

Para destacar a pronúncia certa da palavra que falou errado pela carreira toda, soava uma cuíca e Mussum dava sua piscada tradicional. Quem assistia aquilo jamais imaginava a situação caótica das contas bancárias do cidadão Antônio Carlos Bernardes Gomes. Também seria impossível para o consumidor normal duvidar da palavra de Mussum nos anúncios do Construcenter Terraço, em que dizia que o mais importante nas obras e reformas era economizar ao máximo com material de construção. Enquanto aparecia de macacão de pedreiro e bonezinho com a marca do contratante, possivelmente sua casa em Jacarepaguá estava passando por mais uma reforma para instalação de uma banheira ou a ampliação de algum cômodo. Reforma era com ele mesmo, economia não.

Mais um comercial marcante dessa época foi para o complexo vitamínico Epatovis B12. Vendido em cápsulas e em xarope, o medicamento era oferecido como solução para quem quisesse beber muito e comer ainda mais – sem nunca detonar o fígado. Suas propagandas mostravam cenas de altas comilanças e bebedeiras seguidas da promessa de que "com Epatovis seu fígado será eternamente feliz". Para o lançamento da nova versão do medicamento, com alcachofra na fórmula, Mussum foi contratado para dar o recado interpretando, ao mesmo tempo, o sambista e o personagem. Enquanto comia acarajés feito um desesperado e bebia copos de cerveja seguidos, sem tirar a mão da garrafa, cantava o bem-humorado jingle em ritmo de pagode em meio a baianas e escadarias soteropolitanas: "Uma comadre muito esperta me ensinou uma descoberta que me deixou feliz/ Quando agora o meu fígado diz: 'Epa!'/ Eu digo: 'Epa é o cacildis. É epatovizis!'".

Ao que consta, Mussum jamais precisou de remédios para encarar a maratona de comidas pesadas e longas horas de bebedeira nos botecos. Aos 46 anos, tinha uma saúde perfeita e sua única preocupação era mesmo com o aumento de peso. Nas férias, começava algumas dietas à base de chás e carnes magras, mas logo voltava à rotina de muito trabalho, muito samba e, consequentemente, muito rango e muito *mé*. Seu ritmo não diminuía, e o cidadão normal que tentasse acompanhá-lo não seria salvo nem por um litro de Epatovis.

Ainda falando de negócios, vale a pena destacar que o processo de *branding* dos Trapalhões resultou em um sucesso maior do que as expectativas, atraindo parcerias milionárias para o grupo e fazendo a festa da molecada com mais de cem itens licenciados. Geralmente os produtos com a marca da trupe vinham acompanhados de brindes exclusivos, transformando objetos ordinários em cobiçados sonhos de consumo. O maior exemplo dessa estratégia foi a Conguinha dos Trapalhões, um calçado infantil fabricado pela Alpargatas e divulgado nos filmes e programas do grupo. Vendida em uma embalagem de plástico que imitava uma caixa de ferramentas, a botinha trazia o desenho dos personagens na sua lateral, o formato de porcas no solado e dava como brinde uma miniatura de chave inglesa que servia como chaveiro. Foi uma febre, assim como os minigibis de cinco por sete centímetros encartados nas embalagens do iogurte com polpa de fruta da Danone e as gomas de mascar que vinham com adesivos do tipo *transfer* e um porta-chicletes para afivelar na cintura. Mesmo quando o produto não apelava para um desses artifícios, suas vendas aumentavam consideravelmente apenas por ter a nova imagem dos humoristas estampada. Funcionou assim com produtos mais baratos, como as lancheiras e garrafinhas térmicas da Aladdin, o estojo leva tudo feito em jeans da marca Us Top, o salgadinho Skiny, os adesivos de superfície Udi-grudi e o minipiano da TecToy, assim como com itens mais elaborados, como o kit com pratos, guardanapos e chapeuzinhos para festas de aniversário e o conjunto de decoração com fronha, cortina, colcha e lençol. Os bonecos de borracha feitos pela Brinquedos Mimo, mesma fabricante das bonecas da Xuxa, foram outros campeões de vendas instantâneos.

Os novos desenhos dos Trapalhões viraram até samba, ou melhor, foram transformados em enormes alegorias no desfile da Unidos do Cabuçu, escola recém-admitida no grupo de elite do carnaval carioca que chamava a atenção por escolher personalidades atuais para homenagear em seus sambas-enredo. Em 1987, o homenageado foi Roberto Carlos e, segundo a direção da agremiação, o cantor sugeriu que os Trapalhões fossem o tema do próximo desfile. Seguindo a ordem do rei, Renato, Dedé, Mussum e Zacarias aceitaram o convite e ajudaram a Cabuçu a transformar suas trajetórias de vida no enredo "O mundo mágico dos Trapalhões". Participando ativamente do dia a dia da escola do bairro do Lins, inclusive frequentando os ensaios na sede entre os morros do Amor, do Barro Preto e do Barro Vermelho, Mussum sentia-se em casa. Andar pelas ruas do Engenho Novo, onde fora criado, proporcionava reencontros com antigos amigos e mais uma oportunidade de contato com suas raízes. Os Trapalhões ajudaram até na criação da letra do samba-enredo, composto pelo trio Adilson Gavião, Adalto Magalha e Sérgio Magnata, este último carteiro, além de compositor. A música falaria das origens de cada integrante do grupo, evocando momentos da carreira no cinema e exaltando trabalhos de caridade, como o Criança Esperança: "Hoje a tristeza não vai mais atrapalhar/ Quero festa em todos os corações/ Pois a minha escola o povo vai contagiar/ Com a alegria dos Trapalhões". O refrão destacava igualmente os quatro palhaços: "Didi, Dedé, Mussum e Zacarias/ Seu mundo é de encanto e magia".

No desfile de 1988, a Sociedade Esportiva Recreativa Escola de Samba Unidos do Cabuçu foi a quarta escola a pisar na avenida na noite da segunda-feira e apresentou seus 3.800 componentes divididos em 43 alas e 14 carros alegóricos. A comissão de frente da azul e branco trouxe um grupo de mágicos e depois enfileirou carros com os bonecos dos Trapalhões entre as alas temáticas. Didi foi representado por uma imitação de Super-Homem entre foliões que usavam fantasias com referências a Charles Chaplin e Oscarito; Dedé foi homenageado com alegorias que lembravam os picadeiros de um circo; e a parte da escola destinada a enaltecer Zacarias mostrava o boneco do trapalhão pescando em Sete Lagoas, com Luma de Oliveira como destaque do carro. Havia ainda referências a *O rei e os Trapalhões*, *Os Trapalhões e o mágico de Oróz* e *Os saltimbancos trapalhões*. No carro alegórico dedicado a Mussum, trazendo Dona Neuma como destaque, o personagem aparece deitado em frente a um barraco, abraçado a um garrafão de *mé*, como se estivesse bêbado. As alas que o acompanhavam vestiam fantasias com as cores da Mangueira, mas, claro, apesar do verde e do rosa, não dava para comparar a batida da Unidos do Cabuçu com a da Estação Primeira.

Os homenageados foram colocados juntos no sexto carro, chamado Mestres do Sorriso, vestindo uma versão mais brilhosa do figurino já usado nos shows, macacões brancos, camisetas e bonés com óculos de proteção por cima, mas desfilaram no chão. Eles estavam cercados de familiares e celebridades como Boni, Gugu, Guilherme Karan,

Fafy Siqueira e Tião Macalé, e reagiram de forma diferente ao contato com o público na avenida. Renato não se aguentava de emoção e chorava o tempo todo, tendo que sentar na beirada do carro alegórico para se recompor. Dedé e Zacarias acenavam felizes, mas também estavam visivelmente emocionados. Já Mussum, experiente em desfiles, parecia desesperado com os óbvios problemas de harmonia e evolução da Unidos do Cabuçu. Acostumado com a competitividade da Mangueira, aquilo era mais irritante do que emocionante. Até porque sua grande expectativa estava em cima do último desfile daquela segunda-feira, quando a Estação Primeira tentaria o tricampeonato com o samba-enredo "100 anos de liberdade: realidade ou ilusão?", uma crítica comemoração ao centenário da abolição da escravidão no Brasil. Em tom de denúncia pela desigualdade social e racial, a Verde e Rosa fez todo mundo cantar "Será que já raiou a liberdade?/ Ou se foi tudo ilusão/ Será que a lei Áurea tão sonhada, há tanto tempo imaginada, não foi o fim da escravidão?".

Mussum teve três desfiles de intervalo para descansar e sair do incômodo papel de homenageado para a sua confortável posição de diretor de harmonia da ala das baianas. Entrou feliz e animado ao lado dos outros 5.300 componentes da Mangueira e deu conta do recado como sempre. Mesmo com sua agenda lotada, costumava gravar os ensaios da escola em fitas cassete para ouvi-las no carro seguidas vezes, até decorar a letra e a marcação da bateria. Durante as viagens pelo interior do Brasil para fazer shows com os Trapalhões, o toca-fitas do seu Opala Diplomata não tocava outra coisa. Dos dois lados, o cassete trazia a mesma gravação, era como um ensaio à distância.

Na avenida, a Mangueira fez bonito mais uma vez, apesar da ausência do puxador Jamelão; a escola evoluiu com graça e acertou em cheio com a letra de seu samba-enredo. As arquibancadas da Marquês de Sapucaí cantavam sem parar o refrão "O negro samba/ Negro joga capoeira/ Ele é o rei na verde e rosa da Mangueira". Mas, dessa vez, o bom desempenho não garantiu o título de campeã do carnaval. Se no ano anterior a glória tinha sido conquistada por um ponto de diferença, em 1988 foi por essa mesma diferença que o título escapou. A Unidos de Vila Isabel fez um surpreendente desfile com o enredo "Kizomba, a festa da raça" e acabou vencendo a disputa com 224 pontos, contra 223 pontos da Mangueira, fato que causou correria e briga durante a apuração das notas. A Unidos do Cabuçu, por sua vez, não foi lá muito bem. Apesar de pegar a popularidade dos Trapalhões emprestada, a escola ficou com o 13º lugar, com 188 pontos, o suficiente apenas para escapar do rebaixamento.

Embora tenha sido uma bela homenagem e os aplausos das mais de 60 mil pessoas presentes tenham sido consagradores, o maior show que os Trapalhões fariam naquele ano ainda estava por vir. Depois de uma disputa ferrenha nos bastidores com a Coca-Cola, patrocinadora de vários dos filmes do grupo, a Pepsi fechou um acordo milionário com a R.A. Produções, incluindo uma grande parceria para produzir shows, produtos, brindes e comerciais, fazendo dos quatro palhaços os embaixadores da marca no Brasil.

Dentro do plano de marketing da multinacional, a peça mais vistosa foi a promoção dos copos colecionáveis. Com maciça divulgação na mídia impressa e eletrônica, a ação convidava a molecada a juntar quatro tampinhas de garrafas de um litro do refrigerante ou oito tampinhas de garrafas médias, mais dez cruzados, para trocá-las por copos plásticos com as versões em cartoon dos Trapalhões. Quem tivesse mais paciência juntava mais dinheiro e tampinhas para trocar por um dos pôsteres autografados pelos Trapalhões. O tema das quatro peças era música, com o quarteto aparecendo travestido de componentes de uma orquestra, de um grupo de forró, de uma fanfarra militar e de um conjunto de glam rock, bem ao estilo *poser* dos anos 1980 – com Mussum de peruca black power. Além disso, os consumidores de Pepsi com mais sorte poderiam ganhar, com uma só tampinha premiada, mochilas, barracas, walkmans ou bicicletas.

A divulgação da marca pelos Trapalhões também passou a ser feita por meio de uma turnê de shows grandiosos. Repetindo a bem-sucedida fórmula de mesclar piadas, brincadeiras com o público e musicais, as apresentações tinham como momento máximo uma paródia da campanha "The Choice of the New Generation" – "A Escolha da Nova

Geração", no Brasil. A série de propagandas fez história no mundo da publicidade por contratar todos os maiores astros da cultura pop oitentista de uma só vez, transformando estrelas do brilho de Michael Jackson, Michael J. Fox, Madonna, David Bowie, Tina Turner e Lionel Ritchie em garotos-propaganda. Nos shows dos Trapalhões, a versão brasileira da campanha era feita com cada um dos palhaços imitando um dos pop stars no palco. Didi era transmutado em Michael Jackson, Zacarias fazia Madonna, Dedé brincava de Lionel Ritchie. E, para fechar, Mussum quebrava tudo, de vestido curto e peruca loira, cantando e rebolando como Tina Turner. Nem os seguranças conseguiam ficar sérios com a performance.

O show da Pepsi estreou para um público de 125 mil pessoas no Maracanãzinho e depois partiu para uma temporada de lotação esgotada em um circo montado na avenida Alvorada (atual avenida Ayrton Senna), na Barra da Tijuca. A trupe fez três sessões por dia nos fins de semana entre abril e junho de 1988 e depois partiu para uma excursão que passou por São Paulo, Porto Alegre, Belo Horizonte, Goiânia, Brasília, Fortaleza e outras cidades próximas. A estrutura do show, composta por três cenários, iluminação especial, pirotecnia, corpo de balé e vários figurinos, viajava em um caminhão próprio, com a marca da Pepsi ao lado dos desenhos dos trapalhõezinhos. A reação das crianças ao verem as carretas chegando a cada destino era uma atração à parte. Dá-lhe shows lotados, de norte a sul, e até fora do país.

Com ajuda da patrocinadora, entre agosto e setembro, a turnê dos comediantes levantou voo e realizou shows nos Estados Unidos, no Canadá, em Portugal e em Angola. Não foi preciso traduzir os textos das apresentações ou dar um curso de inglês intensivo para Didi, Dedé, Mussum e Zacarias. As apresentações na América do Norte eram destinadas às colônias brasileiras de Nova York, Massachusetts, Washington e Toronto, e foram mais importantes para o guarda-roupa dos artistas do que para suas carreiras. Após essa excursão, era comum ver os personagens na TV usando moletons coloridos e camisetas com estampas que faziam referências a cidades e times americanos. Na capa do LP *Os Trapalhões*, de 1988, por exemplo, Mussum aparece com uma camisa verde do time de futebol americano New York Jets e Didi está vestindo uma camiseta do time de beisebol Angels, de Los Angeles.

Nos shows em Lisboa, obviamente, também não foi preciso tradução; e em Luanda, bem, em Luanda não seria preciso nem abrir a boca para fazer o público delirar com a presença dos ídolos. Independente como nação apenas em 1975, a ex-colônia portuguesa mantinha um intercâmbio cultural intenso com o Brasil, e *Os Trapalhões* era um dos programas mais populares da TV angolana. O humor inocente e predominantemente físico dos quatro palhaços falava uma linguagem universal, assim como *Os Três Patetas* e *O Gordo e o Magro*, mas, no país da costa ocidental da África, o grande trunfo dos Trapalhões era a presença de um negro no grupo. Mussum era disparado o personagem mais popular do quarteto e não fazia ideia disso quando desembarcou na África. Sabendo da visita de seus ídolos, os fãs invadiram a pista de pouso do aeroporto para levar os Trapalhões carregados nos ombros, como se fossem jogadores de futebol trazendo uma Copa do Mundo inédita para o país. A surpresa com o carinho não evitou brincadeiras de Renato com Mussum. Enquanto cada integrante do grupo caía nos braços da galera, o cearense gritava:

— Pinta o Mussum de branco senão vamos perder ele! Pinta nosso negão senão vamos perder ele no meio dos outros mussuns!

Levando as brincadeiras racistas na esportiva, o próprio Mussum contava aos amigos que a chegada em Luanda havia sido impressionante. Segundo ele, o mar de gente parecia "uma sopa de berinjela". Depois da chegada, o assédio continuou intenso, com os Trapalhões sendo seguidos por dezenas de pessoas aonde quer que fossem, mas, mais do que o carinho, o que saltava aos olhos mesmo era a miséria. Madureira parecia Mônaco se comparada às ruas maltratadas pelas guerras civis do país africano. Apesar de todo o carinho recebido, a parte mais gostosa da viagem foi voltar para casa, ou melhor, para o trabalho no Brasil.

No meio de todas essas viagens com a turnê da Pepsi e com uma agenda mais apertada do que o normal para adiantar as gravações do programa de TV, e assim manter a atração com episódios inéditos na telinha enquanto excursionavam, os Trapalhões mantiveram o pé no acelerador e conseguiram colocar dois filmes em cartaz em 1988. Em junho, estreou *Os heróis trapalhões: uma aventura na selva*, uma trama bobinha, novamente apostando em celebridades do momento, como a apresentadora Angélica e a modelo Luma de Oliveira, e nos garotos do Dominó para alavancar a popularidade da fita entre o público juvenil. Filmada às pressas, em uma produção que durou cerca de cinco semanas e resultou em uma fita de 88 minutos, a história que se passava nas profundezas da Amazônia foi ambientada, na verdade, na Floresta da Tijuca e nos estúdios da R.A. Produções. Caprichados mesmo foram os efeitos especiais, com Renato Aragão voando feito Superman e movimentando pedras e outros objetos com a força da mente, no estilo Jedi. Dedé, Mussum e Zacarias fizeram papéis pequenos, como em uma extensão do programa de TV, mas nem se importaram.

Mal nas bilheterias, com menos de 1 milhão de espectadores, o apressado *Os heróis trapalhões* só serviu mesmo para o grupo testar e aprovar um novo diretor, José Alvarenga Jr. Até então trabalhando em filmes publicitários e atuando como assistente de J. B. Tanko, o rapaz de 27 anos era filho de um antigo diretor de comédias da Atlântida que já havia trabalhado com Oscarito e, portanto, tinha as chanchadas no DNA. A partir do filme, que assinou ao lado de Wilton Franco, ele seria o responsável pela direção de vários outros projetos cinematográficos dos Trapalhões, o que significa dizer que, ainda em 1988, em dezembro, ele voltaria a lançar um longa-metragem, *O casamento dos Trapalhões*.

O filme traz logo em sua abertura uma cena que reflete a nova pegada do marketing do grupo, com a versão animada – e fofinha – dos Trapalhões em um *product placement* aos dezoito segundos de fita. A propaganda, merecedora de um troféu mundial de aparição mais rápida de comercial, se esse troféu existisse, mostra as caricaturas dos personagens usando a Conguinha dos Trapalhões em várias situações. Durante o filme, é claro, também é possível notar sem muito esforço a aparição de outras marcas que ajudaram a bancar a produção. Logotipos da Pepsi, da Osram, da Viação Gato Preto e de Beto Carrero aparecem aqui ou ali durante a história. Mas nenhuma propaganda superou a da Royal no tempo de intromissão da história e na bizarrice. Numa cena feliz, em que os personagens estão passeando romanticamente com seus pares pela feira de uma festa de rodeio, a namorada do personagem de Marcelo, do Dominó, reclama do calor, e ele, então, propõe que eles comam uma taça de gelatina. Não bastasse a forçada de barra para a entrada do produto, o casal é interrompido enquanto escolhe entre os diversos sabores disponíveis. Sem nenhuma explicação, um boneco do Bocão passa a mão na bunda da namorada de Marcelo! E a cena termina com ela dando um beijo no nariz da mascote.

Além dos integrantes da *boy band*, o filme contou mais uma vez com a participação de Gugu Liberato – a essa altura fazendo grande sucesso com o programa *Sabadão Sertanejo*, no qual pegava carona na gigantesca popularidade de duplas como Zezé Di Camargo e Luciano e Leandro e Leonardo. O roteiro de *O casamento dos Trapalhões*, como de costume, tem seus furos e incoerências. O mais aparente é que, na história, Didi, Dedé, Mussum e Zacarias são irmãos "do mesmo pai e da mesma mãe", mas em nenhum momento é explicado por que eles são tão diferentes. Expedito, o vilão da história interpretado por José de Abreu, também não tem muita razão de ser. Ele vive vagabundeando pela cidade, ouvindo seu walkman, e fica com raiva de Didi apenas por ele ser "caipira". Na cena final, Expedito junta capangas e quase mata os Trapalhões com tiros na cabeça. Apesar de trazer boa parte dos defeitos de sempre, o filme explora mais a ligação de Mussum com o *mé*, mostrando sem preocupação as *beiçadas* do personagem direto nos gargalos das garrafas de cachaça. Cada trapalhão tem uma função em uma fazenda, e o mangueirense cuida de uma "plantação de *mé*", com garrafas de pinga de vários formatos e tamanhos, cuidadas como se fossem animais de estimação. Em uma cena impagável, no ponto mais baixo do arco do roteiro, quando os Trapalhões estão separados de suas namoradas, Mussa choraminga as dores de seu coração solitário dizendo:

— Eu não aguento essa *solidãozis*. Estou *apaixonadis* e estou *solitaris*. Meu Deus! Meu coração está em *chamis*! Meu coração está pegando *foguis*!

Com uma divulgação acertada, ao contrário de *Os heróis trapalhões*, *O casamento dos Trapalhões* foi bem nas bilheterias, arrastando 4.779.027 espectadores aos cinemas – quase o dobro do filme vice-campeão no Brasil, *Super Xuxa contra o baixo astral*, e a melhor marca de um filme do quarteto desde 1982. Foi um desfecho excelente para toda a correria de 1988, um dos anos mais prolixos e lucrativos do grupo, mas também um dos anos mais pesados de trabalho. Renato Aragão passou o período de festas sem poder chegar perto das bebidas alcoólicas e das guloseimas natalinas por causa de uma úlcera estomacal; Dedé andava com problemas em seu casamento; Zacarias havia ganhado muito peso e sentia-se esgotado, cogitando inclusive sua aposentadoria; e até o *tranquilis* Mussum tinha notado uma proliferação de cabelos brancos em sua cabeça. O sucesso cobrava seu preço.

Capítulo 21

Larga meu pé, reumatismo (1989)

"Vejo um buraco negro. Negro e apertadis."

Enquanto colhia os frutos da bem alinhada estratégia de *branding* para a marca dos Trapalhões, o grupo deixou de perceber as mudanças que ocorriam na televisão brasileira naquele final dos anos 1980. A Globo seguia soberana nos índices de audiência, mas a concorrência – interna e externa – acabaria afetando toda a grade de humor da emissora. O episódio inicial desse novo momento foi a ida de Jô Soares para o rival SBT. Após treze anos de sucesso no canal da família Marinho, o comediante cansou de ter protelados seus pedidos para a produção de um talk show. Na casa nova, continuaria a fazer graça no *Veja o Gordo* e teria liberdade para montar seu *Jô Soares Onze e Meia*. A direção da Globo não gostou nada da mudança e inventou a *Tela Quente* no mesmo dia e horário do novo programa humorístico, colocando sempre atrações de grosso calibre para acabar com as chances de sucesso do ex-funcionário. Em noite de exibição de *Veja o Gordo*, por exemplo, a Globo exibia blockbusters do naipe de *Os caçadores da arca Perdida*, recrutando Indiana Jones para destroçar a audiência do novo concorrente.

A partir daí, estava declarada aberta uma temporada de retaliação mútua entre as emissoras. Pelo lado da Globo, Boni convocou Beto Carrero para sondar o apresentador Augusto Liberato a respeito de uma troca de canal. Gugu gostou da ideia e aceitou o convite. Chegou a assinar um contrato e anunciar sua estreia em uma atração ainda sem nome definido nas tardes de sábado. Faltava apenas acertar a situação com Silvio Santos, mas o Homem do Baú não aceitou a decisão e foi pessoalmente até a sala de Roberto Marinho fazer um ultimato. Prestes a realizar uma cirurgia que o deixaria fora por alguns meses, Silvio não teria um substituto para tocar a programação de domingo e seu canal ficaria praticamente à deriva. O poderoso Roberto Marinho respeitou o concorrente e Gugu ganhou um aumento de dez vezes seu salário para ficar na emissora paulista, mas o clima belicoso entre as rivais não ficaria apenas por aí.

Para responder ao assédio da Globo a Gugu, a direção do SBT preparou uma proposta milionária para tirar Dedé, Mussum e Zacarias de *Os Trapalhões*. A ideia era aproveitar os boatos de que o programa dominical do quarteto estava com os dias contados por causa do projeto Novo Humor, uma polêmica iniciativa da direção da Globo para renovar seu elenco e suas atrações da linha de comédia. Após o SBT ser reforçado pelo *A Praça É Nossa*, de Carlos Alberto de Nóbrega, e pelo *Veja o Gordo*, de Jô Soares, Boni ordenou que fosse feita uma cruzada para reunir as mentes mais brilhantes da nova geração do humor nacional. O primeiro resultado dessa iniciativa foi ao ar às terças-feiras com o nome *TV Pirata* – um enorme sucesso de crítica capaz de enciumar até o intocável Chico Anysio.

Com uma edição frenética, piadas com referências refinadas e muito nonsense, a atração apostava em um elenco formado por atores de teatro e em quadros que iam mudando completamente o programa a cada semana. Em comum entre um episódio e outro só a metalinguagem na forma de enxergar uma fórmula para satirizar a televisão dentro da própria televisão. Para os Trapalhões, era como se o fantasma do "padrão Globo de qualidade" voltasse das catacumbas dos anos 1970. A direção da Globo decidiu que os novatos deveriam fazer *brainstormings* e propor novos quadros, personagens e programas para todas as atrações da casa. Com mais de vinte anos na fina arte do pastelão, Dedé, Mussum e Zacarias estavam preocupados. Apesar de todo o sucesso nos cinemas e nos palcos, eles temiam viver na dependência de Renato Aragão.

Sempre pensando em renovar o programa e o elenco dos filmes, para acompanhar as mudanças de gosto do público jovem, o cearense poderia muito bem diminuir o espaço do trio quando chegasse a vez de *Os Trapalhões* serem afetados pelas avançadas ideias dos roteiristas do projeto Novo Humor.

Como essa preocupação não chegou a se justificar, o contrato do SBT foi engavetado. Antes mesmo de qualquer alteração na vida televisiva dos Trapalhões, Chico Anysio lançou uma ofensiva contra a *TV Pirata* que fez a Globo renovar com boa parte dos humoristas da emissora, com direito a vantagens e garantias inexistentes nos contratos anteriores. O acordo foi feito após uma pública lavagem de roupa suja, quando Chico sentiu-se contrariado por não ter seu pedido de ser oficializado como superintendente de humor da Globo aceito. Em diversas entrevistas, o humorista fez ataques diretos aos colegas. "O que eles fazem é uma sátira à televisão e isso eu fazia em 1959. Não acredito que o programa tenha vida longa." E arrematou com a famosa máxima: "Se a minha empregada doméstica não entende a piada, não vai fazer sucesso". Para o criador de Bozó e Alberto Roberto, a redação dos piratas era "fecal" e "elitista demais para a TV", e os diretores novatos formavam uma "panelinha" que excluía atores antigos disponíveis no elenco, muitos deles órfãos da saída de Jô.[38]

A Globo, dessa forma, sentiu que deveria fazer uma transição lenta e gradual de seu quadro de comediantes – muitos deles com carreiras iniciadas ainda no rádio –, introduzindo as ideias dos novatos sem melindrar as estrelas estabelecidas. Até porque, nas medições do Ibope, o *Chico Anysio Show* tinha 62% da audiência de seu horário às quartas-feiras e *Os Trapalhões* seguiam com um *share* superior aos 55% nos domingos. A *TV Pirata* também não ia mal às terças, mas raramente alcançava mais de 45% de média. Eram índices confortáveis se comparados com os menos de 10% de média de *A Praça É Nossa*, os 5% de *Veja o Gordo* e os constantes traços obtidos por Agildo Ribeiro na Bandeirantes. O processo de renovação engatou uma marcha lenta, e isso era melhor para os Trapalhões.

---

38. *O Globo*, 20/03/1989.

No meio dessa briga, Renato Aragão posicionou-se de forma diplomática, sem comprar briga com nenhuma das duas alas. Por um lado, continuava aceitando a supervisão e os conselhos de Chico Anysio; por outro, alugava os estúdios da R.A. Produções para as gravações dos primeiros programas da "jovem guarda do humor", como *TV Pirata* e *Doris para Maiores*. Deixou as portas abertas para as sugestões da turma dos recém-contratados da *Casseta Popular*, mas, por outro lado, emplacou como novo diretor do programa o veteraníssimo Wilton Franco, também conhecido como "o inventor dos Trapalhões". Dessa mescla, saiu a ideia de apresentar *Os Trapalhões* ao vivo do Teatro Fênix. Soava moderno e dinâmico, mas, na verdade, era exatamente o que os humoristas faziam nos anos 1960, antes do advento do videotape. Franco era o cara certo para o projeto e as trapalhadas entraram, após anos de mesmice, verdadeiramente em uma fase diferente. Didi, Dedé, Mussum e Zacarias ocupavam no palco vestindo seus uniformes de show e brincavam com a plateia e com os músicos convidados o tempo todo. O improviso reinava e quem vacilasse acabava tomando ovadas ou tortadas na cara, mesmo que o texto não indicasse isso. Roberto Guilherme e Tião Macalé eram as principais vítimas. Para delírio do público e dos próprios Trapalhões, o nojento, sempre meio desligado, era colocado em caixas e jogado do cenário ou tomava saraivadas de bolos de creme e banhos de água fria. Ainda eram exibidas enquetes entre um bloco e outro, mas elas serviam mais para não desgastar as piadas de picadeiro, dando variedade aos blocos. Com o novo formato velho, as gargalhadas das crianças na plateia davam provas de que o humor dos Trapalhões não precisava mudar tanto assim para emplacar nos anos 1990.

Nos negócios, após a turbulência causada pelos problemas da DeMuZa, Dedé, Mussum e Zacarias atravessavam uma nova fase de bonança. Montaram a ZDM Produções Artísticas Ltda. e fugiram dos erros anteriores. Dividiam em 50% a participação nos lucros dos produtos dos Trapalhões e, em apenas um ano, arrecadaram o equivalente a 3 milhões de dólares. Com a ajuda de Renato Aragão, estruturaram uma empresa focada nos shows e acompanharam os licenciamentos e projetos cinematográficos sem interferir muito. Em menos de dois anos, Mussum conseguiu recuperar-se financeiramente e voltou a comprar uma belíssima casa de praia e novas lanchas para passear por Angra dos Reis. Dessa vez na parte continental da cidade, na região da Gamboa, a propriedade tinha uma arquitetura moderna, com uma corrente d'água passando por um espaço vazado no meio da sala de estar. Suas lanchas recém-compradas, e novamente batizadas de Neila, eram uma Cigarrete de 42 pés, pintada com detalhes em verde e rosa, e uma Carbrasmar de 26 pés do tipo cabinada. Por lá, assistia aos filhos brincarem de jet ski, dava passeios de lancha e fazia almoços, preparando ele mesmo camarão na moranga e distribuindo bourbon Jack Daniel's aos amigos como se fosse Pitú. A Brahma gelada rolava solta, mas também adorava uma Malzbier e curtia degustar cervejas importadas, como a japonesa Sapporo e a *lager* holandesa Grolsch, famosa pelas garrafas verdes vedadas por uma tampa de porcelana. O gosto por cachimbos e charutos não era menos sofisticado. Após o jantar, bebia um cálice pequeno de licor francês Mandarine Napoléon, feito à base de conhaque e laranjas, e abria seu estojo de madeira climatizado para escolher entre cubanos Cohiba, suíços Davidoff e baianos Dona Flor.

Preservando as amizades dos tempos de Aeronáutica, Mussum tinha acesso fácil a produtos importados que não eram vendidos oficialmente no Brasil. Muitos dos ex-colegas haviam se tornado pilotos comerciais e traziam as encomendas para o mangueirense "dentro da cabine". Assim, Mussum formou sua coleção de camisas polo da grife Lacoste, preenchendo o guarda-roupa com as peças separadas por cor, indo da branca até a preta, passando por mais de uma dezena de cores, entre estampas lisas e listradas. Outros mimos eram os pacotes de bolacha recheada Oreo e as garrafas de 4,5 litros de uísque Grants, que vinham com uma pequena gangorra para poderem ser servidas.

Sobrava até dinheiro para poder ajudar as crianças de Mangueira, por meio de projetos sociais, como o Mangueira do Amanhã, o Criança Esperança e o Programa Nacional de Prevenção de Cárie Dental (Precad). O sambista trapalhão foi escolhido pelo Ministério da Saúde para estrelar uma ampla campanha com o mote "Falta de dente não tem graça" e, em vez de cobrar cachê, pediu ao governo que fosse montado um consultório odontológico completo no Morro da Mangueira. O acordo foi feito e o sorriso da molecada ganhou um necessário reforço. Foram distribuídas 5 milhões de cartilhas educativas sobre higiene bucal com o intuito de tirar o Brasil da última posição do ranking mundial de crianças com dentes cariados. O único problema foi acertar o texto do comercial. No lugar de falar "dente cariado não tem graça nenhuma", Mussum esquecia a seriedade do recado e soltava um "*nenhumis*" no final.

Em 1989, o ritmo de produção seguia forte. O quarteto filmou *A princesa Xuxa e os Trapalhões*, a ser lançado em junho, e *Os Trapalhões na Terra dos Monstros*, com estreia marcada para dezembro. Já em janeiro de 1990, experimentariam a produção de um filme híbrido, com os Trapalhões fazendo participações especiais em poucas cenas enquanto um elenco de jovens, como Supla, Angélica, Selton Mello, Maria Mariana e Leonardo Bricio, protagonizaria a história. Uma correria só possível por causa da excelente estrutura da R.A. Produções. No lugar de viajar e gastar tempo e dinheiro em locações, era possível dar conta de praticamente qualquer roteiro usando os estúdios e trucagens da produtora. Palácios alienígenas ou cavernas secretas eram produzidos com detalhamento pelos cenógrafos, e os equipamentos modernos de iluminação e edição davam conta do resto.

Roteiros, trilhas sonoras e casting seguiam a mesma lógica. De forma intercalada, eram convocadas personalidades populares, como Xuxa, Gugu e Angélica, por meio dos contatos de Beto Carrero. Até eventuais renegociações com as distribuidoras, como a que fez os Trapalhões romperem com a Embrafilme para fechar com a Columbia, eram assunto que Renato Aragão, ajudado por seus filhos, acabava resolvendo rapidamente. Em menos de um semestre um novo filme estava pronto para ser exibido em condições de encarar de igual para igual blockbusters como *Batman*, de Tim Burton, *De volta para o futuro: parte 2*, *Os caça-fantasmas II* e *O segredo do abismo*.

O problema era que em menos de dois meses começava tudo de novo. Em uma entrevista ao *Vídeo Show*, Mussum mostrou que ainda tinha disposição para encarar a maratona de gravações e shows, e até brincou com o fato de os colegas de idade mais avançada reclamarem da agenda lotada de compromissos. Em uma matéria sobre os bastidores do programa, ele disse, sorrindo:

— Pelas estatísticas, eu sou o cômico mais novo do Brasil. O resto é tudo ferro velho! Tudo caco de telha! Paulo Silvino, Jô, tio Chico, Arága, Zacarias, Dedé Santana...

O levantamento de Mussum, mesmo sendo uma brincadeira, tinha sua parcela de verdade. Mauro Faccio Gonçalves, o Zacarias, era o artista mais velho do elenco e quem mais sofria com essa rotina. Para encarar o cotidiano puxado, Renato, aos 53 anos, fazia exercícios com regularidade, jogava futebol de campo três vezes por semana, não comia carne vermelha e, para dar um tapa no visual, havia até feito um implante de cabelo. Dedé Santana, também com 53 anos, mas bem menos disciplinado à mesa, apelou mais de uma vez para cirurgias plásticas. O próprio Mumu da Mangueira, nem tão mais jovem assim, com 48 anos, já precisava apelar para a tintura para esconder os cabelos brancos e forçava-se, em vão, a fazer regimes à base de chás de ervas e frango grelhado para enxugar sua enorme barriga.

O problema de Maurinho, já com 55 anos, não era tão fácil de resolver. Ele não queria mais saber de tanta agitação, trocou em definitivo sua cobertura em Copacabana pela tranquilidade da casa em Jacarepaguá, cuidando de suas plantas e tocando as atividades do Centro Espírita Casa de Oxalá, sediado em seu próprio quintal. Segundo amigos próximos, Maurinho recebia o espírito de uma preta velha que o orientava a fazer caridade por meio de uma farmácia de produtos da flora medicinal. Extremamente religioso, o mineiro acatava as indicações da entidade e dedicava-se cada vez mais ao preparo e cultivo das plantas.

Nas viagens pelo Brasil com o show dos Trapalhões, ensinava a Mussum os benefícios de cada planta e acabou influenciando o amigo a criar uma horta e um jardim variado em sua casa também. Após cada viagem, ambos voltavam trazendo mudas de samambaias, coqueiros, cajueiros, laranjeiras e outras sementes típicas das regiões visitadas. Iam de Ibitinga a Cuiabá, de Ipirá a Cabo Frio, sempre trazendo alguma novidade para plantar. Em uma dessas idas e vindas, o mangueirense até apareceu cheio de xodó com um filhote de pastor-alemão vindo de Minas Gerais. Batizou o cachorro de Kimber e dizia que ele era fruto do cruzamento de uma cadela com um lobo. Mussum curtia a natureza e suas plantinhas, mas jamais deixou de receber seus amigos e fazer seus pagodes. Já Mauro vivia em um isolamento cada vez maior e sentia-se frequentemente cansado e perseguido por energias ruins.

Quando se consultou com uma taróloga, as cartas apontaram seu momento por meio da figura do eremita, arcano que indica, de acordo com a crença dos especialistas, um período de afastamento e busca do autoconhecimento. O cômico também procurou os conselhos de uma numeróloga, que indicou que seu problema era causado pelas pessoas invejosas que o cercavam. A solução, sabe-se lá por qual motivo, seria mudar seu nome artístico para Zacarias. Conselho que foi seguido à risca, como se pode ver nos créditos dos filmes *O casamento dos Trapalhões*, *A Princesa Xuxa e os Trapalhões*, *Os Trapalhões na Terra dos Monstros* e *Uma escola atrapalhada*, seus quatro últimos trabalhos no cinema.

Nos bastidores, havia um comentário de que, de tão cansado, Mauro abandonaria a trupe para dedicar-se a trabalhos menores e mais esporádicos no teatro, partindo em carreira solo. O fato é que, mesmo vivendo um momento delicado, ele continuou seguindo à risca todos os compromissos da lotada agenda dos Trapalhões. Trabalhou sem parar durante todo o ano de 1989, até 23 de dezembro, quando fez um show ao lado dos colegas em São Luís, no Maranhão. A partir daí, os acontecimentos seguem-se em uma sucessão de desmentidos do artista em relação a notas sobre sua vida pessoal divulgadas por parte da imprensa especializada em fofocas. Em colunas dedicadas aos fuxicos dos famosos, começou a circular a notícia de que Zacarias era mais um artista a contrair HIV. Após as declarações públicas do cantor Cazuza sobre a doença e do diagnóstico positivo do ator Carlos Augusto Strazzer, havia uma espécie de necessidade de descobrir qual seria a próxima celebridade a ser contaminada pelo vírus.

Solteiro e sem aparecer com nenhuma mulher após separar-se de Selma Lopes – dubladora que mais tarde ficaria conhecida por ser a voz oficial de Whoopi Goldberg e de Marge Simpson na TV brasileira –, Mauro era extremamente discreto sobre seus hábitos e não costumava visitar nem ser visitado pelos colegas de *Os Trapalhões*. Dizia que passava tempo demais com o pessoal e que a amizade deveria ser como o mel:

sorvida e deliciada aos poucos. Esse comportamento incentivava comentários sobre sua possível homossexualidade, e cada especulação maldosa gerava muito interesse do público. Na preconceituosa sociedade brasileira do final dos anos 1980, seria mesmo um escândalo descobrir que um artista que lidava com crianças era homossexual.

Nunca houve, porém, uma confirmação de alguém próximo ou do próprio Mauro sobre o assunto. Nas suas férias entre a temporada de 1989 e 1990, o ti-ti-ti surgiu com uma força nunca antes vista. Zacarias apareceu nas filmagens de *Uma escola atrapalhada* em janeiro aparentando ter perdido muito peso. Segundo o comediante, ele havia se submetido a uma dieta de base macrobiótica restrita a grãos, legumes e hortaliças plantados por ele mesmo. Em menos de sessenta dias, teria perdido mais de dez quilos. A aparição gerou uma explosão de comentários nos bastidores e o espanto foi multiplicado pela imprensa sensacionalista. O jornal *Notícias Populares* e a revista *Amiga*, entre outras publicações, passaram a mencionar o nome do comediante sempre que havia uma notícia relacionada a artistas com HIV e isso o magoou profundamente. Após gravar sua curta participação no filme dos Trapalhões, que seria lançado apenas em junho, decidiu cortar relações com a imprensa e negou-se a dar entrevistas.

Foi criado um cerco em volta de sua casa em Jacarepaguá e seu telefone tocava insistentemente. Sentindo-se acuado, resolveu passar o mês de fevereiro na casa de um amigo em Maricá, a sessenta quilômetros do Rio. De acordo com relatos dos parentes, Mauro reconheceu que havia exagerado no regime e passou a se alimentar normalmente para recuperar peso. Nesse ínterim, porém, havia sido acometido por um resfriado forte e não conseguia melhorar.

A situação foi se agravando e, de volta à sua casa em Jacarepaguá, o mineiro só recebia as visitas de sua empregada doméstica, que limpava a casa e preparava comida sem vê-lo. Mauro ficava trancado em um quarto, ouvindo música clássica e repousando. Preocupados com a situação, os colegas trapalhões tentaram fazer contato, mas não foram atendidos.

Já começava março e seriam iniciadas as gravações da nova temporada de *Os Trapalhões*. Em mais uma mudança de formato, o programa voltaria a ser gravado em estúdio e teria uma divisão clara, em um bloco com esquetes e outro com uma história completa sempre passada dentro do Trapa Hotel. Cada trapalhão ocuparia um posto fixo, atuando como um dos funcionários do hotel: Roberto Guilherme (gerente), Didi (auxiliar administrativo), Dedé (personal trainer), Mussum (segurança), Zacarias (maître), Divino (cozinheiro), Tião Macalé (mensageiro) e Duda Little (criança chatinha). A intenção de criar um programa dentro do programa era atender melhor à demanda internacional da Globo, que já exportava sua programação para outros países, mas tinha dificuldade em incluir *Os Trapalhões* no pacote porque a atração não seguia uma ordem serializada, como as novelas, e trazia em sua versão ao vivo muitas piadas entendidas apenas pelos brasileiros.

Às vésperas do início das gravações, no dia 8, Mauro enviou uma carta aberta comunicando seu afastamento do grupo. Dizia estar muito triste com as especulações sobre a sua saúde e pedia um tempo para acalmar os nervos. Solicitou licença de um mês, disse ter demorado demais para consultar um médico – no caso, o amigo e vizinho dr. Manuel Dutra Nunes – e por isso descobrira ter uma anemia profunda que não o deixava se curar de uma pneumonia.

A notícia assustou ainda mais os amigos e municiou a imprensa para uma interminável série de insinuações. A maioria das reportagens dava conta de que Zacarias havia perdido vinte quilos, enquanto os relatos oficiais da assessoria de imprensa diziam que, de 62 quilos, o humorista estava pesando 50. Mas não houve tempo para descobrir o que realmente estava acontecendo ou quem estava dizendo a verdade. Três dias após o pedido de dispensa, Maurinho dava entrada na unidade intermediária de tratamento da Clínica São Vicente, com sérios problemas respiratórios. De acordo com os médicos, ele apresentava um quadro reversível e seria tratado para voltar às suas atividades normais em um curto espaço de tempo. Dona Virgínia, a mãe de Mauro, viajou de Sete Lagoas para o Rio de Janeiro e foi uma das poucas pessoas a visitá-lo no quarto especial onde só era possível entrar vestindo avental e máscara.

No sábado, 17 de março, o estado do comediante se agravou e ele ficou inconsciente. No domingo, justo no domingo, o dia em que fazia tanta gente sorrir, morreu às 11h25, tendo apontadas como causas da morte "insuficiência respiratória e síndrome de angústia respiratória do adulto em consequência de infecção pulmonar". Assim que soube da notícia, às treze horas, Renato Aragão foi até a Clínica São Vicente para despedir-se do amigo. Minutos depois, Dedé Santana fez o mesmo. Mussum, que estava passeando de lancha em Angra, foi encontrado apenas no final da tarde e, com lágrimas escorrendo pelo rosto, correu para o Rio de Janeiro. O dr. Roberto Luzes, responsável pelo laudo, foi perguntado sobre a presença do vírus HIV e respondeu que "não conseguiu detectar o agente etiológico da infecção". A declaração de nada adiantou, pois o jornal *Notícias Populares* do dia seguinte saiu com a manchete principal cravando: "AIDS Mata Trapalhão". A *Folha de S.Paulo*, por usa vez noticiou o falecimento de uma maneira que apenas insinuava o contágio do HIV. Sem afirmar ou negar o fato, apenas foi publicado que a família do humorista pedia para que não fosse espalhado o boato sobre a morte em decorrência de aids. A conduta foi até condenada pelo ombudsman da publicação, mas o estrago já estava feito.[39]

A polêmica em torno do verdadeiro motivo da morte do comediante não fez com que o carinho do público em relação a Zacarias sofresse qualquer alteração. Pelo contrário, a popularidade do grupo era tamanha que foi preciso um esquema especial para o melancólico retorno do filho mais famoso de Sete Lagoas. Seguindo instruções feitas em seus últimos dias, o corpo de Mauro foi embalsamado e enviado para a sua cidade natal, na área metropolitana de Belo Horizonte, onde seria velado e sepultado. A Globo providenciou dois jatos particulares para levar o caixão e transportar os outros três trapalhões até a cerimônia, a ser realizada no Sete Lagoas Tênis Clube.

Antes mesmo da chegada dos aviões, a cidade entrou em um estado de agitação nunca visto. A polícia militar foi chamada para dispersar uma multidão formada em frente do principal hotel da cidade, o Lagoa Palace. A turba acreditava que Xuxa, Angélica, os Trapalhões e outros artistas famosos estavam hospedados ali e queriam tirar fotos e pedir autógrafos, incomodando os hóspedes. Qualquer sombra perto de uma janela gerava

---

39. *Folha de S.Paulo*, 20/03/1990.

uma tremenda gritaria. Quando, de fato, chegaram a Minas Gerais de madrugada, os três humoristas seguiram direto para o velório no ginásio do Sete Lagoas Tênis Clube, local que precisou ser isolado pela polícia para organizar a entrada de amigos, parentes, jornalistas e autoridades antes de ser aberto para o público geral. Mesmo com o isolamento, o assédio a Renato, Dedé e Mussum era enorme e começou a irritar. Mussum ficou visivelmente contrariado ao perceber que se formavam duas filas, uma de gente se despedindo de Mauro e outra, maior, com pessoas querendo ver os artistas da TV de perto. Nesse momento, cercado por jornalistas, declarou em tom de desabafo:

— O preço de ser palhaço é não poder estar triste. Ninguém entende.[40]

Se ali dentro a situação já era preocupante, sair às ruas junto do caminhão do Corpo de Bombeiros que faria o cortejo fúnebre causaria ainda mais tumulto. Foi decidido entre Renato e Mussum que o adeus ao mineirinho seria feito ali mesmo, e não no sepultamento no Cemitério Santa Helena, distante cerca de três quilômetros. Dedé não aceitou a ideia, agarrou-se ao caixão e, chorando, disse que não abandonaria o amigo. Como as portas do ginásio estavam prestes a serem abertas para a população, o trapalhão precisou ser removido por seguranças e colocado à força no carro que o levaria de volta ao aeroporto. Uma decisão que se mostrou dura, porém necessária. O velório, o cortejo e o enterro de Zacarias envolveram mais de 30 mil pessoas, e no cemitério havia gente pulando muros e quebrando cercas para chegar mais perto do ídolo. Por pouco não ocorreram acidentes, e a mãe de Mauro, não aguentando de tanta emoção, passou mal, sendo retirada do local nos braços de seus filhos. O capítulo final da formação clássica dos Trapalhões era escrito da forma mais dramática possível, transformando o futuro do grupo em uma incógnita.

Na volta ao Rio de Janeiro, com toda a equipe e o elenco de luto, foi marcada uma reunião para decidir o que seria feito do programa. De início, ficou decidido que a temporada de 1990 do humorístico deveria continuar. As demonstrações de carinho que chegavam de todas as partes mostravam a importância do quarteto para o público brasileiro e, em

---

40. *O Globo*, 20/03/1990.

especial, para as crianças. Seguir fazendo comédia era uma obrigação, mesmo naquele momento de tristeza. O papel de maître do Trapa Hotel, no entanto, não seria assumido por um substituto. Em memória de Mauro, o personagem seria engavetado, com as participações de Jorge Lafond, interpretando o farfalhante cozinheiro Divino, tapando os buracos do roteiro. A estreia de *Os Trapalhões* foi adiada para 1º de abril e o show continuou, mas não sem sequelas.

O primeiro programa da temporada começou com homenagens emocionadas e uma seleção de quadros com o humorista mineiro. Quem assistiu ficou com muito mais vontade de chorar do que de rir do primeiro episódio do Trapa Hotel, mostrando a contratação de Didi, Dedé e Mussum para trabalhar no impressionante cenário de dois andares, com elevador panorâmico e portas giratórias. O início da atração era aberto por um texto de Chico Anysio e depois seguia-se uma montagem com os Trapalhões restantes sentados em um sofá, dialogando com cenas antigas de Zacarias. Foi uma maneira de dar uma satisfação ao público, dizendo que o grupo iria continuar sem um substituto. "Enquanto estivermos vivos, seremos quatro trapalhões", disse um emocionado Renato Aragão. A promessa de não promover um novo ator ao posto de quarto integrante da trupe foi cumprida, mas parecia sempre que alguém estava faltando quando eram exibidas as paródias musicais e as sátiras às novelas da época.

O buraco era apenas parcialmente coberto pelo aumento das participações dos personagens de Roberto Guilherme, Tião Macalé, Andréia Sorvetão, Duda Little, Conrado e até pelo dublê Baiaco nas tramas. Logo se percebeu que Zacarias seria insubstituível e os quadros começaram a abandonar as velhas formas para serem reinventados. Muitas vezes Didi aparecia sozinho, enquanto Dedé e Mussum interagiam entre si, mas raramente apareciam os três juntos, destacados do elenco. Didi era o centro de praticamente todas as histórias, tendo o restante do elenco gravitando como coadjuvantes. Isso quando não fazia aparições solo com os personagens Aparício, Ananias e o Velho. Ao longo do ano, porém, os quadros foram criando seu ritmo próprio e o programa passou a girar cada vez menos em torno do trio. Até a abertura do programa mostrava apenas uma animação com letras coloridas, sem nenhuma imagem dos palhaços.

A recepção da audiência foi morna, sem grandes picos na medição do Ibope, e forçou a produção a apelar para uma forçada associação entre o programa e a mania da lambada, difundida pelos sucessos do grupo Kaoma e de Sidney Magal. Invariavelmente, os personagens apareciam dançando o ritmo nortista e rolavam até algumas tomadas focadas nas pernas e nas bundas das dançarinas com a intenção de chamar a atenção do público adulto. Outra alternativa foi pegar carona no enorme sucesso da novela *Pantanal*, da Rede Manchete. Em um quadro chamado "Espantanal", que tinha em sua introdução a canção-tema da novela original por cima de cenas de lixões e córregos poluídos, os três trapalhões faziam uma sátira aos principais personagens do folhetim. Dedé interpretava o patriarca José Leôncio, caracterizado com bigodão branco à la Cláudio Marzo; Didi fazia sua versão do ingênuo fotógrafo Jove, incluindo seus bordões e tiradas; e Mussum fazia uma hilária Juma Marruá, a personagem vivida pela musa da época, Cristiana Oliveira. Na trama original, quando a rústica pantaneira ficava furiosa ou acuada, transformava-se em onça pintada para afugentar seus inimigos. Na sátira trapalhônica, as piadas giravam em torno de a nova Juma (Mussum) se transformar em orangotango ou ser uma onça toda pintada de preto. A década era nova, mas o racismo era o mesmo de sempre. Apesar de todos esses esforços e mudanças, ficava aparente que a melhor fase dos Trapalhões na TV já havia passado.

Fora da televisão, os anos 1990 começavam de uma maneira igualmente preocupante. Primeiro presidente eleito pelo povo em 29 anos, Fernando Collor de Mello começou seu governo com reformas radicais em vários setores ao mesmo tempo. Seu Plano Brasil Novo, popularmente chamado de Plano Collor, tinha como meta modernizar o país e segurar a inflação. Para tanto, mudou o nome e o valor da moeda brasileira, de novo chamada de cruzeiro, congelou preços e salários, reorganizou ministérios e secretarias para diminuir os gastos públicos, começou uma onda de privatizações e, no intuito de conter a inflação, bloqueou contas-correntes e poupanças no prazo de dezoito meses. Um pacotão de mudanças inicialmente considerado corajoso e modernizante, mas que logo se mostraria catastrófico.

Em março de 1990, qualquer brasileiro era limitado a fazer saques em contas-correntes e cadernetas de poupança no valor máximo de 50 mil cruzeiros. Quem tivesse mais dinheiro, teria a grana confiscada e devolvida após um ano e meio, em doze parcelas mensais. Pior, no ato da retirada, seria preciso pagar uma taxa novinha, o Imposto sobre Operações Financeiras (IOF), de 8%. O governo Collor justificou essa medida dizendo que atingiria apenas 10% dos brasileiros, os mais ricos, mas na prática muito mais gente foi afetada, sobretudo idosos que guardavam as economias de uma vida toda para enfim poder se aposentar.

Na busca por diminuir os gastos do governo com as estatais e seus marajás, apelido dado por Collor aos funcionários públicos com altos cargos, altos salários e pouca produtividade, o novo presidente, de uma só vez, usou seu Programa Nacional de Desestatização (PND) para acabar com todos os órgãos apoiadores do cinema brasileiro. Em apenas uma paulada, do dia para a noite, fechou a produtora e distribuidora Embrafilme, o Conselho Nacional de Cinema (Concine) e a Fundação do Cinema Brasileiro, transformou o Ministério da Cultura em Secretaria da Cultura e caçou as leis de incentivo à produção, de regulamentação do mercado interno e até mesmo os órgãos encarregados de produzir estatísticas sobre a audiência. Foi um duro golpe que pegou os cineastas brasileiros de calças curtas e acabou por tornar a realização de filmes no Brasil quase impossível. E só é possível dizer quase porque a R.A. Produções era uma solitária exceção, capaz de lançar um filme na rua sem ajuda do governo.

Ao lado de Xuxa Meneghel, a essa altura a artista mais popular do Brasil, Renato, Dedé e Mussum gravaram *Os Trapalhões: o mistério de Robin Hood* e ainda conseguiram levar mais de 1 milhão de espectadores às americanizadas salas de cinema do Brasil. Com uma história sem qualquer novidade, além da ausência de Zacarias, o trio de trapalhões encarnava, mais uma vez, vagabundos de bom coração, com ligações com o circo e uma inquebrantável vontade de ajudar as criancinhas. O resultado da nova obra dirigida por José Alvarenga Jr. nas bilheterias, se não era um recorde, dava sinais de que era possível atravessar o momento sombrio do cinema nacional, e, para o segundo semestre de 1991, começou a ser rodado *Os Trapalhões e a árvore da juventude*.

Novamente, o roteiro reaproveitou a mais recente preocupação social da classe média, no caso o desmatamento das florestas, e usou a participação de uma das celebridades mais populares do momento, desta vez a musa Cristiana Oliveira, a original, sem paródias. Deu certo de novo, com 1,1 milhão de pessoas nas salas, mas, tanto em um filme quanto no outro, a rotina de gravações e a atuação dos Trapalhões foram bastante reduzidas em relação aos longas antigos. Em *Os Trapalhões – O mistério de Robin Hood*, Xuxa fica com o protagonismo em boa parte das cenas e, em *Os Trapalhões e a árvore da juventude*, Didi, Dedé e Mussum são convenientemente interpretados ora por um trio de atores mirins, ora pelos atores Carlos Loffler, Eduardo Monteiro e Lui Mendes em versões dos palhaços rejuvenescidos. Antes, o quarteto, em especial Renato Aragão, inventava novos desafios a serem superados a cada ano. Agora, a grande missão era continuar respirando e mostrar que o trabalho no cinema ainda era viável.

Renato estava muito mais envolvido com os projetos sociais do Criança Esperança, Dedé estava com seu casamento por um fio e Mussum andava mais preocupado com o carnaval e com o Flamengo do que com a extinção da Embrafilme. As viagens com os shows dos Trapalhões haviam diminuído consideravelmente por causa da recessão econômica do país, e uma bem-vinda fase de calmaria parecia começar. Nessa fase mais caseira, o mangueirense não trocava os fins de semana em Jacarepaguá por nada. Ao lado de seus familiares e dos amigos mais próximos, armava churrascadas em volta da piscina para depois degustar, como se fosse uma apetitosa sobremesa, as jogadas do timaço rubro-negro comandado pelo vovô-garoto Júnior, com Gilmar, Zinho, Gaúcho, Júnior Baiano, Marcelinho e Djalminha jogando muito. Bater no Vasco, o rival preferido por causa das brincadeiras com Renato Aragão, virou rotina. Entre 1990 e 1991, o Flamengo venceu os clássicos cinco vezes seguidas e reverteu o lado do recorde histórico que até pouco tempo favorecia os vascaínos.

Ficar mais tempo em casa, no caso de Mussum, não significava gastar tempo sem fazer nada, apenas vendo televisão. Junto de seu filho mais velho, Mussum fundou um bloco carnavalesco no bairro, o

Bloco das Piranhas, e, convocando os vizinhos daqui e dali, viu a brincadeira ficar cada vez maior. Após um início despretensioso, com cerca de cinquenta integrantes, em sua maioria moradores do Condomínio Eldorado com seus familiares, o cordão cresceu para ser uma tradição do bairro e tinha até patrocínio oficial da Brahma. A dedicação do humorista era tanta que ele até se arriscou em uma composição para exaltar as Piranhas, assinando ao lado do vizinho Francisco Salles o samba "Brota Belo, Bloco Bicha". A letra, além do trava-língua, era uma explicação do roteiro percorrido pela agremiação nas ruas do bairro: "Do Eldorado ele sai/ Na Bananal ele aumenta/ Na Três Rio ele encanta/ Na Freguesia, arrebenta/ No Modelo, ele explode/ Não há briga nem rixa/ Brota belo, bloco bravo/ Brilha belo e brocha bicha". Depois entrava o refrão, no melhor estilo tradicional de marchinha: "Em Jacarepaguá, sei que 'cê vai gostar/ Em Jacarepaguá, sei que 'cê vai gostar/ O bloco das piranhas outra vez vai sair/ A multidão na rua para se divertir/ Cantando o bê-a-bá com satisfação/ Mexendo com as cadeiras e com o coração". A música acabou sendo gravada ao lado dos parceiros Noca da Portela e José Serrão, aparecendo no disco *Brasilidade*. No álbum, Mussum ainda dá uma canja como intérprete e palhaço na faixa "Cabeça de porco", uma regressão aos seus dias de morador de cortiço na São Francisco Xavier feita com muito bom humor. Afinal, apesar da crise no país, Mussum não tinha lá muitos motivos para reclamar da vida, como mostrava uma piada presente em *Os Trapalhões e a árvore da juventude*, quando o comediante era interrogado pela personagem de Duda Little, uma garota superdotada (e chata), a respeito de seus conhecimentos sobre hinduísmo.

— E você, negão, sabe quem foi Vishnu?

— Primeiro, "negão" é seu *passadis*! Segundo, eu nunca fui apresentado a essa pessoa nem quero *intimidadis*!

— Você é muito burro! Vishnu é um membro da sagrada trindade hindu, que incluía ainda Brahma e Shiva!

— É... Brahma eu ainda tenho uma intimidade, né? Mas o Chivas... como tá caro, *cacildis*!

Capítulo 22
Dia de muito é véspera de pouco (1991)

"Não quero saber do preço da manteiguis, eu quero é comer com gordura."

Acumular as funções de diretor de harmonia da ala das baianas, professor do projeto Mangueira do Amanhã, presidente do Bloco das Piranhas, palhaço de circo, ator de televisão e estrela de cinema era, para os padrões de Mussum, uma fase de tranquilidade. Afinal, não precisava se dedicar a dois empregos para pagar suas contas, como nos tempos em que se dividia entre o quartel e os shows de Carlos Machado ou na fase em que tocava com Os Originais do Samba e gravava *Os Trapalhões* por longas horas toda semana. Bem pago pela Globo e com uma agenda intensa, mas sem loucuras, Mussum podia dedicar-se à música de uma forma diferente, simplesmente como fã e entusiasta, sem pressões de vendas e turnês.

Na vitrola, além de muitos discos de samba trazidos pelos amigos, a preferência de Mussum era por ritmos com percussão bem marcada e criativa, como o jazz, o soul e a música latino-americana. Entre os mais tocados estavam Tito Puente, Pérez Prado e conjuntos de música tradicional cubana e porto-riquenha. Durante suas viagens como integrante dos Originais e dos Trapalhões, Mussum criou uma invejável coleção de discos importados, todos bem organizados e tratados com o máximo de carinho. Em sua sessão de artistas negros americanos, os maiores xodós eram os álbuns instrumentais de George Benson, do hit "I Give You

The Night", e discografias completas de Sarah Vaughan, Ella Fitzgerald e Ray Charles. Entre um charuto e outro, também gostava de intercalar os álbuns de seus dois cantores preferidos, Frank Sinatra e Tony Bennett, dando leve preferência para o segundo.

Não faltava música brasileira entre as bolachas. Embora gostasse das cantoras da MPB e seguisse sendo grande fã da cantora Márcia, com quem fez seu primeiro disco e participou de festivais e de diversas gravações ao longo das décadas, as vozes masculinas ecoavam com mais frequência pela casa de Jacarepaguá. Rolava desde os tradicionais sambas-canção de Ataulfo Alves até os maliciosos forrós do barrigudo Genival Lacerda, passando por Luiz Gonzaga, Vinicius de Moraes, Chico Buarque e muitos outros. Vale ainda mencionar que a maioria dos LPs vinha com autógrafos e dedicatórias dos artistas, pois era comum, semana após semana, a gravação de participações especiais dos cantores mais populares do Brasil em *Os Trapalhões*.

E, para completar o lance, Mussum começou uma coleção de LaserDiscs, o pioneiro formato de vídeo digital que precedeu os DVDs. Entre os LDs preferidos de Mumu, estavam shows de Mc Hammer, Chaka Khan, Dire Straits e até o clássico do rock progressivo "Another Brick in the Wall", do Pink Floyd.

Toda essa sofisticação e variedade no gosto musical de Mussum não passavam nem perto de serem refletidas nos discos gravados pelos Trapalhões. Sempre destinados ao público infantil e feitos às pressas, os álbuns serviam como peças de promoção dos filmes e vice-versa. Geralmente eram incluídas faixas com pequena participação dos integrantes do grupo e sobras de trilhas sonoras cobertas por um uso excessivo de sentimentalismo e corais infantis. Mesmo assim, os LPs e K7s vendiam bem – porque quase tudo que viesse com a marca do grupo venderia bem mesmo. Uma surpreendente exceção a essa rotina, iniciada ainda na fase da TV Tupi, é *Amigos do peito*, de 1991. Feito para comemorar os 25 anos do grupo, o disco trouxe grande parte dos defeitos encontrados em seus antecessores, mas, propositalmente ou não, serviu como registro histórico do momento de transição vivido pelos três trapalhões.

Novamente Michael Sullivan e Paulo Massadas assinaram a maioria das faixas, dessa vez com nove das doze músicas gravadas. Uma predominância que não se deve apenas à fase iluminada da dupla, autora de uma longa lista de sucessos populares tanto na MPB quanto nos discos infantis, mas sim a uma tentativa de os Trapalhões pularem no barco de um tipo de humor mais ácido, mais crítico, mais escrachado e mais adulto, o humor que consagrava Fausto Silva como o maior fenômeno da televisão do começo dos anos 1990. Para entender a ponte entre uma coisa e outra, basta dizer que a canção-tema do *Domingão do Faustão* saiu da fábrica de hits de Sullivan e Massadas. Com versos como "Eu sou do tempo que sapato grande era sapatão/ E que galinha era comida só de domingão/ Do tempo que a vaca era a mulher do boi/ Um dia foi!" e "Sou do tempo que sentar numa boneca era só quebrar um brinquedo", a música ajudou a empurrar Faustão, em menos de um ano, ao posto de estrela da Rede Globo. Após estrear em 1989, Fausto Silva derrotou Silvio Santos na audiência e a crescente popularidade de seus bordões e piadas foi usada para criar produtos caça-níquel, como discos, revistas e um filme de longa-metragem, a comédia *Inspetor Faustão e o Mallandro: a missão (primeira e única)*. Em 1991, era comum considerá-lo como sucessor de Chacrinha e sinônimo de modernidade na TV por causa de seu desembaraço para falar de sexo no meio das tardes de domingo, da espontaneidade para fazer piada com a própria emissora e da boa relação com os anunciantes. Seria essa a receita para a renovação de *Os Trapalhões*?

Na dúvida, Sullivan foi contratado como produtor e *Amigos do peito* foi recheado com piadas que ficavam no meio de uma encruzilhada entre o ousado, o hilariante, o nonsense e a baixaria pura e simples. Apesar de músicas com temática infantil aptas a serem tocadas sem problemas em qualquer festinha de aniversário, há um tom de deboche nada recomendado para os baixinhos nas faixas "A pulga pata pata (pulga na cueca)", clássico da cantora sul-africana Miriam Makeba cantada de forma afetada por Mussum e Jorge Lafond, e "Kibe Kru", com uma letra surreal sobre uma moça que estava triste e desiludida até comer o prato árabe. Mussum, que faz os vocais, a certo ponto fala "Pessoal, presta atenção, o kibe cru é a solução". Nessa linha, havia ainda "Pula veadinho", a primeira música de trabalho que chegou até a ser tocada no *Xou da Xuxa*, falando sobre uma visita ao zoológico, que dispensa quaisquer explicações sobre a origem e a intenção do trocadilho.

Musicalmente falando, é possível notar certo abuso das baterias eletrônicas e timbres usados pelos primeiros grupos de hip-hop americano, um certo clima de Run-DMC com alguns anos de atraso. A inspiração fica mais clara nas tentativas de rap "Trapalhadas" e "Natureza", ambas com letras fraquíssimas e constrangedoras participações de Renato, Dedé e Mussum. A coisa só não é pior porque, enquanto passam vergonha imitando rappers, saem piadas muito engraçadas e brincadeiras de um integrante com o outro. A certa altura, Didi chama Mussum de Nega do Tubo e ouve de volta os elogios como *Paraibis*, Ceará e Jangada.

O deslocamento espaçotemporal dos Trapalhões continua em "Roxo de paixão", uma canção de absoluta avacalhação com o estilo de vida do então presidente Fernando Collor. Em abril de 1991, durante um discurso para 30 mil pessoas na praça do Memorial Padre Cícero, em Juazeiro do Norte, no Ceará, o político estava irritado com os protestos de militantes de oposição no meio da plateia e esbravejou:

— Não tenho medo de assombração nem tenho medo de cara feia. Meu pai já me dizia, desde que eu era pequeno, que eu havia nascido com aquilo roxo! E tenho mesmo, para enfrentar todos aqueles que querem conspirar contra o processo democrático.

A menção ao saco roxo, sinal de masculinidade nos bebês de acordo com o folclore nordestino, foi o mote para a criação de mais uma infinidade de piadas sobre o exótico presidente, praticante de cooper, lutador de caratê e piloto de jet ski, nos momentos em que não estava arruinando a economia do país. Na letra da música "Roxo de paixão", os Trapalhões listam de forma irônica todas essas atividades extracurriculares, deixando no ar um deboche em relação à "fama de machão" do sujeito oculto ao qual é destinada a música. Embora a crítica aos problemas sociais fosse sempre uma preocupação presente na obra dos Trapalhões, nunca havia sido feito um ataque tão frontal, ácido e desnecessário. Afinal, não faltava gente para enxovalhar Collor e, meses depois do lançamento do disco, os três trapalhões iriam a Brasília subir a rampa ao lado de Fernandinho na inauguração do primeiro Centro Integrado de Apoio à Criança (CIAC), um audacioso projeto para levar prédios com salas de aula, berçários, consultórios médicos, creches, ginásios e bibliotecas aos cantos mais carentes do Brasil.

Sorte de Renato, Dedé e Mussum que a crítica, seguida rapidamente de uma reaproximação, e a baixaria geral do álbum passaram batidas. A música mais marcante do disco acabou sendo a faixa título "Amigo do peito", escrita, é claro, por Michael Sullivan e cantada por Chitãozinho e Xororó. Um ano antes, a dupla sertaneja alcançava o auge de sua popularidade com o disco *Cowboy do asfalto*, que vendeu 1,5 milhão de cópias graças ao sucesso dos clássicos "Evidências" e "Nuvem de lágrimas". Dessa forma, o refrão "Ter um amigo/ Na vida é tão bom ter amigos/ A gente precisa de amigos do peito/ Amigos de fé, amigos-irmãos igual a eu e você" transformou-se não apenas no hino oficial do programa beneficente Criança Esperança, da Globo, mas também na tradução perfeita da amizade e do companheirismo que os três trapalhões precisariam ter nos difíceis anos que viriam pela frente.

Nos bastidores, as tentativas de reformulação de *Os Trapalhões* após a morte de Zacarias eram vistas com ressalvas. O público precisaria de tempo para se acostumar com o esquema de quadros fixos, como o "Trapa Hotel", e as variações de audiência seriam normais. Ao mesmo tempo, o sucesso de Faustão e dos novos humoristas contratados pela Globo colocava uma incômoda pressão nos veteranos. O *Programa Legal* e o *Doris para Maiores*, nas noites de terça-feira, mostravam que o grande público estava interessado em atrações mais dinâmicas e ágeis, no contrapé do que faziam os Trapalhões e seu padrinho, Chico Anysio. Essa pressão era restrita aos camarins e corredores da Globo. Para quem apenas assistia ao *plim-plim* em casa, o prestígio de Didi, Dedé e Mussum parecia maior do que nunca. Nas comemorações pelos 25 anos do grupo, em julho de 1991, a emissora preparou uma maratona com 25 horas de programação envolvendo os humoristas.

O espaço foi usado para arrecadar fundos para o Criança Esperança, então em sua sexta edição, e toda a grade de programação do fim de semana global teve em suas atrações, de uma forma ou de outra, homenagens ao quarteto de comediantes – era como se Zacarias tivesse morrido havia uma semana e não mais de um ano antes. O início das festividades ocorreu durante a edição de sábado do *Jornal Nacional*, quando o jornalista William Bonner, na época com 28 anos, noticiou a nomeação de Renato Aragão para o cargo de representante especial do Fundo das Nações Unidas para a Infância (Unicef) em defesa da criança e dos adolescentes, "uma honraria inédita na América do Sul".

A partir daí, o velho Teatro Fênix serviu mais uma vez para abrigar os Trapalhões, mas, daquela vez, além do pastelão tradicional, o palco foi frequentado pelas principais estrelas das novelas, da música e do esporte. Durante horas foi realizado um interminável show de calouros que teve Glória Menezes tocando piano, uma cover de Madonna dançando "Papa Don't Preach", Beatriz Segall, no auge da popularidade trazida pela personagem Odete Roitman, cantando uma tradicional *chanson française*, e um encerramento grandioso com o rei Roberto Carlos. No júri, Elymar Santos, Alcione, Léo Jaime, Vanusa e outros músicos. No palco, o toque de esculhambação ficava por conta de Tião Macalé ao lado de um gongo, como nos seus tempos no programa *Calouros em Desfile*, de Ary Barroso.

Durante essas 25 horas de programação comemorativa é que foi exibida a cena de Renato Aragão beijando a mão do Cristo Redentor – tudo acompanhado de perto por um helicóptero e pela esvoaçante cabeleira de Glória Maria. Quando o comediante chegou engatinhando na mão do símbolo religioso, aliás, a repórter não aguentou de emoção e fez a pergunta mais óbvia de todos os tempos: "Renato, como você está se sentindo neste momento?". Para Mussum, o momento mais emocionante das homenagens foi menos espetacular, mas ainda assim muito significativo. Entre os programas que foram modificados para homenagear os Trapalhões estava a *Escolinha do Professor Raimundo*, o programa que fez com que o sambista desse seu principal e decisivo passo em direção à carreira como humorista.

Novamente, a Globo caprichou no especial e colocou o elenco para trabalhar, substituindo os atores originais da atração pelos nomes de maior destaque das novelas e da música nacional. A escolha do casting especial, como dá para perceber apenas lendo os nomes, foi muito feliz. A aula, ministrada por Dedé em vez do Professor Raimundo, tinha Tarcísio Meira como Sr. Ptolomeu, Fábio Júnior como Juscelino Barbacena, Cláudia Raia como Dona Cacilda, Regina Casé como Dona

Bela, Evandro Mesquita como Armando Volta, Clóvis Bornay como Sr. Peru, Ney Latorraca como Paulo Cintura, Marco Nanini como Rolando Lero, Cecil Thiré como Sr. Bertoldo Brecha, e Eri Johnson como Sr. Mazarito, o personagem em que Costinha fazia papel de Costinha. Outros parceiros dos primeiros tempos de Mussum na TV, os atores Milton Gonçalves e Emiliano Queiroz e o primeiro diretor dos *Trapalhões* na Globo, Augusto César Vanucci, também participaram do quadro. Interpretando o indígena Suppapau Uaçu, Milton troca provocações com o antigo colega de *Bairro Feliz*. O comediante brinca dizendo que o ator é a cara do folclórico Madame Satã e ouve como réplica a pergunta "Você já passou zarcão hoje?".

Antes da aula começar, no início do programa, Chico Anysio, vestido como Professor Raimundo, reconhece Mussum e troca palavras pouco elogiosas com o ex-aluno, que ao seu estilo responde na mesma língua. Espantado com os alunos diferentes, o professor pensa que errou de classe, mas, antes, assegura que se lembra de Mussum.

— Esse aqui eu conheço! Você é inesquecível...
— Obrigado, *professorzis*.
— Pé de rodo! O aluno mais burro que já tive!

Mussum gargalha e prepara-se para revidar, mas toma duas cortadas.

— Grande Vascaíno! É o famoso Higuita...
— Higuita é a sua mãe.
— Vocês sabem que lá no norte...
— Pode parar! Nada de "lá no norte". Vai falar isso no seu programa. Aqui não!

Se a intimidade com Chico Anysio era grande, a relação com a ala mais moderna do humor na Globo não era menos amistosa, com uma proximidade saudável entre os veteranos Trapalhões e os novatos. Um exemplo foi quando os ex-redatores do jornal *Casseta Popular* convidaram Mussum e Didi para fazer participações especiais no *Doris para Maiores*. Didi apareceu como um vírus de computador, em uma ótima sátira à mulher virtual interpretada pela modelo Doris Giesse. Já Mussa foi anfitrião de Regina Casé em uma edição do *Programa Legal* que mostrou o cotidiano em Mangueira e, mais tarde, apareceu no *Doris*, sendo entrevistado por Marcelo Madureira. Meio ele mesmo, meio personagem, Mussum estava sentado em um boteco, com a mesa lotada de garrafas de cerveja, vestindo a camisa da Seleção Brasileira e era apresentado como "o camisa 10 do esporte nacional: a birita. Em matéria de goró, o Mussum é o número um". Depois dos elogios, o sambista confirma a intimidade com o *mé*. "Tenho a gargantinha de *ouris*. Bateu aqui, a criança escorrega e cai." Depois Mussum diz que parou de beber por recomendação médica e desde então só pode comer doces. A cena acaba com o garçom trazendo um enorme "pudim de cachaça".

Os Cassetas foram parte da primeira geração de comediantes que teve o humor da TV, e não o do rádio, como base e foram alçados rapidamente ao sucesso nacional apostando em quadros curtos e linguagem mais moderna. Cláudio Manoel, mais tarde consagrado com os personagens Seu Creysson e Massaranduba, diz que foi inesquecível o domingo em que assistiu a uma gravação de *Os Adoráveis Trapalhões* na TV Excelsior no antigo Cinema Pirajá, em Ipanema. Essa admiração mútua convenceu Renato a usar a criatividade dos novatos para remodelar *Os Trapalhões*, mas os meninos estavam em franca ascendência e, mesmo vendo a oportunidade como a chance de realizar um sonho de infância, acabaram não aceitando o convite – mas também não o recusaram. Além de escrever e atuar no próprio programa, Claudio Manoel, Hubert, Bussunda, Hélio de la Peña, Reinaldo, Beto Silva e Marcelo Madureira prestaram uma espécie de consultoria ao veterano cearense. Dessa colaboração surgiriam várias ideias de quadros e bordões, como "Sabe tudo" e "… os Pirata!".

A situação finalmente parecia se ajeitar, com o esforço de modernização dos Trapalhões rendendo bons frutos e mostrando que, de uma forma mais gradual, as tradicionais piadas do pastelão poderiam ser refinadas para o humor dito inteligente. Mas, junto com o final de 1991, vieram as datas de vencimento dos contratos de Dedé e Mussum com a Globo – Renato trabalhava seguindo um acordo em separado, válido por mais dois anos, e não precisava se preocupar com nada por enquanto. A dupla, ao contrário do que aconteceu nos outros quinze anos em que trabalhou para a família Marinho, encontrou um clima bastante hostil na negociação das suas renovações. Durante dois meses, sempre por meio de seu empresário, ouviram que a Globo não aceitaria aumentar seus salários em 50%, conforme pediam. Na época, cada um ganhava 4 milhões de cruzados mensais, valor que os colocava entre os maiores salários da emissora, ficando em pé de igualdade com atores como Tarcísio Meira, Antônio Fagundes e Regina Duarte, e abaixo apenas de poucos nomes, como Faustão e Renato Aragão, que faturavam 10 milhões de cruzados por mês, somando salário e merchandisings.

As fofocas de bastidores davam conta de que a direção da Globo estava fritando os dois trapalhões. Colunistas especializados em colocar nos jornais os comentários dos corredores diziam que a emissora queria renovar a grade de programação, e as avantajadas barrigas de Dedé e Mussum mostravam que eles pertenciam muito mais ao passado do que ao futuro.

Esses boatos chegaram aos ouvidos da direção do SBT e, novamente, o canal de Silvio Santos mostrou-se interessado em contar com os Trapalhões dissidentes. De novo, fizeram uma proposta do tipo cheque em branco para que os humoristas decidissem quanto queriam ganhar. Diferentemente do que acontecera em 1983, durante a separação do grupo, e em 1988, com a guerra causada pelas idas e vindas de Gugu Liberato, Dedé e Mussum estavam dessa vez propensos a aceitar a proposta. Com três décadas de show business nas costas, o velho Mussa sabia sentir a mudança das marés. Notava certa má vontade da direção da Globo em atendê-los e percebia que o próprio Renato Aragão não parecia ter interesse na renovação. Pesava ainda a situação caótica do país no momento. O Plano Collor e suas emendas não conseguiam segurar a hiperinflação, o desemprego estava em alta e as suspeitas de corrupção começavam a emergir.

Se não era hora de nenhum brasileiro sonhar em recusar dinheiro, a situação de Dedé era ainda mais desesperadora. Vivendo uma fase instável na vida pessoal, teve associado ao seu nome um escândalo imperdoável no Brasil dos anos 1990: ter um filho fora do casamento. A história, na verdade, não era bem essa, mas o sensacionalismo transformou suspeitas em fatos. Em setembro de 1991, a faxineira Zurde Xavier de Oliveira, de Nova Lima, cidade de Minas Gerais, entrou na Justiça cobrando de Dedé a paternidade de seu filho Antônio, então com catorze anos. Zurde dizia ter engravidado após uma relação fugaz com o humorista atrás das lonas de um circo e, mesmo após avisá-lo sobre a situação meses depois, não teve nenhum apoio na criação do garoto. A história foi um banquete para a imprensa sensacionalista, que explorou o caso atribuindo a Dedé o papel de vilão, como um rico insensível com relação à pobreza do filho. O *Notícias Populares*, por exemplo, destacou a história com a manchete "Faxineira diz que Dedé é trepalhão"[41] e gerou uma enorme crise no casamento do humorista com a modelo e ex-capa da *Playboy* Suzana Mattos. O niteroiense exigiu seus direitos e foi submetido a um teste de DNA, que comprovou que o garoto não era seu filho, mas a essa altura a exposição negativa na mídia era tanta que Suzana pediu o divórcio. Desesperado, Dedé entrou em depressão e tentou cometer suicídio. Disse ter rodado de madrugada pelas ruas mais sinistras da Lapa, no Rio de Janeiro, até encontrar um local escuro e deserto, estacionado seu carro aberto no local e ficado esperando que algum assaltante tentasse abordá-lo. Estava disposto a reagir ao roubo e tomar um tiro. Uma dupla de meliantes em potencial, de fato, apareceu, mas quando reconheceu o artista teria dito:

— Ô Sr. Dedé, o que o senhor está fazendo aqui? Fica sossegado que a gente é muito fã do senhor e ninguém vai mexer no carro do senhor.

A situação do amigo sensibilizou Mussum e Renato. O mangueirense deu a ideia de que Dedé voltasse a morar em Jacarepaguá, onde, entre amigos e familiares, poderiam ficar mais próximos. Com a mudança, os dois poderiam ir e voltar para as gravações juntos no Chevrolet Monza de Mussum e falar sobre a vida, como costumavam fazer nos tempos em que saíam dirigindo pelo interior do Brasil para fazer shows. Além da relação fraternal que sempre os aproximava, a história do melhor amigo deve ter causado calafrios em Mussum. Embora a frequência de seus casos extraconjugais tenha diminuído muito desde os tempos de turnês com Os Originais do Samba, o lado mulherengo aflorava vez por outra nos anos 1990. Prova disso foi a revelação da paternidade de um filho fora de seu casamento, 28 anos depois, quando

---

41. *Notícias Populares*, 31/07/1991.

o cirurgião-dentista Igor Abreu Palhano confirmou via exame de DNA que de fato era filho de Mussum, em 2019.

Renato Aragão, por sua vez, decidiu interceder pelos colegas e negociou as renovações de contrato da dupla diretamente com Boni. No final das conversas, o cearense conseguiu o que os amigos pediam: passariam a receber 6 milhões de cruzados mensais, mas este seria o valor para os próximos dois anos e eles deveriam colaborar com os novos formatos previstos para o programa em 1992. Assim, o negócio foi fechado, com grande alívio para Dedé e Mussum, e tristeza para o SBT por mais uma tentativa frustrada.

A única virada de casaca que o humorista faria mesmo naquele ano seria na Marquês de Sapucaí, desfilando pela Beija-Flor do carnavalesco Joãosinho Trinta. O samba-enredo da escola, "Há um ponto de luz na imensidão", versava sobre a história da televisão, e os três trapalhões foram o destaque principal do carro alegórico Humor e Show, ao lado de outros comediantes, como Paulo Cintura, Arnaud Rodrigues, Carlos Alberto de Nóbrega e Roberto Marquis, o popular Guarda Juju, de *A Praça É Nossa*. É claro que Mussum não deu exclusividade para a agremiação de Nilópolis, pois dirigiria a sua ala de baianas na Mangueira, mas o desfile duplo não representou uma página marcante em sua história. A campeã daquele carnaval foi a Estácio de Sá, com a Verde e Rosa ficando apenas em sexto, e a Azul e Branco em sétimo.

Voltando ao trabalho, Mussum encontrou a nova temporada de *Os Trapalhões* trazendo como novidades a substituição do "Trapa Hotel" pela "Vila Vintém" e a aposentadoria dos esquetes variados para a entrada do quadro "Agência Trapatudo", uma empresa caçadora de talentos dirigida pelos três trapalhões. Embora tivesse sido roteirizada para mostrar histórias com começo, meio e fim, as cenas na Trapatudo perdiam-se em um esquema de total anarquia. O "escritório" recebia como convidados atores globais, músicos e humoristas em grande quantidade e, dessa forma, abria espaço para o improviso e para as brincadeiras de palco tão ausentes nas últimas temporadas do programa. Nesse esquema, ocorreram participações especiais memoráveis, como as de Costinha, Castrinho, Chico Anysio, Tom Cavalcante, José

Vasconcelos, Chitãozinho e Xororó, Monique Evans, e outras nem tão memoráveis assim, como as aparições do Rei Momo Bola, da banda de reggae A Massa, apresentada como primos de Mussum, e dos então populares atores Hugo Gross, Patrícia França, Eri Johnson e Gerson Brenner, entre muitos outros.

A outra meia hora do programa, como temiam Dedé e Mussum antes da extensão dos seus vínculos com a Globo, seria completamente centrada no tipo preferido de Renato, o pobre vagabundo de bom coração, amigo das crianças e inimigo dos ricos e opressores. Mais de vinte anos após sua estreia nos cinemas, Bonga continuava firme e forte, agora acompanhado da órfã Tininha (a atriz Alessandra Aguiar, de quatro anos) e do cachorrinho Pipoca, e estava pronto para usar suas lições de solidariedade para fazer rir, chorar – e matar muita gente de tédio. Sobraram a Dedé e Mussum os papéis secundários de mecânico faz-tudo e mordomo, vestido com uniforme verde e rosa. Era um esquema que só poderia ser considerado moderno ou novo se comparado à fonte de inspiração, o filme *O garoto*, de Charles Chaplin, rodado havia 71 anos.

No encerramento do programa, mais uma colherada de açúcar com um bloco dedicado a mostrar as iniciativas de instituições beneficentes patrocinadas pelo Criança Esperança. Apesar de durar apenas poucos minutos, esse quadro fez a correspondência dos Trapalhões disparar. Em média, chegavam mais de trezentas cartas de fãs, pedindo ajuda para realizar os mais variados desejos, indo de tratamentos dentários e pagamento de mensalidades escolares até viagens para os Estados Unidos e presentes, como videocassetes, enxovais de casamento e antenas parabólicas.

Com esse pacote de mudanças, era esperado que *Os Trapalhões*, enfim, voltassem a apresentar seus antigos índices de audiência. Mas não foi o que aconteceu. A média de pontos da atração no Ibope oscilou cerca de 20% abaixo do esperado, fazendo com que o "Show de Calouros", do *Programa Silvio Santos*, começasse a superar a Globo na faixa das sete da noite do domingo. Mais uma vez, o fantasma da obsolescência rondava o grupo, tanto em virtude da queda na audiência quanto pela própria percepção dos diretores mais influentes da emissora.

Em abril de 1992, estreava com grande sucesso o *Casseta & Planeta, Urgente*, programa feito pela nova geração de humoristas com uma proposta de usar as notícias do cotidiano como base para as piadas, seguindo o lema do "jornalismo-mentira e humorismo-verdade". Para sorte dos Cassetas, os acontecimentos de Brasília eram absurdos o suficiente para serem confundidos com uma surreal comédia, com capítulos diários. Em maio, Pedro Collor, irmão de Fernandinho, concedeu uma entrevista revelando os detalhes de um engenhoso esquema de corrupção no governo que acabaria, após uma série de revelações vergonhosas, resultando no impeachment do presidente. O material era tão farto para a sátira que o *Casseta & Planeta*, exibido uma vez por mês, logo ganhou status de febre nacional. Parecia claro que o povo, embora continuasse rindo fácil das piadas bobinhas dos Trapalhões e dos alunos da Escolinha do Professor Raimundo, queria algo mais próximo de sua realidade. Havia no ar um desejo de menos escapismo chapliniano e mais esculacho calcado no dia a dia, receita muito bem usada não só pelos Cassetas e por Faustão como também pelas séries *Os Simpsons* e *A Família Dinossauro*, outros grandes sucessos "modernos" da grade de programação dominical da Globo.

Para piorar a situação dos Trapalhões, a desestatização executada por Collor no ano anterior dizimou o cinema brasileiro. Num país falido e sem o apoio das leis de incentivo, era impossível filmar. Até mesmo a poderosa R.A. Produções viu-se obrigada a cancelar o projeto de *Uma escola atrapalhada II* e, pela primeira vez desde sua criação nos anos 1970, ficou sem colocar uma fita na rua. Para muitas crianças, aquelas seriam as primeiras férias sem um filme dos Trapalhões para assistir.

O ano de 1993 chegou sem nenhuma perspectiva para a produção cultural brasileira. Não havia sequer um título nacional em cartaz no país. E só assim os Trapalhões perceberam que seus longas não serviam apenas para trazer dinheiro; eles criavam uma relação de proximidade com o público que ajudava a sustentar o programa no ar durante todo o ano e, num ciclo vitorioso, a assiduidade da audiência da TV levava ao sucesso dos filmes que apareciam nas telonas. Pode até ser que a não interrupção da série de lançamentos cinematográficos fosse insuficiente para salvar o ibope dos Trapalhões, mas é certo que a falta de filmes em nada ajudou naquela fase.

Durante os shows nos teatros e circos, agora reforçados pelo novo elenco do programa de TV, isto é, Andréia Sorvetão, Duda Little, Conrado e Tião Macalé, os Trapalhões seguiam esgotando as bilheterias e recebendo o mesmo carinho de sempre. Faltava mesmo era o cinema para multiplicar aquela proximidade e alavancar a audiência.

Preocupada com a situação, a direção da Globo chegou a cogitar uma troca radical na vida de Didi, Dedé e Mussum. Por causa do sucesso internacional de Xuxa, a essa altura cantando seu "Ilariê" por vários países da América Latina, a emissora havia decidido dar um tempo no *Xou da Xuxa* para tentar alçar voos mais altos, preparando uma versão internacional da atração, falada em inglês. Aí entrariam *Os Trapalhões*, assumindo de vez a vocação de humor infantil, ocupando a programação matinal do *plim-plim*, em meio a desenhos animados, dançarinas e gincanas com a plateia. Existia até uma solução para o buraco que deixariam nas noites de domingo: esticar uma hora a mais o *Domingão do Faustão* e assim aproveitar os bons índices trazidos pelo show de variedades. Só faltava falar com os Trapalhões, mas, antes de uma guinada definitiva rumo ao público infantil, as alas dos "antigos" e dos "modernos" na Globo teriam mais um embate. Parte da direção preferia efetivar Sérgio Mallandro no horário que seria abandonado por Xuxa. Afinal, o rei dos *glu-glus* e *ié-iés* havia assumido de forma interina o *Xou da Xuxa* nas férias da apresentadora e alcançava relativo sucesso com seu *Show do Mallandro*, exibido na faixa das oito horas da manhã. Seria, portanto, muito mais fácil apenas esticar o programa infantil do que fazer uma adaptação dos Trapalhões para a faixa matutina.

Mas não era hora de fazer nada fácil ou tradicional. O pessoal novo queria inovar e, assim, surgiu o projeto da *TV Colosso*. Mais do que uma espécie de Muppets, os personagens teriam a seu dispor um *dream team* de profissionais para a criação de personagens e roteiros. Participaram do embrião da atração nomes como Adão Iturrusgarai, Angeli, Fernando Gonsales, Glauco e Laerte. E a coisa ficou tão boa que acabou sendo colocada no ar, tirando espaço de Mallandro e, ao mesmo tempo, empurrando *Os Trapalhões* de volta para os domingos. Apesar da mudança frustrada, ficou decidido pela Central Globo de Produções que o humorístico precisaria de grandes mudanças para continuar ocupando o espaço mais nobre da TV brasileira.

Sem consultar Renato Aragão, e muito menos Dedé e Mussum, a direção global decidiu que, a partir da temporada de 1993, o veterano Wilton Franco e sua equipe seriam substituídos por José Lavigne, diretor do *Casseta & Planeta*, e pelo roteirista Carlos Lombardi, das novelas *Bebê a Bordo* e *Perigosas Peruas*. Dariam total liberdade para o núcleo de Guel Arraes, um dos principais idealizadores da *TV Pirata*, reformar como quisesse *Os Trapalhões*. Ainda assim, o tempo do programa seria reduzido, passando a ter 45 minutos em vez de uma hora. Primeiro por meio de boatos, e depois com a confirmação, Renato, Dedé e Mussum viveram uma fase de enorme ansiedade. Se até Didi Mocó, o personagem, estava ameaçado de morte, o que pensar então de seus coadjuvantes? Dedé e Mussum voltavam juntos do Teatro Fênix imaginando o pior. Temiam ser colocados de lado, demitidos ou, pior ainda, serem colocados na temível *geladeira*.

Quando o final do agitado 1992 chegou, os três trapalhões saíram de férias sabendo oficialmente que no seu retorno para a próxima temporada teriam chefes novos. Novos mesmo. Em idade, em ideias, em tempo de Globo, em tempo de palco e em tempo de humor. Renato foi com o então solteirão Dedé para o litoral do Ceará e Mussum viajou para Angra. Tentaram aproveitar o sossego trazido pela areia e pelo mar, mas eram interrompidos constantemente por jornalistas pedindo a confirmação sobre o fim do programa. O volume dos boatos aumentava por causa do sucesso obtido pelo *Domingão do Faustão* como substituto temporário dos palhaços. Enquanto a média de audiência de *Os Trapalhões* nos domingos era de vinte pontos no Ibope, o apresentador desbocado conseguia ultrapassar facilmente os 35 pontos. Foi preciso, então, fazer um esforço de relações públicas e adiantar à imprensa como seriam as mudanças no programa – antes mesmo que elas fossem devidamente gestadas pela nova equipe e aprovadas pelos três trapalhões.

Esse remendo saiu-se pior do que os estragos feitos pelos rumores das colunas de fofoca. Em entrevistas que deveriam servir para mostrar que *Os Trapalhões* seguiam firmes e fortes, José Lavigne, o novo diretor, avisou suas intenções de separar Didi dos outros integrantes. Renato Aragão interpretaria dois personagens nos primeiros blocos do programa, um milionário malvado chamado Faustino e seu irmão pobre, Severo Severino, que chegaria ao Rio para ser tutor de três crianças, Tati, Duda e Tininha. A história seria baseada em *Muito além do jardim*, uma comédia dramática ou um drama cômico, dependendo do ponto de vista, mas ainda assim um bom filme, inteligente e sofisticado. Muito mais moderno do que qualquer coisa de Chaplin.

Os planos para Dedé e Mussum, porém, não eram muito claros. Lavigne pretendia repetir a fórmula da *TV Pirata* na segunda metade do novo programa dos Trapalhões. Isso quer dizer que, no lugar de humoristas, a preferência seria por atores. Também queria dizer nas entrelinhas que artistas capazes de fazer um só tipo, e ainda assim sem decorar os textos, como Tião Macalé, Dedé e Mussum, teriam que rebolar muito para se adaptar às reformas. Ouvindo a versão de Renato sobre a história, os jornais publicaram todo o incômodo do trapalhão líder com os novos rumos que o programa estava tomando. Sem fazer uma oposição definitiva, ele dizia que poderia fazer outro personagem e abandonar Didi, se fosse preciso, mas não gostava da ideia. Atuar sem os dois companheiros do lado? "Eu me sentiria sem as pernas e os braços." Em outras palavras, estava aberta a fase de conflito com a direção.[42]

Na volta das férias, quando finalmente se reuniu com a direção do programa, Renato colocou-se à disposição para ajudar como quer que fosse possível na reestruturação dos quadros, mas sob nenhuma hipótese deixaria de gravar com Dedé e Mussum. Também reprovou os textos que viu e não gostou da história de interpretar um vilão, mesmo que fosse em poucas cenas. Não seria tão fácil assim mudar a estrutura de *Os Trapalhões*, mas mantê-la como estava não era uma opção. Foi preciso muita negociação e barganha, de lado a lado, para encontrar uma solução intermediária entre as exigências de Renato e as ideias

---

42. *O Globo*, 24/01/1993.

malucas vindas dos Cassetas e dos Piratas. Durante esse braço de ferro, Dedé andava nervoso e magoado – nem a sua recente conversão à igreja Assembleia de Deus conseguia diminuir a angústia. Só era informado sobre as novidades por meio da imprensa e, junto com Mussum, não tinha conhecimento, em pleno mês de março, de qual seria o seu destino em 1993. A ansiedade foi tanta que, numa noite de sábado, o niteroiense sentiu fortes dores no peito e foi levado às pressas para a Clínica Renault Lambert, a poucos quilômetros de sua casa, em Jacarepaguá.

Os médicos suspeitaram de um começo de infarto por causa dos altos níveis de colesterol no sangue e colocaram Dedé em observação na Central de Tratamento Intensivo. Como os remédios não faziam efeito, novos exames foram realizados e apareceu a suspeita de um câncer no pulmão. Felizmente, o problema não era tão grave assim. O incômodo todo era causado por uma inflamação na pleura, a membrana que reveste os pulmões, e, depois de quatro dias de internação, Dedé foi liberado para continuar o tratamento em casa. Seus familiares, no entanto, não pouparam críticas à situação do humorista na Globo. Em todas as declarações, faziam questão de ressaltar que Dedé andava desgostoso com a indefinição em relação ao seu trabalho. Mussum, por sua vez, mostrava frieza ao falar sobre o assunto. Quando perguntado sobre a possibilidade de atuar separado de Renato Aragão, respondeu:

— Não tenho o menor interesse em criticar uma coisa da qual não faço parte. É menos trabalho para mim e o meu salário continua o mesmo. Mas não espalha, senão chama a atenção dos *homis*![43]

Nos bastidores, a preocupação real de Renato e Mussum era a possibilidade de perder mais um amigo próximo e fizeram, cada um ao seu estilo, homenagens inesquecíveis a Dedé. Renato alugou um ônibus e reuniu todo o elenco de *Os Trapalhões* para visitar o colega, levando flores, abraços e palavras de carinho para tentar colocar um sorriso no rosto do "rapaz alegre". Mussum, por sua vez, reservou sua demonstração de afeto para o retorno do amigo às gravações, no final do mesmo mês. Assim que entrou nos estúdios, todos os colegas chamavam Dedé de PC. "Oi, PC!", "Bem-vindo de volta, PC!", "Vamos testar o figurino,

---

43. *O Globo*, 18/04/1993.

PC?". Sem entender nada, o trapalhão ria para não passar o recibo e mostrar que estava irritado com aquilo, mas chegou uma hora em que, não aguentando mais, levou Mussum para um canto e perguntou, nervoso, qual era o significado daquilo. Sem conseguir segurar sua gargalhada, o sacana mangueirense explicou:

— É seu novo apelido, *cumpadi*! Você é o nosso Pé na Cova!

Nesse retorno ao trabalho, Dedé encontrou entre suas tarefas uma mescla das ideias da nova equipe e das exigências de Renato Aragão. A nova fase de *Os Trapalhões* de fato teria um bloco com o cearense interpretando um novo personagem, sem os companheiros do lado. O voo solo, no entanto, foi reduzido e completamente modificado em relação às primeiras propostas de José Lavigne e Carlos Lombardi. Chamado de "Nos Cafundós do Brejo", o segmento em forma de novelinha teria apenas doze minutos de duração. Os esquetes com os três trapalhões juntos continuariam a formar a base para o programa, com as participações de velhos conhecidos, como Dino Santana, Ted Boy Marino, Roberto Guilherme, Andréia Sorvetão, Conrado e Baiaco, mas a forma de produção dos quadros mudaria bastante. Sem auditório ou claque, trocando o Teatro Fênix pelos estúdios da R.A. Produções, os Trapalhões iriam interagir com uma equipe de maquiadores, figurinistas, técnicos em efeitos especiais e receber textos de um time de treze redatores.

A maior aposta da equipe repousava sobre o personagem Zé do Brejo, de Renato. Tratava-se de um camponês nordestino dono de um pequeno terreno ao lado do latifúndio de Nanico Durão (Cláudio Mamberti). Enquanto o lote do coronel vivia sofrendo com a seca, as terras de Zé tinham plantações incríveis, com pés de batata frita e árvores produzindo hambúrgueres, cachorros-quentes e pizzas. O vilão criava armadilhas para enganar seu antagonista com a ajuda de Pelúcio (Roberto Bomtempo), um capanga que, por ser casado com uma vaca, tinha chifres na testa e dois filhos com a pele malhada. Faziam parte do elenco ainda a ex-paquita Letícia Spiller, como a filha de Durão, e o ator Chico Dias, no papel de porco de estimação.

Dedé e Mussum não faziam parte do quadro. Em compensação, nos esquetes e demais quadros, receberiam uma atenção rara em suas carreiras. Com roteiristas que foram criados assistindo a *Os Trapalhões* aos domingos, Mussum virou uma espécie de xodó do time de texto. Para ele foi criado especialmente o quadro "Duvide-o-dó Show", uma sátira do programa vespertino de Miguel Falabella com o mangueirense fantasiado com camisas espalhafatosas e uma infame franja loira, as marcas registradas do apresentador. Havia também os quadros avulsos, com piadas variadas, mas a direção de José Lavigne estabeleceu um ritmo diferente para esse segmento. Embora fossem cenas de, no máximo, cinco minutos, havia uma grande preocupação com o acabamento de cenários, maquiagens e figurinos.

Se antes um dia de gravação terminava com dez esquetes prontos, na nova fase o trio de trapalhões não conseguia terminar um dia de gravação com mais do que quatro quadros encaminhados. Isso porque depois da encenação ainda havia a finalização da produção, com a aplicação de efeitos de cenário por meio da técnica de chroma-key. Além dessas piadas, com começo, meio e fim, havia os clipes musicais e pequenas vinhetas de poucos segundos. Elas serviam de desculpa para que Didi surgisse de repente na tela, às vezes girando ou de cabeça para baixo, apenas para falar bordões, como "Sabe tudo!", "É fria", "Rapaz alegre" e "Ele camufla".

Tantas alterações no formato e na equipe fizeram com que o clima das gravações mudasse completamente. No lugar da criançada que ria de qualquer coisa que Didi, Dedé e Mussum fizessem ou falassem em cima do palco do Teatro Fênix, o trio encarava o silêncio e a frieza de uma equipe profissional dentro de um estúdio. Além disso, estranhavam a necessidade de atuar em cenários incompletos, apenas com o fundo verde necessário para a aplicação dos efeitos especiais. A preparação para os quadros também incomodava. Se antes bastava vestir a jaqueta branca e a camiseta com o símbolo do grupo, espécie de farda dos Trapalhões, agora era preciso passar horas encaixando próteses no corpo e no rosto na sala de maquiagem, testando figurinos e fazendo testes de luz. O resultado ficava ótimo, fruto do competente trabalho da figurinista Yurika Yamasaki, mas era uma canseira danada para três veteranos com mais de cinquenta anos. Só em 25 de abril, data da estreia, seria possível descobrir se todo aquele esforço teria valido a pena.

Após farpas trocadas pela imprensa, quadros cancelados, uma suspeita de infarto e semanas de atraso para estrear, *Os Trapalhões* voltavam aos domingos da Globo. O programa seria exibido após o longo *Domingão do Faustão*, que começava às 14h50 e ia até as sete. A partir daí os palhaços de cara limpa mostrariam seus novos truques, abrindo espaço para *A Família Dinossauro* e depois para o *Fantástico*. Já na abertura do programa, era possível ver as novas referências da trupe. Os três trapalhões apareciam como coloridas marionetes e, no final da cena, com a câmera aberta, Didi, Dedé e Mussum mostravam-se, de roupas normais, controlando os fios de suas versões de brinquedo dentro da televisão. Um efeito desenvolvido pelo departamento de Video Graphics da Globo e supervisionado por Hans Donner.

Após um mês, no entanto, a atração ainda não havia decolado nas medições do Ibope. Comparada com as novas temporadas dos outros humorísticos da Globo, o novo programa dos Trapalhões tinha o crescimento mais tímido. A "Terça Nobre", faixa de programação que intercalava o *Casseta & Planeta, Urgente* e o *Programa Legal*, havia estreado em abril com uma audiência média 18% maior, marcando até 40 pontos, e Chico Anysio, com a *Escolinha do Professor Raimundo*, marcava 48 pontos aos sábados, subindo 33% em relação aos índices de antes da reestreia. Enquanto isso, *Os Trapalhões* ganharam apenas 6%, chegando a 36 pontos – o suficiente para brigar pela liderança contra o *Topa Tudo por Dinheiro*, do SBT, mas muito pouco para o horário mais nobre da TV brasileira. José Lavigne fez um pacto com Boni e foi decidido que o crescimento da audiência não deveria ser o primeiro objetivo do programa naquele momento. O público precisaria de tempo para absorver as mudanças, e a numerosa equipe de produção ainda precisava experimentar mais, acertando e errando, para chegar a um ponto ideal.

Na verdade, o que precisava ser feito era afinar a torrente de ideias novas dos roteiristas e manter o padrão "para toda a família" construído ao longo das décadas, sem se arriscar com piadas e referências que as crianças não entendessem. Muitos textos dedicados a explorar a história de amor entre Mussum e o *mé* foram suavizados demais ou mesmo arquivados. Enquanto o trabalho no *Casseta & Planeta, Urgente* surgia livre, como se feito sobre uma tela em branco, em *Os Trapalhões* a missão se assemelhava mais à restauração de uma pintura antiga. Qualquer traço mais ousado podia descaracterizar uma fórmula consagrada.

Assim, no segundo semestre de 1993 foram feitas novas experiências, com a estreia das séries "Trapacademia de Polícia" e "Trapalhadas nas Estrelas", uma sátira de *Star Trek* com cenário e figurinos especiais seguindo a filosofia de "fazer cinema na TV". Na sala de comando da nave, o capitão Didi interagia com tripulantes de roupas curtas e distribuía ordens para Mr. Sploft, personagem interpretado por Dedé que imitava Mr. Spock com direito a sobrancelhas e orelhas pontudas, e para a tenente Uhurosa, a barulhenta versão de Mussum para a personagem Uhura, vivida por Nichelle Nichols na versão original. Uhurosa era uma espécie de telefonista, tinha um cabelo com coques e franjas exagerados, vestia saia curta e fazia fofocas sobre o *forévis* das marcianas – quando aparecia, roubava a cena. Além disso, foi testada algumas vezes uma paródia de filmes de terror chamada "Mansão dos Horrores" e a "M Trapa TV", uma nova roupagem para as velhas paródias musicais, com um toquezinho moderno – para o clipe de "Mulher Pequena", de Roberto Carlos, Didi contracenou com uma jogadora da seleção brasileira de basquete. Nenhuma das novidades rendeu o esperado. Em 26 de dezembro de 1993, o último episódio da versão remodelada dos Trapalhões, o programa de número 804, ia ao ar cercado de tantas incertezas quanto a estreia. Pela primeira vez em quase dezoito anos, Didi, Dedé e Mussum estavam realmente ameaçados de sair do ar.

Capítulo 23
Testamento de partideiro (1994)

"É assim mesmis. A gente vem para a Terra para viver, crescer e depois se empirulitar."

Não era segredo dentro nem fora da Globo: a experiência de colocar o diretor do *Casseta & Planeta, Urgente* como salvador de *Os Trapalhões* não havia dado certo. O próprio José Lavigne reconheceu ter errado mais do que acertado e expôs seu descontentamento de forma direta em uma reportagem d'*O Globo* sobre a frustração sentida após o término da temporada do humorístico, dizendo que "nem na hora de gravar a gente achava as piadas engraçadas". Segundo ele, a produção dos roteiros tinha textos muito irregulares, feitos por muita gente iniciante e desentrosada. Para corrigir esse problema, Lavigne anunciava que Mauro Wilson, veterano roteirista de diversas temporadas e filmes dos Trapalhões, passaria a fazer a costura final dos quadros e, assim, dar mais unidade e qualidade ao programa.[44] O que faltava era combinar essa mudança com suas estrelas.

De forma unilateral, Renato fez uma reunião com a direção da Globo e pediu férias de um ano. Queria descansar e repensar sua carreira independentemente do que fosse ser feito em 1994 e chegou até a dizer que Dedé e Mussum, se assim quisessem, poderiam tocar o programa sozinhos. Cansado pelos anos de correria, avaliava um desgaste da fórmula, da audiência e da relação com a produção. Preferia um período sabático para

---
44. *O Globo*, 04/12/1993.

recuperar as energias e dedicar-se ao cargo de embaixador da Unicef. Boni aceitou o pedido do líder dos Trapalhões e até gostou da alternativa, porém, dessa mesma conversa surgiu a ideia de usar reprises com os melhores momentos do programa antigo para cobrir a faixa do final de tarde dos dias da semana, ocupada até então sem sucesso algum pelo *game show Jogo da Radical*, com apresentação de Maria Paula e participações de Andréa Beltrão e Ewerton de Castro encarnando os personagens das tirinhas da Radical Chic, de Miguel Paiva.

Dedé e Mussum, informados da decisão de Renato, não fizeram nenhuma oposição. Sentiam-se decepcionados com a última temporada de *Os Trapalhões*, sem poupar críticas abertas às escolhas feitas pela direção. "Topamos a ideia de reformular, mas não foi bom, não se ajustou. Foi uma metamorfose grande, uma sofisticação que acabou afastando o público", avaliou Mussum em entrevista ao *Jornal do Brasil*. "Estávamos como bola em focinho de foca."[45] As propostas do SBT, claro, chegaram mais uma vez, mas a ideia de dar um tempo foi mais atraente. Na Globo, o contrato do trio seria encerrado apenas no final de 1995 e, até lá, continuariam a receber seus bons salários enquanto reavaliavam seu vínculo com a emissora. Enquanto isso, as reprises seriam a saída ideal para não ficar fora do ar e sentir se o público ainda nutria algum interesse por cambalhotas e arremessos de tortas nos shows de humor. Mais que isso, o intervalo representava uma folga de verdade pela primeira vez em décadas. Nos outros anos, as pausas nas gravações entre uma temporada e outra acabavam ocupadas pelas filmagens para o cinema, gravações de discos e viagens de turnês dos shows. Em 1994, impedidos de filmar por causa do coma do cinema nacional e com a agenda de apresentações praticamente trancada, poderiam, de fato, descansar e cuidar de projetos pessoais.

No caso de Renato, isso significava dizer reforçar a marca dos Trapalhões fora do Brasil por meio do relançamento dos filmes em VHS e até a construção de um parque temático. Já tinha definido o local na Barra da Tijuca e até algumas maquetes e esboços. Enquanto isso, Dedé estava imerso em uma jornada que nada tinha a ver com dinheiro. Seu maior interesse era espalhar a palavra de Jesus Cristo e mostrar como a fé o

---

45. *Jornal do Brasil*, 19/02/1994.

ajudara a superar suas dificuldades. Estava prestes a se casar novamente, planejava viajar pelas igrejas de todo o Brasil contando seu testemunho e até tinha criado um novo nome artístico, Dedé de Deus.

Mussum, por sua vez, não queria saber de empreender e muito menos de igreja, seu plano consistia em mudar-se para sua casa em Angra dos Reis durante todo o verão, passear de lancha e só sair da praia para participar dos eventos obrigatórios da Estação Primeira ou para visitar seus velhos *cumpadis* em rodas de samba pelos subúrbios cariocas. Nessa fase dos anos 1990, uma das maiores diversões de Mussum como sambista era reunir-se na rua Padre Manoel da Nóbrega, no bairro de Piedade, na frente da casa do sambista Roberto Serrão. Por ali, todo sábado rolava um pagode à moda antiga, com gente cantando partido-alto na rua, sentada no chão ou em cadeirinhas de lata, enquanto degustava o mocotó servido no bar do Seu Avelino. Da brincadeira surgiu um conjunto informal, chamado Mocotó do Padre, que tinha em Mussum seu principal padrinho e também um integrante em potencial. Do jeito que a coisa ia, não demoraria muito para sair dali mais um disco recheado com pagodes candidatos a hits. O que ninguém esperava é que, logo depois do primeiro mês de férias, os Trapalhões restabelecessem sua moral na Globo.

Logo de cara, ainda em dezembro, as reprises fizeram uma média de 26 pontos no Ibope – contra os 15 pontos do *Jogo da Radical* nos meses anteriores. A seleção de quadros, feita por Dedé e Maurício Sherman, pinçou pérolas dos anos 1970 e 1980 até então inéditas para toda uma geração de espectadores e, de quebra, despertou uma nostalgia absurda nos adultos que viram aqueles esquetes quando eram crianças, apenas uma vez, e guardavam apenas na memória as trapalhadas da Suate, as imitações de Didi ao lado de Ney Matogrosso, Zacarias tomando a flechada como filho de Guilherme Tell e todas as *beiçadas* de Mussum pelos botecos. E, como não poderia deixar de ser, nas férias, com a criançada ociosa pelo Brasil, as reprises ganharam ainda mais audiência e chegaram a incríveis picos de 41 pontos na chocha faixa das dezessete horas.

No final de janeiro, além da conquista de uma média superior aos 32 pontos, *Os Trapalhões* saíam de cena com um sentimento de redenção. Seu humor não era velho. Ninguém havia parado de achar graça em

Didi, Dedé, Mussum e Zacarias. A responsável por sufocar a atração foi a própria pressa da Globo em inovar. Os palhaços podiam tirar férias tranquilos. Em setembro já teriam uma conversa marcada com a direção da emissora para planejar o retorno do programa dominical, com grandes chances de serem ouvidos e colocados no comando da atração. Um final feliz que duraria apenas até maio.

Durante as férias do programa, dois segredos até então bem guardados por Mussum emergiriam de forma irreversível. O primeiro deles era uma paraibana loira, de 27 anos, trazendo no colo um garotinho de dez meses chamado Antônio Carlos Júnior. O outro era a condição de saúde frágil do comediante para suportar a pressão causada pela revelação pública de ter um filho fruto de um caso extraconjugal. Ver sua vida pessoal, tão bem protegida ao longo dos anos, ser transformada em manchete nos jornais e revistas foi um duríssimo golpe. Sempre discreto em suas idas e vindas pela noite, a aparição de Maria Santana de Moura não surpreendeu apenas Neila, a esposa, e seus quatro filhos. Até os amigos mais próximos foram pegos de surpresa e não sabiam como reagir ao problema. O sambista mantinha a fama de boêmio preservada desde os tempos de Buraco Quente, mas seu descuido, aos 52 anos de idade, não combinava com toda a experiência obtida em anos de turnês, farras e *garçonnières*. Ainda mais porque, meses antes, Mussum recebia a notícia de que iria ser avô pela primeira vez, pois Paula Aparecida esperava uma menininha. Apelando para os conselhos de Elza Soares, uma sobrevivente das especulações e julgamentos da opinião pública, Mussum decidiu que não se esconderia mais do problema. Pediria um teste de DNA e, em caso de confirmação da paternidade, entraria na Justiça para obter a guarda da criança. Se Augusto, Paula, Antônio Carlos e Alexandro conviviam em harmonia tendo mães diferentes, com o pequeno Antônio Carlos Júnior, o futuro Mussumzinho, o tratamento não seria diferente.

Em 23 de maio, após exame realizado na Clínica de Genealogia e Diagnósticos Moleculares, ficou comprovado que Mussum era pai do garoto e, por meio de nota oficial entregue à imprensa, o comediante falou sério, afirmando que daria apoio moral e financeiro para a criança dali em diante, registrando seu nome como pai e provendo tudo o que fosse necessário. Antes de completar seu primeiro aninho, o bebê ganhava nome e sobrenome: Antônio Carlos de Santana Bernardes Gomes Júnior. Mas a história não se encerraria aí. Sem um acordo entre os advogados das partes sobre o valor da pensão alimentícia a ser paga, Maria decidiu ir à Justiça. Menos de um mês depois de assumir seu novo filho, em 6 de junho, Mussum precisava expor a si mesmo e à sua família em frente aos fotógrafos – e ao julgamento dos fãs do Brasil todo – na 16ª Vara da Família do Rio de Janeiro.

A ex-namorada pedia uma pensão no valor de oito salários mínimos, pois seu filho tinha "graves problemas de saúde ainda não diagnosticados definitivamente" e reclamava ter sofrido danos materiais e morais por ter sido destratada publicamente por Mussum e ainda ser impedida de exercer suas funções de relações-públicas. O pedido, considerando apenas a pensão, custaria ao humorista o equivalente a 560 reais, 518 URVs (Unidades Reais de Valor) ou 342 mil cruzeiros, afinal, o Brasil estava mudando a moeda novamente. Qualquer que fosse a cotação, Mussum não passaria da proposta de pagar, no máximo, quatro salários e cobrir as despesas médicas que viessem a ser necessárias. O advogado do humorista, Álvaro Martinho Paes da Silva, justificou a contraproposta dizendo que Maria havia feito um pedido alto demais e que a intenção de seu cliente era ganhar o direito de guarda da criança. No final da tentativa de acordo judicial, as partes saíram sem solução do tribunal e ficou decidido que uma nova audiência aconteceria ainda em 1994. Mal sabia o juiz que o réu teria uma luta muito mais difícil a ser combatida nos próximos dias.

Abalado pela sua situação delicada como marido, pai e figura pública, Mussum passou dias de tristeza e revolta, mas não de isolamento. Prevendo os gastos elevados com as custas da batalha judicial que estava começando, lançou-se a procurar oportunidades de ganhar algum dinheiro extra. Nessa cruzada, acabou ironicamente assinando um de seus últimos contratos como garoto-propaganda para endossar um produto que não poderia mais provar na vida real: a cachaça Sapupara. Para os filmes da aguardente cearense, o humorista aparece em seu habitat natural, os botecos, e fazia piada com o temerário slogan da marca: "Quem bebe Sapupara não pede tira-gosto". Nos comerciais, exibidos em meados de 1994, era impossível não notar as diferenças no corpo e no semblante de Mussum. Visivelmente mais magro, suas roupas folgadas e coloridas não conseguiam disfarçar o olhar cansado e certa fragilidade nos gestos. Quem se lembrava da última aparição do trapalhão na TV tomaria um susto. Até porque o motivo da severa perda de peso era mais um segredo bem guardado.

Pouco menos de um ano antes, em agosto, no meio de todo o estresse e do cansaço causados pelas gravações da nova fase de *Os Trapalhões*, Mussum passou a sentir-se exausto, e, mesmo após relaxar entre os amigos tomando sua cachacinha, sentia dificuldades para dormir e para respirar. Passou a maneirar na alimentação e no *mé*, mas nem isso fez a sensação ruim, como um aperto contínuo no peito, ir embora. Preocupado com a duração do mal-estar, teve certeza de que estava sofrendo de estafa. Se Renato e Dedé já tinham ido parar no hospital por causa do excesso de nervosismo no trabalho, por que com ele seria diferente? Mussum decidiu, então, ir ao Hospital São Vicente de Paula consultar-se com um médico de confiança. Após uma longa conversa e uma bateria de exames, descobriu-se que o comediante, aos 52 anos, tinha problemas mais graves do que uma simples fadiga. Bem acima do peso, tinha níveis elevados de colesterol e um coração batendo fora do ritmo.

Se não começasse a se cuidar, poderia ver esse quadro agravado e correr riscos de sofrer infartos e derrames, assim como ocorrera com sua mãe anos antes. E nessa situação surgiu mais um capricho do acaso. Doente como jamais esteve, Mussum receberia a proposta para ser garoto-propaganda do convênio médico Assim, da Rede Assistência Médica Integrada. Enquanto lutava para recuperar sua saúde, apareceria nos jornais e revistas por meio de anúncios em que aparecia sorrindo ao lado do slogan: "Meu Plano de Saúde é Assim".

Após a bronca dos médicos, Mussum passou então a seguir uma dieta light, o que significava deixar de lado cervejas, chopes, cachaças, conhaques, uísques, bourbons, vinhos e qualquer outra bebida alcoólica. Pratos moderados de salada, legumes, arroz branco e frango grelhado tomariam o lugar de seu Filé à Mumu e do cardápio de suas reuniões com amigos abastecidas por camarões na moranga, churrascos, feijoadas, rabadas, buchadas, angus à baiana, cassoulets, mocotós e outros quitutes de alto valor calórico. Embora necessária, seria uma mudança e tanto para um artista famoso, acostumado a viver as delícias da mesa com orgulho de dizer que era quem mais bebia e mais comia sem nunca dar vexame. Antônio Carlos Bernardes Gomes precisou sofrer um bocado, e só um resgate da disciplina dos tempos de militar pode explicar sua força de vontade nessa recuperação.

A melhora resultante da dieta, porém, não apareceu. Pelo contrário, o quadro só piorava com a fase conturbada na vida familiar e Mussum precisou fazer furos a mais nos cintos. Suas camisas e calças ficavam largas demais. Sentia vontade de sair, trabalhar, aproveitar o mar de Angra dos Reis, mas não encontrava forças. Situação que se arrastava até a tarde de 29 de agosto de 1994. Fraco e com tonturas, Mussum decidiu que iria ao hospital assim que seu filho mais velho, Augusto, chegasse em casa e vestiu-se de forma confortável, separando um pijama e sua nécessaire para levar, pois achava que existiam grandes possibilidades de ser internado. No começo da noite, com a chegada do filho, não havia mais condições de esperar nem de se levantar da cama. Desceu as escadas da sua casa em Jacarepaguá carregado por Augusto. Quando chegou à Clínica Pró-Cardíaco, em Botafogo, os médicos diagnosticaram um quadro de insuficiência cardíaca. Após a chegada dos resultados dos primeiros exames, descobriu-se que o coração de Mussum estava quatro vezes maior do que deveria e funcionava com metade da capacidade de bombear sangue.

Após mais uma rodada de exames, foi constado que se tratava de uma miocardiopatia dilatada em estágio avançado, com deformação da parede muscular e do ventrículo esquerdo. Difícil de ser diagnosticada com antecedência, a doença foi avançando ao longo dos anos, roubando a capacidade de trabalho do coração de Mussum aos poucos, manifestando-se apenas por meio de sintomas genéricos, como retenção de líquido, inchaço nos membros inferiores e dificuldade de urinar. Se não foi possível saber quando o problema começou, também não é seguro definir com exatidão qual foi a sua origem. O consumo prolongado de álcool produz radicais livres no sangue cujos efeitos danosos aos vasos sanguíneos e músculos cardíacos podem causar dilatação, mas a miocardiopatia pode igualmente ser causada por infecções bacterianas, virais ou parasitárias, por quadros de obesidade ou taquicardia, ou mesmo ser hereditária, algo que ocorre em 40% dos casos. Isso sem falar da soma de uma ou mais predisposições sendo atacadas por fatores externos.

O fato era que Mussum não tinha condições de fazer um tratamento a longo ou médio prazo. Seu corpo não aguentaria funcionar muito tempo com um coração próximo da falência e os médicos da Clínica Pró-Cardíaco solicitaram uma transferência emergencial para a UTI da Beneficência Portuguesa, em São Paulo, com pedido de prioridade alta na Central de Transplantes da Secretaria Estadual de Saúde. Repetindo de forma trágica a história do homem-tonel de *Os Trapalhões e o mágico de Oróz*, Mussum precisava de um coração, com a diferença de que dessa vez não seria possível escapar com nenhuma solução mágica. Ao chegar já entubado à capital paulista, sua situação assustou a equipe médica. "Ele não pode esperar", resumiu Dante Serra, responsável pela unidade de terapia intensiva da Beneficência Portuguesa.

Se o quadro clínico de Mussum tivesse ocorrido alguns anos mais tarde, possivelmente seu diagnóstico teria sido feito mais cedo e o problema poderia ser tratado com uma combinação de remédios específicos para combater de forma seletiva a origem da inflamação, diuréticos e medicamentos cardiotônicos, com substâncias para aumentar a força do coração. Mesmo que o caso fosse descoberto com demora, ainda assim seria possível apelar para um coração mecânico e melhorar a condição de Mussum enquanto ele esperava por um transplante. Em 1994, porém, nem mesmo os hospitais brasileiros mais bem preparados podiam fazer qualquer coisa. A situação de emergência do trapalhão transformou-se em uma corrida contra o tempo, com direito a um país inteiro como plateia, acompanhando aflito os boletins diários que divulgavam a situação perigosa do comediante.

Naquela altura de julho, havia uma fila de espera com 150 pacientes esperando por um órgão compatível em São Paulo. O número elevado devia-se tanto ao despreparo dos hospitais brasileiros para manter e transportar os corações doados quanto a um grande preconceito do público em relação à prática da doação. A demora era ilustrada por uma funesta estatística: a cada quatro pacientes na fila, apenas um conseguia esperar vivo até o dia da operação. Por sorte, o tipo sanguíneo de Mussum era AB, o chamado receptor universal, e isso, junto com sua condição crítica, o ajudou a ir para uma posição melhor na fila. Ainda teriam mais dois pacientes em condições mais urgentes que a sua naquela semana, mas o primeiro acabou falecendo e o segundo teve uma infecção grave, que o impediu de fazer o transplante. Exigente e desgastante, a cirurgia só é feita em pacientes com uma condição minimamente estável. O caso do comediante era questionável, pois seu pulmão tinha acúmulo de sangue e seu sistema imunológico estava bastante fraco. A inesperada fraqueza no sistema respiratório estava, sem o conhecimento dos médicos, relacionada a uma sequela da tuberculose que acometeu o sambista ainda no começo dos anos 1970. Mas, além do transplante, não havia nenhuma alternativa para sua sobrevivência. Assim, foi dada a notícia de que Mussum estava à beira da morte, necessitando de uma doação com urgência para salvar-se. O Brasil todo continuou sensibilizado, torcendo para que a história tivesse um final feliz.

A repercussão foi tão grande que um doador apareceu na mesma semana, mas o ato de Gilmar Alves foi feito de um jeito trágico e inútil. O vigia de 36 anos cometeu suicídio em seu local de trabalho, a guarita de uma fábrica no bairro da Vila Leopoldina, em São Paulo, e deixou uma carta com o pedido de que seu coração fosse doado para o trapalhão. Embora tenha sensibilizado muita gente, a morte de Gilmar não conservou seu coração batendo e de nada serviu.[46] Parecia que todo mundo estava desesperado para resolver o problema de Mussum, menos ele. Enquanto vivia a expectativa de realizar o transplante, ligou para o publicitário Paulo de Tarso, da agência Free Propaganda, e pediu que eles continuassem a veicular os anúncios da campanha do plano de saúde Assim. O comediante disse ter absoluta certeza de que escaparia daquele problema. Para o público que acompanhava o noticiário sobre a saúde de Mussum restava o estranhamento. Nas mesmas páginas em

---

46. *Folha de S.Paulo*, 11/07/1994.

que as reportagens falavam do delicado estado de saúde do mangueirense, ele aparecia no anúncio da Rede Assim, dando um largo sorriso, como quem esbanja saúde.

Era um otimismo injustificado. A cada dia que passava, seu corpo sofria mais com a fraqueza do coração. As visitas de amigos e familiares foram suspensas e apenas Neila, a esposa, podia ver Mussum em seu leito na UTI. Amigos mais próximos ficavam desesperados com o afastamento e não tinham alento nos boletins médicos divulgados pela imprensa. O quadro clínico seguia estável, sem muitos detalhes informados, mas todas as entrevistas da equipe médica alertavam sobre os riscos da espera. Uma agonia diária que fez a professora Maria Nazaré Miranda, ao ver as últimas notícias sobre o caso no *Jornal Nacional*, perguntar para seus filhos de onde viria a alma caridosa que doaria um coração para Mussum. Mal sabia ela que Darlinton Fonseca de Miranda, o mais novo de seus seis filhos, acabara de sofrer um acidente de moto, ali mesmo na cidade de Gurupi, distante 223 quilômetros de Palmas, batendo a cabeça na guia. O estudante de 23 anos, que andava sem capacete no momento da queda, foi levado para a capital do Tocantins em estado de morte cerebral. Quando soube que o quadro de Darlinton era irreversível, sua família autorizou a doação das córneas, fígado, coração e rins do rapaz. Dona Maria Nazaré lembrou que o filho havia manifestado seu desejo de ser doador de órgãos caso sofresse um acidente. Lembrou-se também de que ele era um grande fã de *Os Trapalhões*.

Para surpresa da mãe de Darlinton e da equipe médica de São Paulo, que recebeu a oferta da doação por telefone, o rapaz reunia todos os requisitos desejados para doar seu coração para Mussum. Rapidamente os cardiologistas da Beneficência Portuguesa viajaram para Palmas e transportaram o corpo do estudante ainda com vida para a capital paulista. O procedimento mais comum seria remover os órgãos do doador e trazê-los imediatamente ao transplantado, mas os médicos não quiseram se dar o luxo de arriscar. Em 13 de julho de 1994, às 13h30, o corpo do doador chegou a São Paulo. Às sete da noite começou o trabalho da equipe do renomado cirurgião cardíaco Sérgio Almeida de Oliveira, colega por quinze anos do pioneiro Euryclides Zerbini, autor do primeiro transplante cardíaco no Brasil. Às 23h20, batia no peito de Mussum um novo coração. A partir dali, o paciente poderia se preocupar com a rejeição do órgão e tomar cuidado com uma infecção hospitalar, mas o pior já havia passado. Controlando a adaptação do novo órgão com a ajuda de três medicamentos para a diminuição da imunidade de seu organismo, a expectativa era de uma alta em quinze dias e do sinal verde para voltar a trabalhar em dois meses.

A notícia do sucesso do transplante causou euforia entre a equipe médica, familiares, amigos e fãs, repercutindo até por meio de uma oportunista campanha da Prefeitura de Palmas que usou anúncios em jornais e revistas para dizer que "O Coração do Mussum é do Coração do Brasil". O sucesso da operação significou ainda uma enxurrada de telegramas com palavras de apoio de amigos, políticos e artistas. Eram mensagens vindas do presidente da República em exercício, Itamar Franco, dos governadores Nilo Batista e Ciro Gomes, de deputados como Amaral Netto, Luiz Antônio de Medeiros e Benedita da Silva, e de muitos artistas e atletas que conviveram com Mussum durante sua longa carreira como sambista e trapalhão. Entre esses remetentes, apareceram Antônio Pitanga, Miele, Marília Pêra, Reginaldo Faria, Eder Jofre e Roberto Dinamite. A mãe de Zacarias, dona Virginia Faccio Gonçalves, também mandou palavras de apoio. Os recados mais emocionados, no entanto, vinham de velhos amigos da Mangueira, como Antunes, Nininha, Mocinha, Cristolina, Walter Policarpo e Moisés Mandam, da Ala dos Boêmios, e da administração da escola, por meio de Roberto Firmino e Ivo Meireles. As cartas e bilhetes enviados por fãs são incontáveis e seria impossível reproduzir aqui o tamanho da emoção de crianças, pais e idosos que pediam pela recuperação do ídolo. Mas ninguém estava tão contente quanto o próprio transplantado. Mussum acordou às 5h30 da manhã, teve retirada de sua boca uma sonda ligada a um aparelho de respiração mecânica, e fez um pedido aos médicos: queria que fosse colocada uma televisão no quarto para poder assistir ao jogo entre Brasil e Suécia, pelas semifinais da Copa do Mundo dos Estados Unidos. Como era de se esperar, os médicos negaram o pedido e disseram que, apesar de se ter um coração de 23 anos, ele deveria se poupar de emoções fortes, seguindo em repouso.

De fato, foi melhor assim. No jogo com muitas chances perdidas pelos comandados de Parreira, a seleção fez 1 a 0 com um improvável gol de cabeça do baixinho Romário, aos 35 minutos do segundo tempo, e classificou-se depois de 24 anos para uma final. Mussum ainda não estava bem o suficiente para encarar o nervosismo de uma semifinal, muito menos de uma final. Suas forças bastavam para, no máximo, telefonar para algumas poucas pessoas. Além dos filhos, ligou para o amigo Dedé e para o chefe Boni. O *cumpadi* Dedé andava desesperado para falar com o amigo, escrevia pequenos bilhetes e os enviava por meio de Neila e das enfermeiras. No auge de sua fé evangélica, rezava noite e dia pelo amigo e pedia a todos os seus irmãos que fizessem o mesmo. Boni, por sua vez, recebeu a ligação com surpresa. Mussum havia ligado para agradecer a ajuda e dizer que em breve voltaria para Angra para tomarem batida de limão juntos, mas não aguentou a barra e começou a chorar ao telefone. O comediante sabia que os gastos de sua cirurgia ultrapassavam os 300 mil dólares e que, sozinho, jamais teria dinheiro para realizar o procedimento com tamanha qualidade.

Outra emoção grande veio de uma reportagem da *Folha de S.Paulo* desmentindo quem acusava o artista de ter furado fila por ter mais dinheiro que os demais pacientes. O texto mostrava a importância da situação de Mussum para acender uma discussão mais ampla em relação à doação de órgãos, um fenômeno chamado de "Efeito Mussum". Em apenas dois meses, hospitais de todo o Brasil constataram um aumento na oferta de órgãos para transplante. Só em São Paulo, o número de doadores cresceu 700%.[47]

As boas notícias acabaram em 16 de julho. Após uma recuperação pós-cirúrgica com velocidade acima da média, Mussum deu um susto em todos. No mesmo dia em que estava brigando com a equipe médica porque estava louco de vontade de tomar um copo de Coca-Cola – e pelo tom de voz já se notava uma boa melhora –, veio a primeira recaída. Em caráter de emergência, precisou ser submetido a uma nova cirurgia, tomando anestesia geral e ficando sedado entre as onze da noite e a uma da madrugada, quando teve seu tórax aberto com o

---

47. *Folha de S.Paulo*, 15/06/1994.

objetivo de tratar uma hemorragia e remover o acúmulo de coágulos em torno do novo coração. A complicação, segundo a equipe médica, aparecia em no máximo 2% dos pacientes transplantados. O trapalhão acordaria no dia seguinte, consciente, para descobrir que o Brasil havia vencido a Itália nos pênaltis e conquistado o primeiro tetracampeonato das Copas do Mundo. Lamentou por não poder tomar sequer um chope ou mordiscar uma picanha. Precisava se alimentar por meio de uma sonda nasoenteral e respirar por meio de um tubo colocado na traqueia. A possibilidade de rejeição do novo coração, porém, estava afastada e a alteração na coagulação sanguínea, chamada de fibrinólise, corrigida. Para os médicos, aquilo havia sido apenas um susto, mas, para o organismo de Mussum, o problema de coagulação fora um alerta importante de que mais problemas estavam a caminho.

No dia 22, foi detectada uma infecção pulmonar no paciente. O quadro piorou rapidamente e foram constatados a contração dos brônquios e o derrame na pleura. Foi preciso instalar um dreno para retirar o excesso de líquido do pulmão direito e uma nova bateria de exames foi realizada. O resultado da biópsia não detectou sinais de rejeição do coração, mas a situação era muito preocupante. A ciclosporina, droga destinada a recém-transplantados, inibe o sistema imunológico do paciente para evitar problemas com o novo órgão, mas, ao mesmo tempo, baixa as defesas do organismo e faz com que qualquer problema seja potencializado. Foi o que aconteceu com os pulmões de Mussum, que não responderam positivamente aos tratamentos e passaram a funcionar com péssima eficiência, afetando sua saúde de forma exponencial.

Quatro dias após o derrame, o mangueirense precisou iniciar um tratamento diário de diálise para filtragem do sangue e procedimentos para a retirada de líquido acumulado nos pulmões. A essa altura, já havia também complicações nos rins, que perderam sua capacidade durante o uso da medicação pesada. O coração novo não apresentava nenhum problema, mas a vida de Mussum estava chegando aos seus momentos finais. A medicação deixou seu corpo frágil demais e, com o comprometimento de pulmões e rins, restava pouco a fazer. Antônio Carlos Bernardes Gomes lutou até as 2h45 do dia 29 de julho de 1994. Depois, se *empirulitou*.

Após os familiares, quem primeiro recebeu a notícia triste foi Dedé. O telefone tocou na madrugada e o trapalhão já sabia o que ouviria do outro lado da linha. Segurou a onda e telefonou para Renato, mas não precisou falar nada. Os dois parceiros de riso tinham sincronizado seus sentimentos também para aquele momento de incrível dor, mas coube ao *cumpadi* Dedé chegar antes ao necrotério e, a pedido dos chocados familiares de Mussum, reconhecer o corpo do seu melhor amigo. Às 12h30 do sábado nublado, saía um caixão da Beneficência Portuguesa em direção ao Cemitério de Congonhas, sob os aplausos de algumas dezenas de fãs e amigos que faziam vigília na porta do hospital. Em Mangueira, a triste confirmação foi sendo espalhada de barraco em barraco, até que o estandarte da escola foi colocado a meio pau.

Ainda com a espetacularização do enterro de Zacarias em mente, Mussum, nos seus últimos dias, teria pedido aos seus entes queridos uma cerimônia simples, em São Paulo mesmo, sem grande alarde. Falar desse assunto era um grande tabu para ele, afinal, não conseguia admitir um final triste daqueles para sua vida. Tinha certeza de que as coisas iam se resolver de um jeito ou de outro, como sempre tinham se resolvido até então. Por isso, os planos do velório e do enterro não eram públicos nem muito elaborados. Não contava com aquela possibilidade. Mas ela veio. Foram apenas dezessete dias com o coração novo.

Às 15h30, havia mais de duzentas pessoas com o intuito de dar o adeus final ao trapalhão no Cemitério de Congonhas e, em torno do esquife, estavam Neila, Augusto, Alexandro, Antônio Carlos, Fausto, Paula, os integrantes dos Originais do Samba, Roberto Guilherme, Ronald Golias, Carlos Alberto de Nóbrega, Beto Carrero, Dedé e Renato Aragão, entre outros amigos de longa data e familiares. Alguns minutos depois, quando o céu da tarde tentava se pintar de cor-de-rosa, chegaria um ônibus trazendo uma delegação vinda direto de Mangueira, com Dona Neuma à frente de um cortejo de baianas devidamente vestidas. "Nós perdemos um grande amigo e a Mangueira perde um componente que a amava muito. A Mangueira fica mais triste sem ele, mas tenho certeza de que Deus há de estar sorrindo com as gracinhas do nosso Mussum. Era um irmão de todas as horas para o pessoal do morro", disse a matriarca emocionada.⁴⁸ O caixão foi coberto por uma bandeira da Estação Primeira e por uma camisa branca do Flamengo. Ao som do surdo solitário e profundo, reservado aos grandes sambistas que morrem, Mussum foi enterrado. Descansou para sempre na lápide 174, por coincidência na Quadra 51, e, por opção, ao lado de Rubão, antigo parceiro de Originais. Juntos poderiam tocar novamente "Testamento de partideiro", partido-alto de Candeia gravado pelos Originais em 1976, que diz: "O sambista não precisa ser membro da academia/ Ao ser natural em sua poesia/ O povo lhe faz imortal".

---

48. *Jornal do Brasil*, 30/07/1994.

Capítulo 24
Quero morrer pretis (2023)

> *"Aí, Cotó! Solta mais uma bem geladis que essas que estavam aqui evaporaram todis."*

Eternizado pelas suas participações em trabalhos coletivos, tanto como sambista quanto como palhaço, Mussum teve sua carreira, seus maneirismos e seu legado lembrados ao longo dos anos de uma forma que poucos artistas em carreira solo conseguiram. Ano após ano, homenagens de todos os tipos e tamanhos foram aparecendo, mostrando que a importância do trapalhão ultrapassava as brincadeiras do programa de domingo ou os hits dos Originais do Samba. Em um caso raro, o carinho do público só aumentou com o tempo, demonstrando a cada dia o quanto o humor malandro do mangueirense comunica-se não apenas com crianças, mas também com adultos e adolescentes de diferentes gerações. É nesse ponto da história que o *forévis* começa a mudar de significado, passando de um disfarce para não falar palavrões na televisão para uma versão bem aproximada de seu verdadeiro significado em inglês: para sempre.

Um dia após a partida de Mussum, Didi e Dedé precisaram subir ao enorme palco montado no centro do Ginásio do Ibirapuera, em São Paulo, para apresentar o show do Criança Esperança de 1994. Ainda muito comovido com a perda do amigo e sem condições de tocar o espetáculo inteiro como estava acostumado, Renato deveria apenas abrir as festividades, mas, com a voz embargada, segurou as lágrimas e disse não ter condições de continuar. A plateia de mais de dez mil pessoas, igualmente sensibilizadas, começou a cantar e a bater palmas em homenagem a Mussum – algo que se repetiu quase do começo até o encerramento do programa, a cada nova menção ao nome do comediante falecido na véspera. O clima de saudade continuou com uma homenagem a outro ídolo dos domingos, o piloto Ayrton Senna, falecido havia cerca de dois meses. No ato final da festa, com Roberto Carlos cantando "Amigo", o derradeiro discurso de Renato pediu mais uma salva de palmas para Mussum. "Não vamos fazer um minuto de silêncio, pois em vida você nunca foi silêncio. Você sempre foi alegria." O Criança Esperança foi encerrado com a exibição de imagens do mangueirense em ação na televisão e a canção-tema, "Amigos do peito", como fundo.

Depois disso, quase semanalmente surgia algum tributo ao comediante.

César Maia, então prefeito do Rio de Janeiro, assinou um decreto para mudar o nome da Estrada do Quitite, em Jacarepaguá, para estrada Antônio Carlos Bernardes Gomes – Mussum. Meses depois, a câmara municipal criou outro projeto, dessa vez para batizar de alameda Mussum uma via que liga a rua Santa Fé à avenida Amaro Cavalcanti, no Jardim do Méier. Ainda em 1994, o Largo do Moutella, também em Jacarepaguá, foi rebatizado como Largo Antônio Carlos Bernardes Gomes e foi inaugurada a Creche Municipal "Mussum, o Trapalhão", na rua Viçosa, na Penha Circular. As lembranças não ficaram restritas ao Rio de Janeiro. Em Goiânia, foi fundado o Centro de Atenção Integral à Criança Mussum, mais conhecido como Caic Mussum, e, em São Paulo, uma via no bairro do Morumbi ganhou o nome de rua Comediante Mussum, fazendo esquina com a rua Comediante Zacarias. Em 1995, a Mangueira prestou homenagem a Mussum e Tom Jobim, também mangueirense e falecido em 1994, no último carro alegórico do seu desfile na Sapucaí.

Outro tributo famoso a Mussum ocorreu em maio de 1999, quando a banda brasiliense Raimundos lançou *Só no forévis*. Além do título, uma faixa com a referência ao termo criado pelo trapalhão servia de introdução, em meio de pandeiros e arrotos, para aquele que seria o trabalho mais bem-sucedido comercialmente do grupo, com 1,8 milhão de CDs vendidos. Mussum ainda seria lembrado em outro disco, esse bem menos conhecido, quando *Confissões*, de Chico Salles, foi lançado em 2000. Forrozeiro e poeta de cordel, Chico estreou tardiamente no mundo artístico, pois, na verdade, ganhava a vida como engenheiro. Sua veia para o samba e para o xote foi despertada por causa de Mussum, seu vizinho de condomínio em Jacarepaguá. Juntos, em uma amizade que ficou mais forte ao passo que a rotina do trapalhão ficava mais tranquila. No começo dos anos 1990, os dois foram frequentadores assíduos das rodas de samba de Roberto Serrão. Dessa fase, acabaram saindo pelo menos quatro canções assinadas pela dupla: "Balançou, caiu", "Sopa de piranhas", o hino do bloco carnavalesco Elas e Elas, e "Pinto no Xerém", que traz versos como "De rabo de olho/ e de olho no rabo/ eu fico aqui igual a um pinto no Xerém/ rabo de foguete/ rabo de arraia/ Êta rabo de saia/ Belo vai e vem". Embora não tenham feito sucesso comercial, as canções mostram que, em seus últimos anos de vida, Mussum continuava a produzir como músico e, finalmente, parecia disposto a assinar composições novas.

Seja por meio de ruas, escolas ou músicas de duplo sentido, poucos artistas foram tão alegremente lembrados após sua morte, mas nem todas as homenagens deram conta de fazer sua ausência menos dolorida. Em 1994, pela primeira vez, Renato e Dedé cogitaram descontinuar o programa *Os Trapalhões*. Eles já tinham combinado um período de férias para boa parte daquele ano, mas, muito abalados, não tinham certeza de como reuniriam forças para continuar. Tiveram vários meses para juntar os cacos, mas nem isso adiantou. As exibições de *Os Trapalhões – Melhores Momentos de Todos os Tempos* continuavam a dar bons resultados no Ibope, chegando a mudar para a faixa do meio-dia nos dias de semana e ampliando a liderança da Globo no horário.

Por outro lado, não havia pressa para que o programa dominical voltasse com episódios inéditos. A falta de interesse da Globo era motivada pelo *Domingão do Faustão*, que continuava a dar conta do recado nas tardes e nos começos das noites de domingo. Apenas em abril de 1995 um programa inédito de *Os Trapalhões* voltaria ao ar. Comandado apenas por Didi e Dedé, em um cenário pequeno, com uma parede de monitores ao fundo, a atração chegaria mais cedo do que o horário tradicional, sendo exibida entre as 13h30 e as 14h30. A dupla de trapalhões trabalhava mais no papel de mestres de cerimônia do que de palhaços, entrevistavam artistas da Globo e mostravam cenas antigas do grupo ainda como quarteto misturadas a novos esquetes. Nesse formato, *Os Trapalhões* durou pouco e saiu de fininho da grade de programação, já no final de agosto, sem deixar muita saudade. O grupo ainda encontrou uma sobrevida ao gravar uma série de programas "à moda antiga" para o canal português Sociedade Independente de Comunicação (SIC). Com o elenco reforçado por atores lusitanos, Didi, Dedé e, mais tarde, Roberto Guilherme reeditaram quadros como o "Quartel do Sargento Pincel" e os esquetes tradicionais. Agradaram tanto em Portugal que assinaram contrato para três temporadas. No Brasil, por outro lado, ficariam sem aparecer com frequência definida na programação da Globo até 1998 – quando estrearia *A Turma do Didi* com Renato como único remanescente da formação clássica dos Trapalhões. À época, Dedé estava rompido com Aragão por divergências criativas e pessoais e rumou para o SBT, onde estrelava *O Comando Maluco*. O programa original dos Trapalhões, no entanto, desapareceu da grade da Globo para nunca mais voltar. O motivo oficial foi uma reformulação na grade de programação da emissora, mas dois problemas paralelos também ajudam a explicar o motivo de Didi, Dedé, Mussum e Zacarias não terem tido a mesma trajetória de sucesso *ad aeternum* de *Chaves*, *Chapolin* ou *Os Três Patetas*. O primeiro foi uma briga com os familiares de alguns dos membros já falecidos do elenco. Enquanto o quarteto titular de humoristas estava sob um contrato que cedia seus direitos de imagem para uso e reúso exclusivo da Rede Globo, muitos atores do elenco de apoio e figurantes trabalhavam por cachê e, por isso, acharam correto ir à Justiça pedir um novo pagamento para cada nova aparição que fizessem no vídeo. O gasto para pagar novamente um figurante, ou vários deles, não parecia ser um obstáculo grande demais para a poderosa Globo, mas seria melhor evitar uma jurisprudência que fizesse a emissora perder processos para cada um dos participantes dos mais de oitocentos episódios de *Os Trapalhões*.

A segunda razão especulada para o fim das reprises tem relação com um maior controle do setor de classificação de títulos do Ministério da

Justiça do Brasil provocado por uma fase de briga despudorada pela audiência na TV aberta. De acordo com o artigo da Lei n. 8.069 do Estatuto da Criança e do Adolescente, as emissoras deveriam submeter o conteúdo dos seus programas para a avaliação do Departamento de Classificação Indicativa, da Secretaria Nacional da Justiça (Declas); este, por sua vez, definiria em que faixa de horário o programa deveria ser exibido. Até o final dos anos 1990, os próprios canais decidiam a classificação etária das atrações de suas grades, restando ao governo receber e averiguar reclamações feitas em órgãos públicos. Com a escalada de pegadinhas apelativas, dançarinas seminuas, espetacularização da violência urbana e outras táticas sujas para atrair audiência, esse acordo foi rompido e a Lei n. 8.069 passou a ser executada com algum rigor. De forma indireta, essa mudança teve poder de inviabilizar a exibição de boa parte dos esquetes de *Os Trapalhões*. Afinal, seria bem fácil encontrar "referências obscenas, linguagem depreciativa e consumo de álcool" nas aventuras do quarteto e, dessa forma, o programa receberia a classificação de "recomendado para maiores de 12 anos", só podendo ir ao ar depois das oito da noite – horário nobre demais para qualquer reprise.

Se o verdadeiro motivo para o fim de *Melhores Momentos de Todos os Tempos* foi mesmo a justificativa oficial de reformulação, a extraoficial ou uma soma das duas, o papel da emissora como divulgadora do grupo já fora bem cumprido. Após duas décadas de sucesso na Globo, em 1997 encerrava-se a história do quarteto de palhaços na televisão aberta brasileira. Houve ainda tentativas de revitalizar a marca com reprises no canal pago Viva, também do Grupo Globo, e um programa chamado *Os Trapalhões* em 2017 – em que um elenco de novos atores interpretava versões repaginadas dos integrantes originais e até interagia com seus "tios" Didi e Dedé em algumas cenas. A atração foi praticamente ignorada pelo público e fez a Globo mudar seus planos sem dar muitas explicações. Em vez de seguir para uma nova temporada, como previsto, o projeto foi engavetado e tratado apenas como uma homenagem pelos quarenta anos da estreia de *Os Trapalhões* na emissora.

Para sorte dos saudosistas e das novas gerações, as palhaçadas dos trapalhões de verdade não estavam gravadas apenas nas memórias de seus fãs. Com a abertura das importações e o controle da inflação no Brasil da segunda metade dos anos 1990, ter um videocassete em casa não era mais um luxo. Os aparelhos, já prestes a serem substituídos pelos leitores de DVDs no exterior, invadiram o mercado nacional e possibilitaram que fãs de várias gerações aproveitassem as reprises diárias para registrar esquetes que não eram exibidos havia décadas, como os Trapaclipes e outros quadros do tempo em que Didi usava costeleta comprida e Dedé era magrinho. Nesse cenário de consumo em alta e de novas possibilidades tecnológicas, também surgia para cada vez mais brasileiros a oportunidade de comprar um computador pessoal e acessar a internet em casa pela primeira vez. A combinação dessas duas tecnologias, uma quase defasada e outra bastante nova, ajudou os fãs mais dedicados a suprir a ausência de *Os Trapalhões* na TV e também a reunir o material usado como base para os memes com Mussum. De forma pioneira e sem conhecimento de Renato Aragão, em 1998 foi criado o site www.renatoaragao.com.br, que serviu como homenagem e, mais que isso, como ponto de encontro para gente de todo o Brasil interessada nos Trapalhões. Lincoln Scanapieco, de Juiz de Fora, Minas Gerais, reuniu fotos e informações sobre os filmes e programas exibidos pela Globo e compartilhou tudo o que podia pelo site. Em tempos de conexão discada, o melhor que dava para ser feito era publicar algumas fotos, textos e GIFs animados. Ainda assim, um simples endereço de e-mail publicado como forma de contato serviria para reunir um grande acervo de histórias, imagens e registros sobre o universo dos Trapalhões. Mais importante que isso, a internet ajudava também a conectar os fãs mais fervorosos do grupo, onde grandes coleções floresciam.

A partir de 2004, com a chegada e a rápida popularização do Orkut, primeira rede social a ter grande alcance no Brasil, a rede de fãs cresceu exponencialmente e, por meio de comunidades específicas, algumas delas com mais de 100 mil membros inscritos, apreciadores de *Os Trapalhões* de todas as cidades e idades começaram a expor detalhes e fotos de suas coleções e relembrar momentos especiais que viveram graças ao programa. No meio das conversas e posts com recordações e piadas, acontecia um intercâmbio de conhecimento entre quem viu tudo ao vivo desde os anos 1970, aqueles que eram crianças nos anos 1980 e aqueles que só tomaram conhecimento da malícia que permeava as piadas quando o programa foi reprisado nos anos 1990. Um desses veteranos, o capixaba Lozandres Braga, já com mais de trinta anos na época do Orkut, usou a internet para mostrar sua coleção com gibis raros da editora Bloch, LPs, compactos, K7s, brinquedos, itens promocionais, pôsteres e fotos dos Trapalhões. Em troca, aprendeu a usar scanners e câmeras digitais para melhor registrar seus tesouros.

Mais tarde, com a conexão por banda larga já começando a alcançar mais cidades e sendo oferecida a preços acessíveis à classe média, foi facilitada a vida de quem queria enviar e receber versões digitalizadas das antigas fitas VHS com gravações de *Os Trapalhões*. Converter as imagens do analógico para o digital exigia a instalação de uma placa especial no computador e muita paciência, afinal, para digitalizar cada minuto de vídeo era preciso esperar cerca de sete, dependendo da máquina, da placa e do software utilizados. Mas isso não chegava a ser um problema para o paulistano Diego Munhoz, fã de Zacarias que desde o final da adolescência tinha como hobby transformar seu acervo de programas gravados em arquivos digitais. Sozinho, ele converteu mais de quatrocentas fitas e compartilhou gratuitamente raridades, como episódios de *Os Insociáveis*, toda a filmografia do grupo e várias reportagens antigas. Lozandres e Diego, é claro, não eram os únicos a fazer isso e, rapidamente, a internet foi abastecida com centenas de horas de gravações de cenas de Didi, Dedé, Mussum e Zacarias.

Apesar das comunidades do Orkut e dos sites especializados, grande parte desse material ficava um pouco escondida, restrita a poucas pessoas – igualmente dedicadas e pacientes – que perdiam um bom tempo garimpando sites até encontrar o conteúdo convertido por outros fãs ou até mesmo trocavam CDs e DVDs gravados em casa via correio. Um perrengue que não precisaria mais acontecer após a popularização do YouTube, por volta de 2005. O portal que oferece espaço virtualmente ilimitado para publicar seus próprios vídeos, e de quebra compactava os vídeos para serem assistidos com rapidez pelo público, foi uma solução perfeita para os fãs de Trapalhões carentes de um meio de compartilhar suas pérolas do VHS. Sem nenhum incentivo ou autorização oficial da Rede Globo, a verdadeira detentora dos direitos autorais do programa, fãs criavam canais repletos de cenas memoráveis, apresentando os quatro palhaços a uma geração que não tinha nem nascido quando aquele conteúdo foi ao ar pela primeira vez ou até quando foi reprisado.

E mesmo quem tinha idade para ter visto a exibição original dos esquetes também se deliciava ao ver pela segunda vez, já com mais idade e mais malícia, uma vez que as referências e piadas pesadas passavam batidas pelas suas cabecinhas de criança. Dentro desse novo universo de descobertas e releituras, muita gente percebeu, entre outras boas lembranças, o quanto as aventuras de Mussum pelos botequins eram engraçadas. Chegamos, então, à publicação de "Mussum armando uma *pindureta*" pelo usuário SpeedMerchants em 22 de novembro de 2006, momento definidor do renascimento de Mussum como ídolo pop. O quadro de 4 minutos e 33 segundos, em que também participam Didi e Tião Macalé, foi filmado nos tempos do diretor Adriano Stuart e só 25 anos depois foi desenterrado rumo a um sucesso enorme. Mas, para entender por que esse vídeo específico fez mais barulho na internet do que qualquer uma das outras dezenas de esquetes de Kid Mumu já publicadas, primeiro é preciso levar em conta a rápida ascensão dos memes.

Sequestrado do livro *O gene egoísta*, do biólogo britânico Richard Dawkins, e posteriormente adaptado por vários autores, o termo "meme" refere-se a uma porção mínima de informação capaz de ser codificada por uma comunidade específica, sendo transmitida, imitada e adaptada facilmente. Pode ser uma simples imagem, uma palavra, um barulho de alguns segundos ou mesmo um sinal feito de dois caracteres, como os *smiles*. Quem é da tribo certa vai entender na hora o significado e replicar a mensagem para os seus pares, espalhando modismos, piadas e gírias que, ao menos no começo, não fazem sentido algum para a maioria das pessoas. A transformação do personagem Mussum em meme começa pelo seu jeito de falar e seu léxico característico, que facilita seu reconhecimento como piada para quem sabe que a referência do plural errado é ligada ao humor do trapalhão, e não apenas erros gramaticais.

Com o vídeo "Mussum armando uma *pindureta*", a coisa foi além dos trejeitos verbais do mangueirense devido ao grande número de frases e palavras capazes de ganhar vida própria, independentemente da obra como um todo. Dividindo as brincadeiras de Mussum, Didi e Macalé, o conteúdo conseguiu se multiplicar e chegar bem mais longe. O termo *pindureta*, por exemplo, mencionado brevemente no quadro, ganhou destaque ao aparecer no título da página do YouTube e por muito tempo entrou para o vocabulário de quem pensa em dar algum calote por aí. O jeito irônico de Didi cumprimentar seus clientes, chamando-os de bacharéis, diplomatas e engenheiros, entre outros elogios irônicos, também é facilmente imitável e replicável. Após assistir ao vídeo, é quase impossível resistir à tentação de chegar a uma mesa de bar e cumprimentar os seus amigos fazendo a mesma brincadeira. E assim segue-se com outras frases e piadas do esquete. Cantar os versos iniciais de "Lá no morro", pedir para o garçom "completar o lance" ou chamar as garrafas de 600 ml de cerveja de "*ampolis*" é tão engraçado de ver quanto fácil de imitar. Resultado: a publicação de 2006 já teve mais de 9,3 milhões de visualizações[49] e suas várias cópias têm números igualmente expressivos.

É claro que diversas outras cenas dos Trapalhões no auge da forma ganharam muitos fãs na internet, mas foi, sem dúvida, o quadro com a tentativa de pagamento fiado no boteco que ensinou toda uma geração de brasileiros a reproduzir cotidianamente o jeito típico do personagem mangueirense. A partir daí, como é comum acontecer com os memes, a coisa fugiu completamente do controle dos autores originais e mesmo dos fãs que digitalizaram o conteúdo inicialmente. Ficou cada vez mais frequente esbarrar em sites de humor, montagens fotográficas, piadas e projetos variados, como um tradutor on-line ou um gerador de textos aleatórios, apropriando-se do mussunguês, do mussunês ou de qualquer outro nome que queiram inventar para a linguagem do personagem. Prova disso é que, mais de quinze anos depois da publicação do vídeo da *pindureta* no YouTube, é fácil encontrar vídeos de Mussum entre os mais populares da rede social TikTok, que chegou ao Brasil em 2018.

---

49. Números de 27 de Setembro de 2022.

A brincadeira de imaginar Mussum nos dias atuais cresceu tanto que foi capaz até de engolir e ser misturada com outros memes da rede, criando novos códigos que nem sempre representam de forma fiel o jeito característico das falas de Mussum. Enquanto o comediante guardava as palavras erradas para dar graça ao final das frases, seguindo o conselho do mestre Chico Anysio, nas redes sociais as referências geralmente abusam dos plurais no começo ou no fim das orações – o que não torna a brincadeira menos engraçada.

É impossível rastrear quem teve a ideia primeiro, mas uma agência de publicidade chamada Strat Comunicação, com base em Porto Alegre, foi quem melhor aproveitou a oportunidade de usar Mussum como meme. Seus designers colocaram o rosto de Mussum em pelo menos catorze peças publicitárias que satirizavam filmes, como Matrixiss, Titanicsss, Karate Kidiss, Harry Pottis, Crepusculis, Hulkis, Wolverinis, e músicos, como Cazuzis, Restartis, Wandis, Nirvanis e Ramoniss. A brincadeira não parou mais e ultrapassou a ideia inicial, de homenagear o trapalhão no dia de seu falecimento quando fãs publicavam posts usando a hashtag #MussumDay. De novo, a coisa saiu de controle, e nunca mais foi preciso qualquer motivo ou data especial para usar frases, vídeos e imagens de Mussum para criar ou reciclar piadas suas ou de outras fontes. O remix de referências foi tanto que conseguiu sair da internet para invadir as ruas. Uma rara transposição de uma mania da web para algo palpável e visto fora das redes sociais aconteceu na esteira de dois acontecimentos históricos – que nada tinham a ver com o ex-integrante dos Originais do Samba. O primeiro deles foi a eleição de Barack Obama como presidente dos Estados Unidos, após uma campanha que gastou mais de 200 milhões de dólares para transformar o candidato em um produto perfeito para ser divulgado e consumido pela internet. Durante a corrida presidencial, a campanha de Obama fez um investimento enorme para ser onipresente com seus slogans e logotipos no Twitter, no Facebook, no YouTube e onde mais o eleitor jovem estivesse logado. Daí surgiram memes como o "Yes, We Can" e o pôster colorido com a ilustração do democrata em cima de palavras de ordem como "esperança" e "mudança". É claro que não demorou para Obama ser substituído por Mussum e ilustrar camisetas com o nome "Obamis" e frases como "Yes, we créu" ou simplesmente "Mé".

Dali em diante, foi difícil passar um dia sem ver a ilustração exposta em alguma barraquinha de camelô ou no corpo de algum moleque que provavelmente começou a ver *Os Trapalhões* em vídeos do YouTube e passou a gostar do programa tanto quanto ou mais do que alguém que os esperava nas noites de domingo.

Depois do primeiro hit no vestuário, passaram a surgir diversas versões de estampas com fotos antigas ao lado de ditos novos, montagens colocando o rosto do trapalhão sobre pôsteres de filmes famosos ou mesmo palavras sozinhas, como *Mé* e *Forévis*, no centro de camisetas pretas. A rápida adaptação da tendência da internet para as barraquinhas, além de mostrar que os camelôs estavam cada vez mais ligados em tecnologia, fez com que surgissem os produtos oficiais com o endosso ou a imagem de Mussum. A multinacional Google usou o rosto e as frases do comediante em anúncios nas ruas e nas estações de metrô do Rio de Janeiro com o slogan "Dá um googlis!", e a grife Reserva lançou uma coleção de camisetas homenageando Mussa.

Um dos mais impressionantes casos dessa nova onda de popularidade foi a campanha do novo Fusca, modelo escolhido pela Volkswagen para ser o embaixador da marca no ano em que sua primeira fábrica no Brasil completava sessenta anos. O comercial do carro, exibido em fevereiro de 2013, fez parte de uma campanha que custou mais de 20 milhões de reais e colocou propagandas em jornais, revistas, sites, cinemas e rádios. Na TV, o filme criado pela agência Almap BBDO usou ícones do Brasil dos anos 1970, como o craque Roberto Rivellino, para fazer uma viagem no tempo e mostrar como o Fusca havia evoluído e se descolado da sua imagem antiga. Com "País tropical", de Jorge Ben Jor, tocando de fundo, transeuntes no Viaduto do Chá olhavam o automóvel moderno incrédulos, fazendo perguntas a um repórter vindo do século XXI. Entre a descrição de um acessório e outro, aparecia Mussum exclamando *"Cacildis"* e "É o *Fusquis*" como se estivesse também ali, impressionado com a modernidade. A imagem, na verdade, foi retirada do filme *Atrapalhando a Suate*, de 1983, e tratada digitalmente, mas a presença do comediante dispensava efeitos especiais para roubar a cena.

Essa não seria a única oportunidade em que Mussum invadiria as ruas do Brasil em 2013. Naquele ano também seria lançada a Brassaria Ampolis, fundada por Sandro Gomes, quarto filho do artista, em parceria com seu amigo dos tempos de colégio, o publicitário Diogo Mello. Ironicamente, a homenagem em forma de *mé* foi a que teve maior alcance, maior duração, e a única que certamente seria aprovada pelo homenageado.

A ideia surgiu durante um reencontro dos amigos no carnaval de 2011, em Angra dos Reis. Eles já haviam discutido várias vezes sobre como eternizar a imagem de Mussum de uma forma diferente. Falaram sobre criar um museu, um bloco de carnaval, uma linha de roupas, mas nenhuma das ideias parecia boa o suficiente. Entre um gole e outro de cerveja, a solução apareceu bem em frente dos amigos: por que não criar um selo de qualidade para bebidas usando Kid Mumu, autoridade máxima em *mé*? Melhor ainda, por que não criar o próprio suco de *cevadis* do Mussum?

Com o jeitão de "como ninguém pensou nisso antes?", os amigos se empolgaram de início, mas, quando a adrenalina baixou, perceberam que não se tratava apenas de uma oportunidade lucrativa de licenciamento. Para Diogo, que frequentava a casa de Mussum em Jacarepaguá, também havia o laço emocional com o Tio Caco, apelido caseiro de Mussum, e todas as lembranças de viagens e churrascos ao longo de sua juventude. Para Sandro, usar o nome e a imagem do pai era algo sério. Sua meta era fazer algo que deixasse o coroa orgulhoso. Entre a idealização e a primeira *ampolis* foi preciso ralar.

À época, Sandro trabalhava como diretor de operações de uma empresa de exploração de gás e petróleo. Já Diogo era um diretor de criação com 21 prêmios do Festival de Criatividade de Cannes. Eram fãs de cerveja, mas faltava estudar e se familiarizar com o vertiginoso crescimento das microcervejarias no Brasil. Seguindo uma tendência que começou no noroeste dos Estados Unidos, mais e mais hobbistas encararam a tarefa de testar receitas diferentes e usar lúpulo e cevada para fazer cervejas artesanais bem diferentes das tradicionais Pilsners das grandes marcas.

Foi nesse cenário que a Biritis, primeira criação da Brassaria Ampolis, mirou o público dos entusiastas das microcervejarias e usou uma receita "premium", a Vienna Lager. Com sabor encorpado e cor em tons de cobre, a receita também foi escolhida porque Mussum era fã da Malzbier, uma das poucas opções de "cerveja escura" disponíveis no Brasil antes da expansão das marcas importadas em meados dos anos 1990. A missão da empresa era "elevar o nível das cervejas que se bebem no Brasil, de uma forma leve, bem-humorada e 'sem *frescuris*'".

E a Biritis chegou com tudo. Investindo 20 mil reais, Sandro e Diogo produziram 1.800 litros inicialmente e esperavam otimistamente vender 5 mil litros nos primeiros seis meses, focando em estabelecimentos do Rio e de São Paulo. Em duas semanas, tiveram encomendas para vender 10 mil litros em todo o Brasil. Os fãs de Trapalhões, já com idade mais do que suficiente para dar uma beiçada, correram para experimentar a "cerveja do Mussum" e, quando tinham a sorte de encontrar uma garrafa, não resistiam à tentação de postar uma foto nas redes sociais – algo parecido com o que acontecia com a cerveja Duff, licenciada para usar a marca preferida de Homer Simpson. Quando não encontravam a Biritis, também corriam para a internet para dizer que a cerveja não existia, que era apenas outro meme.

Vieram na sequência a Ditriguis, uma cerveja de trigo tipo belga, a Cacildis, uma premium *lager*, e a Forévis, uma *session* IPA, com o mesmo sucesso e os mesmos problemas da Biritis. Enquanto tentavam fazer encomendas usando seus próprios carros e participavam de encontros de cervejeiros no Brasil e no exterior, Sandro e Diogo enfrentavam o dilema de ter uma procura gigante pelo produto, mas não possuir a infraestrutura necessária para entregá-lo. Nos primeiros anos, chegaram a contrair dívidas, atrasar entregas e até tiveram que usar o dinheiro dedicado a pagar o plano de saúde para pagar fornecedores. Nessa jornada, entretanto, também encontraram parceiros e colaboradores que trabalhavam um pouco mais ou cobravam um pouco menos simplesmente por serem fãs de Mussum e amarem a ideia de fazer o *mé* do Kid Mumu.

Houve um ponto em que a Brassaria Ampolis quase quebrou devido aos problemas de logística e à pesada carga de impostos, mas, como em um filme dos Trapalhões, o final feliz não tardaria a acontecer. Em 2017, a empresa fez uma parceria com o Grupo Petrópolis, terceira maior cervejaria do Brasil, e assim entrou de vez para o time das grandes marcas brasileiras. Mais rótulos foram lançados e a equipe de vendas e de logística se multiplicou, para contar com um time de mais de 25 mil funcionários. Se no começo era difícil achar a Biritis até mesmo em cervejarias especializadas, a partir da parceria ficou difícil achar um botequim, restaurante, supermercado ou bar que não tivesse uma garrafa cheia daquele diurético *diferenciadis* trazendo no rótulo o rosto sorridente de Mussum. O trapalhão encontrou o lugar para ser eterno, morando dentro de uma garrafa de cerveja *forévis*.

Aos 13 anos, Mussum entrou no colégio interno, onde fez um curso de mecânica.

O elenco de *Samba, carnaval y mujer* grava programa de TV no México, em 1965.

Querida Mãe
A coisa até agora, graças a Deus vai bem, junto com o meu pedido de sua benção vai o desejo de que providencie uma T.V., manda brasa que a grana tem que dar corôa.
benção mãe Carlinhos

"Querida mãe, a coisa até agora, graças a Deus, vai bem. Junto com o meu pedido de sua benção, vai o desejo de que providencie um TV. Manda brasa que a grana tem que dar, coroa."
(Cartão-postal de Mussum para a mãe, Dona Malvina, enviado do México em 1965).

Após show incendiários em Acapulco, os Modernos do Samba passaram a ser chamados de Los Siete Diablos de La Batucada.

"Meu sonho, ou melhor, o nosso sonho: no retorno seremos três". Cartão-postal de Mussum para a mulher, Leny de Castro, então grávida, enviado do México em 1965).

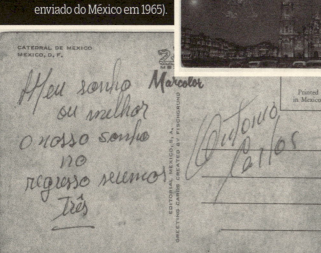

"Minha preta, cheguei bem. Todos bem, graças a Deus. Aguardo notícias depressa sobre as novidades de nosso filho." (Cartão-postal de Mussum para a mulher, Leny de Castro, então grávida, enviado de Porto Rico em 1965).

Junto de Jair Rodrigues e Elza Soares, Mussum (ao fundo) participou de shows memoráveis na TV Record.

No palco da TV Globo, ao lado dos Originais do Samba, Carlinhos do Reco-Reco foi chamado de Muçum pela primeira vez por Grande Otelo (ao centro).

Preferido pelos percussionistas mais virtuosos, o reco-reco de Mussum virou diferencial para Os Originais do Samba.

Na credencial do festival Midem, *monsieur* Antonio Carlos Bernardes Gomes representou o *Brésil*.

Mussum faz pose nos bastidores do XII Festival de La Cancion, no Chile, em 1971.

Em Cannes, Jair e os Originais fizeram executivos endinheirados sambar em cima das mesas.

"Preta, já estou por dentro do francês. Desde segunda-feira nos encontramos em Paris. Maré mansa, muito conhaque e saudades mil desse meu Brasil. Um beijão em toda a família. Se tivermos tudo certo, ainda iremos a Estocolmo, Holanda e, finalmente, Portugal."
(Cartão-postal de Mussum para a mulher, Leny de Castro, enviado da França em 1971).

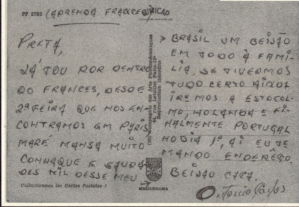

"Uma linda taverna. O resto é horrível. Ninguém entende ninguém. Falam-se todos, ouvem, mas nada de falar, fala nada. Beijos da família. Ass.: O lindão da Europa!"
(Cartão-postal de Mussum para a mulher, Leny de Castro, enviado da Holanda em 1971).

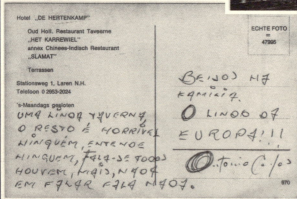

Acervo pessoal

Em 03 de novembro de 1972, Mussum e Neila entraria como noivos na Paróquia de Santo Ivo, uma discreta igreja próxima ao Parque Ibirapuera, em São Paulo.

Acervo pessoal

Mussum recebe o cumprimento de seu sogro, Sr. Anísio, que, no começo, achava preocupante ver a filha casada com um sambista.

Acervo pessoal

O casamento entre Neila e Caco, como Mussum era chamado pela família da esposa, duraria 23 anos.

Junto de Jair Rodrigues e Clara Nunes, então namorada do cantor, Os Originais do Samba rodaram com sucesso o Brasil e a América Latina.

Acervo pessoal

Durante pausa nas gravações de Os Trapalhões, Renato conversa com Dedé, Mussum e Zacarias. As gravações às terças e quintas começavam depois do almoço e iam até de madrugada.

Acervo pessoal

Da esquerda para a direita: Bidi, Rubão, Lelei, Mussum, Chiquinho e Bigode. Com esta formação, Os Originais do Samba gravaram seus maiores sucessos.

Paulo Salomão/ Acervo Abril Comunicação SA

Acervo pessoal

Mussum visita Alexandro, seu terceiro filho, nascido em agosto de 1976.

Adir Mera/ Agência O Globo

Em 1974, na TV Tupi, *Os Trapalhões* transformara em fenômeno nacional.

Acervo pessoal

Em cena, no filme *O Trapalhão nas minas do rei Salomão*, de 1977.

Em sátiras musicais, Os Trapalhões esculhambaram três décadas de MPB.

J. F. Ferreira da Silva / Abril Comunicações SA

O então senador José Sarney faz homenagem ao quarteto em Brasília.

Acervo pessoal

Na carnaval do Rio, ao lado de Neila, Mussum ostenta seu bigode de férias.

Adir Mera / Agência O Globo

O quarteto de palhaços filma em Serra Pelada, em 1980, no meio de 30 mil garimpeiros que tentavam a sorte em uma cava de 50 quilômetros quadrados nas profundezas do estado do Pará.

Em cena como o homem-tonel de *Os Trapalhões* e *o mágico de Oroz*.

Mussum, Maluf e Chocolate em um evento da corrida presidencial de 1984.

Apesar da pose de empresário nas fotos, Mussum, Zacarias e Dedé não prestavam muita atenção na administração dos negócios, causando atritos que levariam à separação do grupo.

Irineu Barreto/ Agência O Globo

A trupe dos Trapalhões posa ao lado de Zico, amigo e ídolo de Mussum.

Acervo pessoal

Momento descontraído nas gravações de *Os heróis trapalhões*, de 1988.

Raimundo Neto/ Agência O Globo

A partir da segunda metade dos anos 1980, Mussum intensificou sua participação em trabalhos sociais, atuando na escola de samba para jovens Mangueira do Amanhã e participando de uma capanha nacional contra as cáries, do Ministério da Saúde.

Apesar da morte de Zacarias, Os Trapalhões decidem continuar a rotina de shows e gravações como trio.

Mussum costumava passar seus momentos de descanso passeando de lancha pelo arquipélago de Angra dos Reis (RJ) ao lado de familiares e amigos, como Renato Aragão.

Com o quadro "Vila Vintém", de 1992, a Globo tentou reformular *Os Trapalhões*.

Paulo Rubens Fonseca/ Agência O Globo

"Querido Mussum, estive aqui neste hospital para fazer uns exames. Sei que você não pode receber visitas, então deixei este bilhete para que você saiba que estou torcendo por você. Espero que você melhora logo, para continuar fazendo suas trapalhadas. Com carinho." (Recado deixado no quarto do Mussum no hospital Beneficiência Portuguesa pela menina Thalita Morel, de 7 anos).

Já debilitado por uma doença cardíaca, Mussum fez uma de suas últimas aparições públicas indo a uma audiência de reconhecimento de paternidade.

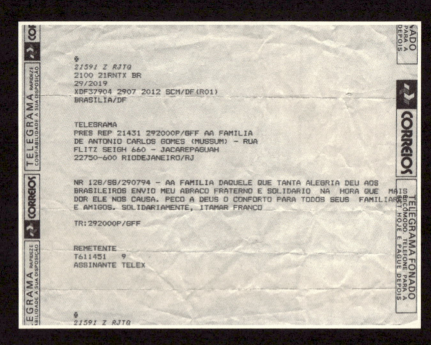

Mensagem do então presidente da república, Itamar Franco, lamentando a morte de Mussum.

Funcionários do Grupo Petropolis usaram máscaras de Mussum para comemorar a parceria da terceira maior cervejaria do Brasil com a Brassaria Ampolis, produtora das cerveja Cacildis.

Agradecimentos

Este livro está nas suas mãos agora graças ao Ivanildo, do boteco Coqueiro Drinks, em Pinheiros, São Paulo. Foi ele quem trouxe as várias garrafas de cerveja que tomei em uma noite de sexta-feira, enquanto conversava com Alexandre Versignassi sobre o livro dele. *Crash: uma breve história da economia* merecidamente chegava à lista dos mais vendidos do Brasil e, entre um copo e outro, eu contava sobre a minha frustração ao ver quais eram as outras obras de não ficção daquele ranking. Veio outra garrafa. Mais gelada ainda. E aquele gole desceu tão perfeito que surgiu aquela vontade de agradecer aos céus pela existência do suco de cevada após uma semana excruciante de trabalho. Boteco, cerveja, garçom amigo, livro...

— Pô, Alê! Por que você não escreve a biografia do Mussum?

A pergunta foi devolvida para mim e, com a coragem irresponsável dos bêbados, tentei a sorte. Nos três anos seguintes, encontrei a ajuda de muita gente que entendeu o quanto seria importante resgatar as histórias do velho Kid Mumu da Mangueira. Desde as primeiras reuniões, contei com o apoio essencial da Tainá Bispo para tirar a interrogação da frase acima. Depois, foi a hora de mostrar o projeto para o Augusto Cezar Bernardes Gomes, que, além de ser filho do homem, é o maior fã do Mussum que conheci. Além de representar o sim de sua família, Augusto concedeu incontáveis horas de entrevistas, relembrando detalhes saborosos da vida de seu pai e me levando a encontrar personagens importantes de toda a trajetória do cidadão Antônio Carlos Bernardes Gomes. Foram figuras capazes de reproduzir falas, cenários e momentos com tamanha vivacidade que, muitas vezes, foi difícil segurar as gargalhas e algumas lágrimas enquanto ouvia seus relatos. Quantificar a importância dos depoimentos de Nilton de Oliveira e Dedé Santana é impossível. Sr. Nilton me guiou pelo solo sagrado de Mangueira com a intimidade de quem mostra o quintal de sua casa. Dedé contou o quanto ajudou e foi ajudado por Mussum em uma parceria de 25 anos de incomparável cumplicidade. Quem encontrar pela vida um ou dois amigos tão fiéis quanto eles, deve considerar-se feliz.

A seguir coloco de forma desorganizada o meu mais sincero agradecimento às pessoas que me ajudaram contando histórias ou fazendo contatos essenciais para que este livro não fosse apenas uma conversa de boteco.

Muito obrigado a Renato Aragão, Alcione, Arlindo Cruz, Boni, Bira Presidente, Castrinho, Carlos Alberto de Nóbrega, Caçulinha, Cláudio Manoel, Diogo Mello, Joãozinho Parahyba, Jorge Aragão, Martinho da Vila, Maurício Sherman, Nereu Gargalo, Dr. Sérgio de Almeida Oliveira, Ricardo Corte Real, André Carrico e Zeca Pagodinho. Não tenho elogios suficientes para os originais do Samba. Valeu, Bigode, Juninho, Rogério, Scooby, Gil Veloso e Rubinho lima. Obrigado por manterem vivo o batuque que é de lei! Agradeço ainda aos familiares do Mussum por compartilharem seus momentos mais felizes – e mais tristes – comigo e com todos que leem este livro. Augusto Cezar Bernardes Gomes, Leny Castro dos Santos, Sandro Gomes, Neila Bernardes Gomes, Paula aparecida Bernardes Gomes, Antônio Carlos Oliveira Rocha, Therezinha de Oliveira Medeiros e Fausto Meira, serei sempre grato a vocês.

Alguns dos artistas que entrevistei durante a fase de pesquisa deste livro faleceram após a publicação da primeira edição. Aos seus fãs, amigos e familiares gostaria de dizer que foi um orgulho poder trocar ideias e ouvir as histórias de quem fez tanta história nos palcos. Que o Brasil jamais esqueça de gênios como Almir Guineto, Beth Carvalho, Ubirajara Penacho dos Reis (Bira), Elza Soares, Jair rodrigues, Roberto Guilherme, Rogéria, Marília Pêra e Milton Gonçalvez.

Deixo também registrado que jamais esquecerei os diversos socorros prestados, a paciência, o carinho e a parceria de Carlos Ignatti, Jorge

Barreto, Raquel Cozer, PC Basso, Daniela Piffer, Sérgio Vinícius, Daniel Novaes, Rogério Vaquero, Emilano Capozoli Biancarelli, Lozandres Braga, Diego Munhoz, Vanessa Marques, Daniel Villar, Felipe Tazzo, Hudson Almeida, Leopoldo Godoy, Faraídes Maria Sotenos Neta, Alexandre Vasconcelos, Tiago Barizon, Ana Gasonato, Diana Szylit, Chiara Provenza, Angelica Belmonte, Clara Santos, Ellen Ferreira, André Carreira, Débora Lucas, Paulo Cursino, Crystian Cruz, Carol Giarrante, Míriam Castro, Estevão Taiar Cançado, Marco Zanni, Pamela Oliveira, Marcela Formico, Manfredo Garmatter Barretto, e Alessandro Gerardi. E, de novo, muito obrigado, Alexandre Versignassi.

Bibliografia

ALVITO, Marcos. *Histórias do samba: de João da Baiana a Zeca Pagodinho*. São Paulo: Matrix, 2013.

BARBOSA, Florinda; RITO, Lucia. *Quem não se comunica se trumbica*. São Paulo: Globo, 1996.

BARBOZA, Marília T. *Coisa de preto:* o som e a cor do choro e do samba. São Paulo: B4 Editores, 2013.

BARBOZA, Marília T.; CACHAÇA, Carlos; OLIVEIRA FILHO, Arthur L. de. *Fala, Mangueira!* Rio de Janeiro: Livraria J. Olympio, 1980.

BARBOZA, Marília T.; OLIVEIRA FILHO, Arthur L. de. *Cartola*: os tempos idos. Rio de Janeiro: Funarte, 1983.

BARBOZA, Marília T.; OLIVEIRA FILHO, Arthur L. de. *Filho de Ogum Bexiguento*. Rio de Janeiro: Edição Funarte, 1979.

BORELLI, Helvio. *Noites paulistanas:* histórias e revelações musicais das décadas de 50 e 60. São Paulo: Arte & Ciência, 2005.

BRASIL. Decreto-Lei nº 9.215, de 30 de abril de 1946. Proíbe a prática ou exploração de jogos de azar em todo o território nacional. Ministério da Justiça: Brasília, DF, 30 abr. 1946. Disponível em <https://www.planalto.gov;br/ccivil_03/decreto-lei/del9215.htm>. Acesso em: 16 dez. 2022.

BRITO SILVA, Odacy de. *"Na passarela de sua vida":* biografia de Dona Zica da Mangueira. São Carlos: Editora Gráfica Carimbex, 1999.

CABRAL, Sérgio. *Grande Otelo*: uma biografia. São Paulo: Editora 34, 2007.

CARRICO, André. *Os Trapalhões no reino da Academia*: revista, rádio e circo na poética trapalhônica. Campinas: Unicamp, 2013.

DREYFUS, Dominique. *O violão vadio de Baden Powell*. São Paulo: Editora 34, 1999.

ECHEVERRIA, Regina. *Jair Rodrigues:* deixa que digam, que pensem, que falem. São Paulo: IMESP, 2012.

FERREIRA, Gustavo Alves Alonso. *Quem não tem swing morre com a boca cheia de formiga:* Wilson Simonal e os limites de uma memória tropical. Rio de Janeiro: Record, 2011.

FIUZA, Guilherme. *Bussunda*: a vida do Casseta. Rio de Janeiro: Objetiva, 2010.

JOLY, Luís; FRANCO, Paulo. *Os adoráveis Trapalhões*. São Paulo: Matrix, 2007.

LAFOND, Jorge. *Vera Verão:* bofes e babados. São Paulo: Star Brazil, 1999.

LIMA E SILVA, Luis Sérgio. *TV Tupi do Rio de Janeiro:* uma viagem afetiva. São Paulo: Imprensa Oficial, 2010.

MACHADO, Carlos; FARIA PINHO, Paulo de. *Memórias sem maquiagem*. São Paulo: Livraria Cultura Editora, 1978.

MELLO, Zuza Homem de. *A era dos festivais:* uma parábola. São Paulo: Editora 34, 2003.

MIELE, Luiz Carlos. *Poeira das estrelas:* histórias de boemia, humor e música. Rio de Janeiro: Ediouro, 2004.

MORAIS, Fernando. *Chatô, o rei do Brasil*. São Paulo: Companhia das Letras, 1994.

MOTTA, Nelson. *Vale tudo:* o som e a fúria de Tim Maia. Rio de Janeiro: Objetiva, 2006.

MOURA, Flávio; NIGRI, André. *Adoniran:* se o senhor não tá lembrado. São Paulo: Boitempo, 2002.

MOURA, Roberto. *Tia Ciata e a pequena África no Rio de Janeiro*. Rio de Janeiro: Funarte, 1983.

MPB Especial: *Os Originais do Samba*. São Paulo: TV Cultura, 1972.

MUGNAINI JR., Ayrton. Adoniran: dá licença de contar. São Paulo: Editora 34, 2002.

NÓBREGA, Carlos Alberto de. *A luz que não se apaga*. Barueri: Novo Século, 2004.

NORONHA, Luiz. *Carlos Machado:* o teatro da madrugada. Rio de Janeiro: Relume Dumará/ Secretaria Municipal de Cultura, 1998.

OLIVEIRA SOBRINHO, José Bonifácio de. *O livro do Boni*. Rio de Janeiro: Casa da Palavra, 2011.

PEREIRA, Marcus. *Música:* está chegando a vez do povo. 1 – A história do Jogral. São Paulo: Hugitec, 1976.

PORTO, Sérgio; SÉRGIO, Renato. *Dupla exposição:* Stanislaw Ponte Preta. Rio de Janeiro: Ediouro, 1998.

PROJETO MEMÓRIAS DAS ORGANIZAÇÕES GLOBO. *Dicionário da TV Globo*. Rio de Janeiro: Jorge Zahar, 2003. v. 1.

RIBEIRO, Sol4ano. *Prepare seu coração:* a história dos grandes festivais. São Paulo: Geração Editorial, 2003.

SANTANA, Dedé. *Dedé Santana:* um Trapalhão de Deus. Curitiba: AD Santos, 2010.

SARMENTO, Alfredo de. *Os sertões d'África*. Lisboa: F.A. da Silva, 1880.

SILVA, Arlindo. *A fantástica história de Silvio Santos*. São Paulo: Editora do Brasil, 2000.

SOLNIK, Alex. *Domador de sonhos:* a vida mágica de Beto Carrero. Rio de Janeiro: Ediouro, 2008.

SUKMAN, Hugo. *Martinho da Vila:* discobiografia. Rio de Janeiro: Casa da Palavra, 2013.

VIANNA, Luiz Fernando. *Zeca Pagodinho:* a vida que se deixa levar. Rio de Janeiro: Relume Dumará, 2003.

WALLACH, Joe. *Meu capítulo na TV Globo*. Rio de Janeiro: Topbooks, 2001.

Discografia

OS ORIGINAIS DO SAMBA. Os Originais do Samba. São Paulo: RCA Victor, 1969. LP.
OS ORIGINAIS DO SAMBA, Vol. 2. Os Originais do Samba. São Paulo: RCA Victor, 1969. LP.
SAMBA É DE LEI. Os Originais do Samba. São Paulo: RCA Victor, 1970. LP.
SAMBA EXPORTAÇÃO. Os Originais do Samba. São Paulo: RCA Victor, 1971. LP.
O SAMBA É A CORDA... OS ORIGINAIS A CAÇAMBA. Os Originais do Samba. São Paulo: RCA Victor, 1972. LP.
É PRECISO CANTAR. Os Originais do Samba. São Paulo: RCA Victor, 1973. LP.
PRA QUE TRISTEZA. Os Originais do Samba. São Paulo: RCA Victor, 1974. LP.
ALEGRIA DE SAMBAR. Os Originais do Samba. São Paulo: RCA Victor, 1975. LP.
EM VERSO E PROSA. Os Originais do Samba. São Paulo: RCA Victor, 1976. LP.
OS BONS SAMBISTAS VÃO VOLTAR. Os Originais do Samba. São Paulo: RCA Victor, 1977. LP.
ANIVERSÁRIO DO TARZAN. Os Originais do Samba. São Paulo: RCA Victor, 1978. LP.
CLIMA TOTAL. Os Originais do Samba. São Paulo: RCA Victor, 1979. LP.
OS TRAPALHÕES NA TV. Os Trapalhões. São Paulo: Som livre, 1979. LP.

MUSSUM. Mussum. São Paulo: RCA Victor, 1980. LP.
OS SALTIMBANCOS TRAPALHÕES. Os Trapalhões. São Paulo: Universal Music, 1981. LP.
ATRAPALHANDO A SUATE. Os Trapalhões. São Paulo: EMI–Odeon, 1983. Compacto.
MUSSUM. Mussum. São Paulo: RCA Victor, 1983. LP.
MUSSUM. Mussum. São Paulo: RCA Victor, 1983. Compacto.
MUSSUM. Mussum. São Paulo: RCA Victor, 1986. LP.
OS TRAPALHÕES. Os Trapalhões. São Paulo: Polygram, 1987. LP.
OS TRAPALHÕES. Os Trapalhões. São Paulo: Polygram, 1988. LP.
OS TRAPALHÕES 25 ANOS. Os Trapalhões. São Paulo: Columbia, 1991. LP.

Filmografia

¡*Buenas Noches, Año Nuevo!* (longa-metragem), direção Julián Soler, México, 1964, 112 minutos.
O trapalhão no Planalto dos Macacos (longa-metragem), direção de J. B Tanko, Brasil, 1976, 86 minutos.
Trapalhão nas minas do rei Salomão (longa-metragem), direção de J. B. Tanko, Brasil, 1977, 82 minutos.
Os trapalhões na guerra dos planetas (longa-metragem), direção de AdrianoStuart, Brasil, 1978, 98 minutos.
O rei e os Trapalhões (longa-metragem), direção de Adriano Stuart, Brasil, 1980, 126 minutos.
Os três mosqueteiros trapalhões (longa-metragem), direção de Adriano Stuart, Brasil, 1980, 98 minutos.
O incrível monstro trapalhão (longa-metragem), direção de Adriano Stuart, Brasil, 1981, 90 minutos.
Mundo mágico dos Trapalhões (longa-metragem), direção de Silvio Tendler, Brasil, 1981, 94 minutos.
Os saltimbancos trapalhões (longa-metragem), direção de J. B. Tanko, Dedé Santana e Adriano Stuart, Brasil, 1981, 100 minutos.
Os trapalhões na Serra Pelada (longa-metragem), direção de J. B. Tanko, Brasil, 1982, 80 minutos.
Os vagabundos trapalhões (longa-metragem), direção de J. B. Tanko, Brasil, 1982, 90 minutos.
Atrapalhando a Suate (longa-metragem), direção de Dedé Santana e Victor Lustosa, Brasil, 1983, 98 minutos.
A filha dos Trapalhões (longa-metragem), direção de Dedé Santana, Brasil, 1984, 98 minutos.

Os Trapalhões e o mágico de Oróz (longa-metragem), direção de Dedé Santana e Victor Lustosa, Brasil, 1984, 94 minutos.

Os Trapalhões no Reino da Fantasia (longa-metragem), direção de Dedé Santana, Brasil, 1985, 80 minutos.

Os Trapalhões no rabo do cometa (longa-metragem), direção de Dedé Santana, Brasil, 1985, 80 minutos.

Os Trapalhões e o rei do futebol (longa-metragem), direção de Carlos Manga, Brasil, 1986, 78 minutos.

Os fantasmas trapalhões (longa-metragem), direção de J. B. Tanko, Brasil, 1987, 95 minutos.

Os Trapalhões no Auto da Compadecida (longa-metragem), direção de Roberto Farias, Brasil, 1987, 95 minutos.

Os heróis trapalhões: uma aventura na selva (longa-metragem), direção de José Alvarenga Jr., Brasil, 1988, 88 minutos.

O casamento dos Trapalhões (longa-metragem), direção de José Alvarenga Jr., Brasil, 1988, 90 minutos.

A princesa Xuxa e os Trapalhões (longa-metragem), direção de José Alvarenga Jr., Brasil, 1989, 112 minutos.

Os Trapalhões na Terra dos Monstros (longa-metragem), direção de Flávio Migliaccio, Brasil, 1989, 90 minutos.

Uma escola atrapalhada (longa-metragem), direção de Antônio Rangel, Brasil, 1990, 97 minutos.

O mistério de Robin Hood (longa-metragem), direção de José Alvarenga Jr., Brasil, 1990, 90 minutos.

Os Trapalhões e a árvore da juventude (longa-metragem), direção de José Alvarenga Jr. e Vicente Amorim, Brasil, 1991, 88 minutos.

Este livro foi impresso pela Cruzado, em 2023, para a HarperCollins Brasil. O papel do miolo é pólen natural 80g/m², e o da capa é cartão 250g/m².